日本一わかりやすい

図解日本史

久恒啓一 著　河合敦 監修

PHP

まえがき

「日本の歴史」については、小学校、中学校、高等学校、大学と、学校教育の中で長い時間をかけて学んできましたし、それなりに試験も受けてきました。

また歴史小説やノンフィクションなど歴史に関する書物も、数多く手にとってきた記憶があります。

その結果、歴史上の事件に関する年号や断片的知識、そして歴史上の人物の残したエピソードや珠玉の名言もそれなりに知っているつもりです。

しかし、残念ながら日本の歴史を確かにつかんだという実感は、今もってありません。

それはなぜでしょうか。それは文章中心の教科書や書籍に親しんできたからではないでしょうか。

私は文章中心の「虫の目」型のコミュニケーションに対し、「鳥の目」型のコミュニケーションである「図解」という考え方と方法論をもって、さまざまの対象をわかりやすく理解するという分野に挑《いど》んできた者です。

「全体の構造と部分同士の関係」を表現できる図解を用いて、今まで日本の白書、世界の名著、資本論やドラッカーなどの思想、人生戦略、そして多くのビジネスシーンや組織改革、地域活性化の現場などに切り込んできました。

さて、教養のある人とは、毎日いかに生きるべきかを問い続けている人であるという定義があります。その前提は、生きている時代に対する地理的・空間的理解と足元の地盤の歴史的・時間的理解でしょう。

つまり今の日本と日本を取り巻く世界情勢（アジア・ユーラシアダイナミズム）についての理解が必要であり、また自らの拠《よ》って立つ自国の歴史についての理解が求められるのです。

自分自身のためにも日本の歴史を、私の武器である図解を用いて理解し説明してみたいと考え、１年ほどの時間を使って完成したのが本書です。「図解」と銘打った類書と違う点は、歴史の流れやテーマごとの全体を丸ごと図解している点です。

その作業をようやく終えた今、縄文文化の時代から21世紀までの日本の通史を自分なりに一望できた感があります。

日本という国は、国内だけで完結しているのではありません。

常に中国大陸と朝鮮半島の政治情勢の変動と、それによる緊張がそのまま内部の統一や政権のあり方に大きな影響を及ぼしてきました。

時には逆の動きもあり、特に近代以降は日本の動きが大陸と半島に深い影響を及ぼしてきました。

そして、数千年にわたって東アジア地域は一つの世界を構成していることがよくわかりました。

一つのテーマを追って仕事をすると、地平線上に次のテーマが見えてきます。私自身が次に取り組むべきテーマも浮上してきました。

最後に、図解の完成に力を貸していただいた岩澤仁子さんと、このテーマに一緒に取り組んでいただいたＰＨＰエディターズ・グループの鈴木隆さんという、二人の戦友に御礼を申し上げたいと思います。

またこのチャレンジに監修者としてご協力いただいた河合敦先生にも感謝の言葉を捧げたいと思います。

久恒啓一

日本一わかりやすい図解日本史◉目次

まえがき

〈久恒式〉図解の技術とは

第1章 古代国家の誕生

縄文↓弥生↓古墳↓飛鳥↓奈良↓平安

◆**縄文文化の誕生** …… 18
長い縄文時代を経て、人々は定住をはじめる

◆**農耕社会と弥生文化** …… 20
農耕文化で人口が増加し、そして統率者が出現した

◆**邪馬台国の時代** …… 22
卑弥呼によって内乱が治まり、邪馬台国が誕生する

◆**古墳時代と東アジア情勢** …… 24
新しい政治支配者、大和政権が出現する

◆**大和政権のしくみ** …… 26
氏姓制度による朝廷組織が確立する

◆**推古朝の治世** …… 28
推古天皇は厩戸王とともに政治・外交改革を断行

◆**大化の改新** …… 30
権勢をふるった蘇我氏が滅び、中央集権国家へと突き進む

◆**律令国家の成立** …… 32
本格的な宮都・藤原京へ、国家の礎を築く

◆**飛鳥・白鳳の文化** …… 34
中国・朝鮮の影響により文化が花開き、仏教も広まる

◆平城京の政治 …… 36
聖武天皇の仏教統治、奈良の大仏が開眼する

◆国際色豊かな天平文化 …… 38
渡来僧の影響を受けて仏教的文化が盛んになる

◆平安遷都による国家改造 …… 40
400年間にわたる平安時代が幕開けする

◆弘仁・貞観文化 …… 42
二人の巨人、最澄と空海が仏教繁栄の基礎を築く

◆藤原氏による摂関政治 …… 44
藤原氏の権勢の陰で武士の力が大きくなる

◆摂関政治と東アジアの風雲 …… 46
藤原氏の隆盛は道長で頂点に達した

◆国風文化 …… 48
平がなと片かなの発明で文学が一気に盛んになる

第2章 武士政権の時代

鎌倉→室町→戦国

◆院政と平氏政権の誕生 …… 52
院政による専制政治、急激に台頭する平氏

◆平氏の絶頂時代 …… 54
「平氏にあらざれば人にあらず」、その権力は頂点を極めた

◆荘園と武士団 …… 56
西国の平氏、東国の源氏、東北の藤原氏の3つに別れた

◆**幕府の誕生** …… 58
平氏を滅ぼした源頼朝は
鎌倉に幕府を開く

◆**鎌倉幕府の成立** …… 60
源頼朝は征夷大将軍となり、
名実ともに鎌倉幕府が成立

◆**北条氏の台頭と執権政治** …… 62
北条氏が実権を握り、
執権政治がはじまった

◆**武士団の成立** …… 64
惣領を中心とした
武士団の組織体制が確立する

◆**農村の復興と都市の発展** …… 66
大飢饉を契機に
農業生産力が向上した

◆**鎌倉文化と新仏教** …… 68
末法の思想が広まり、
新仏教が誕生した

◆**蒙古襲来** …… 70
二度の蒙古襲来の結果、
御家人たちの不満が爆発

◆**建武の新政から南北朝へ** …… 72
幕府の滅亡、後醍醐天皇の新政、
そして南北朝の争乱へ

◆**室町幕府と勘合貿易** …… 74
義満は南北合一、日明貿易で
幕府の力を強めていった

◆**北山文化** …… 76
公家の伝統と大陸文化が
基調の文化が花開く

◆**惣村の形成と土一揆** …… 78
一揆や守護大名の台頭で、
幕府の権威が低下する

◆**応仁の乱と下剋上の風潮** …… 80
将軍跡継ぎをめぐって
山名氏と細川氏が対立した

◆室町時代の経済と産業の発展……82
都市と地方の発展で
商品流通が活発化した

◆東山文化……84
幽玄で精神性の高い文化が
地方へと波及していった

◆戦国大名の登場……86
武田、上杉、北条、今川など
戦国大名が次々に誕生

第3章 戦国動乱と幕藩体制

安土・桃山⇒江戸

◆南蛮貿易とキリスト教……90
スペインやポルトガルとの交易で
南蛮文化が急速に広まった

◆信長・秀吉による天下統一……92
織田信長の跡を継いだ
豊臣秀吉が全国を統一した

◆桃山文化と南蛮文化……94
城郭建築、茶道、能・狂言など、
清新で華やかな文化が誕生

◆江戸幕府の成立……96
家康・秀忠・家光の3代で
強固な幕藩体制が完成する

◆士農工商と農民の役割……98
身分制度と家の秩序が
統治の仕組みであった

◆鎖国への道……100
スペイン・ポルトガルの脅威、
島原の乱で鎖国が進む

◆武断政治から文治政治へ……102
朱子学をもとにした
文治政治で体制を維持する

◆産業の大いなる発達……104
都市化が進むことによって農業、手工業が発展する

◆町人の経済活動……106
金融業、遠隔地商売が進み、豪商が誕生する

◆元禄文化①儒学の隆盛……108
町人による現実的で華麗な文化が花開く

◆元禄文化②文芸・美術の興隆……110
歌舞伎、浮世草紙などが上層町人の支持で華やいだ

◆徳川吉宗の享保の改革……112
緊縮と増税の財政再建でわずかな成果を上げる

◆田沼意次の経済政策……114
経済政策が功を奏し、幕府収入は増大した

◆寛政の改革と海外の脅威……116
緊縮財政、風紀取締りにより幕府財政の安定化をはかる

◆天保の改革と雄藩の改革……118
急激な改革に抵抗が起こり、改革はほんの2年で終焉した

◆化政文化の成熟……120
江戸を中心に町人主体の文化が発達した

◆学問と思想の開花……122
国学と尊王、蘭学の発達から幕府への批判思想が生まれた

第4章 近代日本の光と影

明治→大正→昭和（太平洋戦争）

◆**ペリー来航** …… 126
ペリーの強引な開国要求に
幕府はついに屈服する

◆**幕府の改革と公武合体運動** …… 128
幕府と朝廷の公武合体で
一時的な融和をはかる

◆**攘夷の実行と挫折** …… 130
生麦事件、薩英戦争、禁門の変、
動乱の幕末が幕開けする

◆**攘夷から倒幕へ** …… 132
慶喜が大政を奉還し、
徳川の世が終わりを告げた

◆**戊辰戦争** …… 134
鳥羽・伏見から箱館へ、
新政府軍が勝利する

◆**明治維新と新政府の政策** …… 136
天皇を中心とする
中央集権的国家となる

◆**富国強兵をめざして** …… 138
富国強兵政策で
欧米列強をめざす

◆**開国和親の国際関係** …… 140
不平士族を抑えつつ、
各国と条約を結ぶ

◆**殖産興業①近代産業の育成** …… 142
官営工場を設立し、
産業発達に全力をつくす

◆**殖産興業②近代諸制度の推進** …… 144
松方正義の財政政策で
資本主義化が促進された

◆**文明開化と啓蒙思想** …… 146
福沢諭吉、中江兆民など
啓蒙思想家が輩出する

◆**士族と農民の抵抗** …… 148
士族最大の反乱、
西南戦争が勃発する

◆自由民権運動の高揚
明治十四年の政変で薩長閥の政権が生まれた……150
◆自由党と立憲改進党
フランス流の自由主義、イギリス流の立憲主義……152
◆帝国議会の幕開け
大日本帝国憲法が発布される……154
◆政府と民党の対立
第1回帝国議会が山県有朋内閣で開催……156
◆関税自主権の完全回復
念願の不平等条約改正がついに実現した……158
◆朝鮮問題をめぐる日清の争い
日本の圧倒的勝利で日清戦争が終結する……160
◆政党内閣の誕生
日本最初の政党内閣、隈板内閣が成立する……162
◆日露戦争
日英同盟を結び、ロシアと開戦する……164
◆韓国併合と満州経営
伊藤博文が殺された翌年、韓国が併合される……166
◆産業革命の進展
国家主導によって日本の産業が発展する……168
◆社会問題の発生と社会運動
労働問題が発生し、社会主義運動が高まる……170
◆新しい思想と科学の発達
自由民権思想は国家主義思想に変貌した……172

◆学校教育の発展 …… 174
学校令制定で教育制度が発展した

◆文芸と芸術の革新 …… 176
ロマン主義から自然主義、そして反自然主義へ

◆新しい文化のひろまり …… 178
日清・日露戦争の報道で10数万部の新聞もあらわれた

◆第一次世界大戦の勃発と日本の動き …… 180
日英同盟でドイツに宣戦、青島と南洋諸島を占領する

◆大正デモクラシー …… 182
民本主義が高まり、大正デモクラシー起こる

◆平民宰相の誕生と社会運動 …… 184
「平民宰相」原敬が本格的な政党内閣をつくる

◆幣原協調外交 …… 186
アメリカとの協調を重視し、軍備縮小を決断する

◆二大政党時代の功罪 …… 188
加藤高明内閣時に普通選挙法が成立する

◆都市化と大衆化の波 …… 190
マルクス主義思想の影響でプロレタリア文学が興隆した

◆協調外交のゆきづまり …… 192
浜口首相が狙撃され、協調外交が終わる

◆国際連盟からの脱退 …… 194
満州事変が勃発、撤退要求に反対し脱退へ

◆泥沼の日中戦争 …… 196
盧溝橋事件をきっかけに、日中戦争へと突入する

◆**第二次世界大戦の勃発**……198
欧州で戦争がはじまり、日米関係は悪化の一途へ

◆**太平洋戦争の勃発**……200
ハル＝ノートが提示、日本は真珠湾を攻撃する

◆**大東亜共栄圏の建設へ**……202
欧米の植民地支配から民族の独立をめざす

◆**日本の降伏**……204
広島、長崎に原爆が投下、第二次世界大戦が終結

第5章 経済大国への道

昭和（戦後）⇩平成

◆**アメリカによる占領政策**……208
マッカーサーのＧＨＱが日本を間接統治する

◆**日本国憲法の公布**……210
三大原則の日本国憲法が施行される

◆**冷戦の時代**……212
自由主義と社会主義の二大陣営が対立する

◆**朝鮮戦争と日本経済の再建**……214
朝鮮戦争による特需で日本は好景気に沸いた

◆**平和条約と日米安保条約**……216
サンフランシスコ平和条約で占領時代が終わった

◆**55年体制**……218
保守と革新が対立する55年体制が誕生

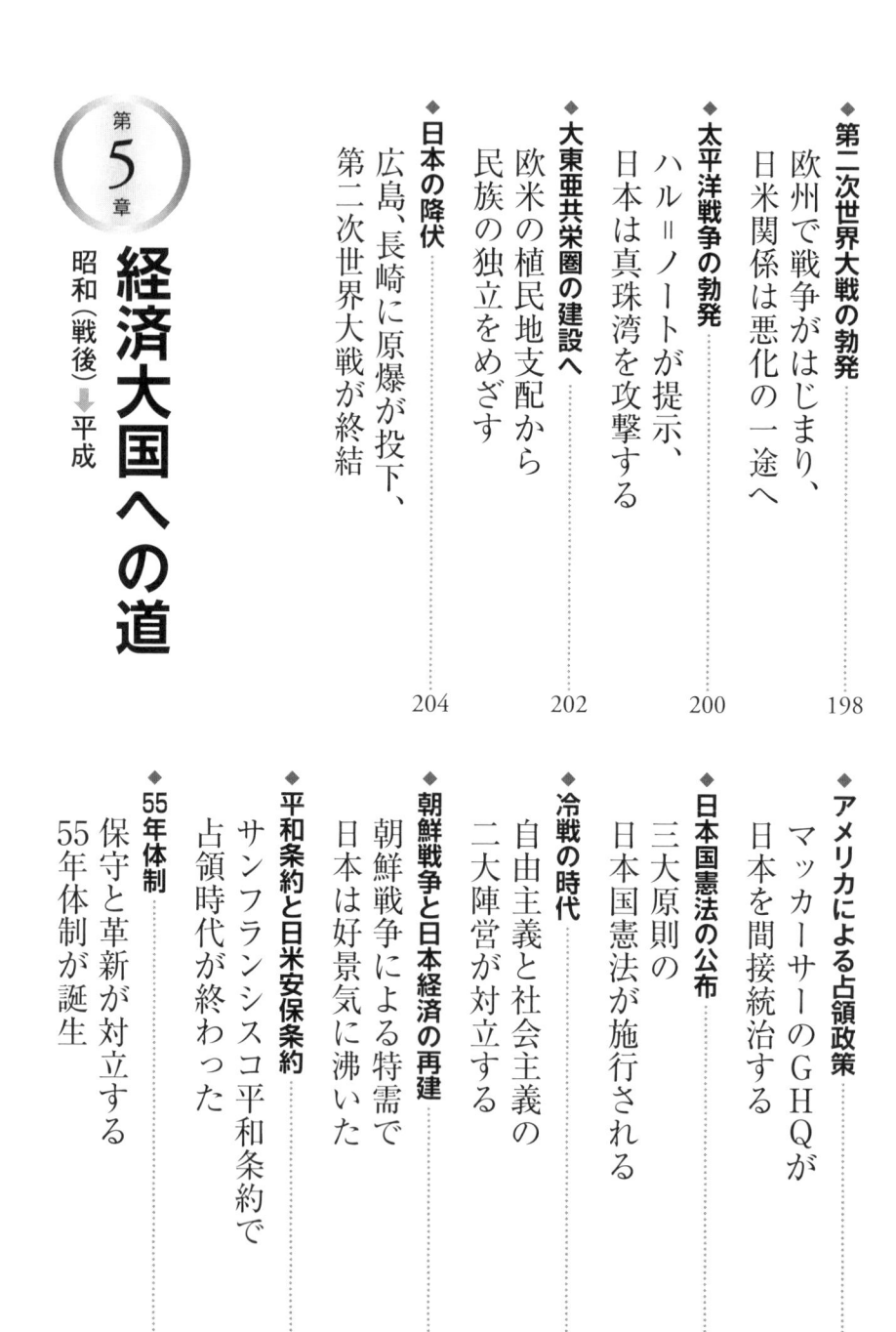

◆GNP世界2位へ 220
石油化学と自動車が主要産業に躍り出た

◆高度成長による生活革命 222
高度成長した日本は「経済大国」になった

◆自民党政権から連立政権へ 224
第二次中曽根内閣は新自由クラブと連立する

◆文化の大衆化 226
テレビ放送がはじまり、国民的スターが誕生する

◆多極化の時代へ 228
米ソの威信が低下、世界は多極化に入る

◆日中国交正常化 230
日中共同声明の発表、日中国交正常化が実現する

◆日米経済摩擦の進展 232
日本の輸出超過が警戒と反発を生んだ

◆冷戦終結とバブル経済の崩壊 234
バブル経済がはじけ、証券・金融が破綻する

◆平成の政治改革 236
自民党分裂から村山内閣の連立政権へ

◆21世紀の世界と日本 238
同時多発テロを契機に、世界は混乱の時代へ

◆政権交代 240
自民党から民主党へ、そして安倍内閣へ

監修者あとがき
日本史略年表
索引／参考文献

装幀——bookwall
編集協力——今川美玖
図版制作——岩澤仁子

〈久恒式〉図解の技術とは

今でも文章と箇条書きが、学問でもビジネスの現場でもコミュニケーションの王道の感があります。

文章では全体感がつかみづらいため、書く方は論理的展開が甘くなり、読む方も細かな字句にとらわれてしまい、生産的な議論をすることが難しい。

また、箇条書きは、項目をあげてはいるものの、その項目同士の大小もわからなければ、重なりもわからなければ、関係もわからない。

つまり、文章と箇条書きで整理された情報は、全体像がつかみにくいので細かいところに目が行きがちになり、本質的な理解と議論を忘れやすくなってしまいます。

図解は、「全体の構造と部分同士の関係を表現できる技術」であり、全体と部分、部分同士の関係がひと目でわかるコミュニケーション方法です。

この本では、歴史関係の本にありがちな、文章と箇条書きによる説明から脱して、歴史の流れの全体像と、個々の事象の関係をできるだけ表現し、体系づけていくことを目指しました。

図解の部品は、**「キーワード」と「○（マル）」と「→（矢印）」**の3つしかありません。難しい文法もありません。

大きいものは大きく小さいものは小さく、重なりは重なりの深さを示す、関係は矢印の方向と太さで示す、などいわば常識的な感覚で、部分を配置し全体像を組み立てればいいのです。

このマルと矢印の組み合わせで、図解を多様に表現することができます。

まずは、マルと矢印の果たす役割と、その概要から始めましょう。

・マルと矢印で図解できる

図解の部品にはいろいろな形がありますが、基本的に**キーワードを囲むマルと、マル同士をつなぐ矢印**の２種類の部品からできています。四角や三角はマルの変形ですし、マル同士をつなぐ破線や実線は矢印の変形といえます。したがって、**マルと矢印をどう使うかが図解の基本**になります。

まずマルです。２つのマルがあった場合、大きさや配列、重なり具合などマルの組み合わせによって、物事の構造や部分同士の関係を表現できます。

一方、マルをつなぐ矢印の使い方も重要です。矢印の向きや太さを使い分けることによって、さまざまな関係や流れが表現できます。図解は関係を表現するので、その関係を表す矢印が重要であり、また関係を上手に表した矢印を使いこなせば「良い図解」になります。

・マルの配置で物事の構造を表す

マルの配置を工夫することで、ひと目で物事の構造を表すことができます。

・矢印でつないで関係を明らかにする

矢印の使い方で、物事同士のさまざまな関係を表すことができます。一方向に並べると時間の流れが表現でき、因果関係を表すことができます。２つの逆向きの矢印でつなぐと双方向性を表現できます。

96〜97ページの「江戸幕府の成立」の図解を見てください。この図の作り方を説明しましょう。

江戸幕府は徳川家康が生涯をかけてつくった政権ですから、三河の小大名から五大老の一人になり、江戸を領地とし、関ヶ原の戦いで勝利し、征夷大将軍となって幕府を開き、大御所となって豊臣家を滅ぼすまでの時代を、図の上部に右から左への矢印で表現しています。

江戸幕府は幕藩体制でした。

まず「幕」ですが、幕府は、財政力と軍事力と職制で成り立っているので、３つのマルで表現しています。幕府の「優れた職制」の中の、重役である老中・若年寄は、矢印のように大名から起用し、官僚である町奉行・勘定奉行などは、５０００人の旗本から起用したことを示すように矢印を引いてあります。

次に「藩」ですが、親藩、譜代、外様と徳川家との縁が濃い順にマルで同心円風に描いてみました。

徳川幕府のライバルとなる可能性のある「朝廷」と「寺社」は幕藩体制の外側に配置し、どのように行動を規制したかを示しています。

また、この体制は2代将軍秀忠、３代将軍家光までの3代で確立したことがわかるように描いてあります。

そしてこの幕藩体制の大きな四角の枠の下側に、内部が固まったので鎖国体制を志向していったと、時間軸を表現してみました。

いかがでしょうか。

江戸幕府成立の流れと政権の全体像がすんなりと頭に入ったのではないでしょうか。一度この全体像と部分同士の関係を理解したならば、誰でもこの図を見ながら自分の言葉で説明できるはずです。

第1章

古代国家の誕生

縄文↓弥生↓古墳↓飛鳥↓奈良↓平安

500万年前～1万2000年前

▼縄文文化の誕生

長い縄文時代を経て、人々は定住をはじめる

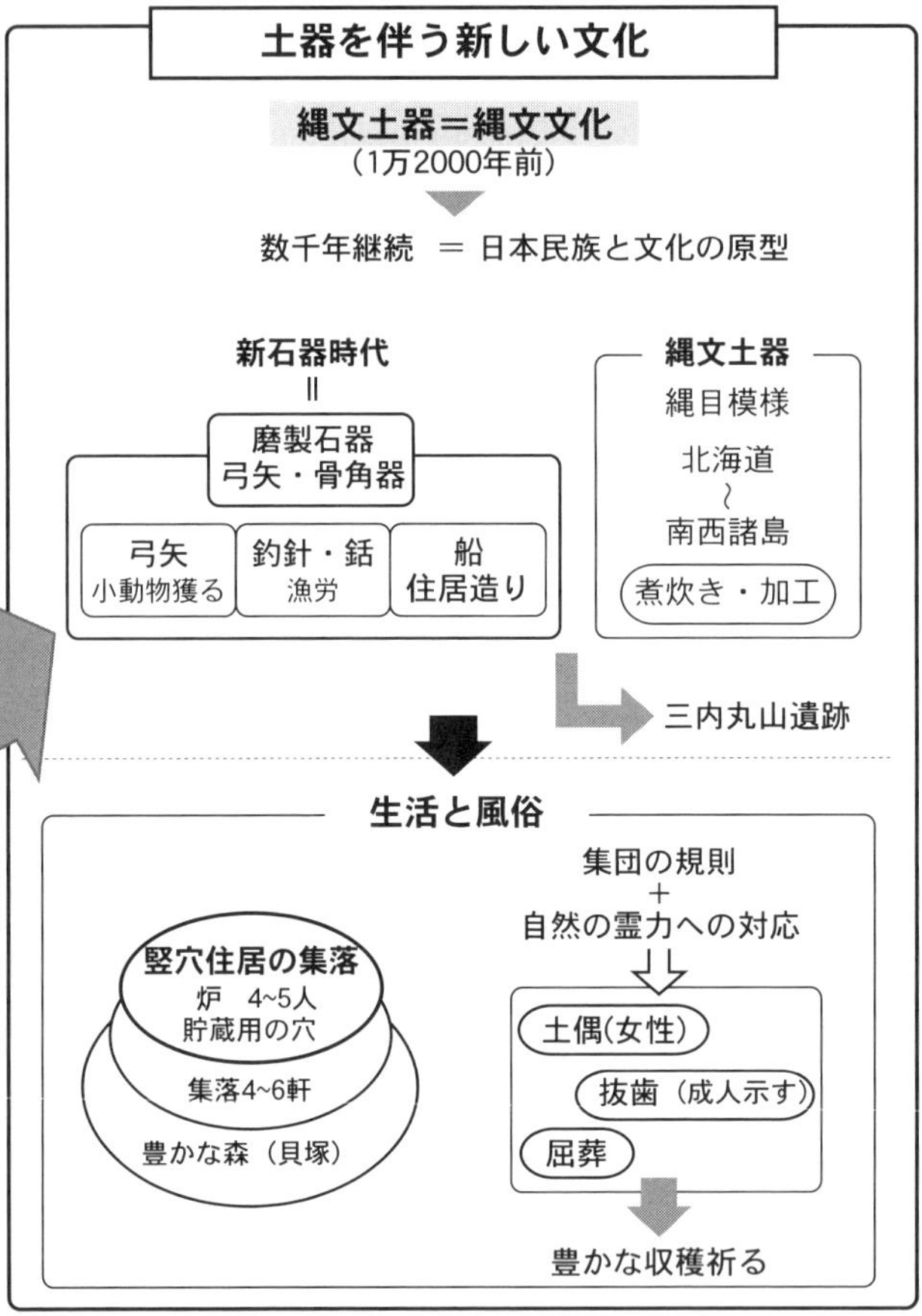

●人類の誕生

いまから約５００万年前、アフリカのエチオピアで、直立二足歩行の人類が出現した。これが「**猿人**」で、その後、**原人**、**旧人**が現れ、最後に現代の私たちの祖先・**新人**※が誕生した。

まだ人類は石を打ち欠いたり剝《は》いだりした打製石器を使用しており、これにちなんでこの時代は「**旧石器時代**」と呼ばれている。打製石器の中には柄の先につけて使う尖頭《せんとう》器《き》や石《せき》斧《ふ》、ナイフ形石器などがあった。

●縄文時代のはじまり

約１万年前になると、温暖化によ

ポイント☑

☑縄文文化の土器は縄目模様の入った特徴がある。

☑磨製石器や土器を使うことによって生活が一変した。

☑集落が形成され、定住的集団生活がはじまる。

用語解説

※**新人**　ホモサピエンス。日本でも静岡県の浜北人、沖縄県の港川人がある。以前は兵庫県で見つかった明石原人が「原人」であるとされたが、最近の研究では新人に近いとされ、その結果日本では新人しか発見されていないことになる。

■縄文文化の誕生

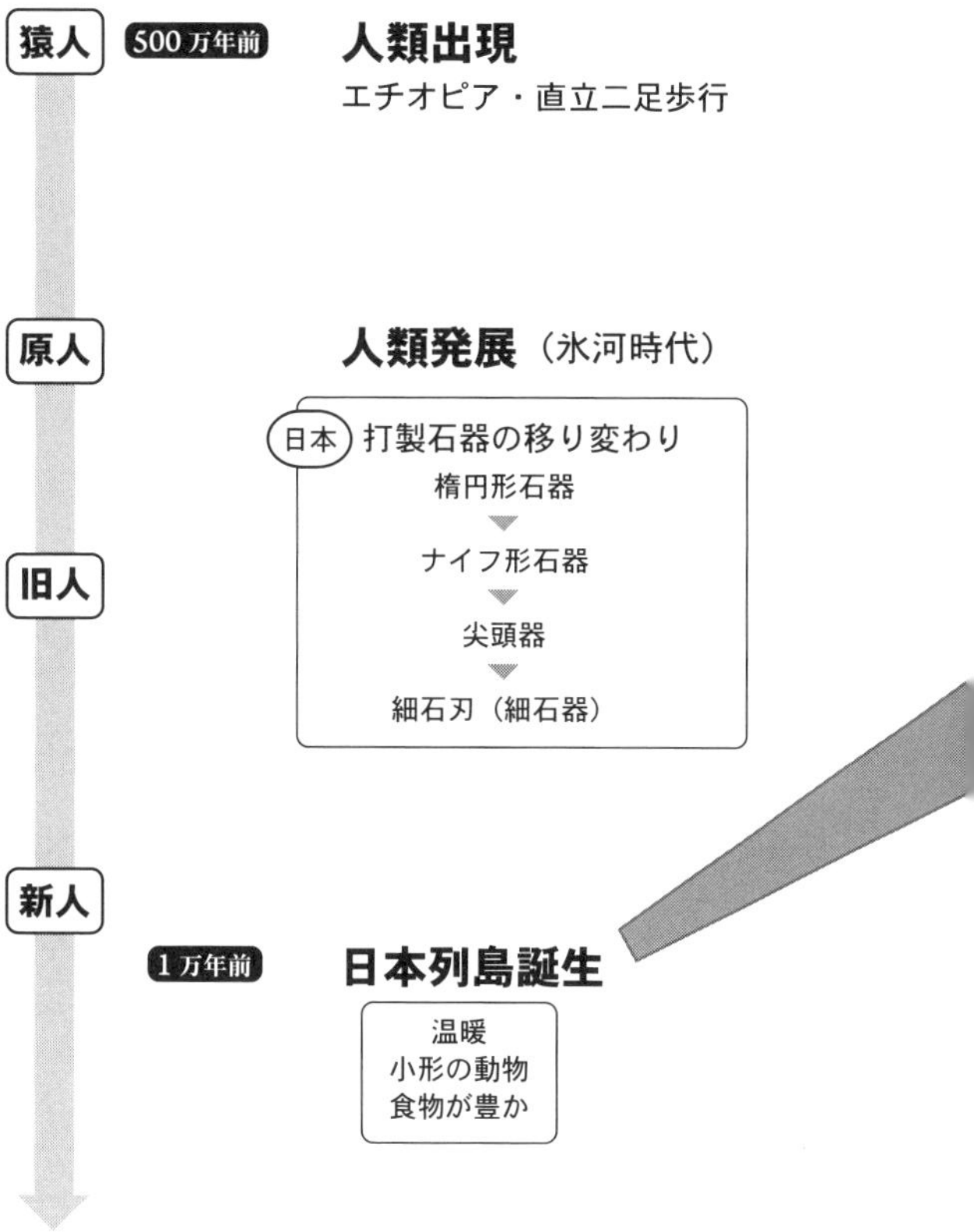
猿人
500万年前
人類出現
エチオピア・直立二足歩行
原人
人類発展（氷河時代）
日本
打製石器の移り変わり
楕円形石器
ナイフ形石器
尖頭器
細石刃（細石器）
旧人
新人
1万年前
日本列島誕生
温暖
小形の動物
食物が豊か

り海面が上昇、それまで大陸と陸続きだった日本列島は完全な島国となる。それより2000年前、人々の生活にも変化が現れる。生活の基本は旧石器時代と同じく狩猟と採集だが、石を磨いた磨製石器や土器が出現する。

この土器は縄目模様が入っているものが多く、そこからこのような土器を**縄文土器**といい、この土器が生まれた文化を**縄文文化**と呼んでいる。こうした土器を使用することにより、煮炊きが発達し、食料の種類が拡大した。

そして打製石器から発展した磨製石器は鏃《やじり》を生み出し、弓矢が使用されるようになった。また、石器は木材の加工にも使われ、丸木舟が製造され、漁労も発達した。他にも骨角器の釣針・銛《もり》が発見されている。この時代は世界史的には「**新石器時代**」と呼ばれている。

縄文時代の住居は半地下構造の竪《たて》穴《あな》住居で、一軒に4人～5人が住んでいた。この住居が4～6軒集まり、一つの集落を形成していた。集落のまわりには、中身を食べた貝殻や獣や魚の骨を捨てた貝塚が作られ、一定の秩序がある定住的集団生活がはじまったことがわかる。

他に、土偶や屈葬《くっそう》といったアニミズム（精霊崇拝）の信仰、成人になったしるしとして、抜歯が行われたことなどが、この時代の特徴である。

豆知識
2014年2月、沖縄で後期旧石器時代の「貝器」が見つかった。この時代の貝器は国内初の発見。

おすすめ本
『岡本太郎の見た日本』（赤坂憲雄）岩波書店

前4世紀頃～

農耕文化で人口が増加し、そして統率者が出現した

ポイント
☑弥生土器は縄目文様がなく、高温で焼かれた。
☑鉄器の道具の使用で農耕が大いに発展した。
☑農耕社会は貧富の差をつくり、首長を出現させた。

◉弥生時代と稲作がはじまる

縄文文化の次に起こったのが**弥生文化**である。ほとんど縄目文様がなかったこと、高温で焼かれたことが特徴の土器（**弥生土器**）が発見された。この時代を**弥生時代**と呼ぶ。

この時代の特色は稲作と金属器（青銅器・鉄器）の出現だ。稲作は近年、ＡＭＳ法※から紀元前１０００年頃には伝播《でんぱ》していた説があり、朝鮮半島や長江下流域からの伝来ルートが想定される。その後、稲作は１００年間で九州から近畿へ、紀元前後には関東から東北南部に達し、２世紀には東北北部に及んだ。こうした農耕が進むにつれ、灌漑《かんがい》施設を備えた乾田が開発される。

また次第に金属も普及し、木製農具もやがて、鉄の刃先を持つ鍬《くわ》・鋤《すき》へ、石包丁は鉄鎌になった。これらの道具も農耕発展の一翼を大いに担った。

◉食糧の生産と流通に革命が起こる

弥生時代には用途に応じた土器が発達した。貯蔵用の壺、煮炊きに使用する甕《かめ》、盛りつけのための高坏《たかつき》、蒸し器の甑《こしき》などである。

また住居は、縄文時代からの竪穴式のほかに平地式があり、湿気や洪水などの備えとして、高い柱を立ててその上に床を張った、食糧の保管場所としての**高床倉庫**も用いられた。

そして佐賀県の**吉野ヶ里《よしのがり》遺跡**のように、外敵の侵入を防ぐために集落全体の周りを柵で囲み、濠《ほり》を巡らせた**環濠《かんごう》集落**も作られた。

農耕の発展は食糧の生産と流通に革命を起こし、人々の生活は豊かになり、人口も増え、集落の規模も大きくなる。

そのうち余剰生産物などをめぐって戦争がおこり、村々が統合され、首長に率いられた政治組織「くに」となっていった。

用語解説

※**AMS法**　加速器質量分析法のこと。生物の中には炭素があり、死んでも残る。この残存量を調べると、遺物がどの時代のものか、判明する。AMS法は炭素の濃度を測定するため、精度の高い測定が期待できる。

■農耕社会と弥生文化

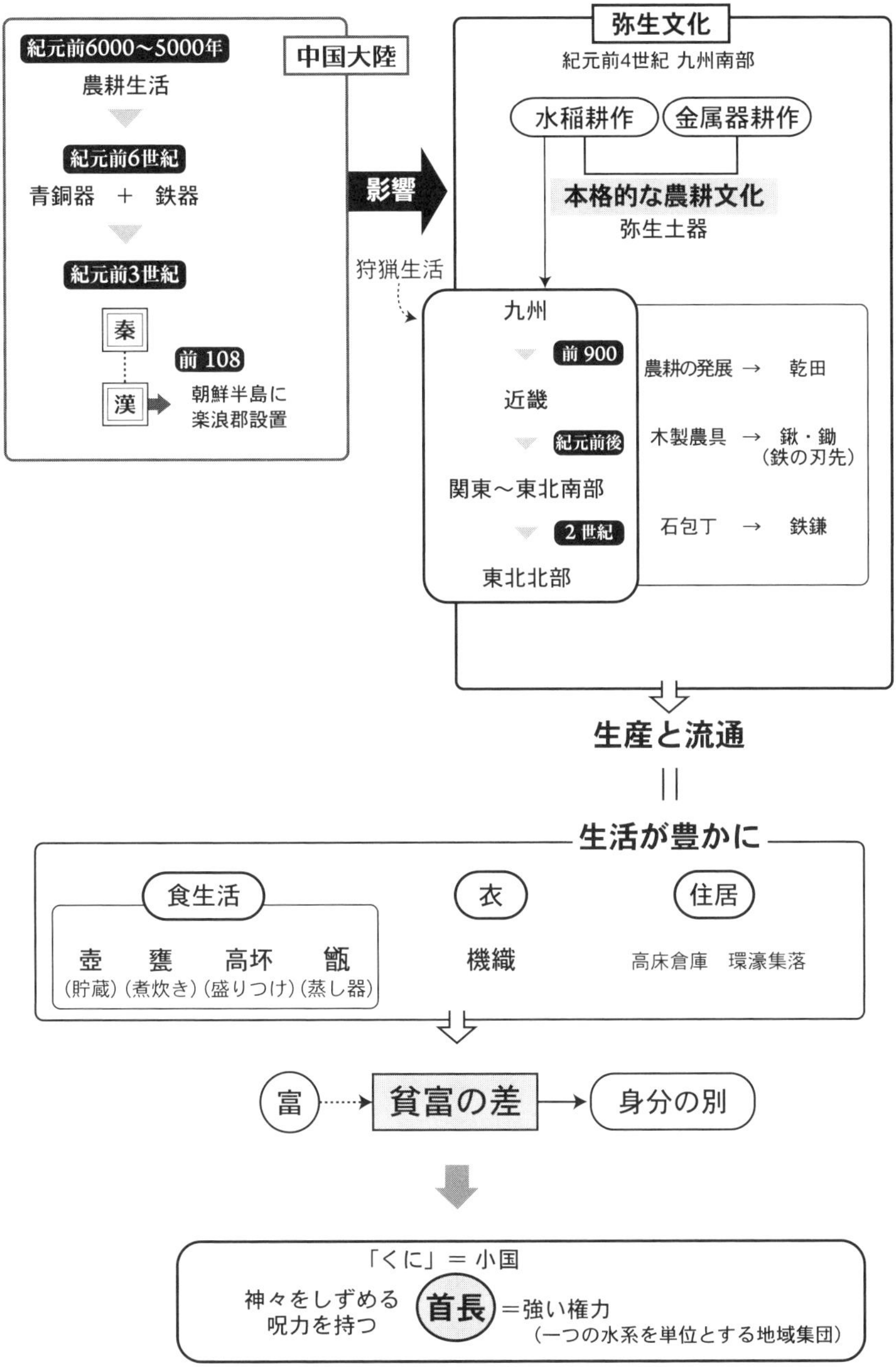
中国大陸
紀元前6000〜5000年
農耕生活
紀元前6世紀
青銅器 ＋ 鉄器
紀元前3世紀
秦
漢
前 108
朝鮮半島に
楽浪郡設置
影響
狩猟生活
弥生文化
紀元前4世紀 九州南部
水稲耕作
金属器耕作
本格的な農耕文化
弥生土器
九州
前 900
近畿
紀元前後
関東〜東北南部
2 世紀
東北北部
農耕の発展 → 乾田
木製農具 → 鍬・鋤
（鉄の刃先）
石包丁 → 鉄鎌
生産と流通
||
生活が豊かに
食生活
壺
（貯蔵）
甕
（煮炊き）
高坏
（盛りつけ）
甑
（蒸し器）
衣
機織
住居
高床倉庫
環濠集落
富
貧富の差
身分の別
「くに」＝ 小国
神々をしずめる
呪力を持つ
首長
＝強い権力
（一つの水系を単位とする地域集団）

豆知識 ＪＲ京浜東北線大森駅ホームには、「日本考古学発祥の地」の記念碑がある。縄文土器とモースの貝塚発見が記されている。

3世紀頃

卑弥呼によって内乱が治まり、邪馬台国が誕生する

◉100余国にわかれていた倭国

紀元前1世紀頃の弥生時代中期には、日本は100余国にわかれていたという。中国の歴史書『漢書』地理志には、日本は「**倭**《わ》」と呼ばれており、楽浪《らくろう》郡に定期的に使いを送る国があったことも記されている。

また、57年には倭国の一つ**奴**《な》の国王が後漢の光武帝から印綬を与えられたことが『後漢書』東夷伝《とういでん》に記されており、このことは福岡県志賀島《しかのしま》から発見された「**漢委奴国王**」の金印からも知られている。

◉連合国家・邪馬台国の誕生

弥生時代後期の2～3世紀、倭では内乱が続いていたが、やがて**邪馬台国**連合が成立する。邪馬台国は、30カ国を配下に置いた小国連合で、**卑弥呼**を女王としていた。

このころ、中国では後漢が滅び、三国時代に入っていた。そのうちの一つ、魏から、239年、卑弥呼は「**親魏倭王**」という称号と印綬、銅鏡を受けたことが『**魏志**』**倭人伝**※に記されている。

卑弥呼は呪力を持った司祭者らしく、多くの婢《ひ》を従えていた。また、邪馬台国では王と大人《たいじん》、それに従属する下戸《げこ》と生口《せいこう》（奴隷）にわかれ、租税や刑罰もあったという。また卜《ぼく》占《せん》を行い、吉凶を占っていたという。

卑弥呼は狗奴《くな》国との戦争の渦中に死んだといわれ、一時、男王が継いだが再び大乱がおこったので、卑弥呼の宗女の**壱与**《いよ》を女王にしたところ、おさまったという。壱与は266年に西晋《せいしん》に使いを送るが、この邪馬台国に関する記述は中国の歴史書に見られなくなり、その後の詳しい消息は不明である。

邪馬台国所在地には、大和政権の祖となったという**畿内**《きない》**説**と本居宣長《もとおりのりなが》が主張した**九州説**があり、いまだに決着がつかず、論争は続いている。

ポイント☑

- ☑紀元前１世紀頃、倭国は100余国にわかれていた。
- ☑卑弥呼を女王とする邪馬台国は連合国家だった。
- ☑邪馬台国所在地は畿内説と九州説がある。

用語解説

※**『魏志』倭人伝**　中国の歴史書『三国志』（陳寿・著）の中の「魏書」東夷伝倭人の条の俗称。当時の倭人（日本人）の習俗や地理などについて記述されている。その記述中の邪馬台国までの行程があいまいなので論争となっている。

■邪馬台国の時代

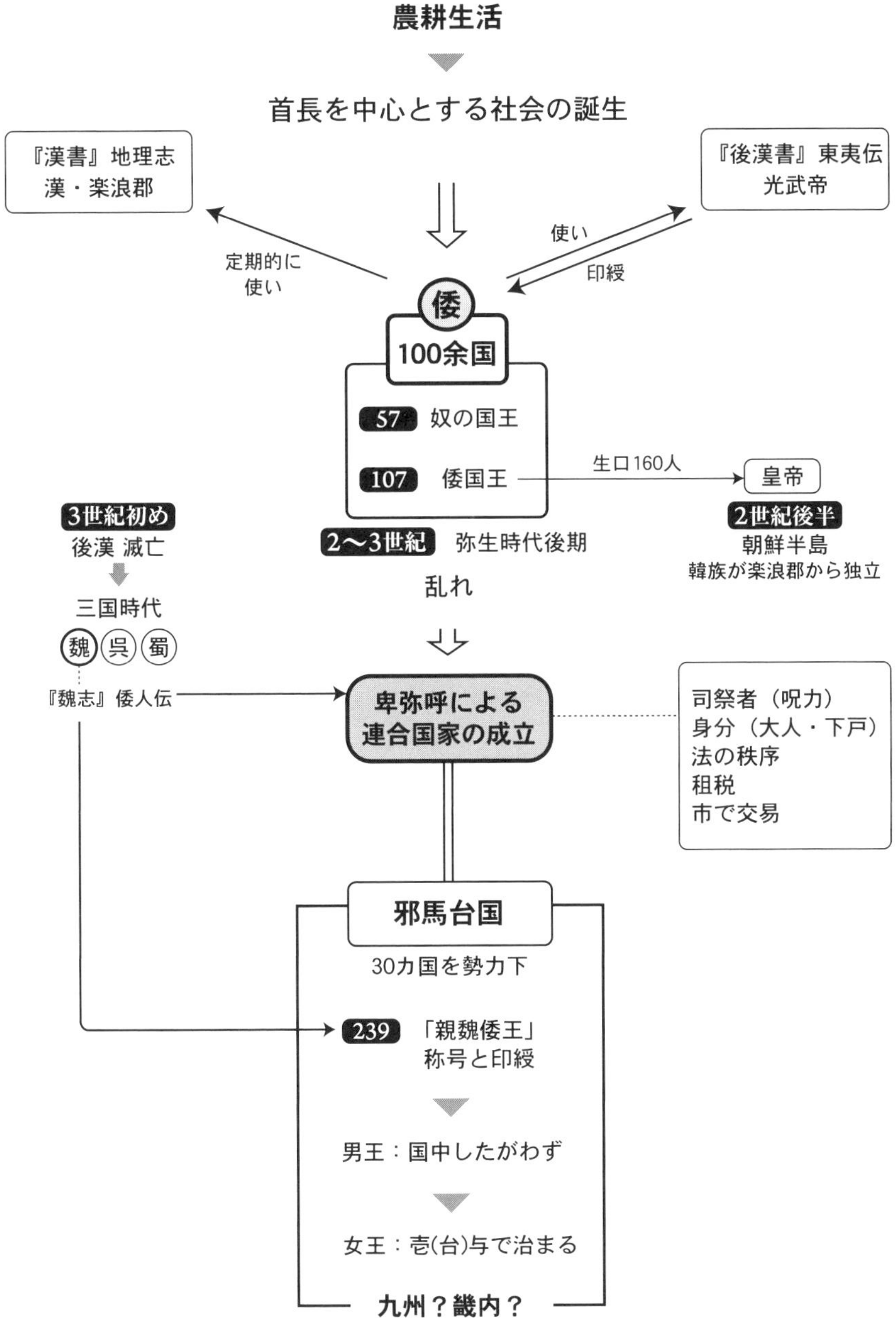

農耕生活
首長を中心とする社会の誕生
『漢書』地理志
漢・楽浪郡
『後漢書』東夷伝
光武帝
定期的に
使い
使い
印綬
倭
100余国
57 奴の国王
107 倭国王
生口160人
皇帝
2世紀後半
朝鮮半島
韓族が楽浪郡から独立
3世紀初め
後漢 滅亡
三国時代
魏 呉 蜀
『魏志』倭人伝
2～3世紀 弥生時代後期
乱れ
卑弥呼による
連合国家の成立
司祭者（呪力）
身分（大人・下戸）
法の秩序
租税
市で交易
邪馬台国
30カ国を勢力下
239 「親魏倭王」
称号と印綬
男王：国中したがわず
女王：壱(台)与で治まる
九州？畿内？

おすすめ本
『日御子』
（帚木蓬生）
講談社

豆知識
中国の歴史書には４世紀の倭国の記録がなく、その後の邪馬台国は歴史から消えた。再び倭国の名が登場するのが５世紀。この空白の100年間を「謎の４世紀」ともいう。

3世紀後半～5世紀

新しい政治支配者、大和政権が出現する

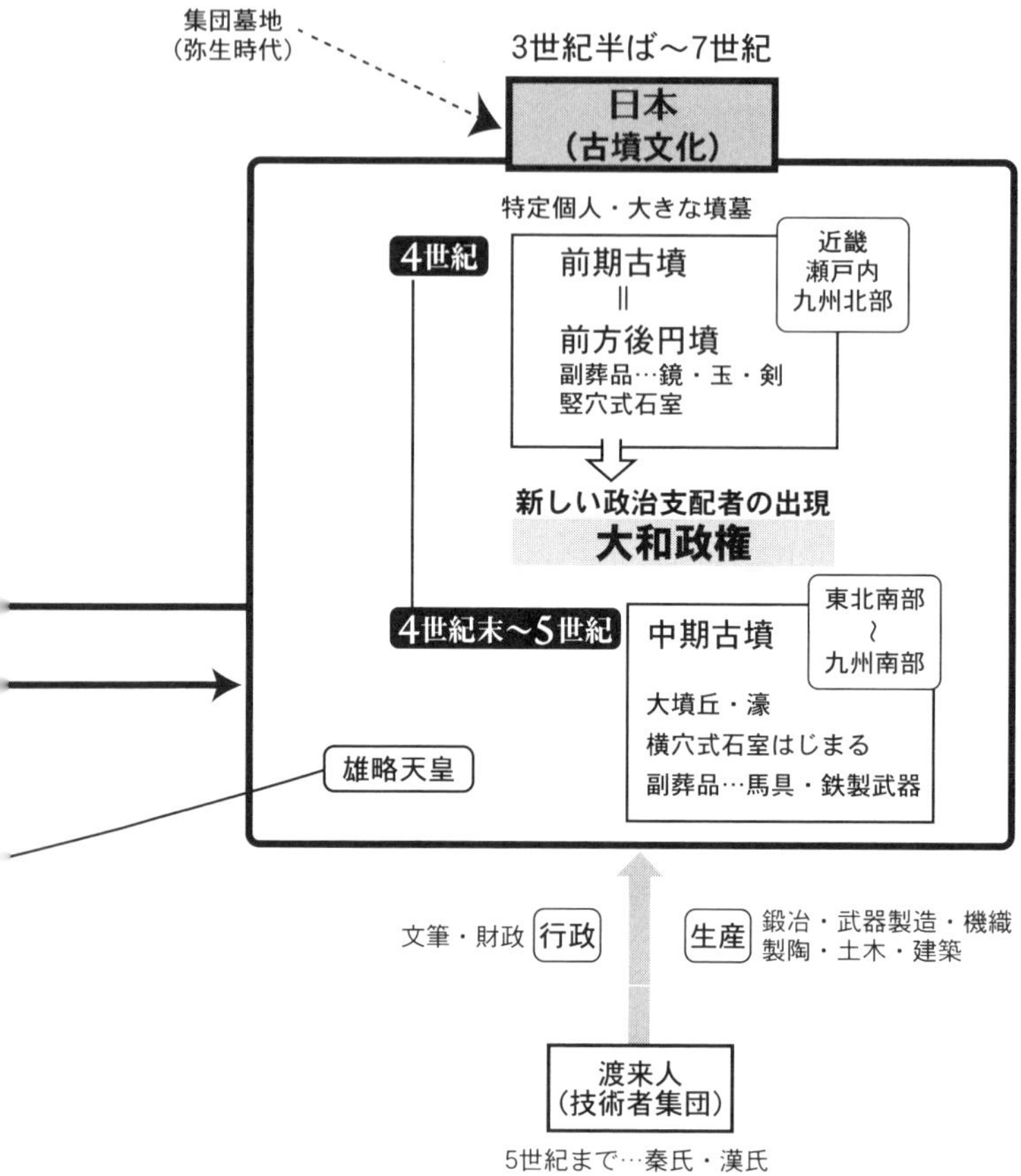

◉巨大古墳が出現する

3世紀半ばあたりから近畿に**古墳**が出現、瀬戸内、九州北部へ広がる。このころから7世紀末までを**古墳時代**と呼ぶ。

前期古墳は**前方後円墳**という独特の形をしていて、内部には竪穴式石室があり、副葬品として鏡・玉・剣などが埋葬されていたので、被葬者は宗教的な指導者、司祭者であると考えられている。こうした巨大古墳は大和地方から広まったとされ、そこからこの地方に強い勢力を持つ政治連合が存在したことがわかる。これが**大和政権**だ。

ポイント

- ☑3世紀半ばから7世紀末までを古墳時代と呼ぶ。
- ☑連合国家大和政権が誕生する。
- ☑高度な技術を持つ渡来人によって行政・生産が強化された。

用語解説

※**大仙陵古墳**　大阪府堺市にある前方後円墳。日本最大規模で総面積は約46万㎡。かつて仁徳天皇陵といわれていたが、学術的裏付けがないため、現在では地名であるこちらの名前で呼ばれることが多い。

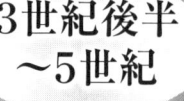

■古墳時代と東アジア情勢

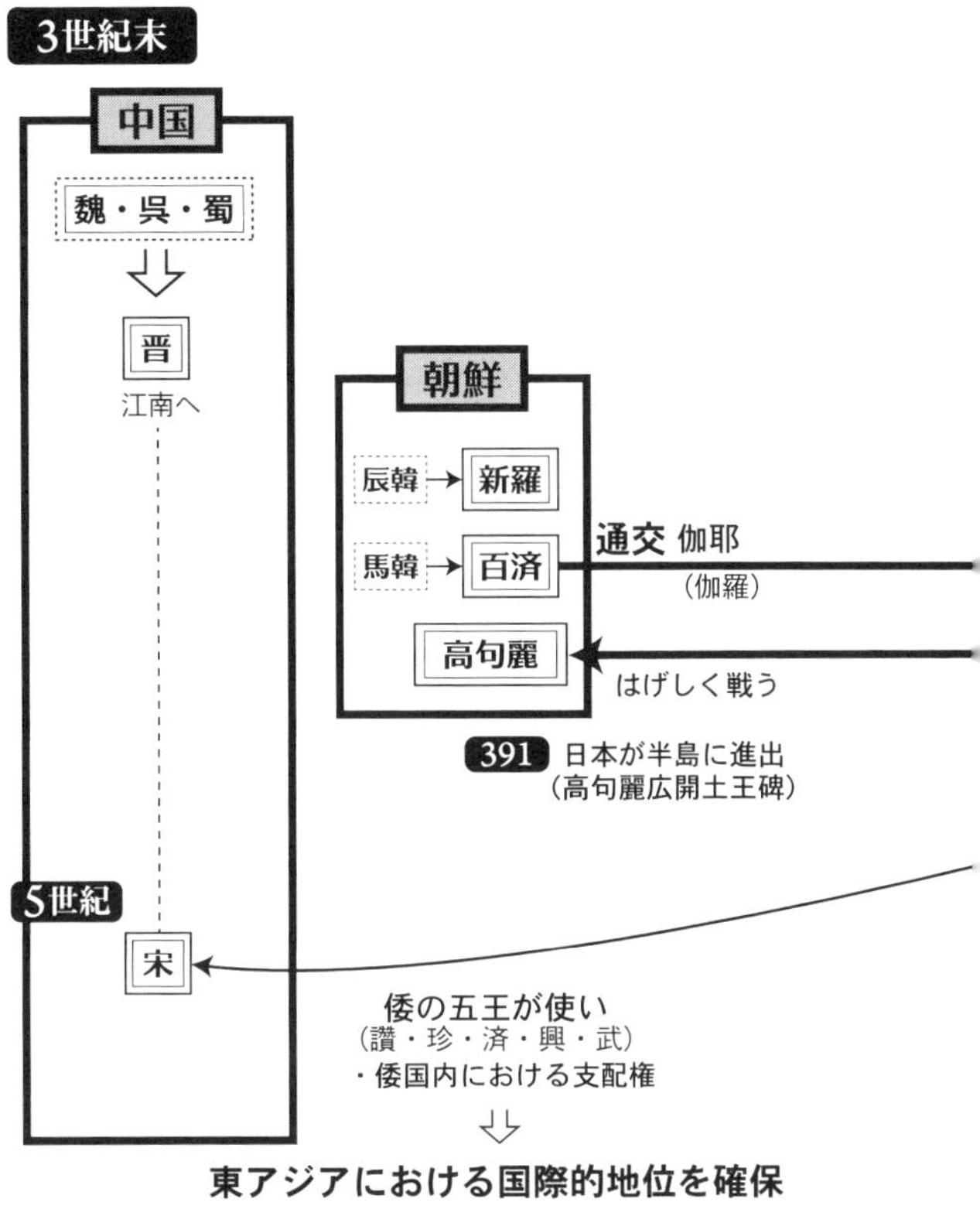
3世紀末
中国
魏・呉・蜀
晋
江南へ
5世紀
宋
朝鮮
辰韓
新羅
馬韓
百済
高句麗
通交 伽耶
（伽羅）
はげしく戦う
391 日本が半島に進出
（高句麗広開土王碑）
倭の五王が使い
（讃・珍・済・興・武）
・倭国内における支配権
東アジアにおける国際的地位を確保

古墳時代中期になると、墳墓の数は増え、**大仙陵《だいせんりょう》古墳**※など濠をめぐらした巨大な墳墓も作られた。副葬品も武具や馬具になり、権力を持つ者が宗教的指導者から武人へと変化していく。後期には各地の有力者の小型古墳が見られ、横穴式石室や日用品、装身具の副葬品が特徴だ。

◉東アジアの動向とは？

図にみるように、3世紀末に中国は魏・呉・蜀の**三国時代**から**晋**が成立したが、北方民族の侵入があり、**南北朝時代**へと移っていった。

朝鮮では、**高句麗・百済《くだら》・新羅《しらぎ》**の鼎立《ていりつ》状態が続いていた。日本は半島南部の伽耶《かや》を拠点にして、百済と交流を持っており、391年には高句麗と戦っている。

5世紀、中国の**宋**などに**倭の五王**が使いを出したと『宋書』倭国伝にある。これは倭国内の支配権と朝鮮半島南部の軍事権を中国の皇帝に認めさせることが目的であったという。

こうして中国、朝鮮半島との交流が活発になると、図にあるように、大陸から秦《はた》氏、漢《あや》氏をはじめとする**渡来人**が日本に帰化してくるようになった。日本に漢字が伝来したのもこのころである。彼らは行政では文筆と財政、生産では鍛冶《かじ》、武器製造、機織・製陶・土木・建築などの技術を伝えた。そして高度な技術を持つ集団として、大和政権の強化に貢献していくようになる。

おすすめ本
『火の鳥』
（手塚治虫）
角川文庫

豆知識
以前は「好太王碑」といっていたが、現在では正式名称と朝鮮の歴史書から「広開土王碑」とされるのが一般的。

6世紀

氏姓制度による朝廷組織が確立する

◉政治組織が整えられる

大和の中央豪族※で構成された**大和政権**は、しだいに地方の豪族を従えながら国内統一をすすめ、朝廷という政治組織を整えていった。

豪族は**氏**《うじ》という親族組織を構成し、その首長は大和政権の盟主である大王《おおきみ》から、身分や地位を表す「**姓**《かばね》」を与えられた。これは**臣**・**連**《むらじ》、**君**、**直**《あたい》、**首**《おびと》に分類される。地方豪族は君・直・首で、直は国造《くにのみやつこ》の職にある豪族に与えられた。

これを**氏姓制度**といい、大和政権下の身分制度の特徴である。

ほかにも、朝廷や大王・王族・豪族に労役や品物を提供する一団があり、これを**部**《べ》という。部には生産担当の**品部**《しなべ》、宮の経費を負担する**子代**《こしろ》・**名代**《なしろ》、耕作民の**田部**《たべ》などがあった。

また、地方では朝廷が設けた役所・倉庫を意味する**屯倉**《みやけ》と、豪族の土地である**田荘**《たどころ》があった。

だが、大和政権の支配下に入ることを拒《こば》み、反乱もあった。朝廷はこれを鎮圧。統一国家を成立していった。

◉大和政権の文化

6世紀には百済から中国南朝の**儒教**・**仏教**、**医学**・**易学**・**暦学**などの学術が伝わった。特に仏教は大王・豪族だけでなく、庶民にも受け入れられた。そして**寺**や**仏像**をつくるために、土木・建築・金工などの新技術も入ってきた。

また各地で自然神や氏神がやどる**社**《やしろ》が作られた。皇室の祖先神・天照大神をまつる**伊勢神宮**や大国主神をまつる**出雲大社**、大和の三輪山を神体とする**大神**《おおみわ》**神社**などが有名だ。

農耕が定着したため、豊作を祈る祈念祭、収穫に感謝する**新嘗祭**《にいなめさい》、農耕を妨げる災いやけがれを払う**はらえ**や**禊**《みそぎ》も行われた。他にも鹿の骨を焼いて吉凶をみる太占《ふとまに》、熱湯の中に手を入れて正邪を判定する盟神探湯《くかたち》などの呪術的風習も生まれた。

ポイント☑

- ☑大和政権は朝廷という政治組織を整えていった。
- ☑反抗する豪族を鎮圧した大和政権は日本に統一国家をつくる。
- ☑自然神や氏神がやどる社が作られた。

用語解説

※**豪族**　地方において土地、財産、そして支配権を持っている一族。古墳時代や大和時代の氏族で、のちには「大王」のもとに統治、組織化されていった。物部氏、蘇我氏、三輪氏、吉備氏などが著名。

■大和政権のしくみ

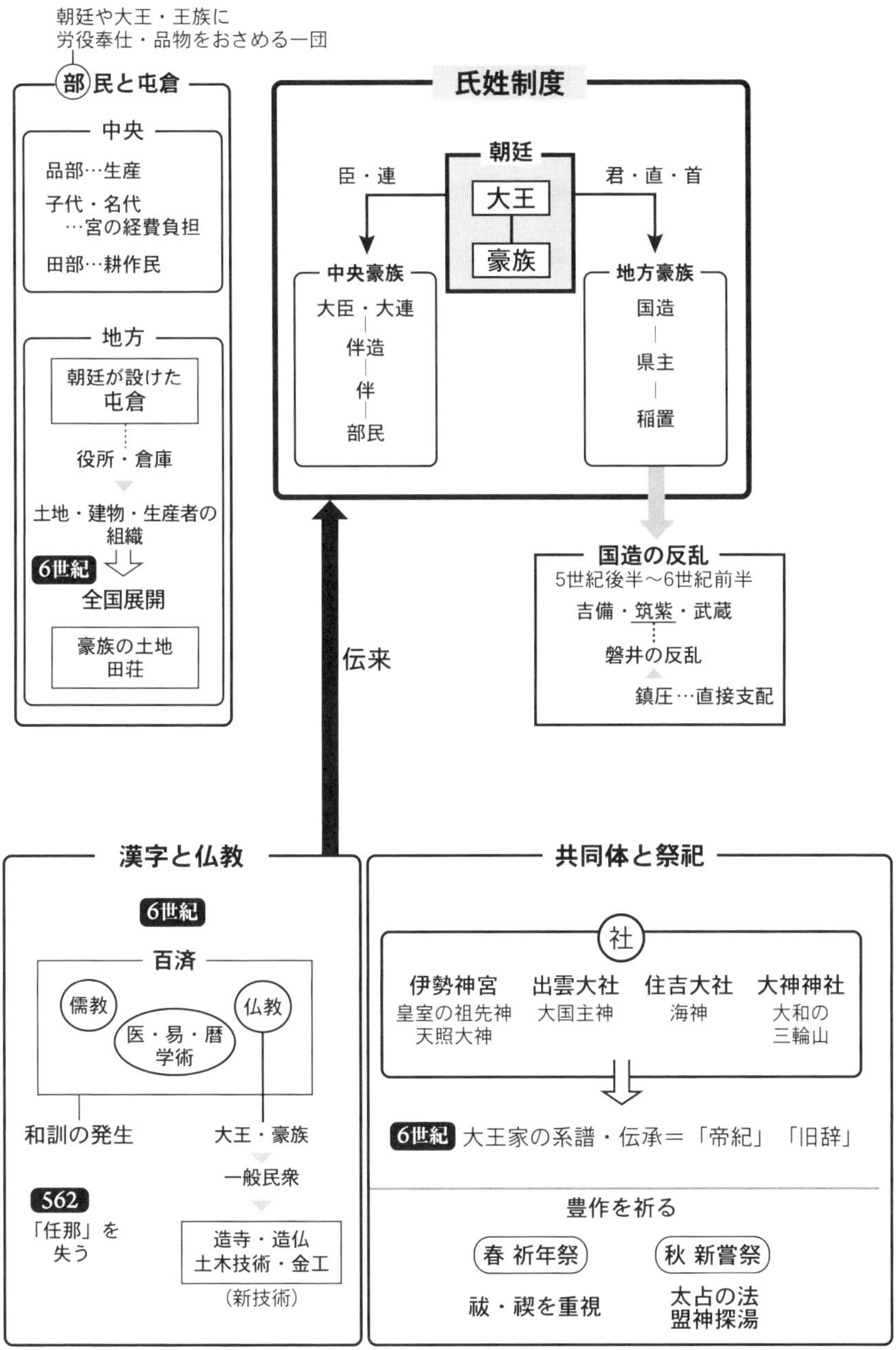
朝廷や大王・王族に
労役奉仕・品物をおさめる一団
部民と屯倉
中央
品部…生産
子代・名代
…宮の経費負担
田部…耕作民
地方
朝廷が設けた
屯倉
役所・倉庫
土地・建物・生産者の
組織
6世紀
全国展開
豪族の土地
田荘
氏姓制度
朝廷
大王
豪族
臣・連
君・直・首
中央豪族
大臣・大連
伴造
伴
部民
地方豪族
国造
県主
稲置
国造の反乱
5世紀後半～6世紀前半
吉備・筑紫・武蔵
磐井の反乱
鎮圧…直接支配
伝来
漢字と仏教
6世紀
百済
儒教
医・易・暦
学術
仏教
和訓の発生
大王・豪族
一般民衆
562
「任那」を
失う
造寺・造仏
土木技術・金工
（新技術）
共同体と祭祀
社
伊勢神宮
皇室の祖先神
天照大神
出雲大社
大国主神
住吉大社
海神
大神神社
大和の
三輪山
6世紀 大王家の系譜・伝承＝「帝紀」「旧辞」
豊作を祈る
春 祈年祭
秋 新嘗祭
祓・禊を重視
太占の法
盟神探湯

豆知識 古代の出雲大社は高さが48メートルを超えていたという。これを1988年に建築史家と建築会社がＣＧ復元した。

593年〜622年

▼推古朝の治世

推古天皇は厩戸王とともに政治・外交改革を断行

◉一大勢力となった蘇我氏

蘇我氏は飛鳥の地で、渡来人を積極的に活用して、朝廷の財政一手に握り、娘を天皇の妃にすることで、姻戚関係を結んで、朝廷内での権力を握っていった。

587年、**蘇我馬子**《そがのうまこ》は、ライバルであった**物部守屋**《もののべのもりや》を滅ぼし、**崇峻**《すしゅん》**天皇**を擁立した。しかし、崇峻は反抗の意志を見せたため、馬子はこれを暗殺してしまう。592年、自分の姪で、30代敏達《びだつ》天皇妃で31代用明天皇の同母妹の**推古天皇**を立てた。これが日本初の女帝である。

翌年、推古天皇は用明天皇の子で甥にあたる**厩戸王**《うまやとおう》（**聖徳太子**※）を政治の実務担当に起用し、蘇我馬子とともに盤石《ばんじゃく》な体制をもって政治にあたった。

なお推古天皇は飛鳥に宮をかまえたため、この時代を**飛鳥時代**という。

◉推古朝の政治と外交

それまであった氏姓制度を見直し、能力のある個人を政治に登用するため、603年に「**冠位十二階**」が制定された。徳・仁・礼・信・義・智を大小に分け、十二種類の冠位をもうけ、個人の功績に応じて与えたのだ。また翌年には「**憲法十七条**」を制定した。内容は政治の基本秩序は儒教を、官僚としての心構えは仏教の精神を取り入れたものであった。

他にも『天皇記』『国記』などの歴史書の編纂を行った。

推古朝では外交にも力を入れ、当時、大国となっていた**隋**《ずい》に**小野妹子**※らを遣わした（**遣隋使**）。このとき「日出る処の天子、書を日没する処の天子に致す。恙無《つつがな》きや……」からはじまる国書を送り、対等外交への姿勢を見せた。翌年、隋の皇帝**煬帝**《ようだい》は答礼の国使として裴世清《はいせいせい》を派遣、日本の権威は高まった。

ポイント

- ☑厩戸王（聖徳太子）は蘇我馬子とともに、政治の基盤を整えた。
- ☑氏姓制度を見直し、「冠位十二階」を制定する。
- ☑中国・隋には対等外交の姿勢で臨んだ。

用語解説

※聖徳太子　近年、「聖徳太子という人物はいなかった」という説が出ている。厩戸王は存在したが、それほどの政治力を発揮しておらず、聖徳太子は『日本書紀』が作り上げた人物であるという。最近の教科書では摂政としての聖徳太子は掲載されないことが多い。

■推古朝の治世

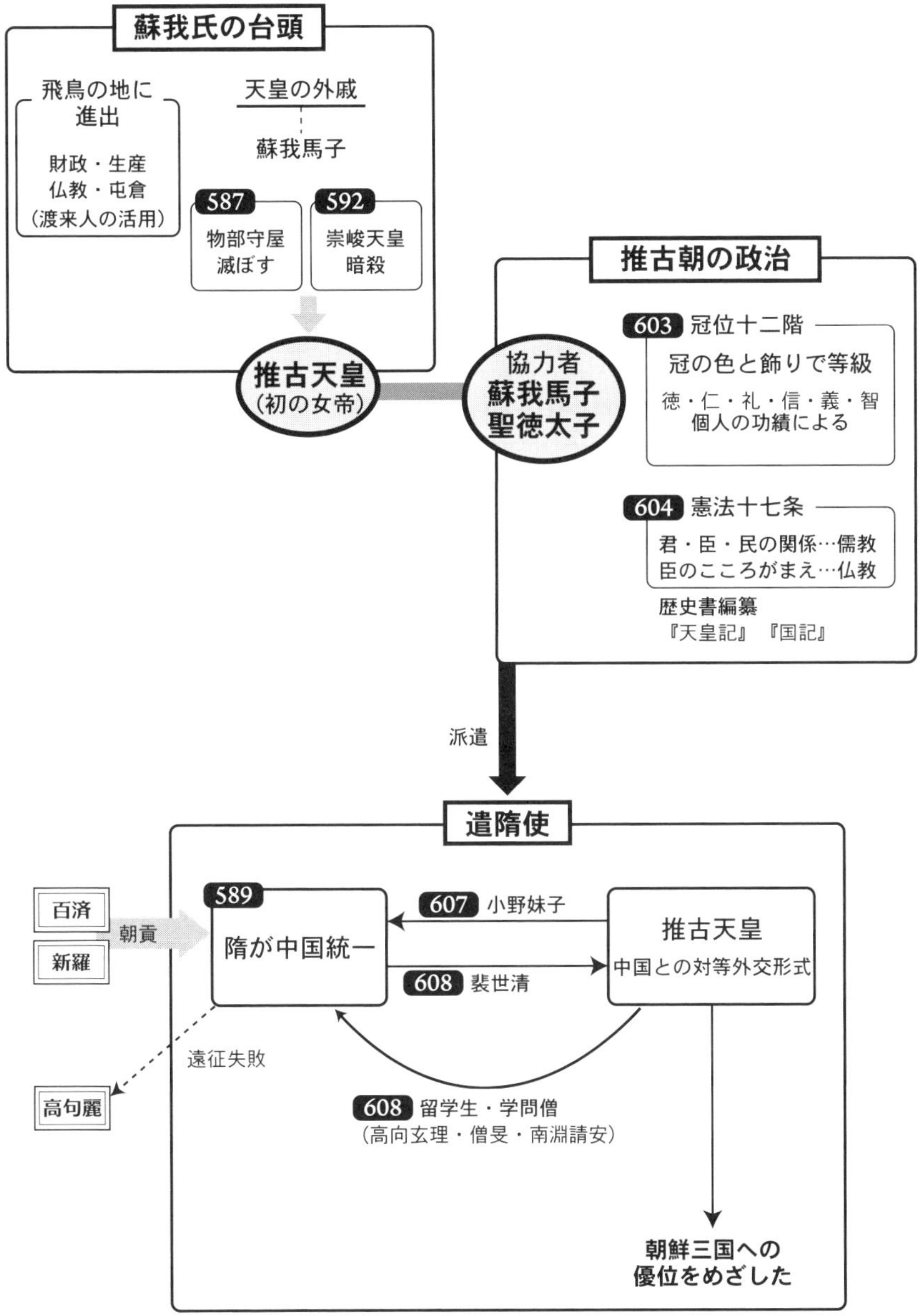
蘇我氏の台頭
飛鳥の地に進出
財政・生産
仏教・屯倉
（渡来人の活用）
天皇の外戚
蘇我馬子
587 物部守屋滅ぼす
592 崇峻天皇暗殺
推古天皇（初の女帝）
協力者
蘇我馬子
聖徳太子
推古朝の政治
603 冠位十二階
冠の色と飾りで等級
徳・仁・礼・信・義・智
個人の功績による
604 憲法十七条
君・臣・民の関係…儒教
臣のこころがまえ…仏教
歴史書編纂
『天皇記』『国記』
派遣
遣隋使
百済
新羅
朝貢
589 隋が中国統一
607 小野妹子
608 裴世清
推古天皇
中国との対等外交形式
遠征失敗
高句麗
608 留学生・学問僧
（高向玄理・僧旻・南淵請安）
朝鮮三国への
優位をめざした

おすすめ本
『聖徳太子——日と影の王子』
（黒岩重吾）
文春文庫

豆知識
聖徳太子の名称は、厩戸皇子没後につけられたものなので、近年、「厩戸王（聖徳太子）」と掲載する教科書がある。

645年〜673年

権勢をふるった蘇我氏が滅び、中央集権国家へと突き進む

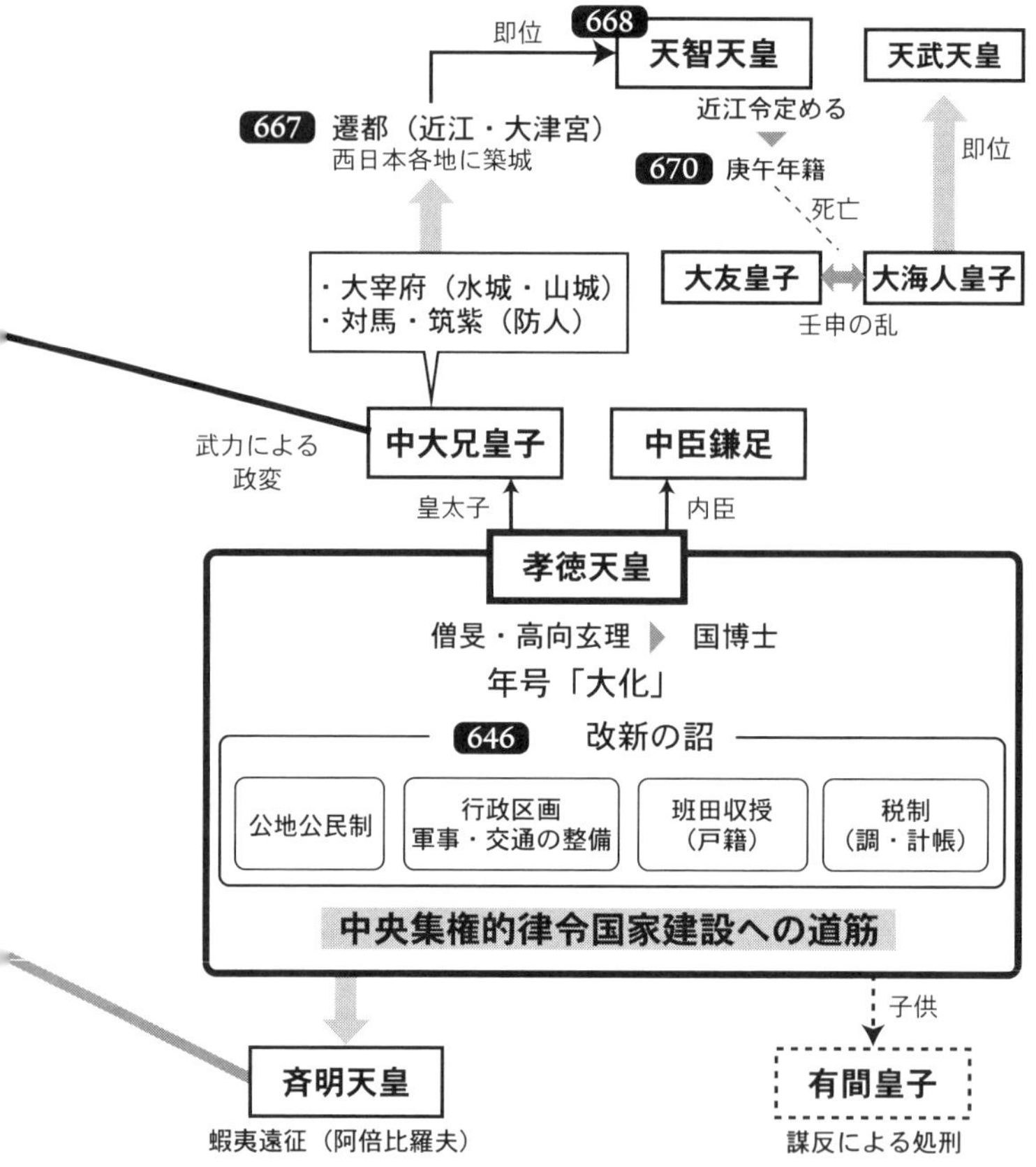

◉中央集権国家に変わる日本

622年の聖徳太子死後、蘇我氏は馬子から、**蝦夷**《えみし》、**入鹿**《いるか》と3代にわたって権勢を振るい、ついに**山背大兄**《やましろのおおえの》**王**《おう》を滅ぼすなど横暴を極めていた。

このころ、中国では隋が滅び、**唐**が建国していた。唐では刑罰規定である**律**《りつ》と政治・経済などの行政規定である**令**《りょう》を中心とした中央集権国家を築いていた。日本でもそうした国家を成立させようと考えた皇極《こうぎょく》天皇の子・**中大兄皇子**《なかのおおえのおうじ》と**中臣鎌足**《なかとみのかまたり》は、645年に蘇我入鹿を暗殺、蘇我氏を一掃した。これを**乙巳**《いっし》**の変**という。

この変の後、天皇家による中央集

ポイント

☑中大兄皇子は、蘇我入鹿を暗殺し、蘇我氏を一掃した。

☑改新の詔を発布し、中央集権的律令国家の形成をめざす。

☑壬申の乱に勝利した大海人皇子は、天武天皇となる。

用語解説

※**斉明（皇極）天皇**　第37代の女性天皇。一度位を退いたが、弟の孝徳天皇死後に再び天皇となった（斉明天皇）。同じ人物が天皇位に就くことを重祚という。なおこのとき実際の政務は息子である中大兄皇子が皇太子として執っていた。

権をめざす改革が行われた。この改革が**大化の改新**である。

中大兄皇子は、まず年号を大化と制定、ついで**改新の詔**《みことのり》が出された。

改新の詔では、公地公民制、地方の行政区画を定め、軍事・交通の整備、戸籍などを定め、口分田を与える班田収授、記帳を台帳とする新しい税制などへの道筋を明らかにし、**中央集権的律令国家**の形成をめざした。

◉天智天皇から天武天皇へ

改新後、朝廷内では分裂があり、孝徳天皇の子の**有間皇子**《ありまのみこ》が謀反《むほん》。孝徳天皇の後を継いだ**斉明天皇**※の治世でも、阿倍比羅夫《ひらぶ》に蝦夷《えみし》遠征を命じるなど政情は安定しなかった。

この間、朝鮮半島では唐と結んだ新羅が半島統一に乗り出していた。朝廷は百済旧臣の依頼で救援を出すが、663年、**白村江**《はくすきのえ》**の戦い**で唐・新羅連合軍の前に敗れた。

中大兄皇子は唐や新羅の来襲に備え、**大宰府**《だざいふ》近くに水城・山城を築き、対馬《つしま》を防御し、筑紫に**防人**《さきもり》を配置した。また近江・**大津宮**に遷都、西日本各地に築城を行うなど、外敵に備えた。そして668年、中大兄皇子は**天智天皇**として即位する。天皇は**近江令**を発し、我が国初の全国的戸籍である**庚午年籍**《こうごねんじゃく》も作った。

天智天皇の死後、子の**大友皇子**と天智天皇の弟・**大海人皇子**《おおあまのおうじ》とが戦う壬申《じんしん》の乱が起こる。この戦いに勝利した大海人皇子は、**天武天皇**となる。

■大化の改新

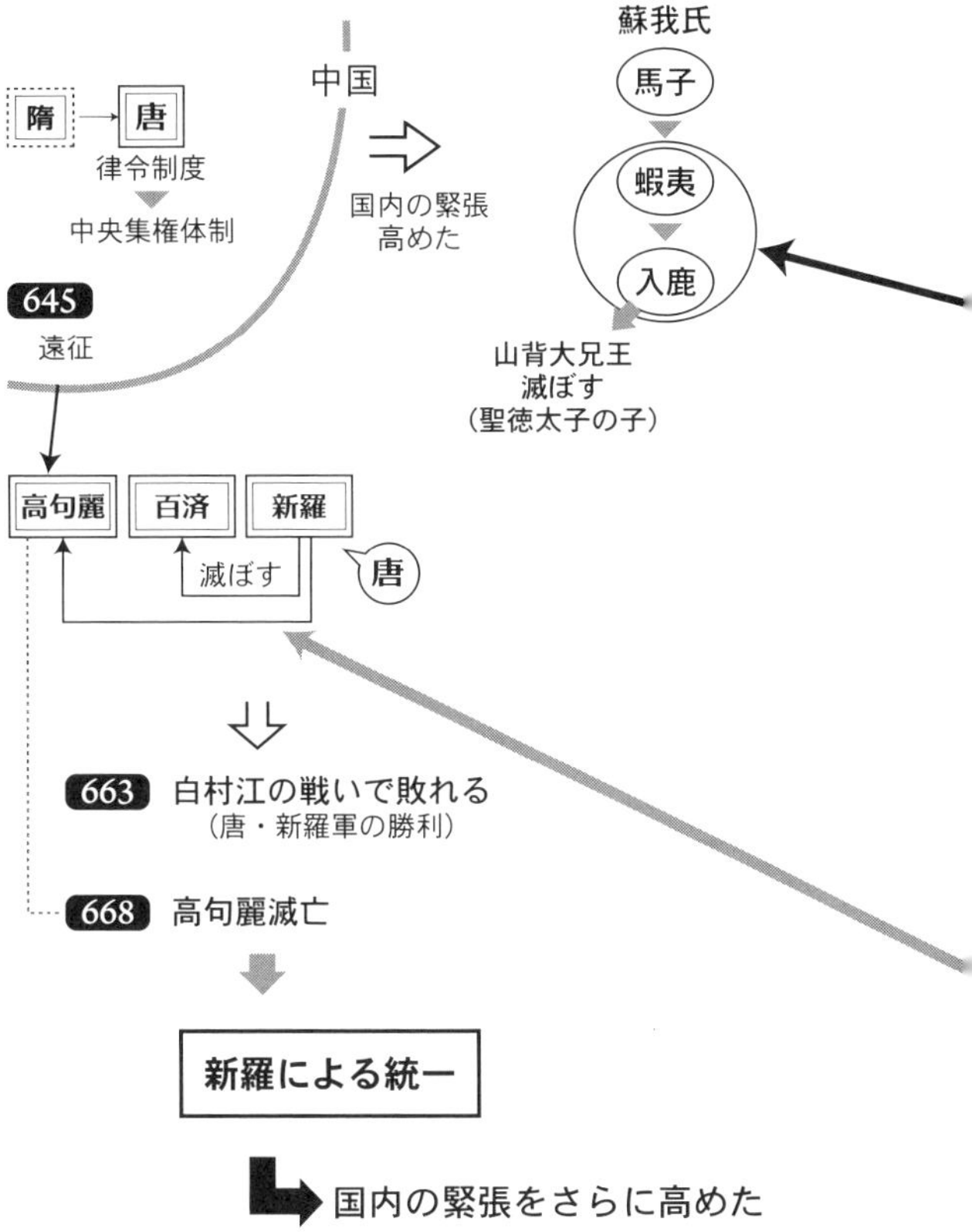

おすすめ本
『壬申の乱』
（倉本一宏）
吉川弘文館

豆知識
孝徳天皇の息子は悲運の皇子として名高い有間皇子。蘇我赤兄の讒言により、謀反が発覚、処刑された。

684年〜701年

本格的な宮都・藤原京へ、国家の礎を築く

◉律令国家をめざす

天武天皇は一族の皇親を中心に政治改革を断行し、中央集権体制をめざした。律令の制定のほか、天皇家を頂点とした国史の編纂も行った。684年には豪族の身分制である真人《まひと》・朝臣《あそみ》・宿禰《すくね》など八姓からなる**八色《やくさ》の姓**を定めた。

天武天皇死後、即位したのは天武の皇后であった**持統天皇**である。持統は天武の政治理想を引き継ぎ、689年に**飛鳥浄御原令《あすかきよみはらりょう》**を施行、690年、**庚寅《こういん》年籍**を制定。また、694年には本格的な宮都・**藤原京**へと遷都した。

次の**文武《もんむ》天皇**は701年に**刑部《おさかべ》親王**と**藤原不比等《ふひと》**に命じて**大宝律令**を制定した。

これで図のように律令国家の形がきれいに整ったのである。

そして、このころ国号も倭から**日本**となった。

◉班田収授の法を実行する

中央政府には太政官《だいじょうかん》が置かれ、その中の太政大臣・左大臣・右大臣・大納言などの公卿が政治をになった。畿内の有力豪族らは官位相当の制により、官人として位階に応じた官職を与えられた。

この時代は**畿内・七道《しちどう》**の行政区に分けられた。

50戸ごとの里に**里長**を置き、その上の郡は国造を**郡司**に、そして中央政府から**国司**を派遣して統制した。特別区として京には左・右京職《しき》、摂津には摂津職、九州には大宰府を置いた。

また農民の生活基盤を保障するため、満6歳以上の男女に一生にわたって耕作できる**口分田《くぶんでん》**を与え、死亡すると返還させる**班田収授の法**を実行した。

人々はその対価としての**租**、このほか**庸**・**調**・**雑徭《ぞうよう》**※や衛士《えじ》・防人などの兵士役を課せられていた。

ポイント

- 『古事記』『日本書紀』など国史の編纂を行った。
- 持統天皇は飛鳥から藤原京へと遷都する。
- 大宝律令が制定され、律令国家の形ができあがる。

用語解説

※租・庸・調・雑　税の種類のことで、租は土地税、庸は都での労働のかわりに布、調は絹、布などの特産品を納め、雑（雑徭）は国府の雑用、土木工事などを表す。他に都や九州での警護につく兵役や中央官吏の労役につく仕丁などがある。

■律令国家の成立

天武天皇 …息子たちと政治

684 八色の姓…豪族の身分制

↓

持統天皇 （天武天皇の皇后）

689 飛鳥浄御原令

694 藤原京（中国風の都城）

↓

文武天皇

701 **大宝律令**（刑部親王・藤原不比等）

⇩

律令国家の形 （律）刑罰法 （令）行政法（日本は令を重視）

「日本」と称す

⇩

中央と地方の官制

太政官

太政大臣・左大臣・右大臣・大納言
中納言・参議

官位相当の制

位階に応じた官職
位禄・季禄、位田・職田

畿内・七道の行政区

国・郡・里
（国司）（郡司）（里長）
中央　豪族　50戸

（京）左京職・右京職
（摂津）摂津職
（九州）大宰府

⇩

班田農民

満6歳以上
口分田（一生耕作）

男子：2反
女子：3分の2
奴婢：男女の3分の1

＝

班田収授の法

租…収穫高の3%
庸…労役の代わり
　布
調…特産物
雑徭…地方の労役
兵士役…衛士・防人

身分制度

良民（一般農民）・賤民

五色の賤

陵戸・官戸・家人
公奴婢・私奴婢

⇩

区別はあいまい

おすすめ本

『天翔る白日——
小説 大津皇子』
（黒岩重吾）
中公文庫

豆知識

防人は九州沿岸の警備のために、全国から集められた兵士で、その管理にあたったのが大宰府という部署になる。

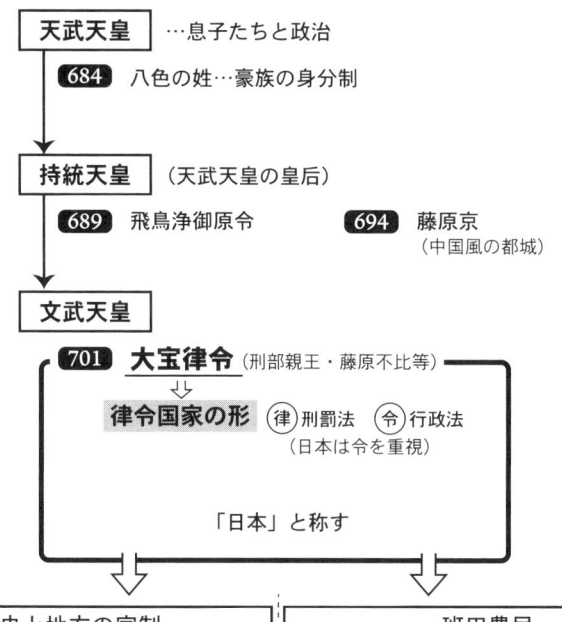

7世紀初め～後半

中国・朝鮮の影響により文化が花開き、仏教も広まる

◉中国・朝鮮の影響が濃い飛鳥文化

6世紀に仏教が伝来して以来、7世紀の飛鳥時代には豪族たちは自分たちの**氏寺**を建立するようになった。

蘇我氏の**飛鳥寺**、聖徳太子の**四天王寺**・**斑鳩寺《いかるがでら》**（**法隆寺**）、秦氏の**広隆寺**などである。これらの寺院は中国の南北朝文化と朝鮮3国、それに西アジアやギリシアの影響を受けており、**飛鳥文化**と呼ばれる。

ほかにも法華経・維摩《ゆいま》経・勝鬘《しょうまん》経の注釈書である「**三経《さんぎょう》義疏《ぎしょ》**」を聖徳太子が編纂したほか、寺院の伽藍《がらん》建築も仏教伝来とともに発達した。

また仏像では鞍作鳥《くらつくりのとり》が作製した法隆寺金堂の**釈迦三尊像**、南朝と百済の影響がみられる中宮寺の**半跏思《はんかし》惟《ゆい》像**などが、この文化の特徴といえる。

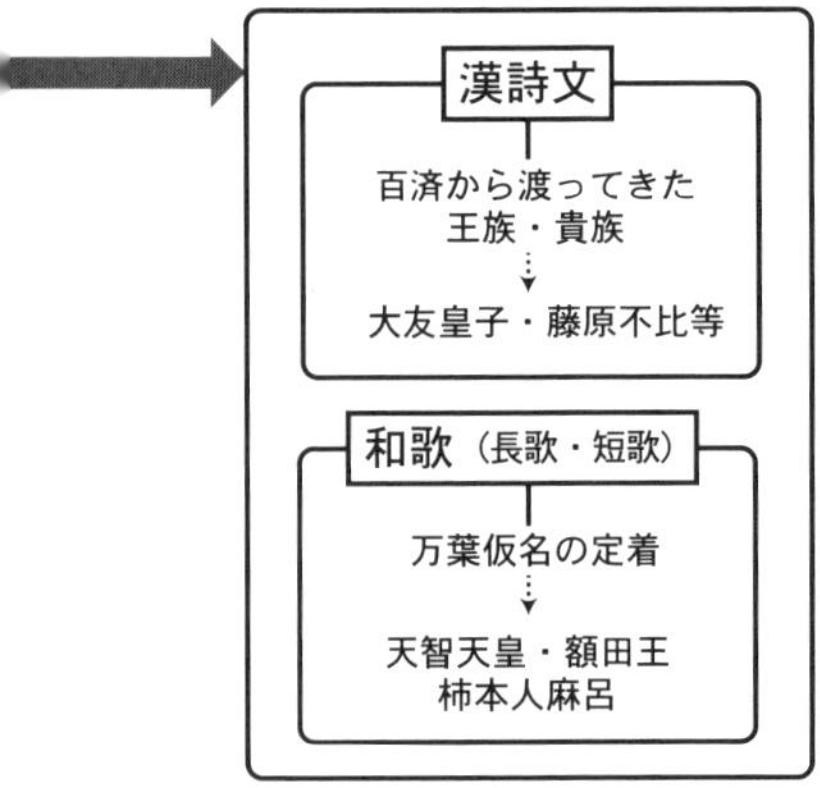
漢詩文
百済から渡ってきた王族・貴族
大友皇子・藤原不比等
和歌（長歌・短歌）
万葉仮名の定着
天智天皇・額田王
柿本人麻呂

飛鳥文化は図の太い矢印であらわしたように大きく変貌をとげ、7世紀後半になると**遣唐使**たちがもたらした初唐文化や新羅の影響が濃い仏教文化である**白鳳《はくほう》文化**が生まれる。

◉豊かで力に満ちた白鳳文化

この文化の背景には天武天皇の仏教政策がある。護国の経典を配布したり、僧尼の統制も行った。そし

ポイント☑

☑仏教の伝来以降、豪族たちの氏寺が建立される。

☑遣唐使がもたらした仏教文化が白鳳文化として花開く。

☑万葉仮名の発明によって和歌が隆盛する。

用語解説

※**柿本人麻呂**　生没年不詳。7～8世紀の歌人。三十六歌仙の一人。『万葉集』に多く歌を残しているが、そのすべてが人麻呂の作かは疑問が残る。代表作は「あしびきの山鳥の尾のしだり尾の　ながながし夜をひとりかも寝む」。

■飛鳥・白鳳の文化

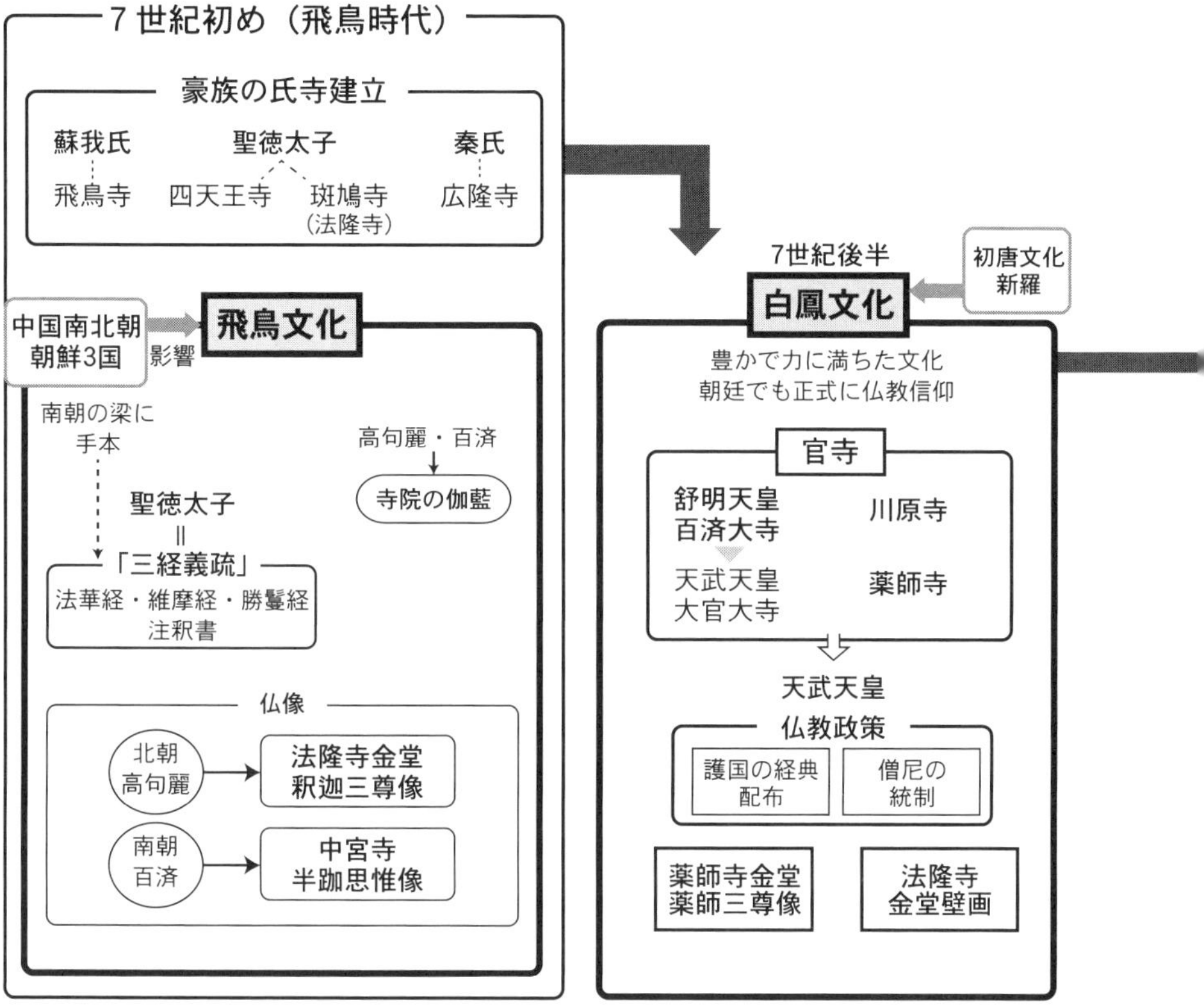
7世紀初め（飛鳥時代）
豪族の氏寺建立
蘇我氏
飛鳥寺
聖徳太子
四天王寺
斑鳩寺
（法隆寺）
秦氏
広隆寺
中国南北朝
朝鮮3国
影響
飛鳥文化
南朝の梁に
手本
聖徳太子
＝
「三経義疏」
法華経・維摩経・勝鬘経
注釈書
高句麗・百済
寺院の伽藍
仏像
北朝
高句麗
法隆寺金堂
釈迦三尊像
南朝
百済
中宮寺
半跏思惟像
7世紀後半
白鳳文化
初唐文化
新羅
豊かで力に満ちた文化
朝廷でも正式に仏教信仰
官寺
舒明天皇
百済大寺
川原寺
天武天皇
大官大寺
薬師寺
天武天皇
仏教政策
護国の経典
配布
僧尼の
統制
薬師寺金堂
薬師三尊像
法隆寺
金堂壁画

て、官立の寺が多く建てられた。現存する**薬師寺**にはこの文化が色濃く伝えられている。

その薬師寺金堂の**薬師三尊像**の流れるような衣、立体感あふれる法隆寺の**金堂壁画**なども白鳳文化を代表するものである。

これまでは巨大な古墳が権威の象徴であったが、代わって氏寺が権勢をしめすものとして、畿内から九州北部、北陸、関東北部に広がっていった。

宮廷では、百済からの知識高い亡命者が伝えたことで、貴族の教養として**漢詩文**が流行した。

また漢字の音訓を用いた**万葉仮名**の発明によって、長歌・短歌などの和歌が隆盛となり、**柿本人麻呂**※や**額田王**《ぬかたのおおきみ》などの優れた歌人が輩出した。

豆知識　四天王寺は593年に聖徳太子によって創建された。毎月21日は弘法大師の月命日、22日は太子の月命日で露店が並ぶ。

702年～764年

▼平城京の政治

聖武天皇の仏教統治、奈良の大仏が開眼する

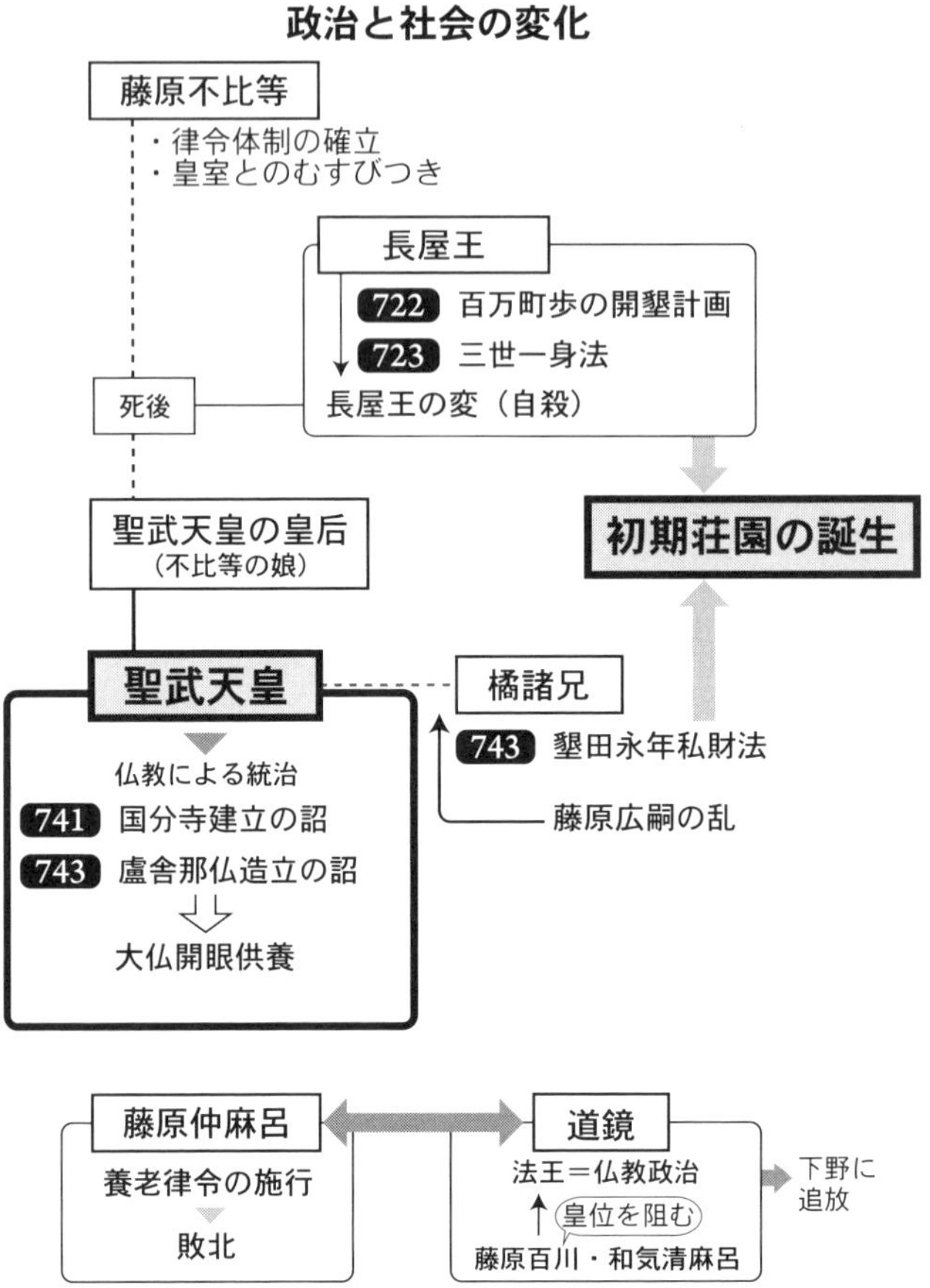
政治と社会の変化
藤原不比等
・律令体制の確立
・皇室とのむすびつき
長屋王
722 百万町歩の開墾計画
723 三世一身法
長屋王の変（自殺）
死後
聖武天皇の皇后
（不比等の娘）
初期荘園の誕生
聖武天皇
仏教による統治
741 国分寺建立の詔
743 盧舎那仏造立の詔
大仏開眼供養
橘諸兄
743 墾田永年私財法
藤原広嗣の乱
藤原仲麻呂
養老律令の施行
敗北
道鏡
法王＝仏教政治
皇位を阻む
藤原百川・和気清麻呂
下野に
追放

ポイント
- ☑唐の長安にならった平城京が建設される。
- ☑武蔵国から出た銅で和同開珎がつくられた。
- ☑聖武天皇は国分寺建立、盧舎那仏造立の仏教統治を行う。

◉平城京へ遷都

7世紀から8世紀初めの中国では唐が大帝国を築いていた。日本は一時遣唐使派遣を中止していたが、702年に再開、漢籍や仏典など唐の文物が入ってきた。朝鮮半島では新羅の統一によって、百済・高句麗の王侯貴族や農民が日本へ亡命し、帰化した。王侯貴族は中央の政界で、農民は東国での開発に従事した。

こうした国際関係の中、文武天皇が没し、母の**元明《げんめい》天皇**が即位した。元明天皇は710年に藤原京から奈良に遷都し、唐の長安にならって**平城京**を建設した。

用語解説

※**長屋王**　684年～729年。奈良時代の皇族。天武・天智天皇の孫にあたる。聖武天皇のとき左大臣となり、藤原氏の対抗勢力を誇っていたが、藤原不比等の子らの讒言によって邸を包囲され、自害した。この事件を長屋王の変という。

■平城京の政治

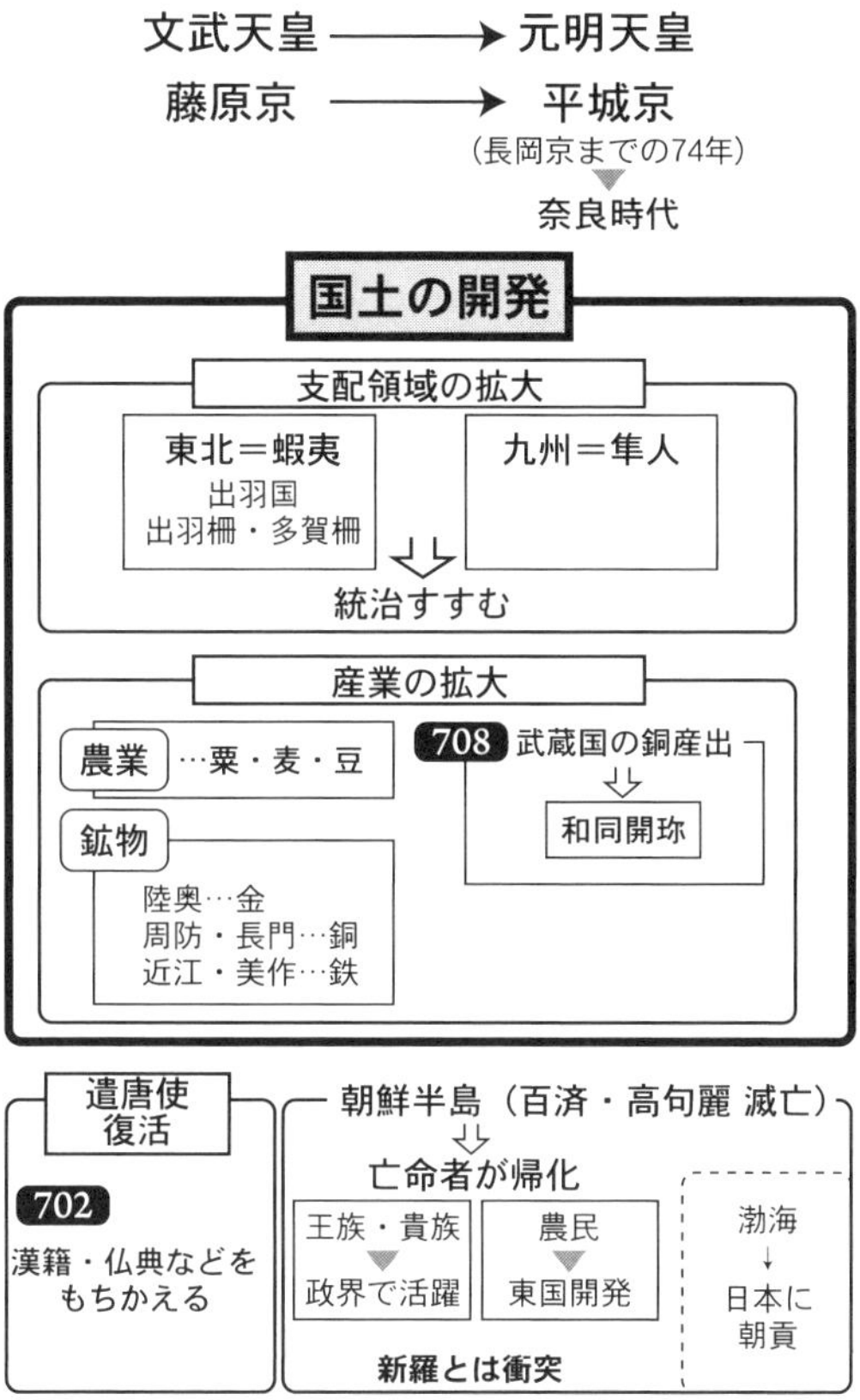
文武天皇 → 元明天皇
藤原京 → 平城京
(長岡京までの74年)
奈良時代
国土の開発
支配領域の拡大
東北＝蝦夷
出羽国
出羽柵・多賀柵
九州＝隼人
統治すすむ
産業の拡大
農業 …粟・麦・豆
鉱物
陸奥…金
周防・長門…銅
近江・美作…鉄
708 武蔵国の銅産出
和同開珎
遣唐使復活
702
漢籍・仏典などをもちかえる
朝鮮半島(百済・高句麗 滅亡)
亡命者が帰化
王族・貴族
政界で活躍
農民
東国開発
渤海
日本に朝貢
新羅とは衝突

国土開発も進んだ。中央の政治組織を整え、東北や九州まで支配地域を拡大していった。そして産業も盛んになった。農業では粟・麦・豆、鉱物では陸奥《むつ》の金などが開発された。708年には武蔵国から出た銅で**和同開珎**《わどうかいちん》がつくられた。

◉藤原家の勢力が拡大する

また、図のように政界も変転した。**律令制度**を確立し、皇室との結びつきを強めた藤原鎌足の子・**不比等**が力を持った。不比等の死後、権力を握った天武天皇の孫・**長屋王**《ながやおう》※は天皇家の税収増をはかるため、722年に**百万町歩**《ちょうぶ》**の開墾計画**を立て、翌年には**三世一身法**を施行した。

しかし、長屋王の変により死亡、不比等の子らも病気で次々に亡くなると、皇族出身の**橘諸兄**《たちばなのもろえ》が台頭する。諸兄は**墾田永年私財法**の制定などを行ったが、一方で藤原広嗣《ひろつぐ》が乱を起こし、社会不安が増した。

こうした世情に、**聖武天皇**は仏教による統治をめざし、741年に**国分寺建立**、743年に**盧舎那仏**《るしゃなぶつ》**造立の詔**を発した。なお大仏は聖武天皇の娘・**孝謙天皇**の時代に完成した。

孝謙天皇の信任が篤《あつ》かった不比等の孫の**藤原仲麻呂**は、不比等の編纂した**養老律令**を施行した。だが、孝謙天皇譲位後、**淳仁**《じゅんにん》**天皇**についた仲麻呂は孝謙上皇とその信の厚かった道鏡と対立し、敗れる。のち孝謙上皇は自身が重祚《ちょうそ》して**称徳**《しょうとく》**天皇**となった。

おすすめ本
『穢土荘厳』
(杉本苑子)
文春文庫

豆知識
「富本銭」は実際に貨幣として流通していたか確証がないため、最古の「流通貨幣」は「和同開珎」となっている。

8世紀

▼国際色豊かな天平文化

渡来僧の影響を受けて仏教的文化が盛んになる

ポイント

☑唐風の仏教的な天平文化が花開く。
☑国の保護を受けた仏教は隆盛を極めた。
☑天皇や貴族、民衆の歌を採集した『万葉集』が編まれた。

◉天平時代の仏教文化

8世紀の聖武天皇の時代を中心に、遣唐使や来日外国人が唐風文化を持ち込んだ。こうして花開いた国際色あふれた仏教的文化が**天平《てんぴょう》文化**である。

この時代、仏教は国の保護を受けて隆盛を極めた。**行基**《ぎょうき》のように社会事業を行いながら民間に布教をすすめる僧もあらわれた。また**鑑真**《がんじん》ら渡来僧の活発な活動の影響を受けて、南都六宗による仏典研究がおおいにすすんだ。

建築では**唐招提寺**《とうしょうだいじ》**金堂**、**東大寺法華堂**、**正倉院宝庫**などが代表的作

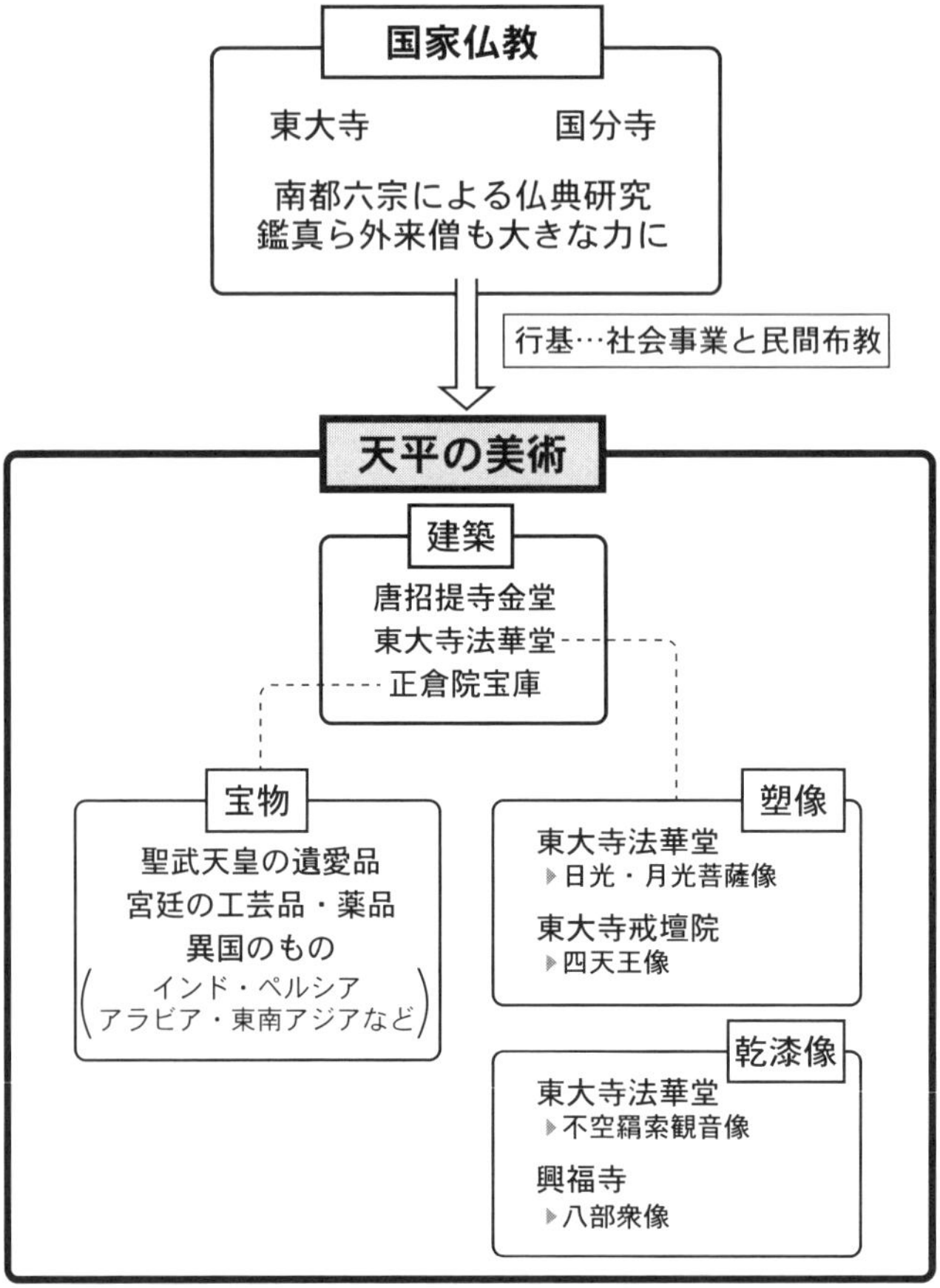

国家仏教
東大寺
国分寺
南都六宗による仏典研究
鑑真ら外来僧も大きな力に
行基…社会事業と民間布教
天平の美術
建築
唐招提寺金堂
東大寺法華堂
正倉院宝庫
宝物
聖武天皇の遺愛品
宮廷の工芸品・薬品
異国のもの
(インド・ペルシア アラビア・東南アジアなど)
塑像
東大寺法華堂
▶日光・月光菩薩像
東大寺戒壇院
▶四天王像
乾漆像
東大寺法華堂
▶不空羂索観音像
興福寺
▶八部衆像

用語解説

※**東大寺正倉院**　奈良時代、官庁や寺などの重要物を納める蔵を正倉といった。正倉で現存しているのが奈良県の正倉院になる。校倉造で、当時の文具、楽器、遊具などが収蔵されている。ガラスの白瑠璃碗、螺鈿紫檀琵琶が有名。

■国際色豊かな天平文化

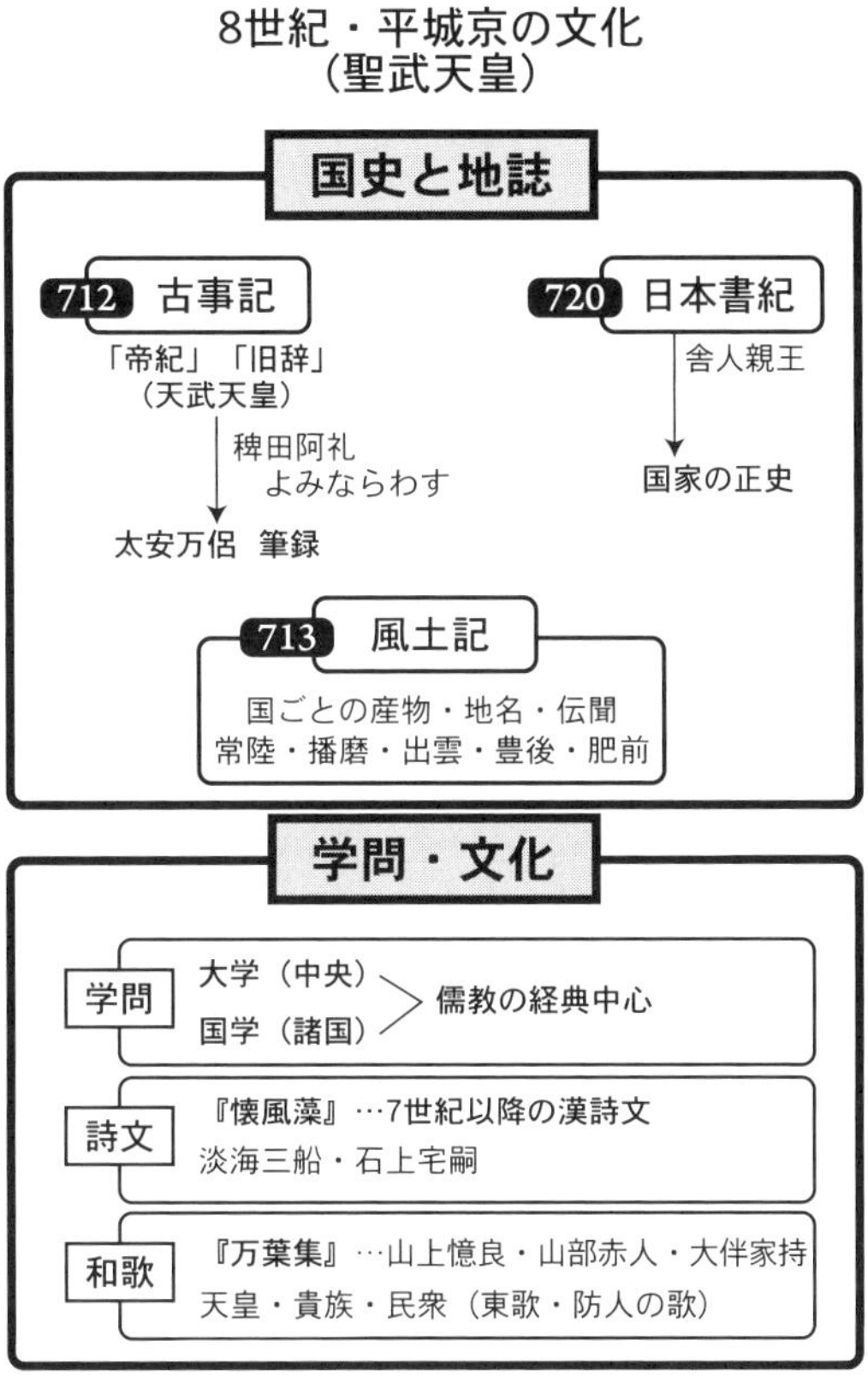
8世紀・平城京の文化
（聖武天皇）
国史と地誌
712 古事記
「帝紀」「旧辞」
（天武天皇）
稗田阿礼
よみならわす
太安万侶　筆録
720 日本書紀
舎人親王
国家の正史
713 風土記
国ごとの産物・地名・伝聞
常陸・播磨・出雲・豊後・肥前
学問・文化
学問
大学（中央）
国学（諸国）
儒教の経典中心
詩文
『懐風藻』…7世紀以降の漢詩文
淡海三船・石上宅嗣
和歌
『万葉集』…山上憶良・山部赤人・大伴家持
天皇・貴族・民衆（東歌・防人の歌）

品である。

仏像では、東大寺法華堂の**日光・月光《がっこう》菩薩像**、東大寺戒壇《かいだん》院の**四天王像**などの塑《そ》像がつくられた。また乾《かん》漆《しつ》像としては法華堂の不空羂索《ふくうけんじゃく》観音像、興福寺の八部衆《はちぶしゅう》像などが伝わっている。

東大寺正倉院※には聖武天皇の遺愛品などが納められ、それら宝物は現在でも特別公開されることがある。

◉『古事記』『日本書紀』の成立

また、歴史書と各地の地誌の編纂がなされたのも、天平文化の時期だ。

712年に**稗田阿礼《ひえだのあれ》**が暗唱した帝紀・旧辞を、太安万侶《おおのやすまろ》が筆録して『**古事記**』を完成させ、720年には舎人《とねり》親王が国の正史として『**日本書紀**』を成立させた。そして713年、国ごとの産物や地名、伝聞などを記した『**風土記《ふどき》**』も書かれた。そのほか、図のように多くの施策が展開された。

官人を養成するため中央には大学、諸国に**国学《こくがく》**が置かれ、儒教の経典を中心に学問がさかんになった。

また詩文では最初の漢詩集『懐風《かいふう》藻《そう》』が知られる。和歌では『**万葉集**』が編まれた。天皇や貴族、民衆の歌を採集したもので、白鳳期の天武天皇や天平期の山上憶良《やまのうえのおくら》、大伴《おおとも》家持《やかもち》などの歌が約4500首、収められている。

おすすめ本
『天平の甍』
（井上靖）
新潮文庫

豆知識
1979年、奈良県で太安万侶の墓が見つかった。没年月日、住所、階級などが判明している。国の指定史跡。

784年～823年

400年間にわたる平安時代が幕開けする

◉長岡京、そして平安京へ遷都

桓武天皇は784年に山背《やましろ》（のち山城）国の**長岡京**へ遷都を行った。

この地は水陸交通に便利で、僧侶や寺院の政治的影響力が少なかった。

しかし遷都直後に不祥事があいついだため、794年に同じ山城の**平安京**を都と定めた。

それ以降、鎌倉に武士政権が誕生するまでの400年間を**平安時代**とよぶ。

桓武天皇は国家安定に向けて**坂**《さかの》**上**《うえの》**田**《た》**村**《むら》**麻**《ま》**呂**《ろ》を**征夷大将軍**に任じ、蝦夷を征討、胆沢《いさわ》城を鎮守府としたが、財政を圧迫したため、一応の成果を上げたのち、征討は中止された。

また奥羽・佐渡・大宰府管内の諸国を除く軍団兵士制を廃止、郡司の子弟を正規兵士である**健児**《こんでい》として国司の役所・国衙《こくが》を守らせた。そして国司交代のさいの解由状を審査する**勘**《か》**解**《げ》**由**《ゆ》**使**《し》を置いた。さらにそれまで6年に1回だった班田収授を12年に1回とし、公地公民制の維持を図った。

◉桓武天皇後の政治

桓武天皇後の**平城天皇**《へいぜい》、**嵯峨天皇**《さが》※も桓武に倣《なら》い、律令政治の再建をめざした。特に嵯峨天皇は、**蔵人所**《くろうどどころ》を設置、政務上の機密事項にあたらせ、都の治安維持のために**検**《け》**非**《び》**違**《い》**使**《し》を置いた。

さらに律令規定をあらためた**格**《きゃく》と、施行細則の**式**を整理した**弘仁**《こうにん》**格式**を編纂し、律令に基づく法典による政治をめざした。後の**貞観**《じょうがん》**格式**、**延喜**《えんぎ》**格式**とあわせて**三代格式**と呼ばれている。

823年には大宰府管内に直轄の公営田《くえいでん》を設け、農民に調・庸を免じ食糧や労賃を与え、収穫の中から租税分を除いた分を官側の収入とした。

この方式が成功し、安定収入が得られたため、勅旨田《ちょくしでん》、官田、諸司田《しょしでん》などを設け、朝廷、政府の財源にあてた。

ポイント

- ☑桓武天皇は長岡京、そして平安京に遷都した。
- ☑坂上田村麻呂を征夷大将軍に任じ、蝦夷を征討する。
- ☑嵯峨天皇は治安維持のために都に検非違使を置いた。

用語解説

※**嵯峨天皇**　789～742。第52代天皇。兄の平城天皇の皇太弟となり、のち即位。復権を画策した平城上皇と「平城上皇の変（薬子の乱）」と呼ばれる権力争いを繰り広げたが、その後、長きにわたって安定政権を続けた。

■平安遷都による国家改造

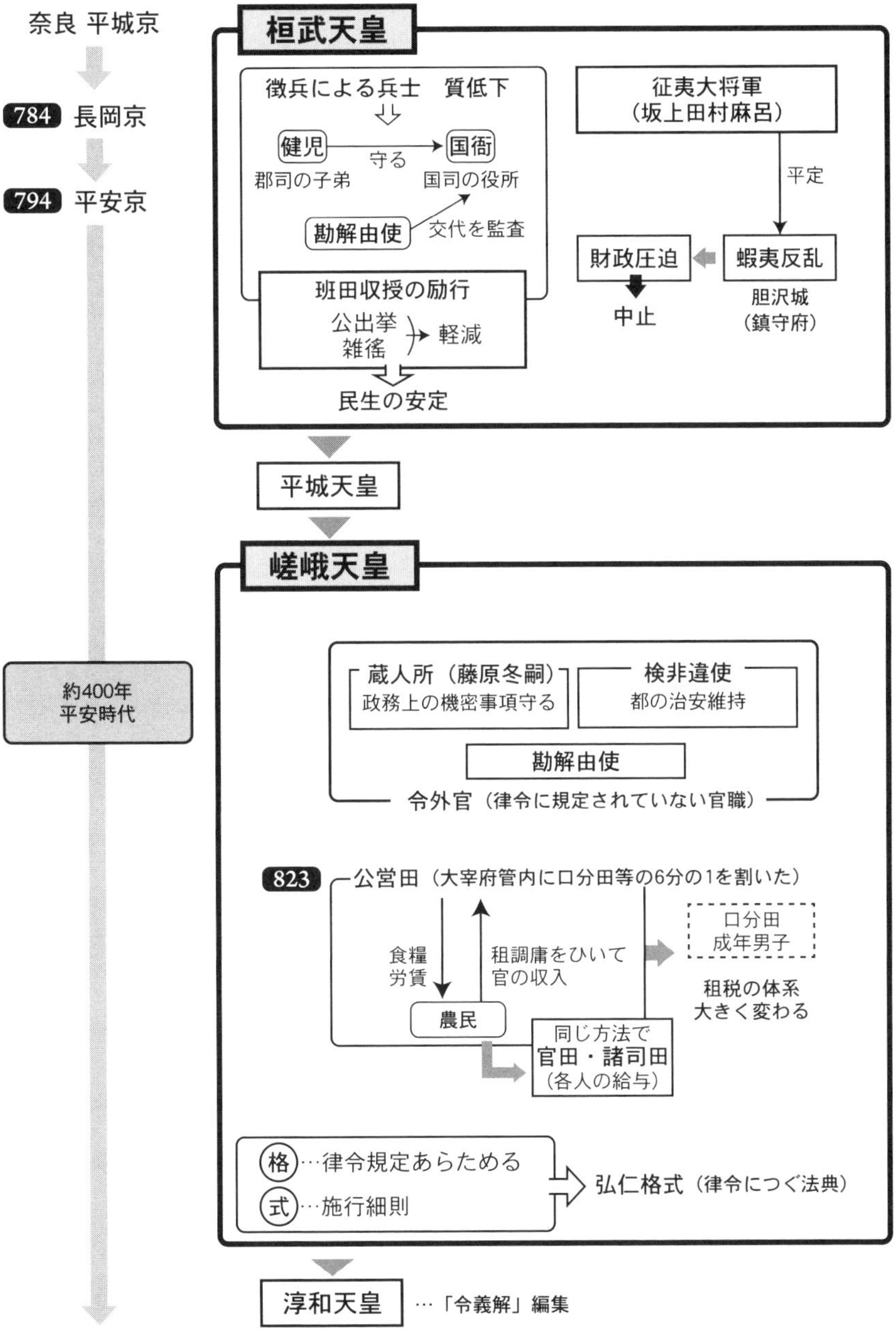
奈良 平城京
784 長岡京
794 平安京
約400年
平安時代
桓武天皇
徴兵による兵士 質低下
健児
守る
国衙
郡司の子弟
国司の役所
勘解由使
交代を監査
班田収授の励行
公出挙
雑徭
軽減
民生の安定
征夷大将軍
（坂上田村麻呂）
平定
蝦夷反乱
胆沢城
（鎮守府）
財政圧迫
中止
平城天皇
嵯峨天皇
蔵人所（藤原冬嗣）
政務上の機密事項守る
検非違使
都の治安維持
勘解由使
令外官（律令に規定されていない官職）
823 公営田（大宰府管内に口分田等の6分の1を割いた）
食糧
労賃
租調庸をひいて
官の収入
農民
同じ方法で
官田・諸司田
（各人の給与）
口分田
成年男子
租税の体系
大きく変わる
格…律令規定あらためる
式…施行細則
弘仁格式（律令につぐ法典）
淳和天皇
…「令義解」編集

おすすめ本

『火怨——北の燿星アテルイ』
（高橋克彦）
講談社文庫

豆知識

平安京は現在の京都市に置かれたが、御所から見て左が左京、右を右京とした。ＪＲ京都駅から見ると逆になる。

8世紀末〜9世紀末

▼弘仁・貞観文化

二人の巨人、最澄と空海が仏教繁栄の基礎を築く

◉最澄と空海の登場

平安遷都から9世紀末頃の文化を**弘仁・貞観文化**と呼ぶ。弘仁は嵯峨天皇の、貞観は清和天皇時代の年号である。

特色としては、**密教**の発展があげられる。釈迦の教えを経典で学びながら悟りを開こうとする今までの仏教である**顕教**《けんぎょう》に対して、密教は仏・菩薩の世界に秘密の呪法で悟りを開き、心身ともに仏と同一になることによって現世の利益《りやく》も得られるという教えであった。

この時代には**最澄**と**空海**という二人の僧が、その後の仏教繁栄の基礎を築いた。この二人はともに804年に遣唐使として唐に渡っている。

最澄は**天台宗**を開き、桓武天皇の庇護を受けて南都仏教から独立し、**比叡山**に**延暦寺**《えんりゃくじ》を開いた。天台宗は円仁・円珍が密教を取り入れた。天台宗の密教は「**台密**《たいみつ》」と呼ばれた。

一方、空海は**真言宗**を伝え、嵯峨天皇の庇護を受けて、**高野山**に**金剛**《こんごう》**峯寺**《ぶじ》、京都に**教王護国寺**《きょうおうごこくじ》（**東寺**《とうじ》）を開いた。天台宗の台密に対し真言宗密教を「**東密**《とうみつ》」という。空海は綜芸種《しゅげいしゅ》智院《ちいん》という庶民の学校もつくった。

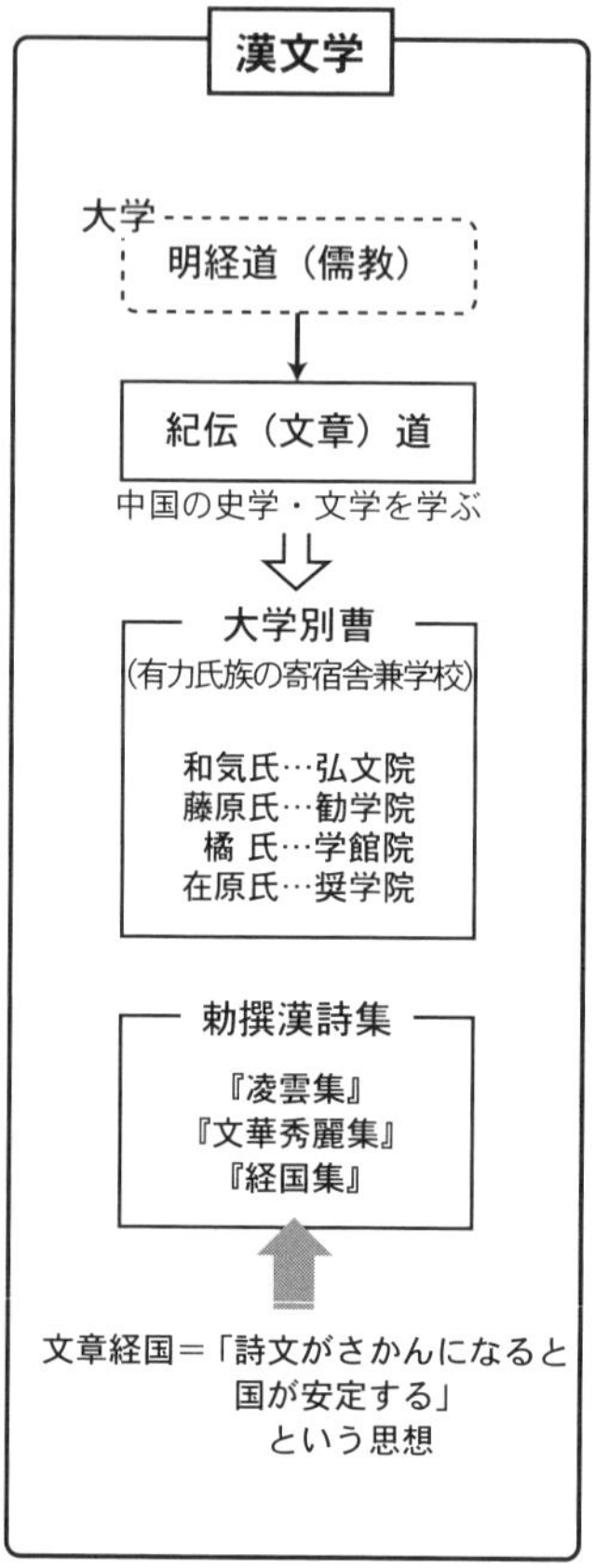

漢文学
大学
明経道（儒教）
紀伝（文章）道
中国の史学・文学を学ぶ
大学別曹
（有力氏族の寄宿舎兼学校）
和気氏…弘文院
藤原氏…勧学院
橘 氏…学館院
在原氏…奨学院
勅撰漢詩集
『凌雲集』
『文華秀麗集』
『経国集』
文章経国＝「詩文がさかんになると国が安定する」という思想

ポイント

- ☑遣唐使の一員だった最澄と空海が仏教繁栄の基礎を築いた。
- ☑最澄は比叡山に天台宗、空海は高野山に真言宗を開いた。
- ☑密教の隆盛により曼荼羅など密教芸術が生まれた。

用語解説

※三筆　この呼び方は江戸時代に定着。中国の王羲之をはじめとする唐風の書が手本となった。平安時代初期の三筆は空海・橘逸勢・嵯峨天皇、そのほか寛永の三筆とされる本阿弥光悦・近衛信尹・松花堂昭乗が有名。

■弘仁・貞観文化

平安遷都～9世紀末頃
唐文化の影響　新しい仏教・密教がさかん

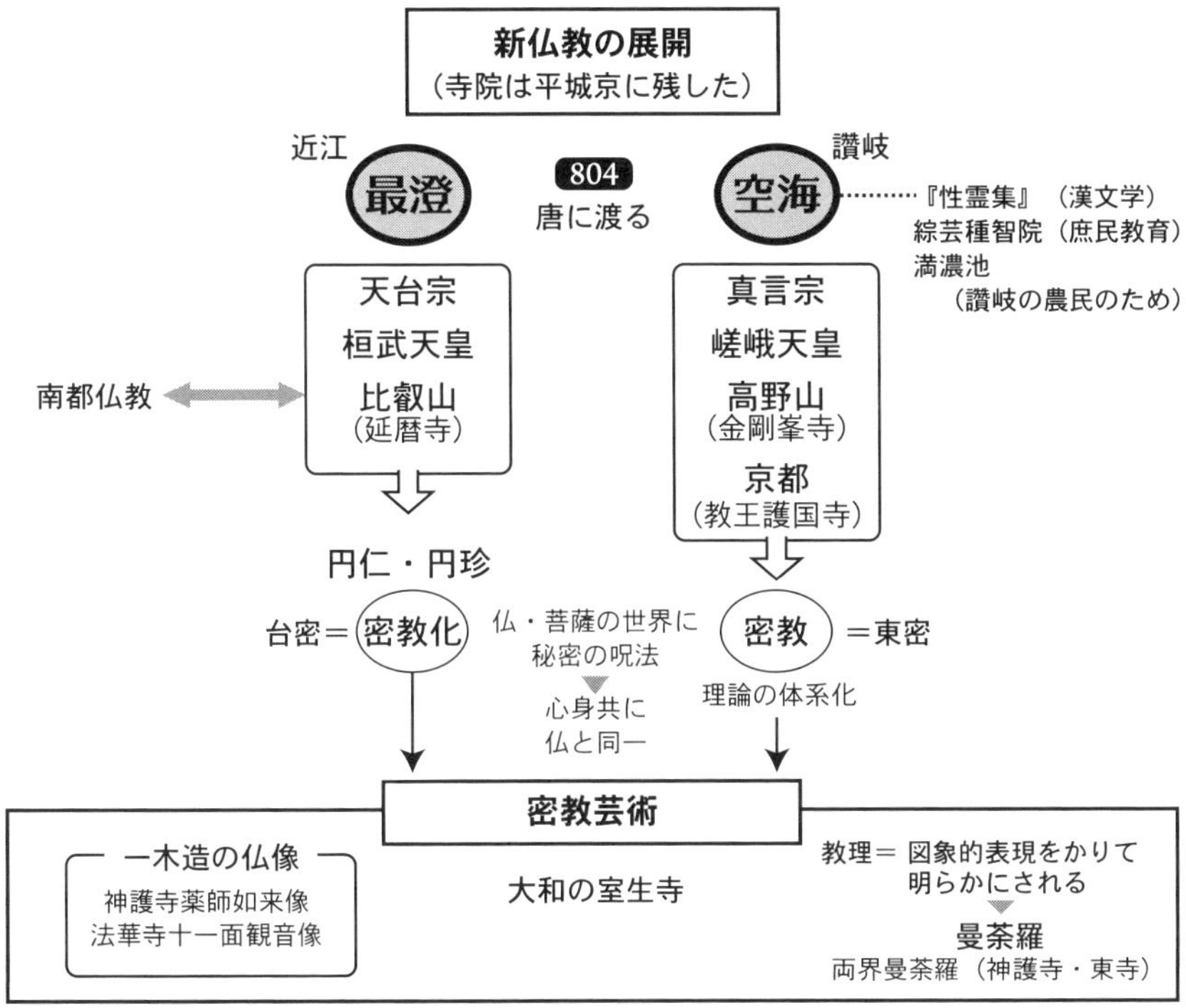
新仏教の展開
（寺院は平城京に残した）
近江
最澄
804
唐に渡る
讃岐
空海
『性霊集』（漢文学）
綜芸種智院（庶民教育）
満濃池
（讃岐の農民のため）
天台宗
桓武天皇
比叡山
（延暦寺）
南都仏教
真言宗
嵯峨天皇
高野山
（金剛峯寺）
京都
（教王護国寺）
円仁・円珍
台密＝密教化
仏・菩薩の世界に
秘密の呪法
心身共に
仏と同一
密教＝東密
理論の体系化
密教芸術
一木造の仏像
神護寺薬師如来像
法華寺十一面観音像
大和の室生寺
教理＝図象的表現をかりて
明らかにされる
曼荼羅
両界曼荼羅（神護寺・東寺）

◉密教文化の隆盛

密教の隆盛により、それに用いる絵画・彫刻、法具がつくられ、**曼茶羅**《まんだら》に代表される**密教芸術**が見られる。建築では大和の**室生寺**《むろうじ》、仏像では一木《いちぼく》造りの**神護寺**《じんごじ》**薬師如来像**、法華寺の**十一面観音像**などがつくられた。密教の世界観を表す曼茶羅が描かれ、神護寺や東寺の両界曼茶羅という作品が生まれた。

またこの時代には紀伝（文章《もんじょう》）道が盛んになり、漢文学が隆盛を誇った。勅撰漢詩集も多く編まれ、代表的なものに『**凌雲集**《りょううんしゅう》』や『**文華秀麗集**《ぶんかしゅうれいしゅう》』がある。

教育では各地の有力氏族の寄宿舎兼学校である大学別曹《べっそう》ができた。

書では嵯峨天皇、空海、橘逸勢《たちばなのはやなり》が能書家として、「**三筆**《さんぴつ》※」と呼ばれた。

おすすめ本
『曼陀羅の人――空海求法伝』
（陳舜臣）
集英社文庫

豆知識
綜芸種智院は空海没後に一旦閉校となったが、明治になって復活し、現在は私立大学となっている。

858年～940年

藤原氏の権勢の陰で武士の力が大きくなる

◉摂関政治がはじまる

平安中期に誕生した**摂政**・**関白**による政治は藤原氏が担った（**摂関政治**）。

嵯峨天皇が亡くなると**藤原北家**の**藤原冬嗣**《ふゆつぐ》が皇室との縁戚関係を深め権力を握った。子の**良房**は８５７年に太政大臣になり、清和天皇の外祖父として政治を総攬、**応天門の変**で伴《とも》善男《よしお》を退けて、摂政（幼少の天皇の補佐）として権勢をふるう。良房の養子・**基経**も宇多《うだ》天皇の関白（成人天皇の補佐）までのぼりつめる。

ここに藤原氏による摂関政治が誕生した。

宇多天皇は基経の死後、摂関を置かず、天皇親政を行った。**醍醐**《だいご》**天皇**とのちの**村上天皇**も同じく自ら政治を執ったため、醍醐・村上天皇の政治を「**延喜・天暦**《てんりゃく》**の治**」といった。

しかし、すでに地方では律令制の形は崩れつつあった。国司が地方官の代理人・目代《もくだい》を派遣し、収入だけを受け取る**遥任**《ようにん》や、自らの任国を私領化し富の蓄積をはかる**受領**《ずりょう》の不正が横行していたのだ。

◉源平二氏が登場する

10世紀になると、地方豪族は自衛のため**家子**《いえのこ》（血縁関係にある郎党）・**郎党**（地位の高い従者）という武士の一団をつくりあげる。朝廷や貴族は彼らを宮中警護の**滝口**《たきぐち》**の武士**、賊を懲らしめる**追捕使**《ついぶし》、暴徒の鎮定の**押領使**《おうりょうし》などに用いた。

また、承平《じょうへい》・天慶《てんぎょう》の時代に東国と西国で二つの乱が勃発している。

東国では９３９年に**平将門**※が常陸《ひたち》・下野《しもつけ》・上野《こうずけ》を攻略し、新皇《しんのう》を名乗った。西国でも伊予の元国司・**藤原純友**《すみとも》が９４０年に山陽道・南海道をおそって、九州の大宰府を攻め落とした。

この二つの乱は武士によって鎮圧され、源平二氏の時代につながっていく。

ポイント

- 摂政・関白による政治は藤原氏が独占した。
- 富の蓄積をはかる受領の不正が横行する。
- 平将門、藤原純友など地方の反乱があいついだ。

用語解説

※**平将門**　？～940年。平安時代の武将。一族内の争いから発展し、関東を手中にしようと乱を起こした。自ら新皇と名乗ったが、藤原秀郷らに討たれる。のちに神田明神に祀られた。東京大手町のビル街に首塚がある。

■藤原氏による摂関政治

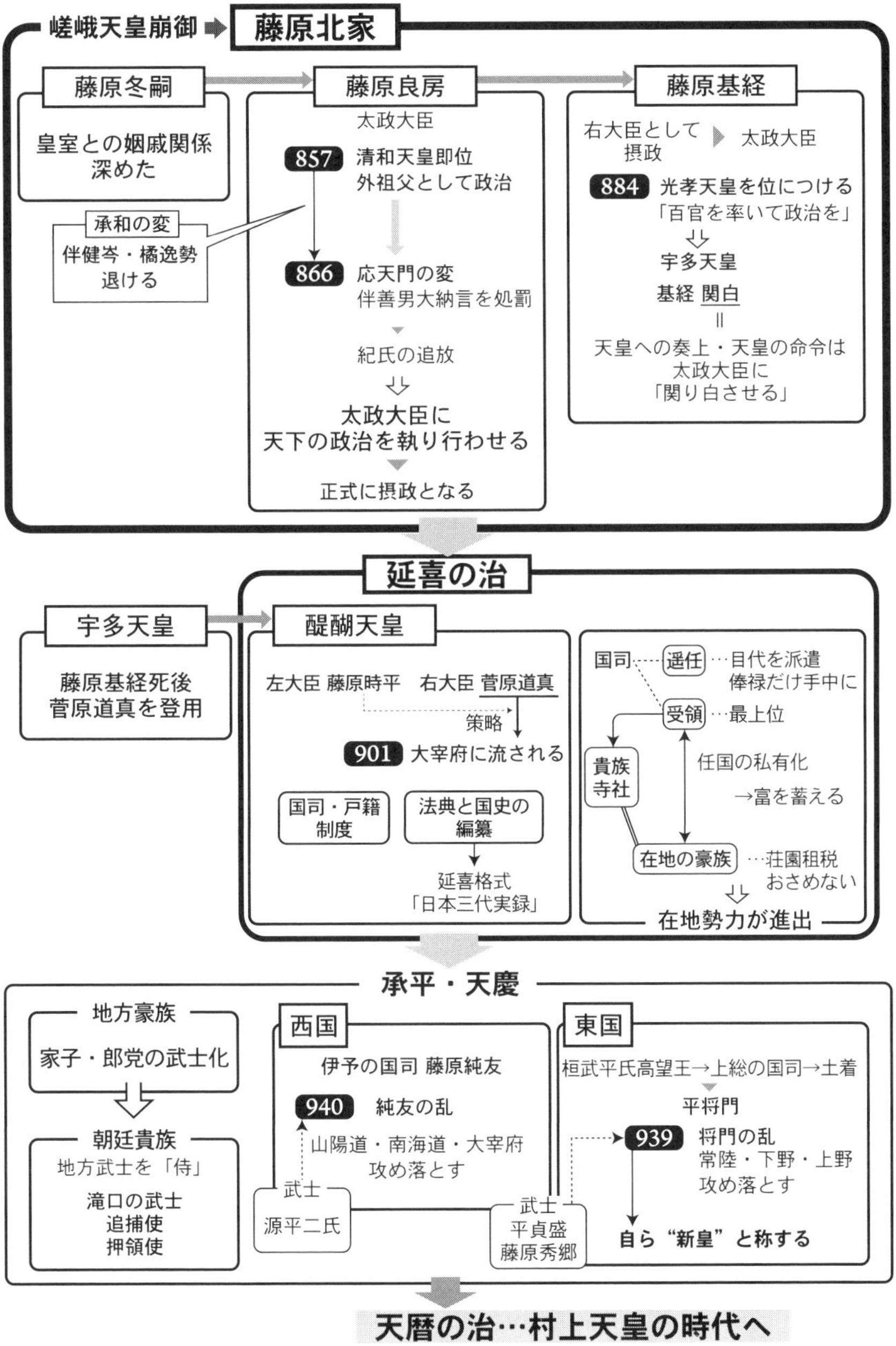
嵯峨天皇崩御
藤原北家
藤原冬嗣
皇室との姻戚関係深めた
承和の変
伴健岑・橘逸勢退ける
藤原良房
太政大臣
857 清和天皇即位
外祖父として政治
866 応天門の変
伴善男大納言を処罰
紀氏の追放
太政大臣に
天下の政治を執り行わせる
正式に摂政となる
藤原基経
右大臣として摂政
太政大臣
884 光孝天皇を位につける
「百官を率いて政治を」
宇多天皇
基経 関白
天皇への奏上・天皇の命令は
太政大臣に
「関り白させる」
延喜の治
宇多天皇
藤原基経死後
菅原道真を登用
醍醐天皇
左大臣 藤原時平
右大臣 菅原道真
策略
901 大宰府に流される
国司・戸籍制度
法典と国史の編纂
延喜格式
「日本三代実録」
国司
遥任
…目代を派遣
俸禄だけ手中に
受領
…最上位
貴族寺社
任国の私有化
→富を蓄える
在地の豪族
…荘園租税
おさめない
在地勢力が進出
承平・天慶
地方豪族
家子・郎党の武士化
朝廷貴族
地方武士を「侍」
滝口の武士
追捕使
押領使
西国
伊予の国司 藤原純友
940 純友の乱
山陽道・南海道・大宰府
攻め落とす
武士
源平二氏
東国
桓武平氏高望王→上総の国司→土着
平将門
939 将門の乱
常陸・下野・上野
攻め落とす
武士
平貞盛
藤原秀郷
自ら“新皇”と称する
天暦の治…村上天皇の時代へ

豆知識

菅原道真死後、御所・清涼殿に落雷があり、会議中だったため多くの死傷者が出た。これが道真の祟りといわれた。

969年〜1019年

▼摂関政治と東アジアの風雲

藤原氏の隆盛は道長で頂点に達した

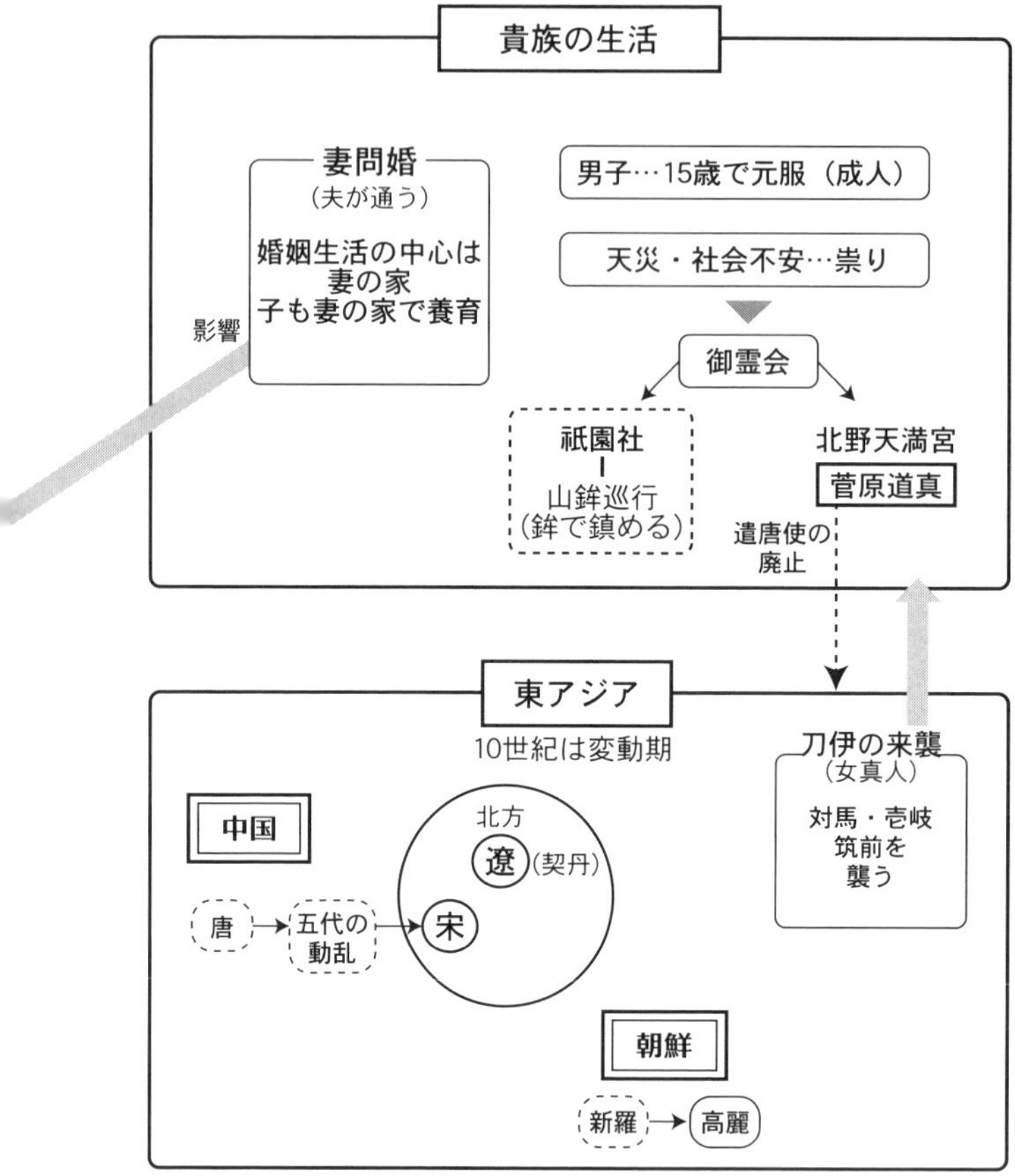

貴族の生活
妻問婚
（夫が通う）
婚姻生活の中心は妻の家
子も妻の家で養育
影響
男子…15歳で元服（成人）
天災・社会不安…祟り
御霊会
祇園社
山鉾巡行
（鉾で鎮める）
北野天満宮
菅原道真
遣唐使の廃止
東アジア
10世紀は変動期
中国
唐
五代の動乱
宋
北方
遼
（契丹）
朝鮮
新羅
高麗
刀伊の来襲
（女真人）
対馬・壱岐
筑前を
襲う

◉藤原北家の台頭

藤原不比等の4子は公卿に列し、それぞれ南家、北家、式家、京家に分立して繁栄した。この4家ではのちに**藤原北家**※が強大になり、その北家の中でも、**藤原忠平**の子孫だけが摂関が任じられるようになった。

このスタイルは969年に左大臣・**源高明**《たかあきら》が追放された**安和**《あんな》**の変**で確立し、以降、摂政・関白を常に置くことになった。ただ重要なのは、外戚の地位につくことで、藤原氏は天皇の外戚として権勢をふるうようになる。

摂関家となった藤原北家だが、そ

ポイント

- ☑他氏排斥を行った藤原北家が巨大な権勢をふるう。
- ☑藤原道長は天皇の外戚となって権力を手に入れた。
- ☑藤原氏に対抗した菅原道真は失脚し、大宰府に左遷された。

用語解説

※**藤原北家**　藤原不比等の次男・藤原房前の興した家。他に長男・武智麻呂の南家、三男・宇合の式家、四男・麻呂の京家があり、これらを「藤原四家」という。この四家の中では房前の北家が一番栄えた。

■摂関政治と東アジアの風雲

村上天皇…摂関置かず（一代のみ）

藤原忠平の子孫 摂関に任じられる

969 安和の変…源高明左大臣地位を追われる

摂関をつねに置く

藤原道長・藤原頼通

3人の娘を后に

後一条・後朱雀・後冷泉の外祖父

50年間　摂政（幼少）・関白（成人）

の内部でも抗争が始まった。これに勝利したのが**藤原道長**で、その子の**藤原頼通**の時代と合わせて、藤原氏の摂関政治が運用された。

藤原氏の隆盛の背景には、この時代の貴族の婚姻習慣が関係する。夫が妻の家へ通う**妻問婚**《つまどいこん》であり、生まれた子も妻の実家で育てられた。道長の娘は朝廷で中宮や皇太子妃になったので、その子は妻の実家で育てられ、そのため孫にあたる皇子は道長と強い結びつきを持つようになったのだ。

また、摂関政治が確立したころから人々の霊が祟《たた》り、天災や社会不安を招くとされ、霊を鎮めるため**御**《ご》**霊**《りょう》**会**《え》が行われるようになった。なお**藤原時平**の讒言《ざんげん》によって失脚し、怨霊となったとされる**菅原道真**の霊を鎮めるためにつくられたのが**北野天満宮**だ。

◉激変する東アジア諸国

10世紀の東アジアは大きな変動期にあった。唐の衰退を受けて、日本は８９４年には遣唐使を廃止した。その後、９０７年に唐は滅亡、**五代**の動乱を経て、**北宋**が成立する。また北方には遼《りょう》（契丹《きったん》）が、朝鮮では新羅が滅び、**高麗**《こうらい》が興った。

また１０１９年、**女真**《じょしん》（**刀伊**《とい》）が対馬・壱岐《いき》・筑前を襲来したが、大宰府などによってこれを撃退した。

このように、東アジア情勢は急速な転換期を迎えていた。

おすすめ本
『天神 菅原道真』
（三田誠広）
学研M文庫

豆知識
「この世をばわが世とぞ思ふ望月の　欠けたることもなしと思へば」はすべてに満足した道長の栄華を自身が謳った歌。

10世紀～11世紀

▼国風文化

平がなと片かなの発明で文学が一気に盛んになる

仏教界の動き

- **本地垂迹説**（神の本来の姿は仏）
- **修験道**（山岳信仰＋仏教・道教）

政治の無力 ⇩

末法思想

釈迦入滅後2000年…1052年＝末法の初年

⬇

浄土教の流行…阿弥陀仏にすがり極楽浄土に往生することが理想

空也…念仏のすすめ
源信…『往生要集』

⬇

美術と風俗

阿弥陀堂建築
- ・道長…法成寺御堂
- ・頼通…平等院鳳凰堂

▼

定朝「阿弥陀如来像」（寄木造）

服装

男子
正装…束帯・衣冠
平服…直衣・狩衣

女子
正装…十二単
略装…小袿

貴族の住宅

寝殿造

書道

和様の発達

三跡 ｛ 小野道風 / 藤原佐理 / 藤原行成

ポイント☑

☑日本の風土にあった文化があらわれた。
☑平がなと片かなによる文学が多数輩出された。
☑末法思想が蔓延し、浄土教が盛んになった。

◉本格的な文学の出現

10世紀から11世紀にかけて、それまでの大陸文化に日本人の人情や嗜好を加味し、日本の風土にあった**国風文化**があらわれた。

その代表が**平がな**と**片かな**の発明だ。これによってかな文学が一気に盛んになった。

和歌では**紀貫之**※らが『**古今和歌集**』を編み、その後の和歌の基本となった。同じく紀貫之の『**土佐日記**』は日記文学のはじまりとされる。物語では『**竹取物語**』をはじめ、**紫式部**によって宮廷の恋愛を描いた本格的な文学である『**源氏物**

用語解説

※紀貫之　生没年不詳。９～10世紀の歌人。三十六歌仙の一人。『古今和歌集』の編者に名を連ねている。また、『土佐日記』の著者でもあり、これは日記文学のさきがけともいわれている。

■国風文化

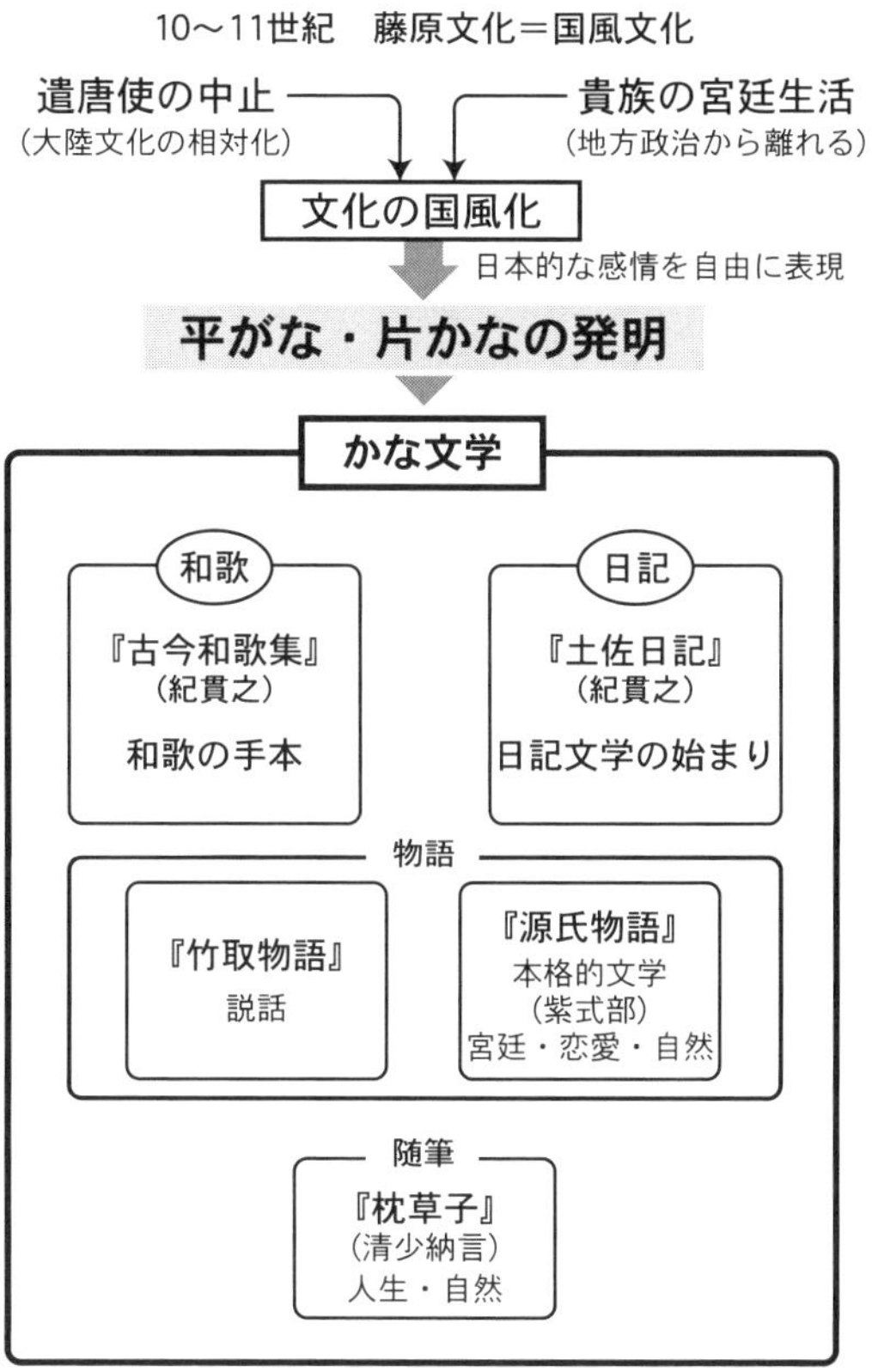
10～11世紀　藤原文化＝国風文化
遣唐使の中止
（大陸文化の相対化）
貴族の宮廷生活
（地方政治から離れる）
文化の国風化
日本的な感情を自由に表現
平がな・片かなの発明
かな文学
和歌
『古今和歌集』
（紀貫之）
和歌の手本
日記
『土佐日記』
（紀貫之）
日記文学の始まり
物語
『竹取物語』
説話
『源氏物語』
本格的文学
（紫式部）
宮廷・恋愛・自然
随筆
『枕草子』
（清少納言）
人生・自然

語』が書かれた。随筆でも**清少納言**が人生と自然を題材に『**枕草子**』をあらわした。

◉末法思想の流行

多発する災害への政府の無力さがあきらかになり、世の中では末法思想が蔓延した。これは釈迦入滅後2000年経つと末法の時代となり、世の中が乱れるという思想であり、1052年が末法の初年にあたるとされた。

末法思想の浸透は、阿弥陀仏にすがれば極楽浄土に往生できるという**浄土教**の流行へとつながった。

また、神の本来の姿は仏であるとの**本地垂迹説**《ほんじすいじゃく》が生まれ、山岳信仰と仏教や儒教を合わせた**修験道**《しゅげんどう》も生まれた。

このような浄土教の影響もあり、現世に極楽浄土をつくりあげようとする動きが出た。池と阿弥陀堂などで構成される阿弥陀堂建築がそれだ。藤原道長の法成寺《ほうじょうじ》御堂《みどう》、頼通の**平等院鳳凰堂**などに見ることができる。

ほかにも国風文化ならではの建築が、貴族の住宅である**寝殿造**だ。これは白木造、檜皮葺《ひわだぶき》を用いている。

また書道も前時代の唐様から柔らかい和様となり、小野道風・藤原佐理・藤原行成が三跡《さんせき》と呼ばれた。そのほか生活の国風化も進み、男子の束帯・衣冠や直衣《のうし》・狩衣《かりぎぬ》、女子の十二単《じゅうにひとえ》、小袿《こうちぎ》が見られるようになる。

おすすめ本
『窯変 源氏物語』
（橋本治）
中公文庫

豆知識
清少納言と紫式部はライバルとされるが、二人の宮中への出仕時期がかなり違うので、この話に信憑性はない。

■〈久恒式〉図解術 ①

マル ①

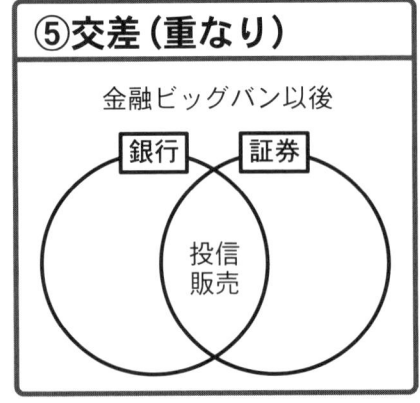

①並列

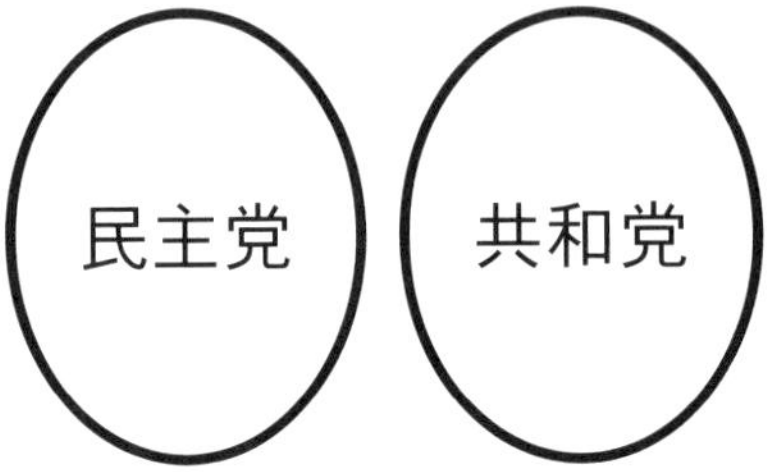

民主党
共和党

②分離

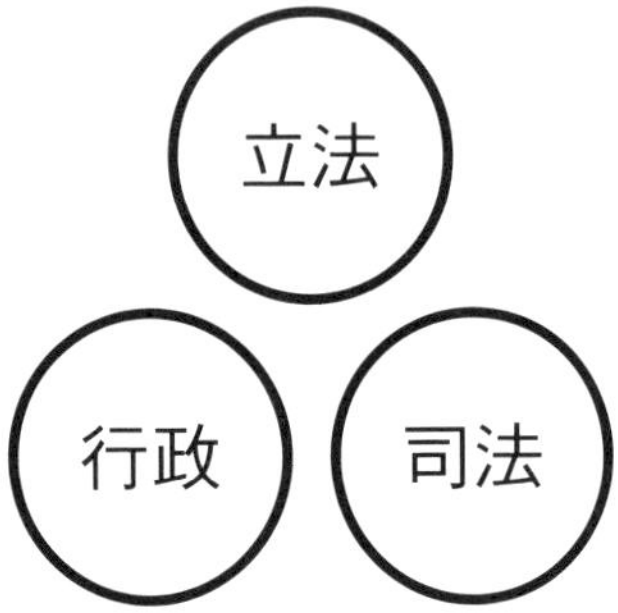

立法
行政
司法

③包含

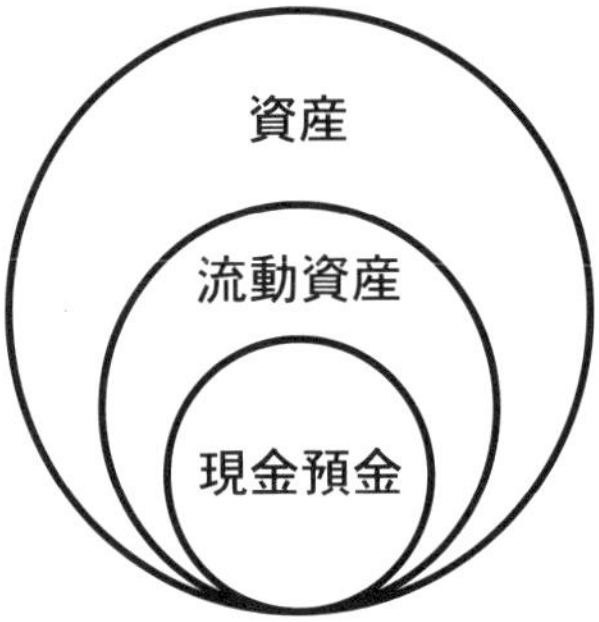

資産
流動資産
現金預金

④隣接

金融ビッグバン以前

銀行
証券
生保
損保

⑤交差（重なり）

金融ビッグバン以後

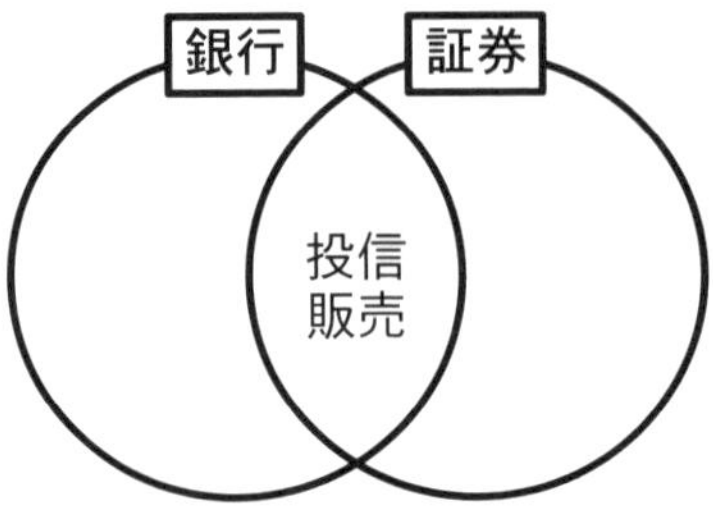

銀行
証券
投信
販売

⑥集合・群立

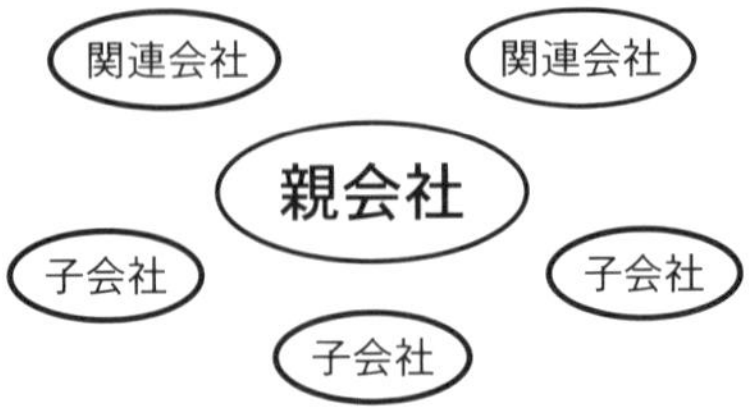

関連会社
関連会社
親会社
子会社
子会社
子会社

第2章

武士政権の時代

鎌倉↓室町↓戦国

1086年〜1159年

院政による専制政治、急激に台頭する平氏

◉白河天皇による院政

武士の地位が向上しつつあったころ、朝廷にも変化が起こった。藤原摂関家と外戚関係にない**後三条天皇**が即位、天皇親政を行った。

次の**白河天皇**は後三条天皇の遺志を受け継いで政策を推《お》し進めたが、１０８６年に幼少の**堀河天皇**へ譲位し、自身は上皇となって、天皇家の権力強化をめざした。これ以降、上皇の居所である院で政務が行われるようになり、これを**院政**と呼ぶ。

上皇は下級貴族や近親者を院近臣《いんのきんしん》や院司《いんのつかさ》に任じ、政治体制を整えた。また**北面の武士**※や**検非違使**《けびいし》には**源氏・平氏**などの武士団を起用、軍事的な基盤とした。これにより摂関政治は終焉《しゅうえん》を迎え、上皇の専制政治が始まった。この政治体制は**鳥羽**《とば》、**後白河上皇**に引き継がれ、ほぼ1世紀にわたって存続した。

上皇は皇族や貴族を知行国主《ちぎょうこくしゅ》とし、一国の支配権を与えた。このようにして官職の利権化がすすんだ。白河、鳥羽、後白河の3上皇は篤《あつ》い信仰を持って出家し、法皇と呼ばれた。

法皇は興福寺や延暦寺《えんりゃくじ》などの大寺院を厚く保護したが、その結果これら大寺院が力をつけ、かえって院をおびやかす勢力になっていく。

◉保元の乱と平治の乱

さて、12世紀半ばに至ると中央政界を二分する争いが起こる。

１１５６年には後白河天皇・藤原忠通が**源義朝**・**平清盛**を味方につけて、**崇徳**《すとく》**上皇**らを破る**保元の乱**が起こった。乱ののち、後白河天皇は上皇となるが、その3年後、今度は後白河の近臣である**藤原通憲**《みちのり》が**信頼**に殺された。このおり平清盛は、信頼や源義朝を倒し、混乱をしずめた。これを**平治の乱**という。こうして源氏の勢力は衰え、平清盛は武士の頂点に立った。

ポイント

☑後三条天皇が即位し、天皇親政を行った。
☑院政によって摂関政治から上皇の専制政治がはじまった。
☑平治の乱で源氏は衰え、平氏が武士の頂点になった。

用語解説

※**北面の武士**　白河法皇が創設した武士の警護団。院の住まいの北側警護をしていたので、「北面」とされた。後鳥羽上皇のとき西側の警護として「西面の武士」も創設したが、のちに廃止された。

■院政と平氏政権の誕生

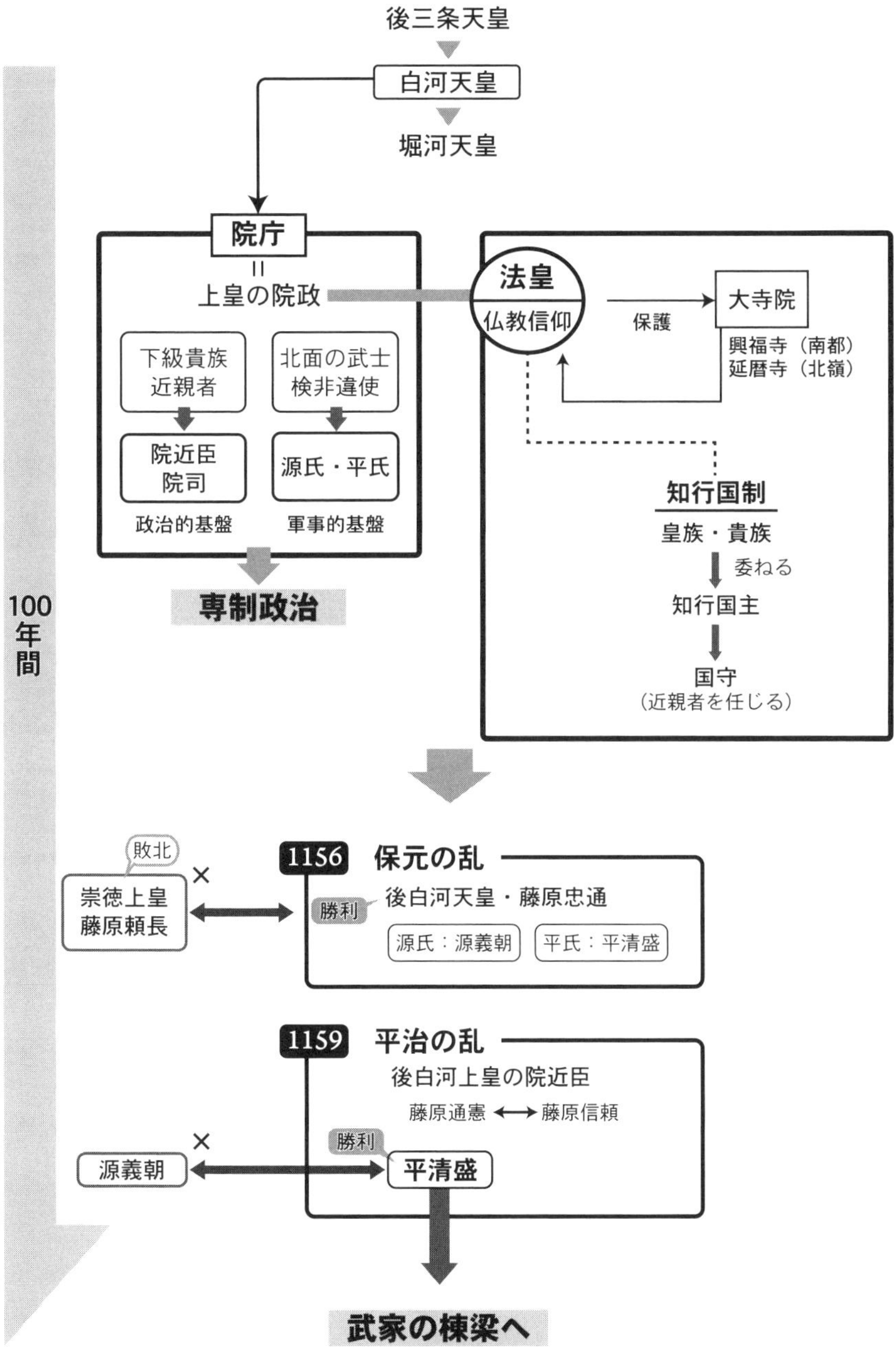
後三条天皇
白河天皇
堀河天皇
院庁
＝
上皇の院政
下級貴族
近親者
院近臣
院司
政治的基盤
北面の武士
検非違使
源氏・平氏
軍事的基盤
専制政治
法皇
仏教信仰
保護
大寺院
興福寺（南都）
延暦寺（北嶺）
知行国制
皇族・貴族
委ねる
知行国主
国守
（近親者を任じる）
100年間
敗北
崇徳上皇
藤原頼長
×
1156
保元の乱
勝利
後白河天皇・藤原忠通
源氏：源義朝
平氏：平清盛
1159
平治の乱
後白河上皇の院近臣
藤原通憲
藤原信頼
×
源義朝
勝利
平清盛
武家の棟梁へ

豆知識

平治の乱で敗れた源氏の嫡子・頼朝は清盛の継母池禅尼のはからいで、死罪を免じられて、伊豆に配流となった。

1177年～1179年

「平氏にあらざれば人にあらず」、その権力は頂点を極めた

◉栄華を極める平清盛

平清盛は徐々に政界における勢力を拡大していった。

国内では、全国の武士を配下にしていき、500余の荘園や数多くの知行国を獲得し、富を得た。また対国外では、宋との貿易に力を入れた**（日宋貿易）**。現在の神戸港である**大《おお》輪田泊《わだのとまり》**を修築、瀬戸内航路を整えた。宋との貿易で入手した宋銭や輸入文物による利潤は平氏の重要な財源となった。

また、武士としてはじめて太政大臣となり、その一族も「平氏にあらざれば人にあらず」と言われる程の権力者になった。清盛は次第に後白河法皇と対立し、1177年の平氏打倒を謀った**（鹿《しし》ヶ《が》谷《たに》の陰謀**※**）**として法皇の近臣らを処罰し、1179年にはついに後白河法皇を幽閉し、政権を樹立した。

◉院政文化

院政期には都での文化も発展した。文学では藤原道長を描いた『**栄華物語**』、摂関政治を著した『**大鏡**』など和文体の歴史物語がある。『源氏物語絵巻』『伴大納言絵巻』などの絵巻物も登場し、新たな展開を見せた。

また、インド・中国・日本の1000余の説話を集めた和漢混交体で書かれた『**今昔物語集**』などの説話集も成立した。

一方で奥州藤原氏が栄華を誇った平泉《ひらいずみ》など、地方文化も繁栄をほこった。奥州平泉の**中尊寺金色堂**、陸奥《むつ》の白水《しらみず》阿弥陀堂、九州豊後《ぶんご》国東《くにさき》半島の富貴寺《ふきじ》大堂《おおどう》などがその証左である。

流行歌謡の今様《いまよう》も広まり、後白河法皇はこれを集めて『**梁塵《りょうじん》秘抄《ひしょう》**』を編んだ。

そしてのち狂言へと発展する**猿《さる》楽《がく》**、庶民的芸能の**田楽《でんがく》**などの文化が花開いたのもこの時期だ。

ポイント

- ☑平氏は500余の荘園や数多くの知行国を獲得した。
- ☑平清盛によって平氏は頂点を極めた。
- ☑今様、猿楽、庶民的芸能の田楽などの文化が花開いた。

用語解説

※鹿ヶ谷の陰謀　後白河法皇の近臣である藤原成親、西光、俊寛が、平氏打倒を計画した事件。密談した場所が俊寛の別荘のある京都・鹿ヶ谷だったのでこの名がついた。事件は多田行綱の密告により発覚、それぞれ流罪などの処罰となった。

■平氏の絶頂時代

平清盛

国内
- 武士団の組織化
- ▼
- 荘園・知行国
- ↓
- 富

国外
- 日宋貿易
- ↓ 瀬戸内航路
- 大輪田泊（神戸）
- 富

↓

太政大臣
「平氏にあらざれば人にあらず」

1177 鹿ヶ谷の陰謀

1179 法皇をおしこめる

⇩

頂点！

地方
- **奥州**：藤原氏 ＝ 平泉（中尊寺金色堂）
- **陸奥**：白水阿弥陀堂
- **九州豊後**：富貴寺大堂

都
新たな展開
- **和文体**：歴史物語『栄華物語』『大鏡』
- **絵巻物**：『源氏物語絵巻』『伴大納言絵巻』『信貴山縁起絵巻』

軍記物語	**説話集**	**今様（民間歌謡）**
『陸奥話記』	『今昔物語集』	『梁塵秘抄』（後白河法皇）

田楽（庶民的芸能）

豆知識
藤原成親らが鹿ヶ谷で密談の折、瓶子（酒器）を倒してしまった。これを見て成親は「平氏（瓶子）が倒れた」と喜んだという。

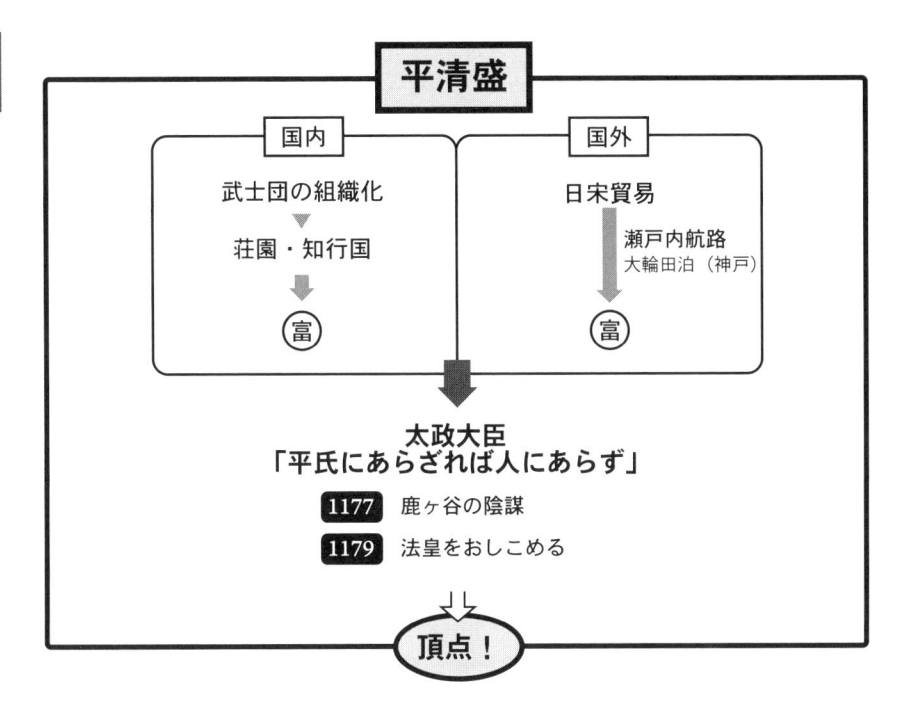

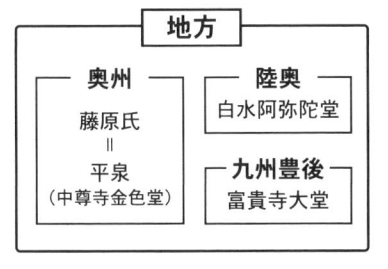

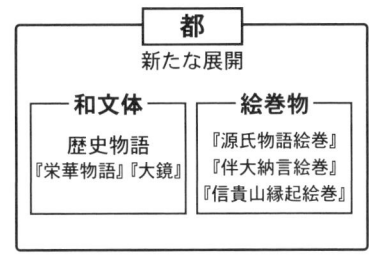

11世紀

▼荘園と武士団

西国の平氏、東国の源氏、東北の藤原氏の3つに別れた

◉発達する荘園

平安中期になると律令《りつりょう》による土地制度も乱れが生じていった。

このため国司《こくし》は図にあるように有力な農民に**名田《みょうでん》**の耕作を請け負わせて、そこから租税を徴収するようになった。これを**負《ふ》名《みょう》制度**という。

田《た》堵《と》と呼ばれた請負農民のうち規模の大きい大名田堵は、自ら開発した土地を私領にするようになり、**開発領主**となった。

開発領主は寺社や貴族に自らの領地（**荘園**）を寄進した。寄進をうけた寺社や貴族（領《りょう》家《け》）はさらに上級の貴族（本《ほん》家《け》）に寄進していった。

こうした**寄進地系荘園**は11世紀の半ば以降になると租税を免除される「**不《ふ》輸《ゆ》の権**」を獲得していく。加えて国司の使者が立ち入れない「**不《ふ》入《にゅう》の権**」を持つ荘園もあらわれ、従来の律令の土地制度は荘園や公領（国《こく》衙《が》領）を中心とした土地制度に変容していった。

このような背景の中で、主従制と同族結合を基盤に力をつけてきた武士団は国衙の役人や受《ず》領《りょう》経験者を棟《とう》梁《りょう》と仰いで団結を深めてきた。その代表が関東の源氏であり、西国を基盤とする平氏であった。

◉源氏と平氏が勢力をのばす

1028年、**清和源氏**※の源頼信が平忠常を討って東国武士の間に勢力をのばした。

その後、**源頼義・義家**親子が奥州で安倍氏（**前九年合戦**〈一〇五一～六二〉）、その後義家は藤原清衡《きよひら》を助けて清原氏の内紛を平定した（**後三年合戦**〈一〇八三～八七〉）。のち清衡は平泉を本拠地とし、**奥州藤原氏**として3代にわたって栄えた。

そして義家は関東と奥州の武士団と主従関係をむすび、関東を勢力圏に置いた。

一方平氏は伊勢・伊賀を基盤とし西国を中心に勢力を拡大していく。

ポイント ☑

☑田堵と呼ばれた請負農民は開発領主となっていった。

☑荘園や公領を中心とした土地制度に変容した。

☑平氏、源氏など武士の勢力が拡大していった。

用語解説

※**清和源氏**　源氏21流の一つで清和天皇を祖とする源氏の一族。ほかにも嵯峨天皇の嵯峨源氏などがある。対して平氏は4流あるが、桓武平氏が有名。これは桓武天皇が元となっている。

■荘園と武士団

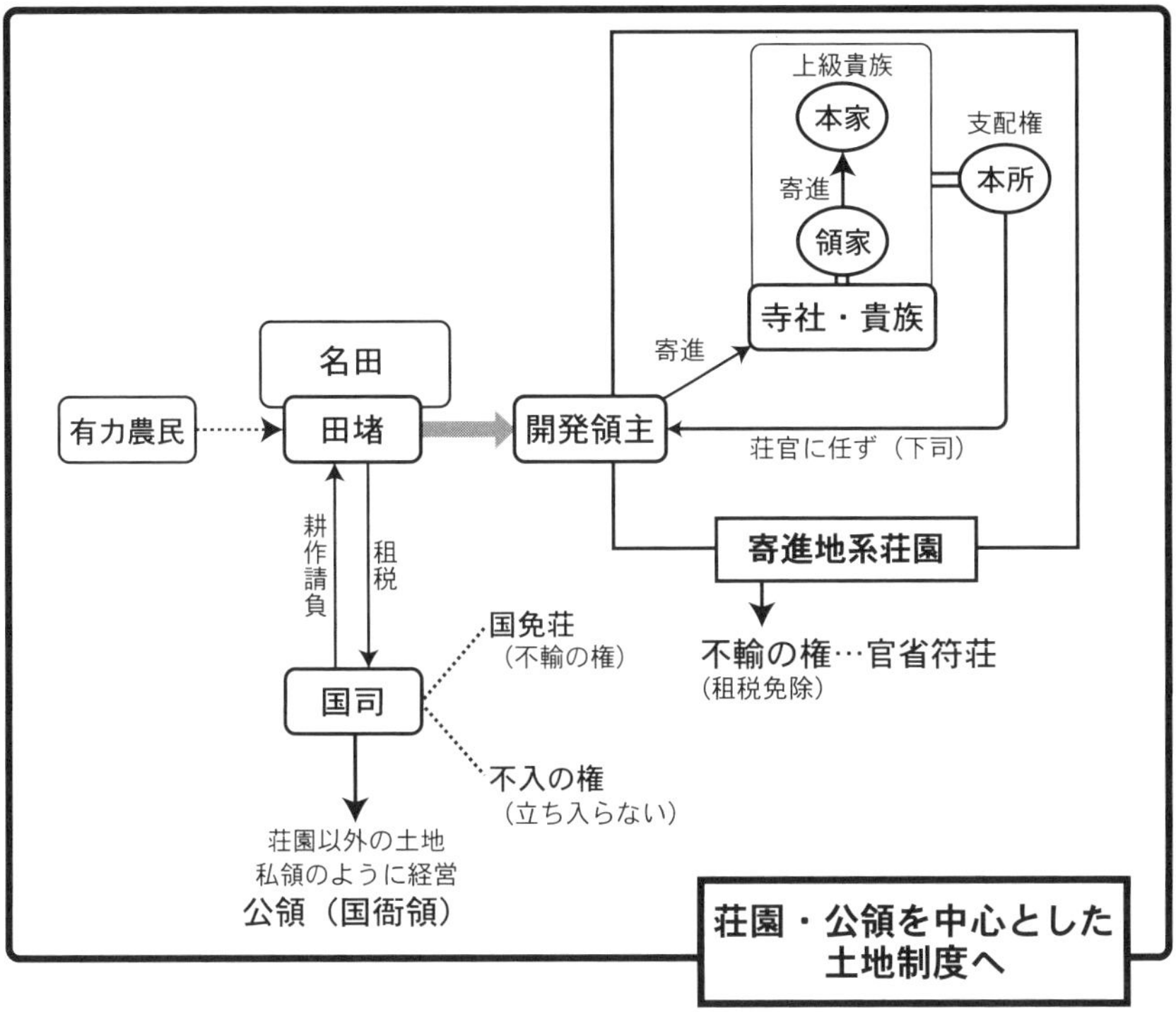
上級貴族
本家
寄進
領家
支配権
本所
寺社・貴族
寄進
名田
有力農民
田堵
開発領主
荘官に任ず（下司）
耕作請負
租税
寄進地系荘園
国免荘
（不輸の権）
不輸の権…官省符荘
（租税免除）
国司
不入の権
（立ち入らない）
荘園以外の土地
私領のように経営
公領（国衙領）
荘園・公領を中心とした
土地制度へ

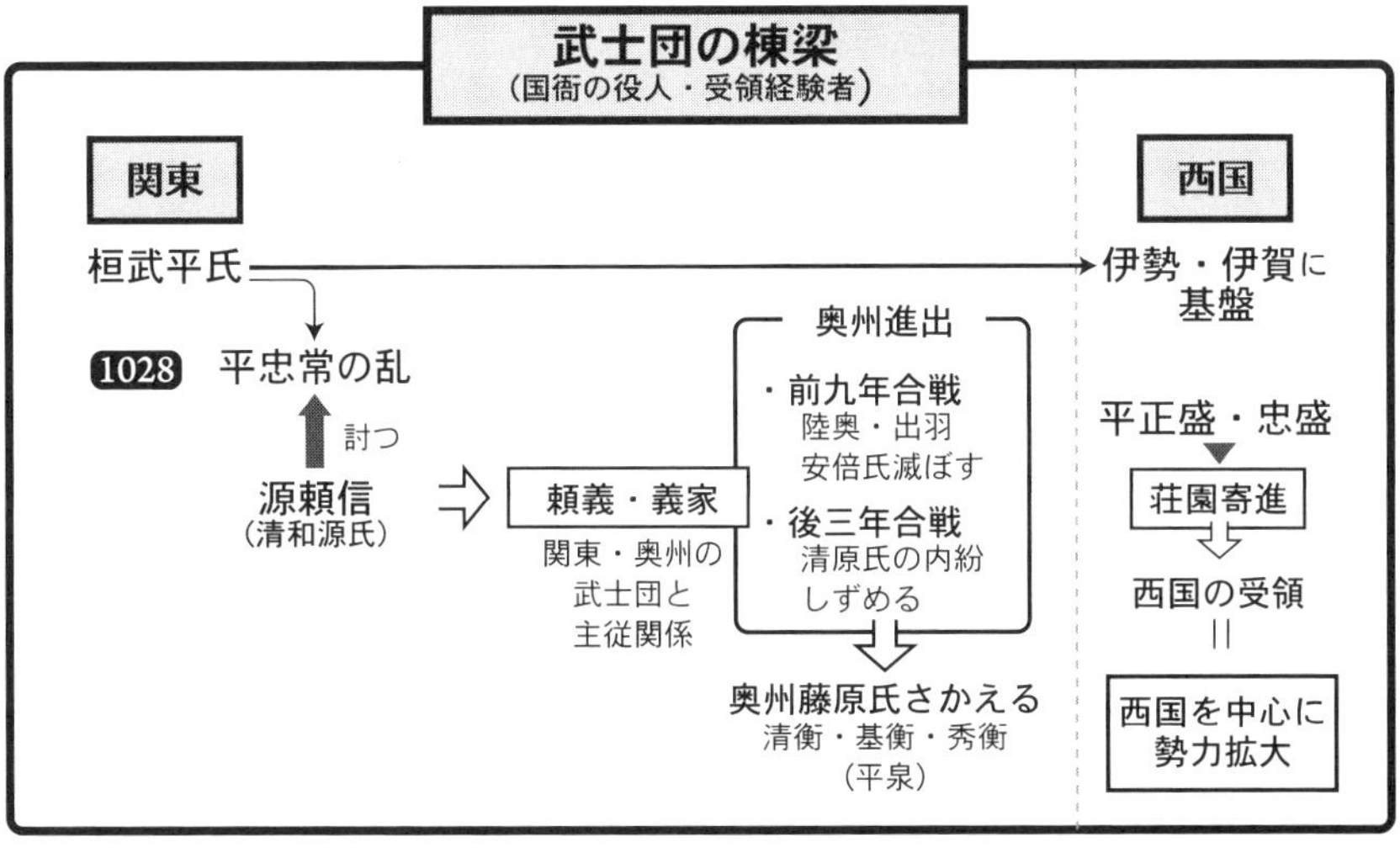
武士団の棟梁
（国衙の役人・受領経験者）
関東
西国
桓武平氏
伊勢・伊賀に
基盤
1028
平忠常の乱
討つ
源頼信
（清和源氏）
頼義・義家
関東・奥州の
武士団と
主従関係
奥州進出
・前九年合戦
陸奥・出羽
安倍氏滅ぼす
・後三年合戦
清原氏の内紛
しずめる
奥州藤原氏さかえる
清衡・基衡・秀衡
（平泉）
平正盛・忠盛
荘園寄進
西国の受領
||
西国を中心に
勢力拡大

豆知識
源義家は別名を「八幡太郎義家」という。数々の逸話を残しており、後世になって歌川国芳などが錦絵の題材としている。

1180年〜1185年

平氏を滅ぼした源頼朝は鎌倉に幕府を開く

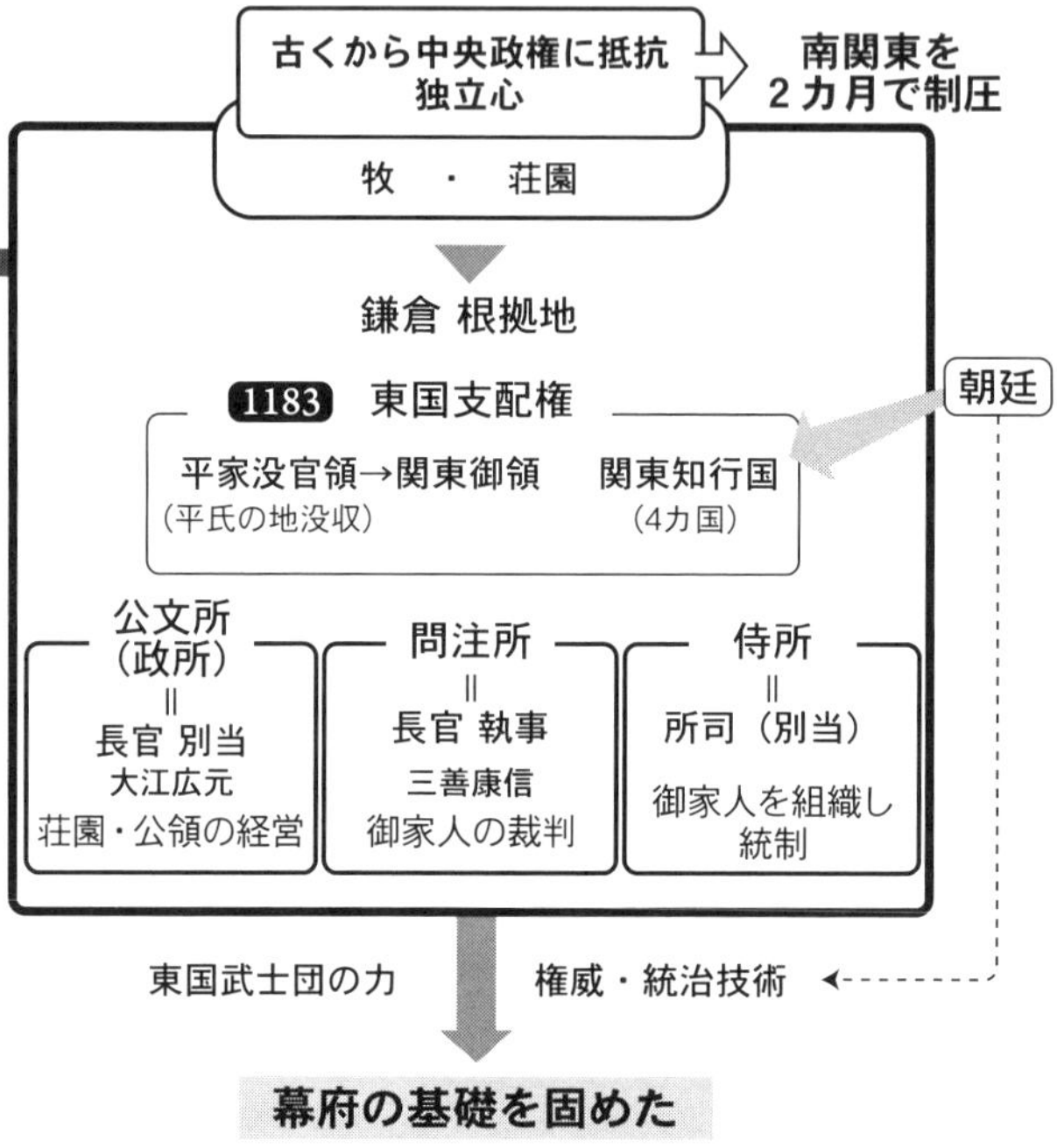
古くから中央政権に抵抗
独立心
南関東を
2カ月で制圧
牧・荘園
鎌倉 根拠地
1183 東国支配権
朝廷
平家没官領→関東御領
(平氏の地没収)
関東知行国
(4カ国)
公文所
(政所)
‖
長官 別当
大江広元
荘園・公領の経営
問注所
‖
長官 執事
三善康信
御家人の裁判
侍所
‖
所司(別当)
御家人を組織し
統制
東国武士団の力
権威・統治技術
幕府の基礎を固めた

ポイント

☑平氏の専制に耐えかね、全国で平氏打倒の兵が起こる。

☑壇の浦の戦いで平氏が滅亡する。

☑頼朝は武士団による鎌倉幕府の基礎を固めていった。

◉平氏の衰退

伊勢平氏の棟梁である平清盛の専制と横暴に耐えかね、後白河法皇の皇子・**以仁王**《もちひとおう》は一一八〇年、**源頼政**とともに平氏打倒の兵をあげた。

結果、以仁王は敗れたが、平氏追討の令旨に呼応した伊豆の**源頼朝**、信濃の**源義仲**らの武士団が挙兵を行い、これが全国的な内乱を引き起こした。

以仁王敗死の後、清盛は自身の別荘のある**福原**※へ遷都したが、まもなく天皇や清盛らが京都に戻り、畿内を中心とする支配を固めてこれらの動きに対応した。しかし、清盛の死

用語解説

※**福原**　現在の兵庫県神戸市にあたる。1180年、平清盛によって京都から福原へ遷都が行われたが、上皇は、一度は同行するものの、平安京は捨てず、翌年、清盛も死んだため、実質的な政治の動きはなかった。

や飢饉などで平氏の基盤は弱体化した。

そうした平氏を都落ちさせたのは源義仲で、叔父の行家とともに入洛し、平氏追討と洛中警固の院宣《いんぜん》を得る。しかし、義仲軍は畿内《きない》で乱暴狼《ろう》藉《ぜき》を働き、後白河法皇との溝が深まっていった。

◉鎌倉幕府への道

その後、朝廷から義仲の乱暴を止めるように要請された頼朝は、その見返りに東国の支配権を容認させ、**範頼《のりより》**と**義経**を派遣し、義仲を打ち破った。

■幕府の誕生

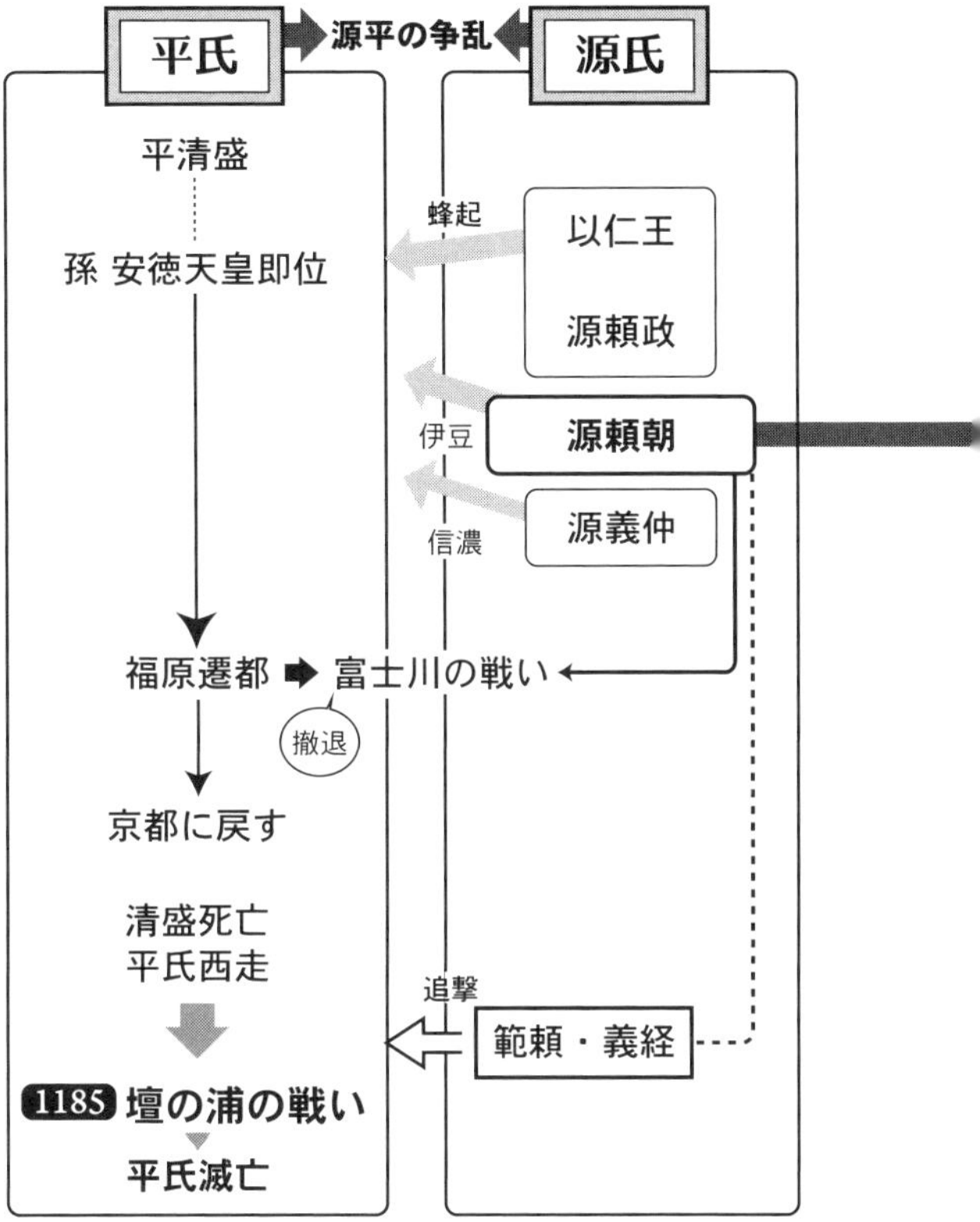

平氏
源平の争乱
源氏
平清盛
孫 安徳天皇即位
蜂起
以仁王
源頼政
伊豆
源頼朝
信濃
源義仲
福原遷都
富士川の戦い
撤退
京都に戻す
清盛死亡
平氏西走
追撃
範頼・義経
1185 壇の浦の戦い
平氏滅亡

源頼朝は、範頼と義経に平氏追撃の命を与え、彼らは摂津《せっつ》での**一の谷の合戦**、讃岐《さぬき》での**屋島《やしま》の合戦**で平氏を破り、そして1185年、長門《ながと》での**壇の浦の戦い**でついに平氏を滅ぼした。

平氏滅亡後、頼朝は平氏の没収地（平家没官《もっかん》領）を得てくと、関東御《ご》領《りょう》とし、朝廷から4カ国の関東知行国も得た。

こののち頼朝は一般政務をつかさどる**公文所《くもんじょ》**や、裁判実務を担当する**問注所《もんちゅうじょ》**、御家人を組織し統制する**侍所《さむらいどころ》**など設けて、政治や裁判を行うしくみを整えていった。公文所は荘園や公領の経営に、また問注所は裁判を管轄した。

頼朝は自身の実力と朝廷の権威を用いて、武士団による**鎌倉幕府**の基礎を固めていったのだ。

おすすめ本
『義経』
（司馬遼太郎）
文春文庫

豆知識
平家滅亡の折、源氏は三種の神器である勾玉と鏡は回収したが、剣は入水した安徳天皇らと壇の浦に沈み、見つけられなかった。

1189年～1192年

源頼朝は征夷大将軍となり、名実ともに鎌倉幕府が成立

ポイント

- ☑義経追討をきっかけに全国に守護と地頭が置かれた。
- ☑義経をかくまった奥州藤原氏が滅ぼされた。
- ☑「御恩」と「奉公」による封建制度が確立された。

◉守護と地頭が設置される

頼朝は後白河法皇から義経追討を命じられたことをきっかけに全国に**守護**と**地頭**を置いた。

守護は京都の内裏《だいり》や院御所《いんのごしょ》の警護にあたる大番役《おおばんやく》の催促と、謀反人・殺害人の逮捕という**大犯《だいぼん》三箇条**が業務である。

頼朝はこの守護に主従関係を結んだ東国の有力御家人《ごけにん》をあてた。

また地頭は荘園や公領に設置された。在地の御家人が担当し、年貢の徴収・納入、土地の管理、治安維持にあたった。

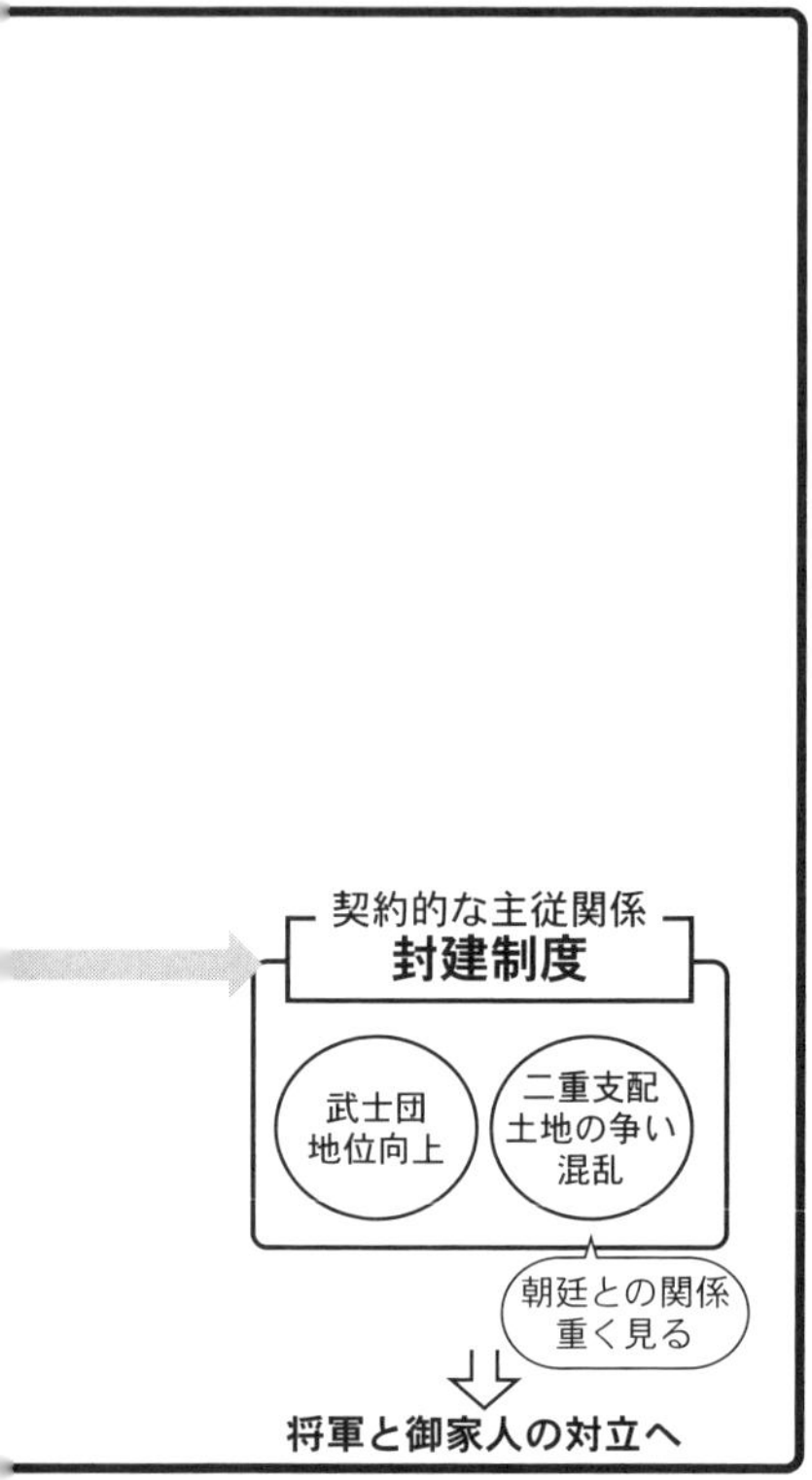

契約的な主従関係
封建制度
武士団
地位向上
二重支配
土地の争い
混乱
朝廷との関係
重く見る
将軍と御家人の対立へ

頼朝と不和となった義経は、**奥州藤原氏**※へ落ちのびていた。しかし、藤原泰衡《やすひら》に攻められ、自害してしまう。

一一八九年、泰衡が義経をかくまったことを理由に、この藤原氏を頼朝が討ち、東北（陸奥・出羽）も支配下に入れた。

頼朝は一一九〇年、念願の上洛を果たして右近衛大将となり、一一九二年、後白河法皇の死後には、**征夷大将軍**となる。

鎌倉を本拠地にして約150年続く鎌倉幕府が名実ともに成立したのである。

用語解説

※奥州藤原氏　陸奥国平泉を中心に活躍した豪族。清衡を初代として基衡、秀衡の3代が栄華を極めた。のち源頼朝によって討たれる。平泉には金山があり、これを財源にして勢力を拡大。中尊寺金色堂には3代までの遺体がある。

■鎌倉幕府の成立

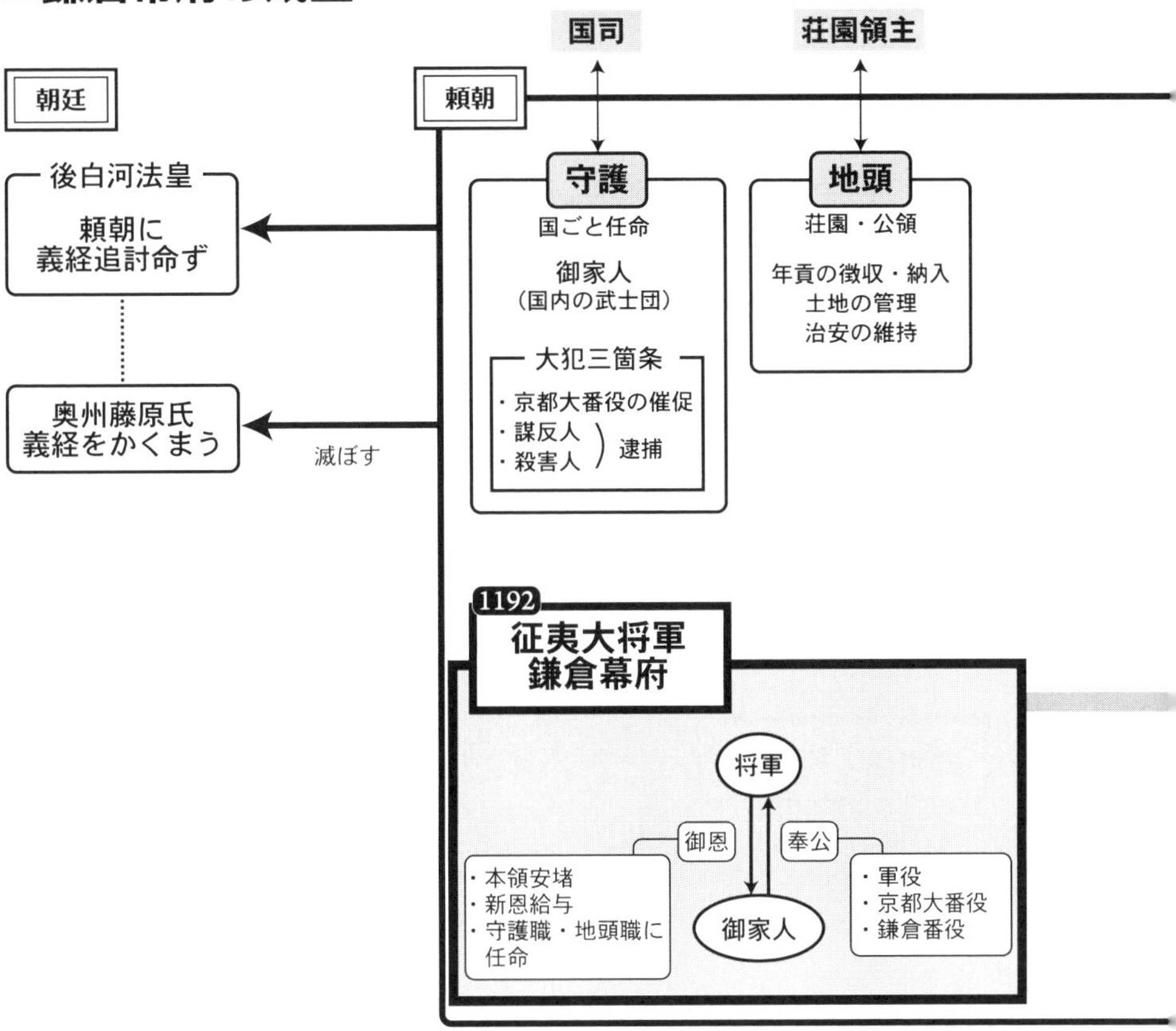
国司
荘園領主
朝廷
頼朝
後白河法皇
頼朝に
義経追討命ず
奥州藤原氏
義経をかくまう
滅ぼす
守護
国ごと任命
御家人
（国内の武士団）
大犯三箇条
・京都大番役の催促
・謀反人
・殺害人
逮捕
地頭
荘園・公領
年貢の徴収・納入
土地の管理
治安の維持
1192
征夷大将軍
鎌倉幕府
将軍
御恩
奉公
・本領安堵
・新恩給与
・守護職・地頭職に
任命
御家人
・軍役
・京都大番役
・鎌倉番役

◉御恩と奉公の封建制度

頼朝は将軍として、御家人を地頭に任じて所領支配を保障する本領《ほんりょう》安堵《あんど》し、ときには新たに所領を与える新恩給与を行った。これを「**御恩**」という。

これに対し、御家人は軍役や京都大番役や鎌倉番役などの「**奉公**」を義務とされた。

この双務的な主従関係によって結ばれた制度が、**封建制度**である。

武士政権である鎌倉幕府ができたことにより、武士の地位が大いに向上し、地頭である御家人が領主と土地をめぐって争いを起こすようになった。

また、朝廷との関係を重視する頼朝に対してあくまでも関東における武士の政権を維持する御家人との対立もしだいに深まった。

おすすめ本

『源頼朝』
（吉川英治）
講談社

豆知識

鎌倉幕府の成立年は、頼朝が征夷大将軍になった年、政務を始め、守護地頭を設置した年など、近年では定まっていない。

1199年〜1247年

北条氏が実権を握り、執権政治がはじまった

◉北条氏による全国支配

一一九九年、源頼朝の死後、子の頼家が2代将軍になったが、実権を握ったのは**頼朝**の妻・**北条政子**※の父である**北条時政**だった。

時政は頼家を幽閉し、その弟の**実朝**を3代将軍につけた。そして自身は政所《まんどころ》の長官となって、実質上の政権保持者となる。この地位を**執権**といい、その子・義時から北条氏による**執権政治**がはじまる。**義時**は侍《さむらい》所《どころ》の権限も吸収し、執権はいよいよその権力を強めていった。

このころ、3代将軍の実朝が暗殺されるという事件が起きる。ここに勝機を見いだした後鳥羽上皇は、1221年に増強した西面の武士や畿内・西国の武士、僧兵、さらに北条氏に反発する東国武士の一部を使って幕府打倒の兵をあげた。これは鎌倉幕府によって勢力を制限されていた朝廷が、幕府を滅ぼそうと動いたのである（**承久《じょうきゅう》の乱**）。

だがこの乱はわずか1カ月で鎮圧され、乱に荷担した3人の上皇は配流、幕府は朝廷の監視等のために**六《ろく》波《は》羅《ら》探題《たんだい》**を設置した。

また、幕府は上皇方から没収した領地に御家人を新たに地頭として派

北条泰時

執権政治の完成

1232 御成敗式目51カ条
…土地争いの裁判の基準

▼

北条時頼

引付衆…裁判の迅速化

↓

敵対する勢力滅ぼされる

⇩

北条氏の独裁へ

ポイント

- ☑実質上の政権保持者が源氏から北条氏に移った。
- ☑承久の乱鎮圧後、朝幕の二重支配が終わりを告げた。
- ☑北条氏は有力御家人を滅ぼし、独裁に向かった。

用語解説

※**北条政子**　1157年〜1225年。源頼朝の妻、北条時政の娘。頼朝が伊豆へ配流されているときに知り合い、結婚。子に頼家、実朝がおり、それぞれ暗殺されると、次の将軍が就くまで政権を握り、「尼将軍」と呼ばれた。

■北条氏の台頭と執権政治

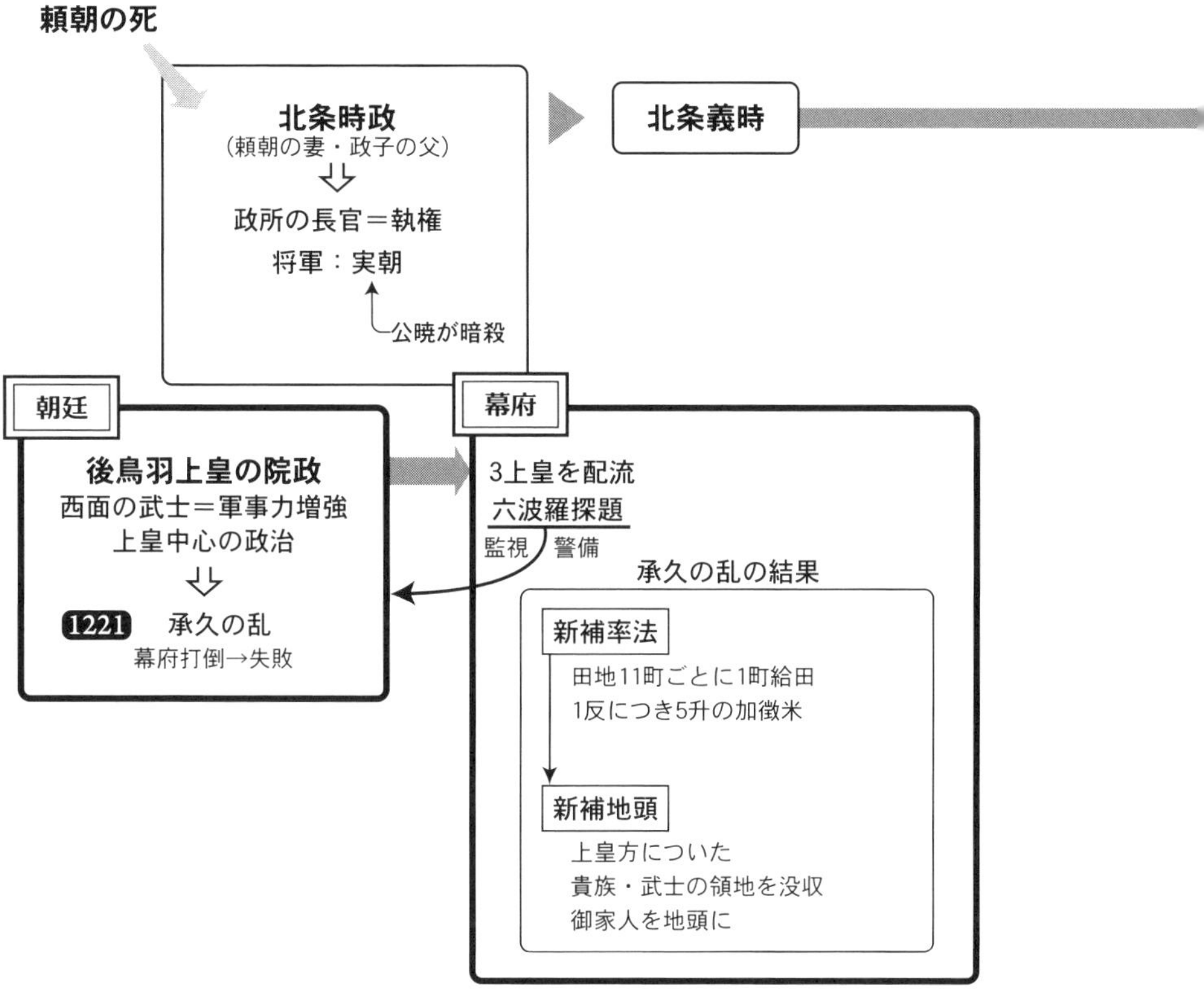
頼朝の死
北条時政
（頼朝の妻・政子の父）
政所の長官＝執権
将軍：実朝
公暁が暗殺
北条義時
朝廷
後鳥羽上皇の院政
西面の武士＝軍事力増強
上皇中心の政治
1221 承久の乱
幕府打倒→失敗
幕府
3上皇を配流
六波羅探題
監視
警備
承久の乱の結果
新補率法
田地11町ごとに1町給田
1反につき5升の加徴米
新補地頭
上皇方についた
貴族・武士の領地を没収
御家人を地頭に

遣した。

◉執権政治の完成

時政の孫・**泰時**は執権と執権を補佐する連署《れんしょ》、有力御家人で構成された評定衆《ひょうじょうしゅう》で合議して政務を行う体制をつくり、ここに北条氏による執権政治の完成をみた。

泰時は1232年に武家の法である**御成敗式目《ごせいばいしきもく》（貞永《じょうえい》式目）**を制定した。この式目は頼朝以来の先例や武家社会の道理を成文化したもので51条から成っていた。

泰時の孫の**時頼**の時代には、最有力御家人の三浦氏を滅ぼし（一二四七年）、北条氏の勢力はさらに強化された。

また評定衆のもとに裁判の迅速化をはかる引付衆《ひきつけしゅう》を設置するなど、幕府の権威を高め、北条氏の独裁に向かっていった。

おすすめ本
『北条政子』
（永井路子）
文春文庫

豆知識
北条政子は自分の妹が見た吉夢を買い、天下を掌握する前の頼朝と結婚できたという逸話がある。

12世紀後半～13世紀

▼武士団の成立

惣領を中心とした武士団の組織体制が確立する

◉武士の生活と相続制問題

武士は家と一族を単位として、軍事を中心に生活を営んでいた。家は嫡子《ちゃくし》である**惣領**《そうりょう》によって指揮・統率され、惣領は兄弟や庶子《しょし》をまとめ、一族や周辺の武士団と婚姻関係などでつながりを持ちながら勢力の維持と拡大をはかっていた。

武士の館を見てみると、主人が住む母家を中心に、取次・警備にあたった当番の詰所である遠侍、馬小屋、物見やぐら、流鏑馬《やぶさめ》・笠懸《かさがけ》・犬《いぬ》追物《おうもの》※など合戦の訓練をする馬場などがあり、堀や溝によって囲まれていた。

また屋敷の周辺の、門田と呼ばれた直営地には隷属農民が耕作にあたっていた。

その外縁には一般農民が住んでおり、館の主人に労働の提供や、採れた野菜などをおさめていた。

なおこのころは、**分割相続制**であり、女性にも相続権があり、地位も高かった。

のちに女子の死後、財産は元の一族に戻すという女子一期分という相続制度ができ、女性の地位はしだいに低下していった。

また鎌倉後期になると嫡子による**単独相続**となる。

◉兵の道

こうした生活と兵馬の訓練の中から、名誉を重んじる習慣や死を厭わない潔《いさぎよ》さを特徴とする武士独特の道徳が生まれていった。それは「兵《つわもの》の道」や「武家のならい」といわれた。

このように力を強めた武士（地頭）は、荘園領主への年貢を保留したり反抗するようになった。

そこで領主は地頭に荘園の管理を任せる**地頭請**《じとううけ》**の契約**を結んだり、領主と地頭が土地を分け合う**下地**《したじ》**中**《ちゅう》**分**《ぶん》を行い、結果として地頭による荘園支配がすすんでいった。

ポイント

- ☑武家は嫡子（惣領）によって指揮・統率された。
- ☑死を厭わない武士独特の道徳が生まれていった。
- ☑地頭による荘園支配がすすんでいった。

用語解説

※笠懸・犬追物　笠懸は疾走する馬上から矢で的を射るもの。犬追物は12騎１組となり、限られたスペースに放たれた犬に、馬上からどれだけ矢を当てられるかを競った競技。どちらも鎌倉武士の基本的な武芸とされた。

■武士団の成立

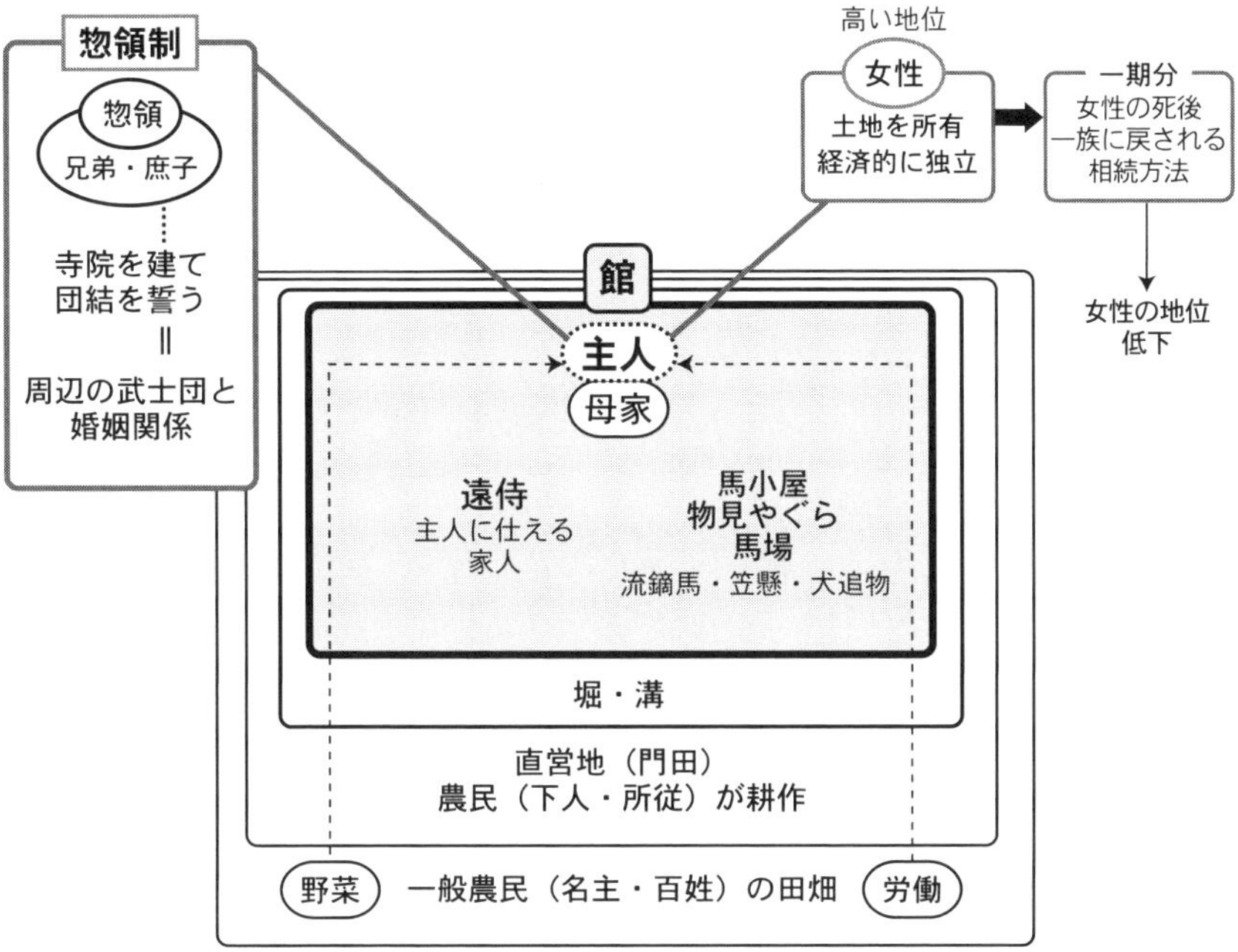
惣領制
惣領
兄弟・庶子
寺院を建て
団結を誓う
＝
周辺の武士団と
婚姻関係
高い地位
女性
土地を所有
経済的に独立
一期分
女性の死後
一族に戻される
相続方法
女性の地位
低下
館
主人
母家
遠侍
主人に仕える
家人
馬小屋
物見やぐら
馬場
流鏑馬・笠懸・犬追物
堀・溝
直営地（門田）
農民（下人・所従）が耕作
野菜
一般農民（名主・百姓）の田畑
労働

“兵の道”　“弓矢のならい”
名誉を尊び、死をもいとわない

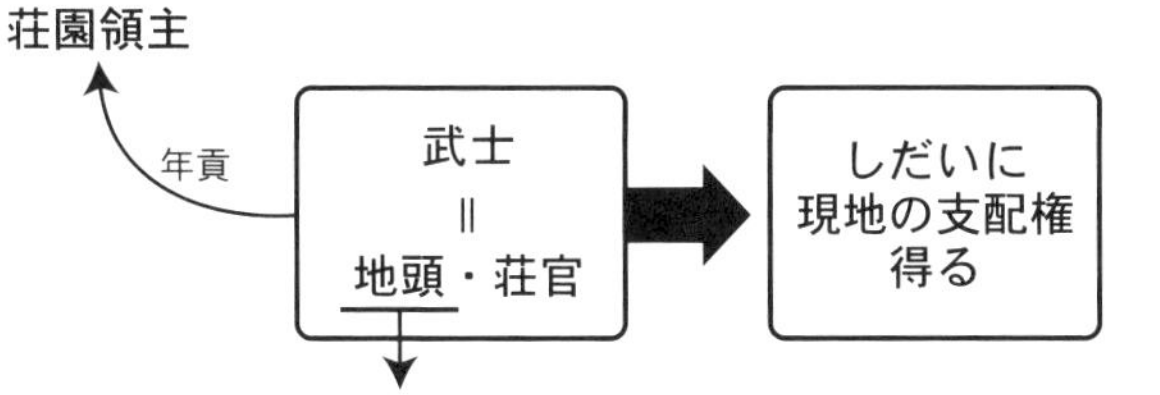
荘園領主
年貢
武士
＝
地頭・荘官
しだいに
現地の支配権
得る

・地頭請の契約…地頭に管理を任せ
定まった年貢を請け負わせる
・下地中分　　…領主と地頭が土地を分け合う

地頭の荘園支配が進む

豆知識

犬追物は鉄砲伝来で廃れたが、薩摩のお家芸として残り（途中廃止）、29代島津忠義は明治天皇の前でも披露している。

13世紀

大飢饉を契機に農業生産力が向上した

◉疲弊した農村の改善

長く続いた戦乱や1230年の**寛《かん》喜《ぎ》の大飢饉**によって農村は疲弊していたが、荘園領主や地頭による食料の配給などでその場をしのいだ農民たちは農村復興へと力をそそいだ。肥料の改善、牛馬の利用、農具の普及など、農業生産力の回復がすすんだ。

西国では年に二度、米と麦を作付けする**二毛作**が普及した。鍛冶《かじ》、鋳《い》物《もの》師、紺屋などの手工業者も農村に住み、仕事にあたった。

そして農民たちは、地域を守護する神社や寺院を中心とした「**宮座《みやざ》**」というむすびつきで団結し、田おこし、田植え、草取り、虫追い、収穫の作業を共同で行った。

また、年貢は米が中心であったが、遠隔地でおさめる場合は絹・布・綿なども活用された。年貢の銭納も出現し、日宋貿易で得た**宋銭**※が使われた。

これに伴い金融機関として**借上《かしあげ》**という高利貸しもでてきた。

◉流通の発達が新たな経済を生む

交流の要衝地には農作物や手工業品を交換・売買する**市**が開かれるようになる。月3回の**三斎市《さんさいいち》**も開かれ、行商人もやってきた。

流通が盛んになると、都市と農村をむすぶ道路や港湾も整備され、遠隔地取引が活発になった。

商品の運送などを行う**問丸《といまる》**が出てきて、代金決済のために為替も発達、新たな経済の形が見られるようになる。

港や街道には関所が設けられ、通行料を徴収されるようになった。が、商工業者たちは自由に通行できるよう、**座**という同業者団体をつくり、朝廷や寺社、貴族に保護を頼んだ。

京都や鎌倉などの大都市に小売店が現れるのもこのころである。

ポイント

- ☑肥料の改善、農具の普及などで農業生産力は回復した。
- ☑年に二度、米と麦を作付けする二毛作が普及した。
- ☑商工業者たちは座をつくり、商売を独占した。

用語解説

※**宋銭**　銅でつくられた貨幣。中国・宋の時代に用いられた。日本では銅の産出量が安定せず、宋銭を輸入して使用していた。日宋貿易を盛んにするため、平清盛が流通に力をいれた。

■農村の復興と都市の発展

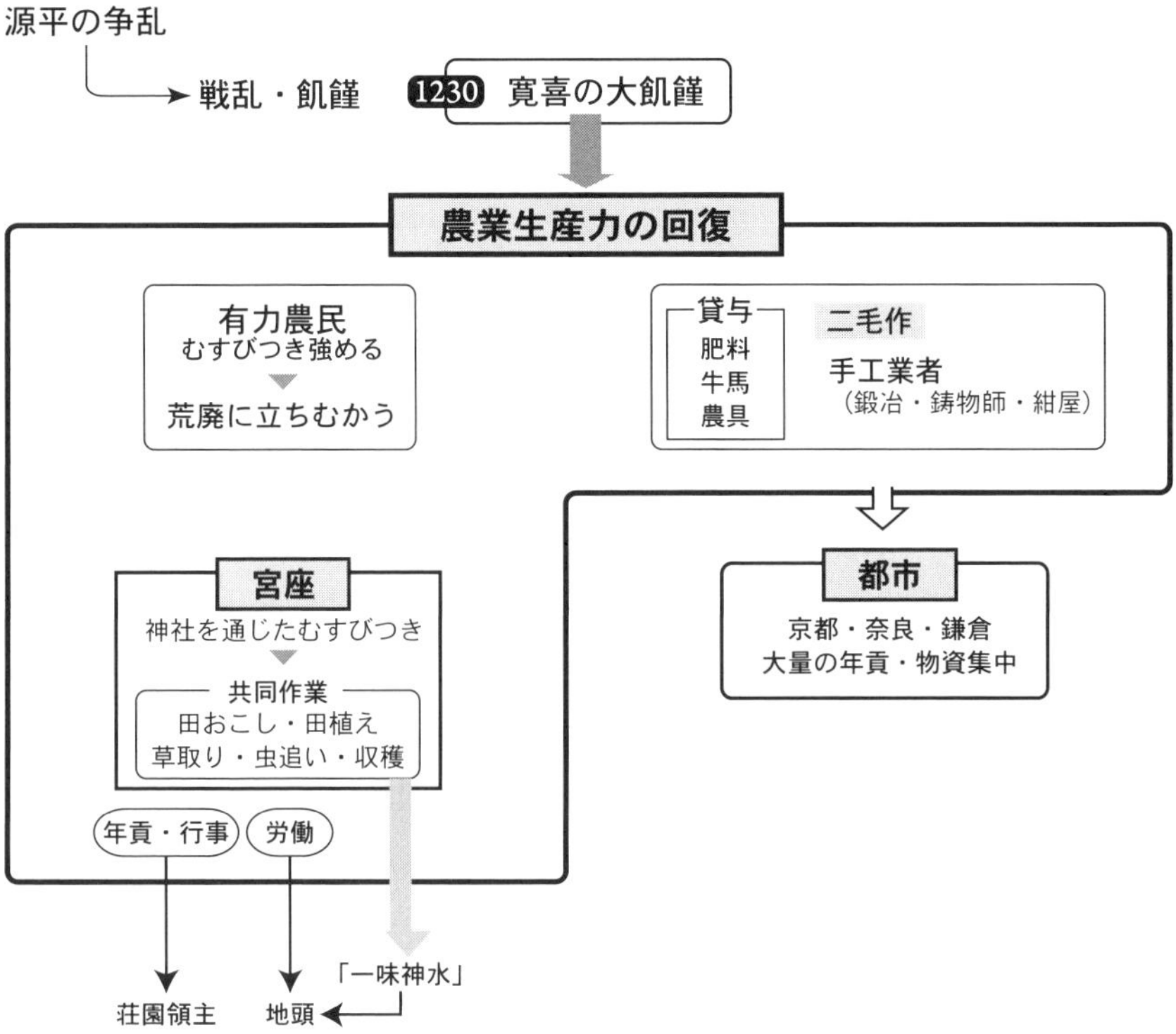
源平の争乱
戦乱・飢饉
1230 寛喜の大飢饉
農業生産力の回復
有力農民
むすびつき強める
荒廃に立ちむかう
貸与
肥料
牛馬
農具
二毛作
手工業者
（鍛冶・鋳物師・紺屋）
宮座
神社を通じたむすびつき
共同作業
田おこし・田植え
草取り・虫追い・収穫
都市
京都・奈良・鎌倉
大量の年貢・物資集中
年貢・行事
労働
「一味神水」
荘園領主
地頭

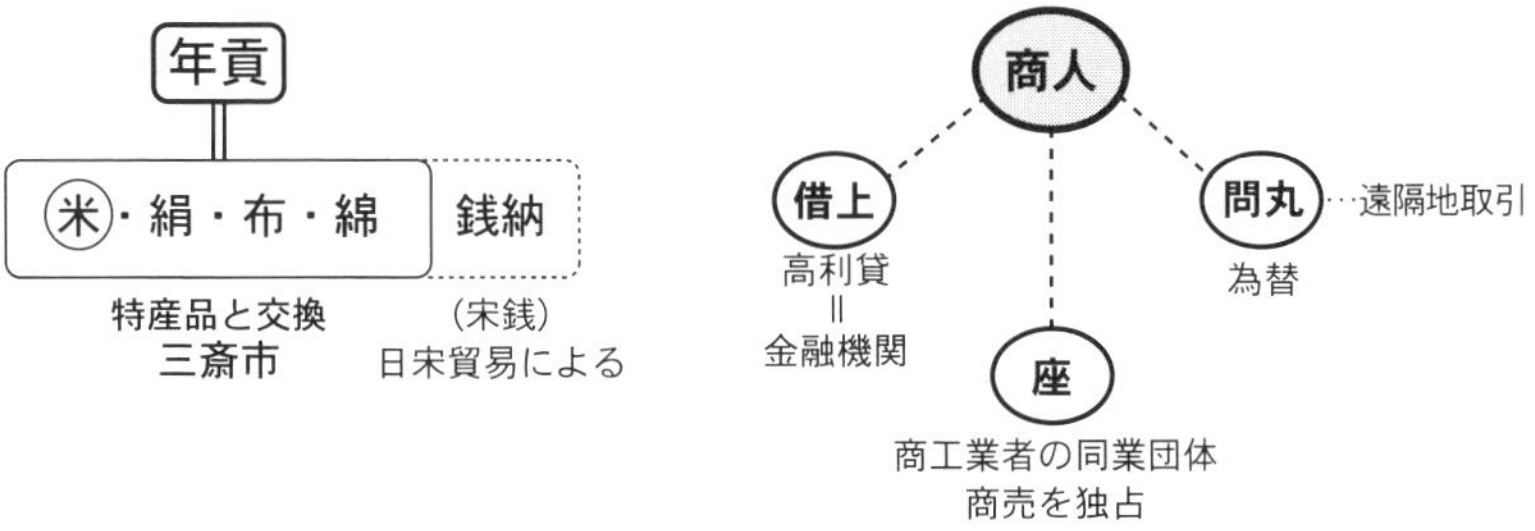
年貢
米・絹・布・綿
銭納
特産品と交換
三斎市
（宋銭）
日宋貿易による
商人
借上
高利貸
=
金融機関
問丸
…遠隔地取引
為替
座
商工業者の同業団体
商売を独占

豆知識

牛耕、馬耕は牛や馬に犂を挽かせて耕す技術。人間が手で行うよりも早く、また深く耕すことができた。

12世紀後半〜13世紀

▼鎌倉文化と新仏教

末法の思想が広まり、新仏教が誕生した

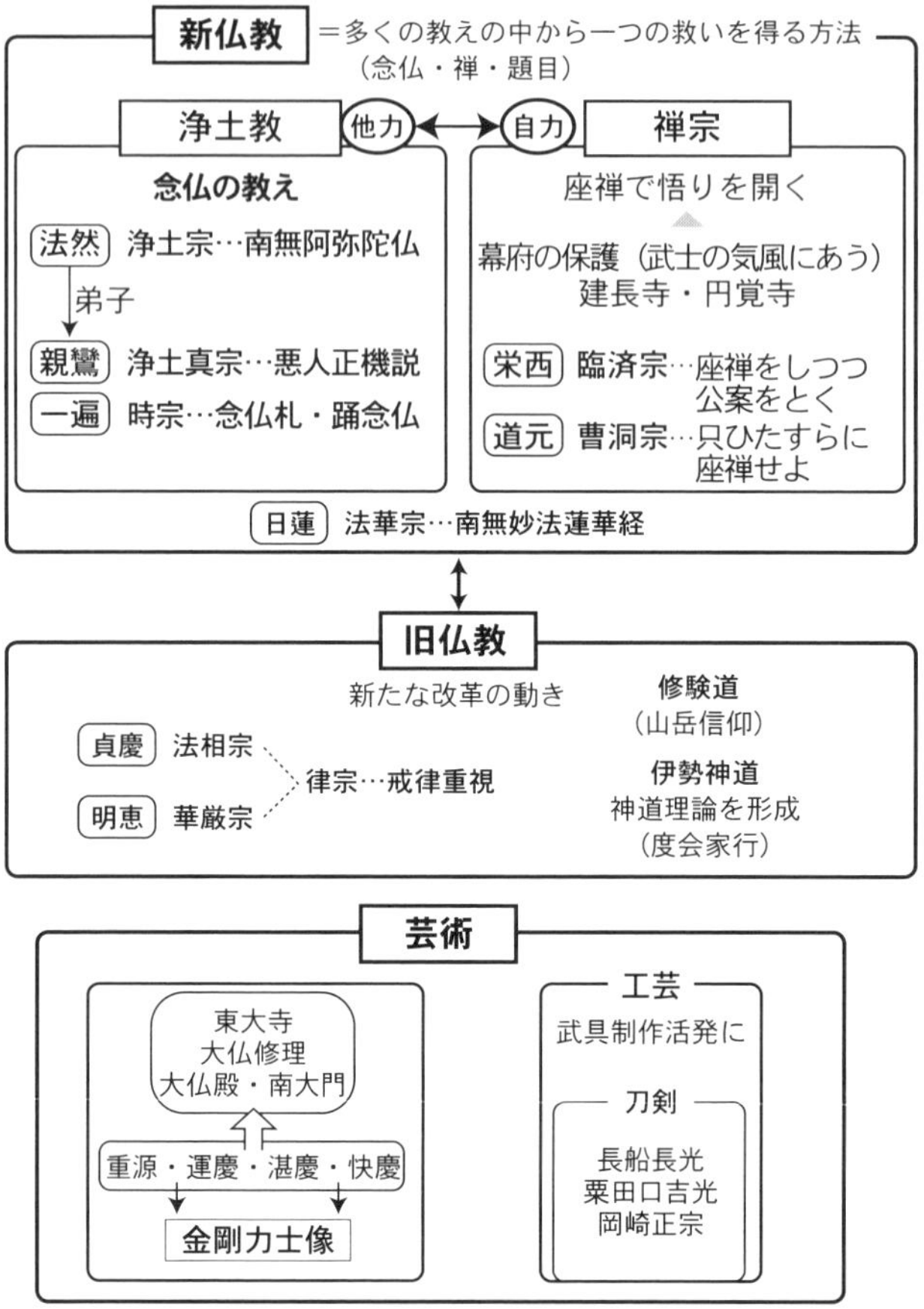

新仏教
＝多くの教えの中から一つの救いを得る方法（念仏・禅・題目）
浄土教
他力
自力
禅宗
念仏の教え
法然
浄土宗…南無阿弥陀仏
弟子
親鸞
浄土真宗…悪人正機説
一遍
時宗…念仏札・踊念仏
座禅で悟りを開く
幕府の保護（武士の気風にあう）
建長寺・円覚寺
栄西
臨済宗…座禅をしつつ公案をとく
道元
曹洞宗…只ひたすらに座禅せよ
日蓮
法華宗…南無妙法蓮華経
旧仏教
新たな改革の動き
貞慶
法相宗
明恵
華厳宗
律宗…戒律重視
修験道
（山岳信仰）
伊勢神道
神道理論を形成
（度会家行）
芸術
東大寺
大仏修理
大仏殿・南大門
重源・運慶・湛慶・快慶
金剛力士像
工芸
武具制作活発に
刀剣
長船長光
粟田口吉光
岡崎正宗

ポイント

☑公家、武士、庶民による新文化が成長した。
☑法然、親鸞、一遍の浄土教が広まった。
☑芸術では力強い、写実性にあふれた文化が花開いた。

◉公家と武家の文化の融合

鎌倉文化は、平安時代からの公家文化に武士の気風が加わった新しく力強い文化で、宋の影響をうけた国際色豊かな文化でもあった。

まず公家文化では、後鳥羽上皇が『**新古今和歌集**』を編ませ、その歌風は新古今調とよばれた。この和歌集には藤原定家や『**山家集**《さんかしゅう》』の西行《さいぎょう》、『**方丈記**』の鴨長明《かものちょうめい》らの歌が収録されている。

また、琵琶法師が語った『**平家物語**』などの軍記物が生まれ、歴史書の『**吾妻鏡**《あずまかがみ》』や都市間往来を題材にした紀行文も多く書かれた。

用語解説

※**親鸞**　1173年〜1262年。浄土真宗の僧。浄土真宗開祖。比叡山で修行し、下山して草庵を結ぶ。東国などにも布教活動を行った。弟子の唯円が書いた『歎異抄』が有名。

■鎌倉文化と新仏教

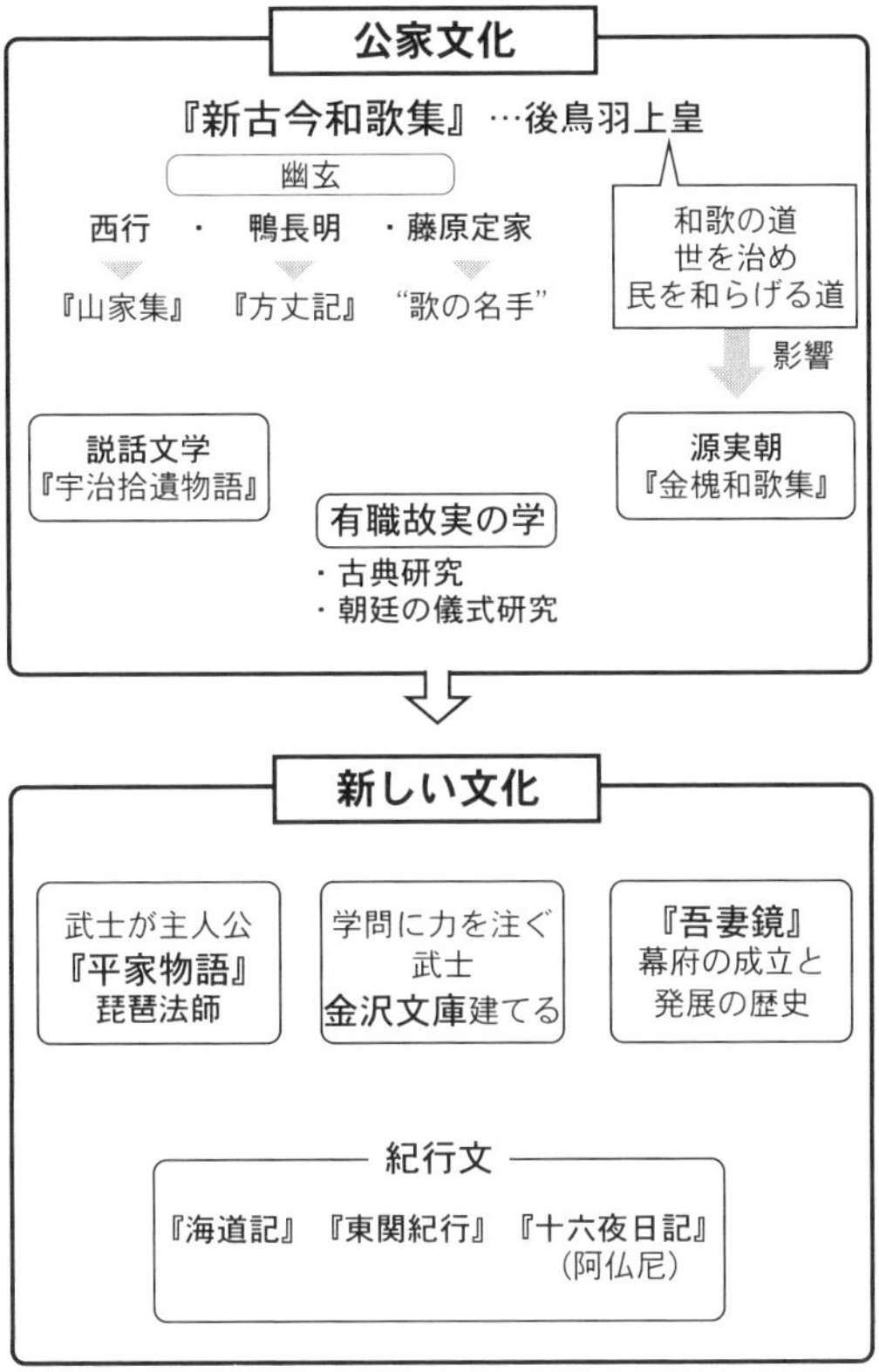
公家文化
『新古今和歌集』…後鳥羽上皇
幽玄
西行 ・ 鴨長明 ・藤原定家
『山家集』 『方丈記』 “歌の名手”
和歌の道
世を治め
民を和らげる道
影響
説話文学
『宇治拾遺物語』
源実朝
『金槐和歌集』
有職故実の学
・古典研究
・朝廷の儀式研究
新しい文化
武士が主人公
『平家物語』
琵琶法師
学問に力を注ぐ
武士
金沢文庫建てる
『吾妻鏡』
幕府の成立と
発展の歴史
紀行文
『海道記』 『東関紀行』 『十六夜日記』
（阿仏尼）

◎鎌倉仏教が全国に広まる

鎌倉時代の一番の特色は新仏教の登場である。平安末期からの戦乱と飢饉により、末法の思想が広まって、あらゆる階層で救いを求めていた。

法然《ほうねん》は南無阿弥陀仏を唱えれば成仏するという**浄土宗**をひらき、その弟子の**親鸞**《しんらん》は悪人でも成仏できるという**悪人正**《しょう》**機**《き》**説**を唱え、**浄土真宗**をひらいた。**一遍**《いっぺん》は踊念仏《おどりねんぶつ》による普及を行い、**時**《じ》**宗**をひらいた。このような念仏を唱えることによって阿弥陀仏の力（他力）で成仏ができるという教えは庶民を中心に全国に広まっていった。

また自らの修行（自力）を重視する**禅宗**も海外から入り、武士の気風に合い、幕府の保護を受けて盛んになった。公案による座禅での悟りをとく**栄西**の**臨済**《りんざい》**宗**、只ひたすら座禅せよととく**道元**の**曹洞**《そうとう》**宗**があった。

ほかにも、**日蓮**は南無妙法蓮華経を唱えることによって人々と国家の安泰がもたらされると説いた（**日蓮宗**）。神道でも仏教の興隆の刺激を受けて、伊勢神道が生まれた。

芸術の分野では、武士の時代にふさわしい力強い、写実性にあふれた文化が特徴だ。東大寺南大門は雄大な建築様式で知られる。彫刻では**運**《うん》**慶**《けい》**・快慶**《かいけい》が躍動感あふれる像をつくった。その他、工芸などにも武士らしさを感じさせる勇壮さが見られる。

おすすめ本
『親鸞』
（吉川英治）
講談社

豆知識
鎌倉五山といわれる寺は建長寺、円覚寺、寿福寺、浄智寺、浄妙寺の５つで、いずれも臨済宗。

▼蒙古襲来

1274年〜1297年

二度の蒙古襲来の結果、御家人たちの不満が暴発

◉元による二度の襲来

13世紀の初めに大陸のモンゴル高原では**チンギス・ハン**が諸部族を統一し、**モンゴル帝国**を築いた。その孫の**フビライ**は、都を大都（北京）とし、国号を**元**と改めた。

日本では平氏が政権を握っていたころから南宋との貿易を盛んに行っていた（日宋貿易）。宋からは書籍・香料・薬品・陶器・宋銭などを輸入し、日本からは金・水銀・硫黄を輸出していた。この南宋を圧迫していたフビライは日本に対して朝貢を要求したが、ときの執権・**北条時《とき》宗《むね》**はこれを拒否した。

すると元は、１２７４年に支配下に置いていた朝鮮半島の高麗《こうらい》軍を従え、３万の大軍をもって九州・博多湾に上陸した。これが**文永の役**である。

元の集団戦法や火薬の使用に対し、日本は伝統的な一騎打ちで対抗したため苦戦し、大宰府《だざいふ》まで退いた。このとき突如襲った大風と元軍内部の対立のおかげで、元は撤退を余儀なくされたという。

１２８１年になると、元は前回をはるかに上回る14万の大軍で押し寄せてきた。しかし、日本は再来を考

ポイント

☑朝貢拒否を理由に元は日本に兵を送った。
☑集団戦法や火薬使用の元に苦戦するもこれを撃退した。
☑御家人たちの不満が充満し、鎌倉幕府は揺らいだ。

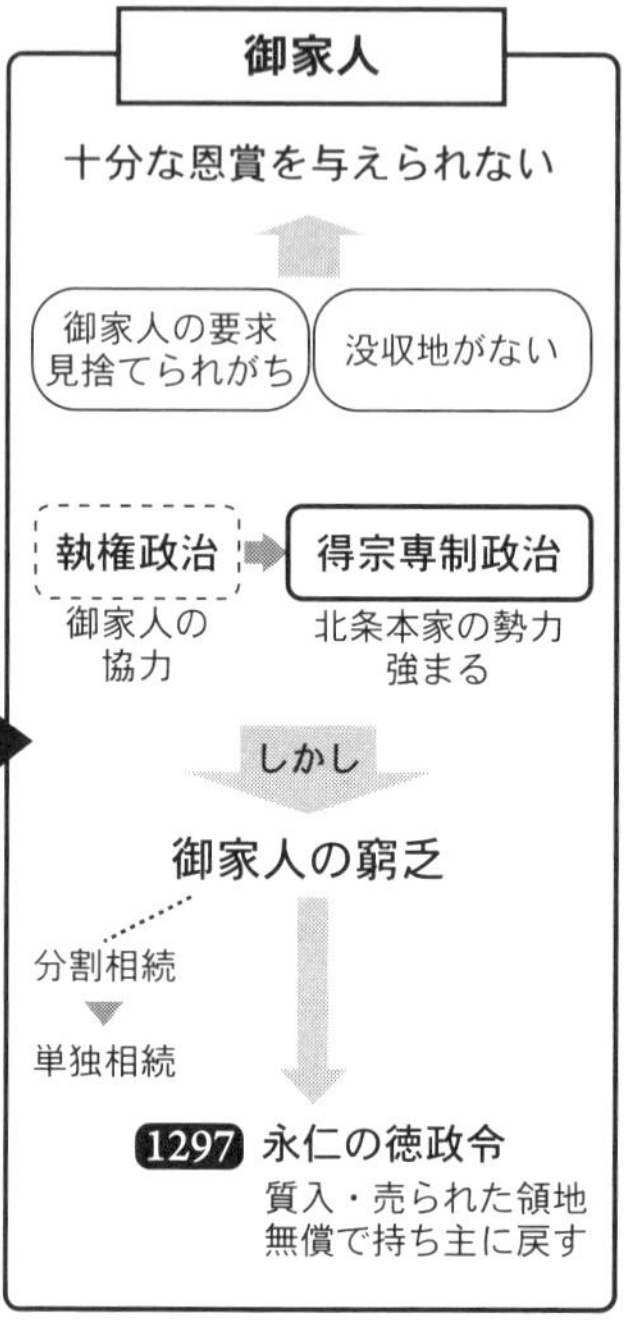
御家人
十分な恩賞を与えられない
御家人の要求見捨てられがち
没収地がない
執権政治
御家人の協力
得宗専制政治
北条本家の勢力強まる
しかし
御家人の窮乏
分割相続
単独相続
1297 永仁の徳政令
質入・売られた領地無償で持ち主に戻す

用語解説

※得宗専制政治　得宗とは北条義時の直系にあたる北条本家のことで、惣領家を表す。この得宗家の家来を御内人（みうちびと）といい、得宗と御内人による政治が得宗専制になる。御内人は一般の御家人より優遇されていた。

■蒙古襲来

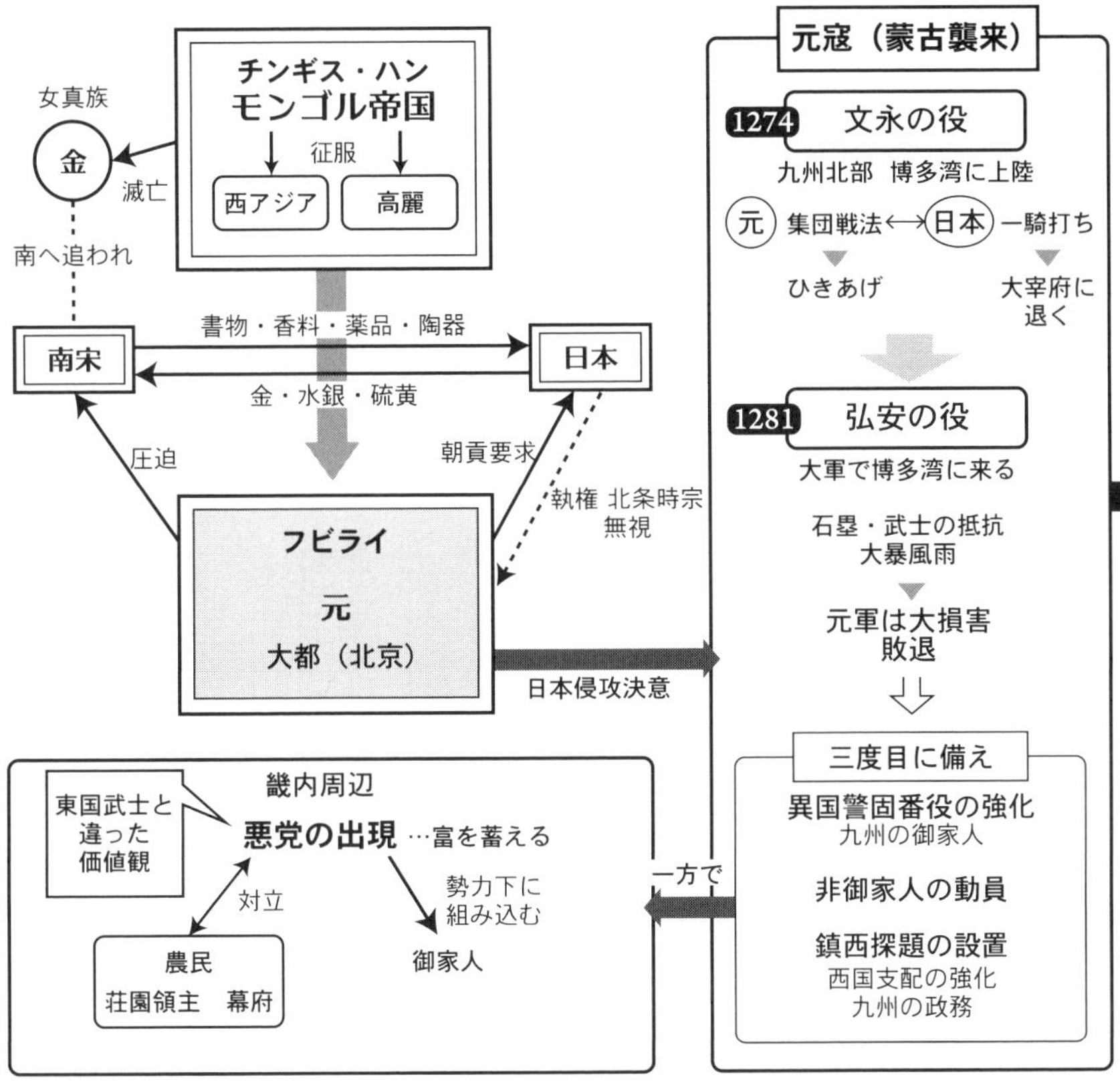

えて準備した防御の石塁と武士の強力な抵抗によって防ぎ、またも起こった大暴風雨によって元軍を敗退させた（**弘安の役**）。この二度の元の襲来を「**蒙古襲来**（**元寇**《げんこう》）」という。

◉**御家人の窮乏**

幕府は三度目の襲来に備えて、異《い》国警護番役《こくけいごばんやく》の強化、全国の非御家人の動員、西国支配の強化や九州に**鎮**《ちん》**西**《ぜい》**探題**などを置いた。

結果的に、三度目の襲来はなかったが、十分な恩賞にあずかれなかった御家人たちの不満が充満した。また身内のみを引き立てる北条氏の**得**《とく》**宗**《そう》**専制政治**※によって、ほかの御家人への配慮が乏しくなっていた。

そこで幕府は1297年、御家人救済のため、**永仁**《えいにん》**の徳政令**を出したが、一時的なものにしかならなかった。

おすすめ本
『時宗』
（高橋克彦）
講談社文庫

豆知識
元軍が使用していた武器「てつはう」は陶製のボール状容器に黒色火薬をつめたもの。主に目くらましにつかわれたらしい。

1333年～1338年

幕府の滅亡、後醍醐天皇の新政、そして南北朝の争乱へ

◎足利尊氏の台頭

元の来襲のあと、幕府に不満を持つ御家人や反抗武装集団である「**悪《あく》党《とう》**」が現れ、畿内の治安を乱した。

このころ、**後醍醐《ごだいご》天皇**は**親政**を強力に推し進めており、二度にわたって討幕計画を試みたが失敗に終わり、配流された。

しかし後醍醐方の悪党、**楠木《くすのき》正成《まさしげ》**らが幕府に抵抗しつづけた。

幕府は反乱鎮圧のために**足利高氏**を派遣したが、逆に高氏は御家人を率いて六波羅探題を攻め落とした。また関東の御家人**新田《にった》義貞《よしさだ》**も鎌倉へ攻め込み、北条氏を倒した。こうして1333年、150年間続いた鎌倉幕府は滅亡した。

この功により高氏は後醍醐天皇の名（尊治の「尊」）をもらって**足利尊氏**と名を改めている。

1334年に後醍醐天皇による新たな政治がはじまった。これを**建武の新政**という。しかしこれは、公武折衷的な後醍醐の独裁だった。

◎南北朝のはじまり

一方、武士たちは自分たちがないがしろにされた新しい政治体制に不満を持ち、武家政治の再興を謀って足利尊氏とともに反旗をひるがえした。

さらに**持明院《じみょういん》統**※の**光明《こうみょう》天皇**をたて、尊氏自身が征夷大将軍となり、新たな幕府をひらいた（**室町幕府**）。

後醍醐天皇はいったん尊氏に降伏したが、その後、大和国**吉野**に逃れ、新政権をたてた。

そのため、京都の光明天皇を**北朝**、吉野の後醍醐政権は**南朝**と呼ばれたが、その後、室町幕府内部の分裂があり、60年に及ぶ騒乱につながっていった（**南北朝の動乱**）。

こうした動乱の中で、国ごとに置かれていた**守護**が勢力を伸ばしていき、**守護大名**へと発展していくこととなる。

ポイント☑

☑御家人の不満が反幕府勢力の拡大につながった。
☑足利尊氏、新田義貞らによって鎌倉幕府が滅亡した。
☑天皇親政は武士の支持を得られず、失敗した。

用語解説

※持明院統　後深草天皇から後小松天皇までの系統（北朝）。邸内（仙洞御所）に持明院という仏の安置所があったため。対立していた大覚寺統（南朝）は亀山天皇から後亀山天皇までの系譜でこちらは嵯峨・大覚寺に住んでいたため。

■建武の新政から南北朝へ

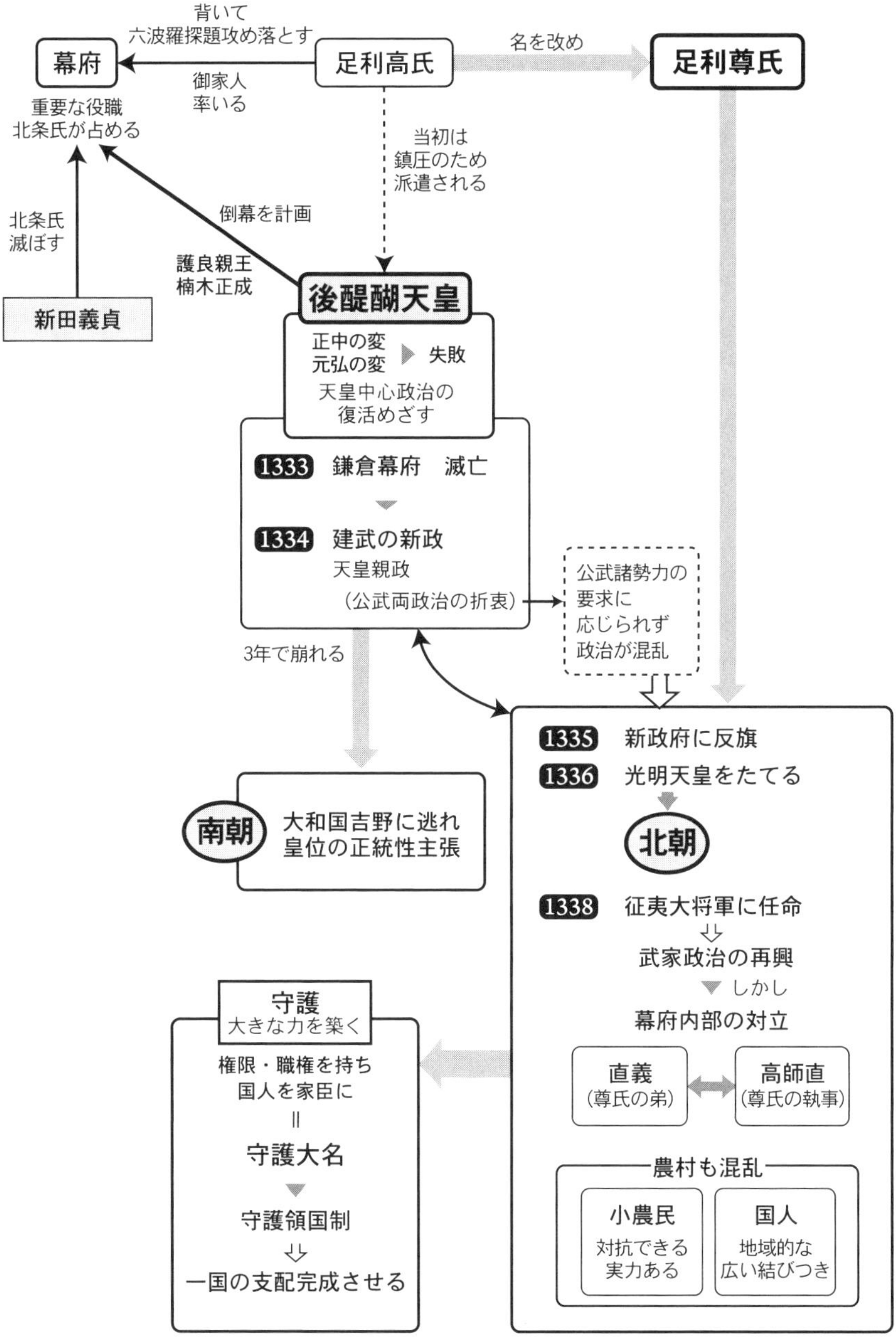

背いて
六波羅探題攻め落とす
幕府
足利高氏
名を改め
足利尊氏
御家人
率いる
重要な役職
北条氏が占める
当初は
鎮圧のため
派遣される
倒幕を計画
北条氏
滅ぼす
護良親王
楠木正成
後醍醐天皇
新田義貞
正中の変
元弘の変
失敗
天皇中心政治の
復活めざす
1333 鎌倉幕府 滅亡
1334 建武の新政
天皇親政
（公武両政治の折衷）
公武諸勢力の
要求に
応じられず
政治が混乱
3年で崩れる
1335 新政府に反旗
1336 光明天皇をたてる
北朝
南朝
大和国吉野に逃れ
皇位の正統性主張
1338 征夷大将軍に任命
武家政治の再興
しかし
幕府内部の対立
直義
（尊氏の弟）
高師直
（尊氏の執事）
農村も混乱
小農民
対抗できる
実力ある
国人
地域的な
広い結びつき
守護
大きな力を築く
権限・職権を持ち
国人を家臣に
॥
守護大名
守護領国制
一国の支配完成させる

豆知識

江戸時代の歌舞伎「仮名手本忠臣蔵」では、吉良上野介は足利尊氏の家臣・高師直として登場する。

1392年～1401年

義満は南北合一、日明貿易で幕府の力を強めていった

◉室町幕府のしくみ

南北朝の動乱は、14世紀末に足利尊氏の孫・**義満**が南北合一を行い終結。幕府は京都室町に置かれた。

義満は将軍と対立する守護大名を次々に討伐した。1391年には**山名氏**を、1399年には**大内氏**を平らげ、地方の支配を強めていった。

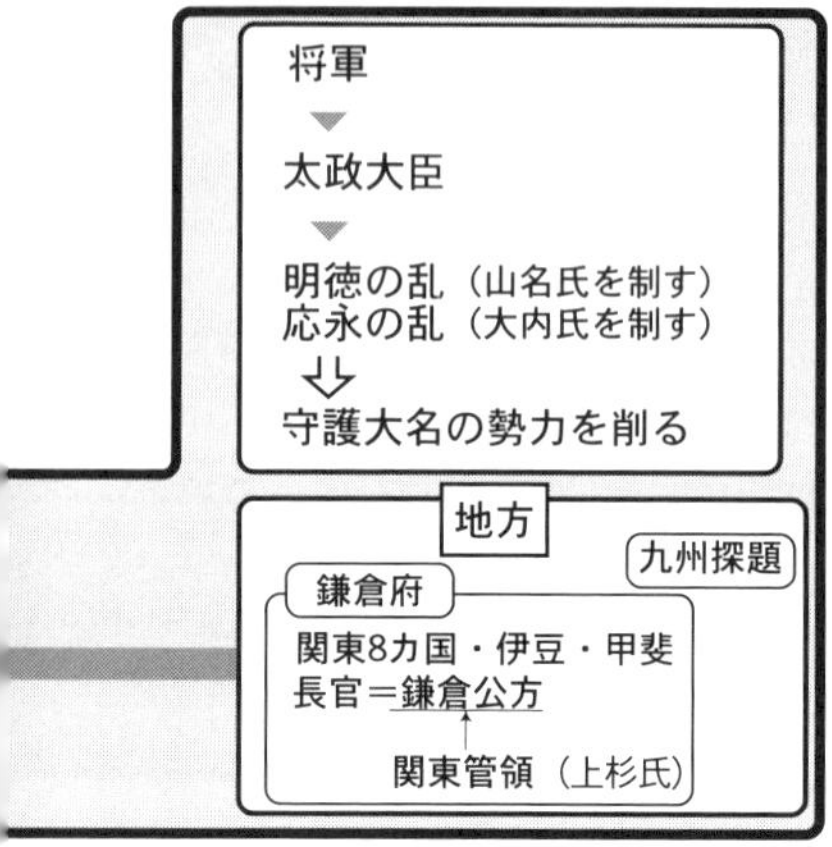

将軍
太政大臣
明徳の乱（山名氏を制す）
応永の乱（大内氏を制す）
守護大名の勢力を削る
地方
九州探題
鎌倉府
関東8カ国・伊豆・甲斐
長官＝鎌倉公方
関東管領（上杉氏）

さて、室町幕府は政務の中心に**管《かん》領《れい》**を置き、この地位につけるのは足利一門の細川・斯波《しば》・畠山《はたけやま》の**三管領**の家柄だけだった。管領に次ぐ重職・侍所の長官には有力守護の山名・赤松・一色《いっしき》・京極《きょうごく》の4氏（**四《し》職《しき》**）がついた。また地方には関東8カ国と伊豆・甲斐を管轄する鎌倉府を置き、長官は足利尊氏の子の基氏《もとうじ》の子孫が世襲し、**鎌倉公方《くぼう》**と呼ばれた。その補佐役の**関東管領**には上杉氏がつき、九州には**九州探題**が置かれた。そして幕府の財源は御料所《ごりょうしょ》と呼ばれた直轄領からの収入、守護・地頭への課税があった。また、田にかけた段銭《たんせん》、家ごとにかけた棟《むね》別銭《べちせん》、関所からあがる関銭《せきせん》、そして高利貸の土倉役《どそうやく》・酒屋役といった金融や商業・運輸業者からの収入、貿易の利益も重要だった。

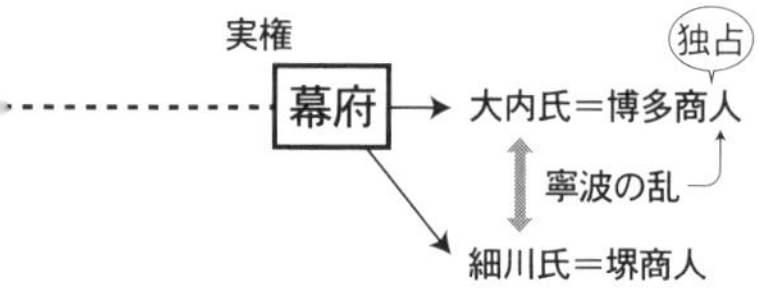

実権
幕府
大内氏＝博多商人
独占
寧波の乱
細川氏＝堺商人

◉東アジアの動き

ポイント

- ☑義満は南北合一を行い、60年の争乱を終わらせた。
- ☑室町幕府は三管領、四職を置いて統治した。
- ☑勘合貿易で周辺諸国との貿易が活発化した。

用語解説

※**勘合貿易**　日明貿易のこと。足利義満の時代に始まった、明との貿易。通商の際に倭寇という海賊と区別するため、勘合（割り符）を用いていたため、こう呼ばれている。ただ「勘合符」という話は、当時の史料にはなく、江戸時代以後の呼称と判明した。

■室町幕府と勘合貿易

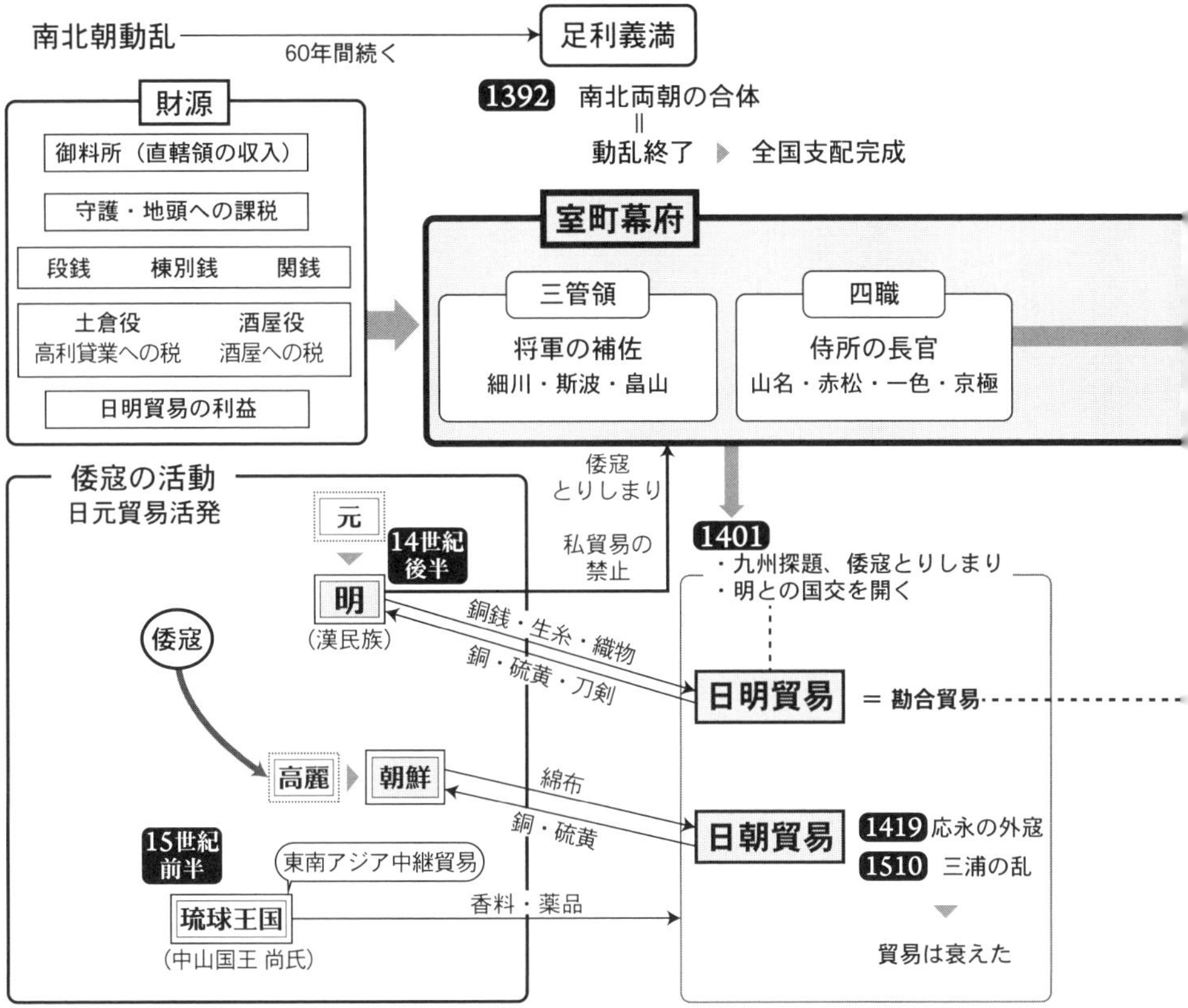

南北朝動乱
60年間続く
足利義満
1392 南北両朝の合体
=
動乱終了 ▶ 全国支配完成
財源
御料所(直轄領の収入)
守護・地頭への課税
段銭 棟別銭 関銭
土倉役 高利貸業への税
酒屋役 酒屋への税
日明貿易の利益
室町幕府
三管領
将軍の補佐
細川・斯波・畠山
四職
侍所の長官
山名・赤松・一色・京極
倭寇の活動
日元貿易活発
元
14世紀後半
明
(漢民族)
倭寇
とりしまり
私貿易の禁止
1401
・九州探題、倭寇とりしまり
・明との国交を開く
倭寇
銅銭・生糸・織物
銅・硫黄・刀剣
日明貿易
= 勘合貿易
高麗
朝鮮
綿布
銅・硫黄
日朝貿易
1419 応永の外寇
1510 三浦の乱
貿易は衰えた
15世紀前半
東南アジア中継貿易
琉球王国
(中山国王 尚氏)
香料・薬品

14世紀後半、中国では漢民族の**明**《みん》が建国され、高麗は李成桂《りせいけい》が**朝鮮(李氏朝鮮)**を建国、沖縄でも15世紀前半に尚巴志《しょうはし》が**琉球王国**を建てた。

そのころ、九州の住民が朝鮮人とともに、大陸や朝鮮の沿岸で海賊行為を行い、**倭寇**《わこう》と呼ばれた。明は私貿易の禁止と倭寇の取り締まりを日本に求め、義満は九州探題に倭寇の討伐を命じ、明との正式な国交をひらくこととし、**日明貿易(勘合**《かんごう》**貿易※)**が開始された。明からは銅銭・生糸・織物を輸入し、日本からは銅・硫黄・刀剣などを輸出した。やがて勘合貿易は博多商人とむすんだ大内氏や堺商人とむすんだ細川氏に移る(その後、大内氏が独占した)。

同じく琉球とは東南アジア諸国の中継貿易を、朝鮮とも国交を開き、交易がはじまった。

豆知識 慈照寺は銀閣と呼ばれているが、創建当初から銀箔を貼られたことは一度もなかったと、2007年1月の調査で判明した。

14世紀

▼北山文化

公家の伝統と大陸文化が基調の文化が花開く

◉華やかな北山文化

南北朝文化のあとの三代将軍足利義満の頃を中心とした文化を**北山文化**と呼ぶ。この文化の特色は、公武の融合と大陸文化の影響である。この北山文化のもっとも代表的な建築は義満の別荘・**鹿苑寺**《ろくおんじ》で、寝殿造に禅宗様式が加味された、洒脱なものである。

北山文化の前の南北朝文化の文学だが、**吉田（卜部**《うらべ》**）兼好**の随筆『**徒然草**』、歴史書では、公家の立場から書かれた『**増鏡**《ますかがみ》』や南朝側の動きを記した北畠親房《きたばたけちかふさ》の『**神皇正統**《じんのうしょうとう》**記**《き》』、足利氏の立場の『**梅松論**《ばいしょうろん》』がある。

仏教界では、天台・真言の旧仏教に対し、新仏教が盛んで、足利尊氏は臨済宗の夢窓疎石《むそうそせき》に帰依《きえ》し、将軍家として保護をした。義満の時代になると**五山・十刹**《じっさつ》※**の制**を定め、南禅寺を頂点として京都五山、鎌倉五山を置き、それに次ぐ禅寺を十刹と定めた。そうした五山の僧たちは政治外交の顧問としても活動した。

南北朝文化では、漢詩文が中心の五山文学、出版の五山版《ござんばん》など、五山は学問と文化の中心となった。

◉能・狂言の発生

ほかにも集団芸能として発達してきた**連歌**《れんが》、**能**、**狂言**もかたちが整えられてきた。

上の句と下の句を数人でつらねていく連歌は、南北朝期に二条良基《よしもと》が『菟玖波集《つくばしゅう》』を編み、和歌と同等の地位を得た。

猿楽・田楽はしだいに能に発展していく。義満の保護を受けて猿楽能を完成させたのは、**観阿弥**《かんあみ》**・世阿弥**《ぜあみ》父子である。

世阿弥は謡曲《ようきょく》や能楽の理論書『**風**《ふう》**姿花伝**《しかでん》』を残し、能の真髄は写実と幽玄であるとした。能は、風刺性の強い狂言とともに、民衆の強い支持を得た。

ポイント

- ☑「ばさら大名」と称される守護大名が誕生する。
- ☑『徒然草』『増鏡』などの歴史書が記された。
- ☑観阿弥・世阿弥が猿楽能を完成させる。

用語解説

※**五山・十刹**　京都、鎌倉にある臨済宗の寺を格付けしたもの。京都・南禅寺を別格にして、京都は天竜寺、相国寺、建仁寺、東福寺、万寿寺が京都五山とよばれている。

■北山文化

鎌倉末期 → 室町初期
（めばえ）　（開花）

金閣（鹿苑寺）
寝殿造風+禅宗様 …… 義満の別荘＝京都北山

公家社会と大陸文化が基調
（将軍・守護大名）

ばさら
（鎌倉末期～南北朝）
ばさら大名　佐々木導誉

文学

鎌倉末期 → 南北朝

随筆
『徒然草』
吉田兼好

歴史書
『増鏡』
朝廷の歴史を公家の立場から見る
『神皇正統記』
南朝側からの主張
『梅松論』
足利氏側からの叙述

歴史文学
『太平記』
動乱期軍記物語

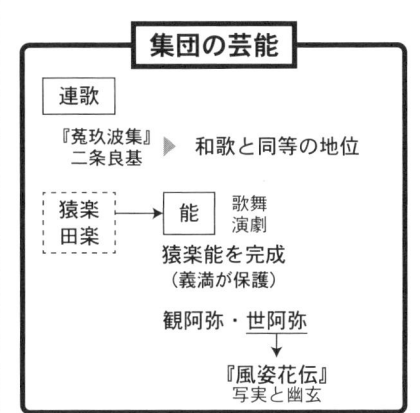

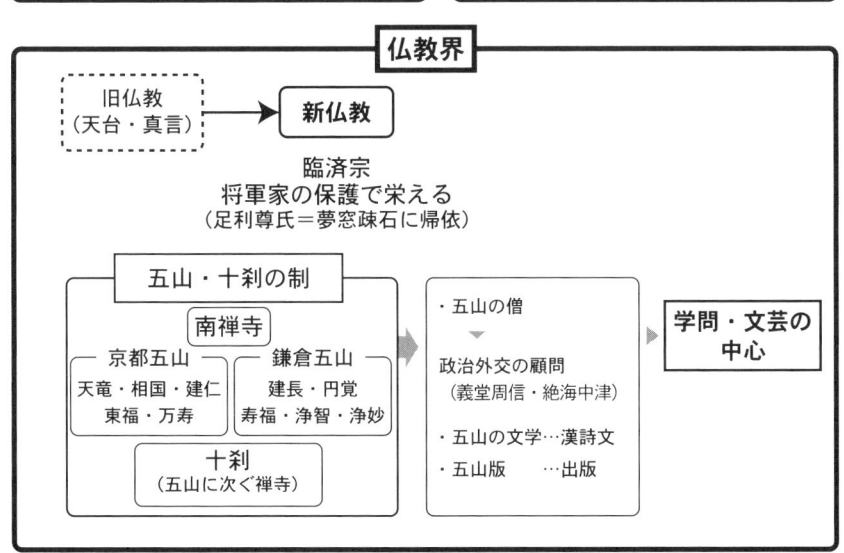

集団の芸能

連歌
『菟玖波集』二条良基 ▶ 和歌と同等の地位

猿楽
田楽 → **能**　歌舞　演劇

猿楽能を完成
（義満が保護）

観阿弥・世阿弥
↓
『風姿花伝』
写実と幽玄

仏教界

旧仏教（天台・真言） → **新仏教**

臨済宗
将軍家の保護で栄える
（足利尊氏＝夢窓疎石に帰依）

五山・十刹の制

南禅寺

京都五山
天竜・相国・建仁
東福・万寿

鎌倉五山
建長・円覚
寿福・浄智・浄妙

十刹
（五山に次ぐ禅寺）

・五山の僧
▼
政治外交の顧問
（義堂周信・絶海中津）
・五山の文学…漢詩文
・五山版　…出版

▶ **学問・文芸の中心**

おすすめ本
『風姿花伝』
（世阿弥／野上豊一郎・西尾実校訂）
岩波文庫

豆知識
鹿苑寺金閣は1950年に放火、焼失したが、これを題材としたのが三島由紀夫の『金閣寺』や水上勉の『五番町夕霧楼』。

15世紀前半〜後半

一揆や守護大名の台頭で、幕府の権威が低下する

ポイント

☑力をつけた守護大名が荘園支配を強めていった。
☑農民たちは郷という連合組織をつくって反抗した。
☑徳政令を出し続けた幕府は徐々に力を失っていった。

◎力をつける守護大名

14世紀後半の農村では荘園内の自立的・自治的むすびつきを持った**惣**《そう》や**惣村**《そうそん》が成長し、荘園領主に対抗していた。

沙汰人《さたにん》や乙名《おとな》という名主や地侍《じざむらい》がリーダーとなり、惣百姓は寄合《よりあい》をして村を運営した。また掟《おきて》を定め、共有地の管理も行っていた。年貢に責任を持つ百姓請《うけ》や、逆に年貢免除や引き下げを求めることもあった。

農民は**愁訴・強訴**《ごうそ》や、**耕作放棄の逃散**《ちょうさん》（他領や山林に逃げ込む）などの手段で抵抗をはじめた。

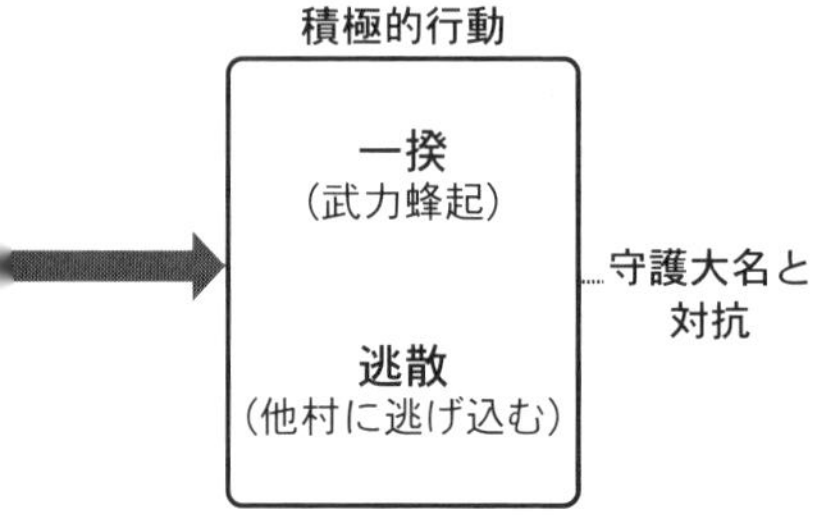

積極的行動
一揆
（武力蜂起）
逃散
（他村に逃げ込む）
守護大名と対抗

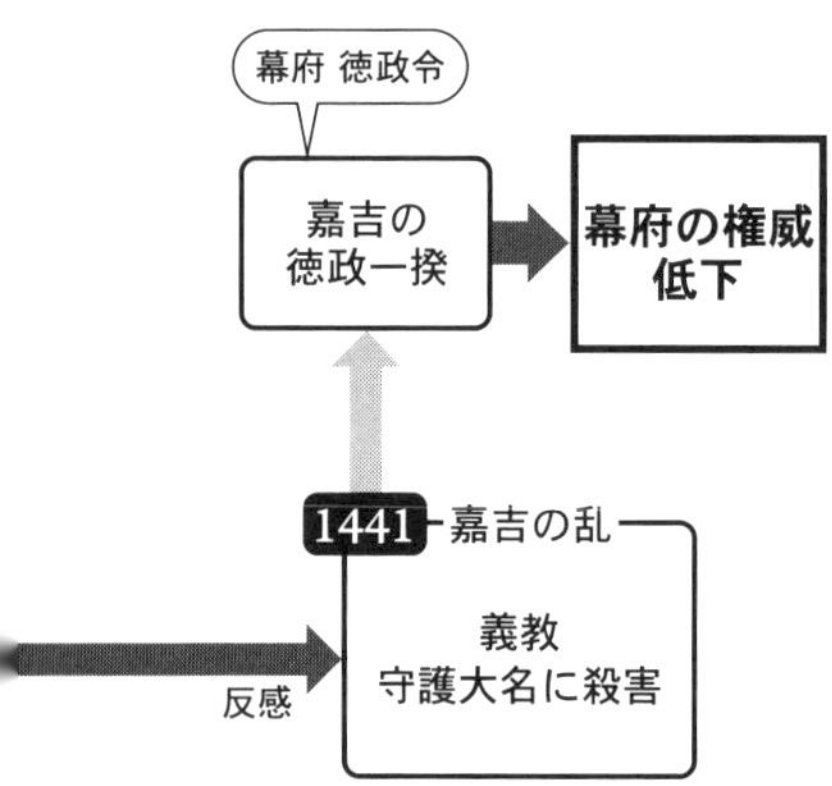

幕府 徳政令
嘉吉の徳政一揆
幕府の権威低下
1441 嘉吉の乱
義教 守護大名に殺害
反感

◎揺らぐ幕府

農民たちは**郷**という村単位での連合組織をつくり、団結して一揆《いっき》や他村への逃散という行動を起こすようになった。

１４２８年、近江坂本の運送業者の徳政要求に京都近郊の農民も参加した「**正長**《しょうちょう》**の土一揆**《つちいっき》」が起こり、実力で徳政を勝ち取っている。将軍の**足利義持**《よしもち》が死亡していたことで政治的に空白期間ができ、ここを狙っての一揆だった。

支配者の代が変わると恩赦が出るのと同じ意味で、「**代初めの徳政**」（徳政令※）が行われたのだ。

用語解説

※徳政令　朝廷や幕府が貸金をしている人に債権放棄をさせて、借り主を救済する制度。室町時代に頻繁に出された。幕府に対して徳政を出すようせまる一揆が各地で起こり、徐々に幕府の権威は失墜していった。

■惣村の形成と土一揆

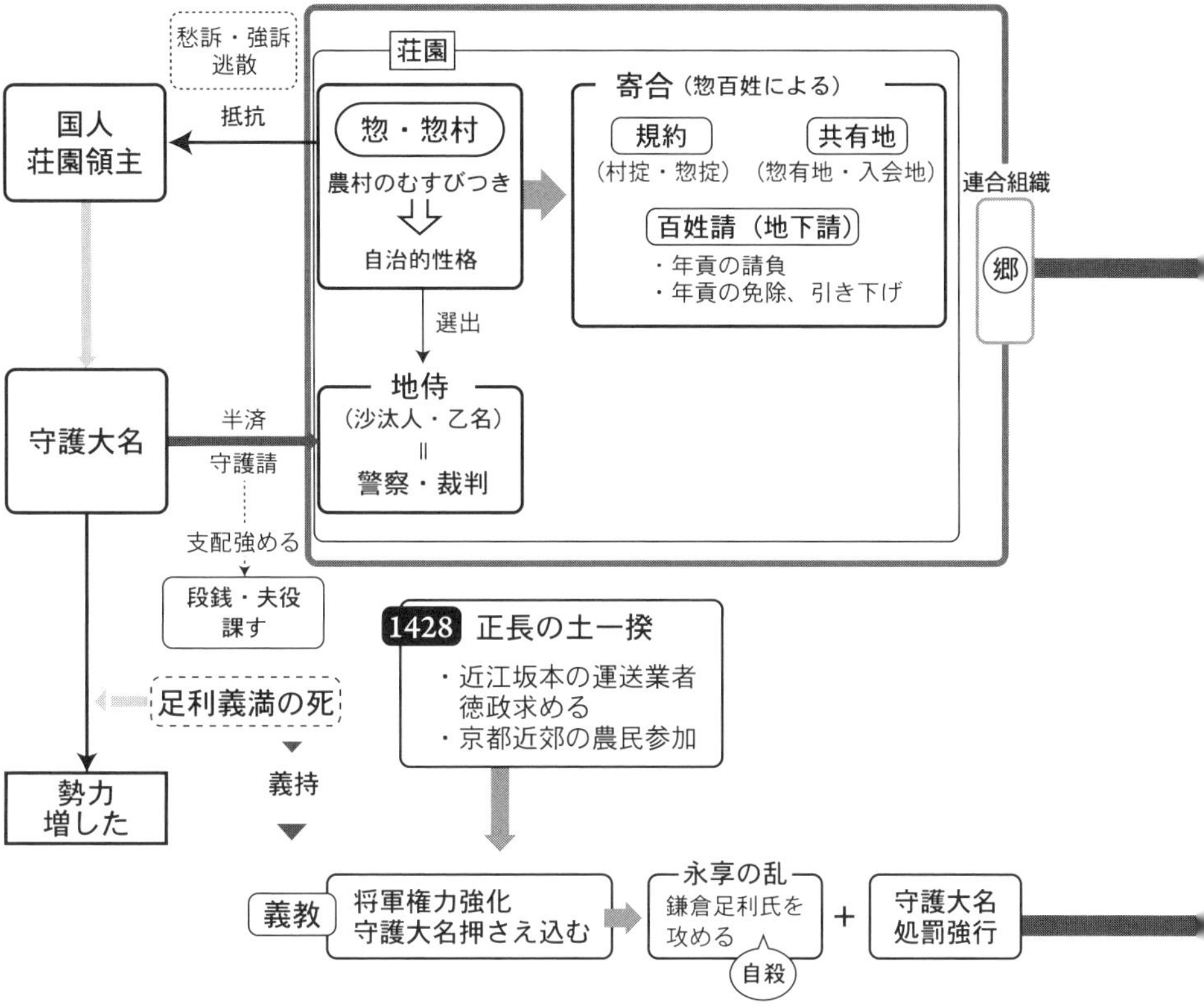
愁訴・強訴
逃散
抵抗
国人
荘園領主
荘園
物・惣村
農村のむすびつき
自治的性格
寄合（惣百姓による）
規約
（村掟・惣掟）
共有地
（惣有地・入会地）
百姓請（地下請）
・年貢の請負
・年貢の免除、引き下げ
連合組織
郷
選出
地侍
（沙汰人・乙名）
＝
警察・裁判
守護大名
半済
守護請
支配強める
段銭・夫役
課す
1428 正長の土一揆
・近江坂本の運送業者
徳政求める
・京都近郊の農民参加
足利義満の死
義持
勢力
増した
義教
将軍権力強化
守護大名押さえ込む
永享の乱
鎌倉足利氏を
攻める
自殺
＋
守護大名
処罰強行

次に将軍となった**義教**《よしのり》は、まず力をつけた守護大名を押さえ、将軍権力の強化を図っていた。

一四三八年、義教は関東へ兵を送り、翌年、幕府に反抗的だった鎌倉公方の足利持氏《もちうじ》を討ち、滅ぼした（永享の乱）。

しかし、有力守護の弾圧に反感を持たれた義教は1441年、守護大名の**赤松満祐**《みつすけ》に殺害されてしまう（**嘉吉**《かきつ》**の乱**）。

すると同年、義持のときと同じように軍事的にも政治的にも隙ができた京都で「代初めの徳政」を求めて数万人が参加、幕府はまたも徳政令を出さざるを得なかった。

その後も一揆に対する徳政令を出し続けたことと、各地の守護大名の台頭により、幕府の権威は徐々に低下していった。

豆知識

土一揆は徳政令を求めるための一揆。百姓一揆は年貢の軽減、国一揆は国人が下剋上として起こす一揆のこと。

1467年〜1485年

将軍跡継ぎをめぐって山名氏と細川氏が対立した

◉応仁の乱が起こる

８代将軍・**足利義政**には跡継ぎができなかったため弟の**義視**《よしみ》が養子となって将軍職を継ぐことになっていたが、その翌年に義政の妻・**日野富子**が**義尚**《よしひさ》を生んだ。

富子は四職の**山名持豊**《もちとよ》（**宗全**）を頼って、義尚を将軍職につけようとした。驚いた義視は管領・**細川勝元**《かつもと》に助力してもらい、ここに将軍家の家督をめぐる対立が起こった。それに管領の畠山氏、斯波氏の相続争いがからみ、１４６７年、ついに戦国時代の幕開けとなる**応仁の乱**が勃発する。

細川方の東軍は24カ国16万人、義尚と山名方の西軍は20カ国11万人。

この二大勢力は全国の**守護大名**を巻き込んで11年間にわたって京都を舞台に大きな戦乱に発展した。

◉下剋上のあらわれ

守護大名が京都で戦いをくり返していたころ、地方でも、京都で戦う守護大名の不在をついて、領国支配をまかされていた守護代や国人が実権を握ろうとするなど、内乱は地方にも波及した。

この乱で主戦場となった京都は市街地が焼き尽くされ、貴族・寺社、そして幕府の衰退が明らかになった。

そうした中で、家臣の立場の者が支配者を追放したり、滅ぼしたりするなど、下の者が上の者を倒す**下剋**《げこく》**上**《じょう》の風潮が現れるようになってきた。

また、地方の国人たちは、このような混乱のなか、自分たちの権益を守ろうとして、国人一揆を結成するようになった。

１４８５年、京都の南山城《やましろ》では、国人たちが畠山氏を国外に追放し、自治を行うようになった（**山城の国一揆**※）。１４８８年には加賀の一向一揆も起きた。

ポイント

- ☑山名・細川の対立に端を発する応仁の乱は全国に及んだ。
- ☑下の者が上の者を倒す下剋上の風潮が現れた。
- ☑地方の国人たちはしばしば国人一揆を結成した。

用語解説

※山城の国一揆　畠山義就と畠山政長が跡目争いを起こし、国の政務が滞ったため、この二人を一揆で排除して、国人と農民らで自治をおこなった。この形態は８年続いたが、国人と農民の間で次第に齟齬が生まれ、崩壊した。

■応仁の乱と下剋上の風潮

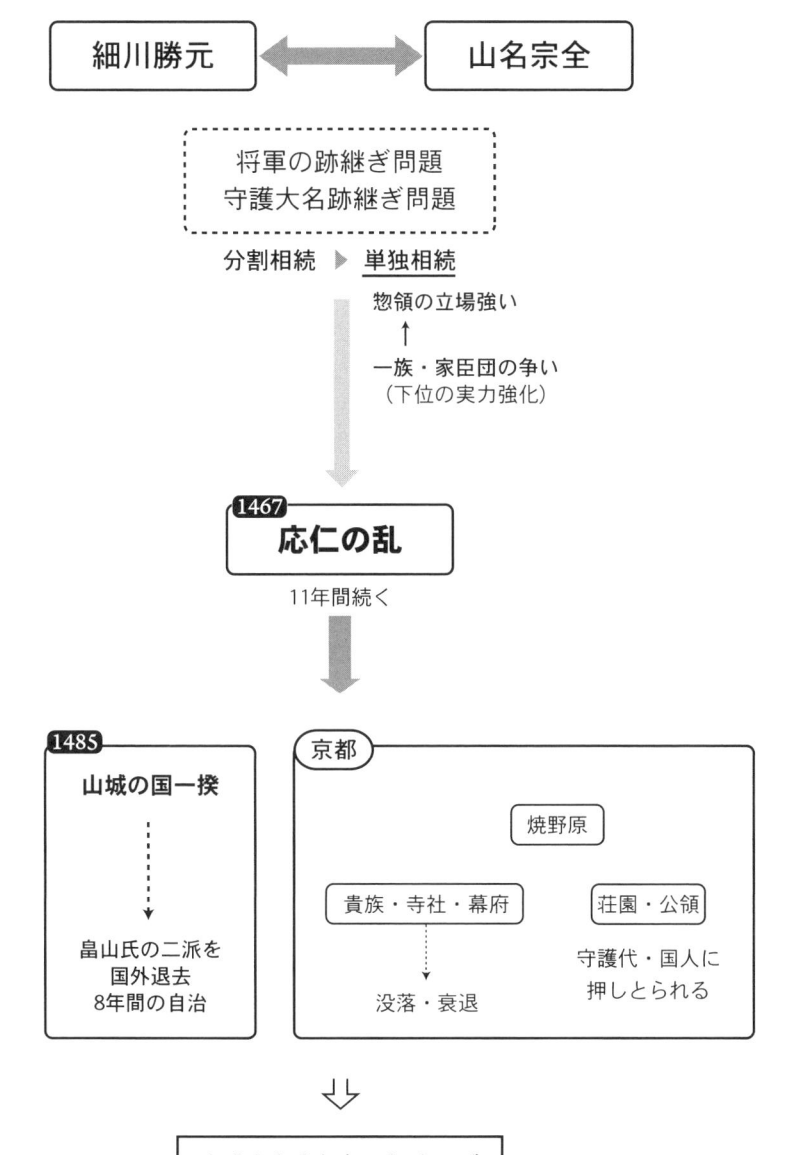

細川勝元 ⟷ 山名宗全

将軍の跡継ぎ問題
守護大名跡継ぎ問題

分割相続 ▶ 単独相続

惣領の立場強い
↑
一族・家臣団の争い
（下位の実力強化）

↓

1467
応仁の乱

11年間続く

↓

下剋上の風潮強める

1485
山城の国一揆
↓
畠山氏の二派を
国外退去
8年間の自治

京都
焼野原
貴族・寺社・幕府
↓
没落・衰退
荘園・公領
守護代・国人に
押しとられる

⇩

守護大名家督争い解決せず
争いは各地でくすぶる

おすすめ本
『室町少年倶楽部』
（山田風太郎）
文春文庫

豆知識
女性が夫の姓を名乗るのは明治以降のことで、それまでは実家の姓、もしくは屋敷名となる。日野富子や北条政子などが一例。

15世紀

都市と地方の発展で商品流通が活発化した

◉三斎市から六斎市へ

室町時代、戦乱や自然災害が多かったものの、栽培技術や灌漑《かんがい》技術の発達のため、農業は稲作を中心に生産が増大していった。水稲の品種改良も行われ、早稲《わせ》・中稲《なかて》・晩稲《おくて》などが普及し、**二毛作**が関東にも定着した。

手工業原料の桑・楮《こうぞ》※・漆《うるし》などの栽培も増加し、各地方の特産を活かしたさまざまな製品が発展している。京都・西陣や加賀の絹織物は、いまでも有名だ。

また、楮を使った美濃の紙や越前の鳥の子紙、漆を用いた輪島の漆器《しっき》などもこのころに誕生した。金属業では山城や備前の剣、河内や大和で作られた農具・日用品がある。

こうした生産側と消費側の変化を受けて、市の回数も増えて月に3回の**三斎市**から6回の**六斎市**に変わり、商業が活発になってきたことがわかる。

◉「座」と「関所」の弊害

要地では商品の運送・保管・委託販売を行う**問**《とい》が多くなり、特定の商品を扱う専門市場も登場した。馬の背に荷を負わせる馬借《ばしゃく》や荷車でひく車借《しゃしゃく》などの運送業者もあらわれた。

大都市では職人や商人の同業者組

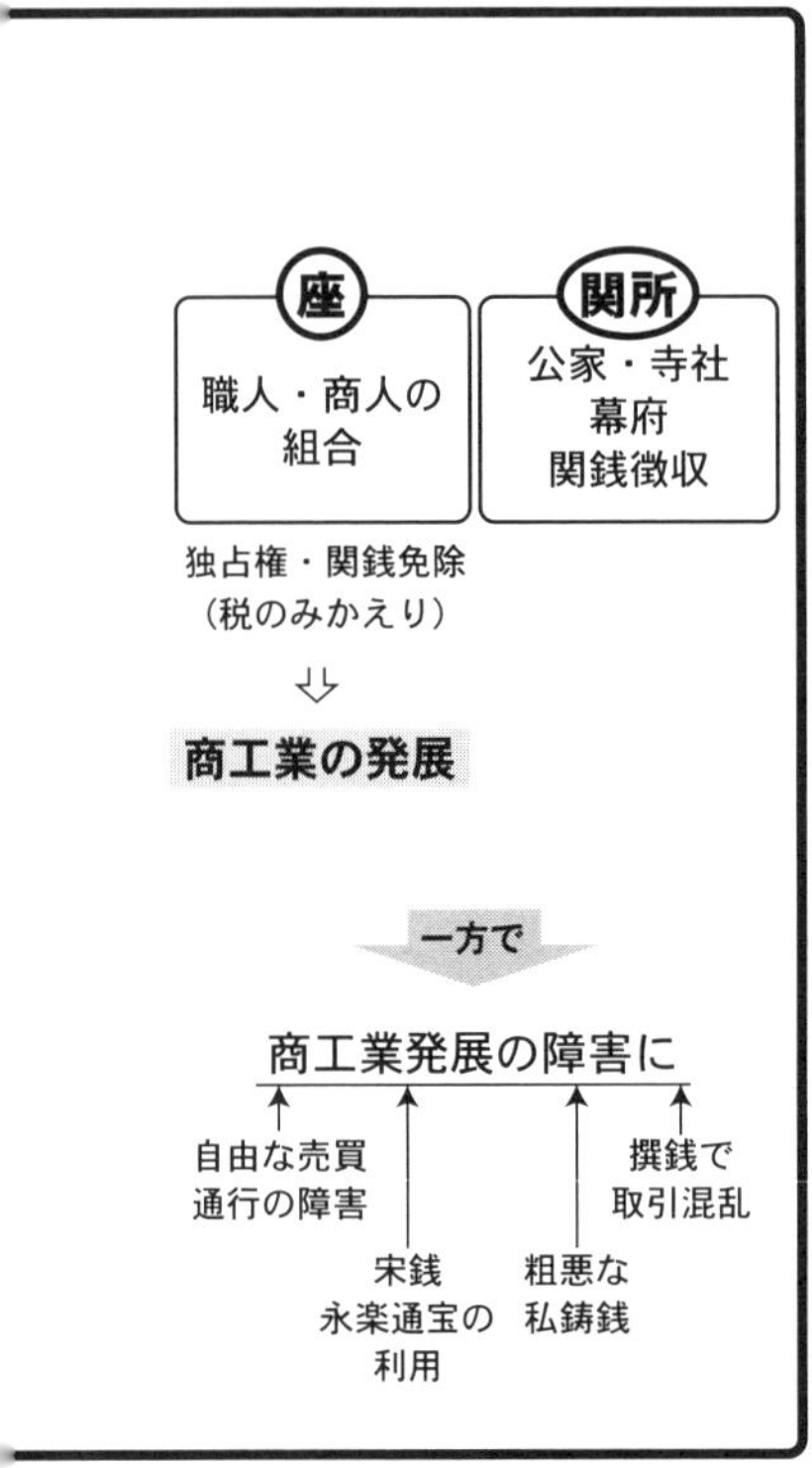

座
職人・商人の組合
関所
公家・寺社
幕府
関銭徴収
独占権・関銭免除
（税のみかえり）
商工業の発展
一方で
商工業発展の障害に
自由な売買
通行の障害
宋銭
永楽通宝の
利用
粗悪な
私鋳銭
撰銭で
取引混乱

ポイント

- ☑水稲の品種改良も行われ、二毛作が関東にも定着した。
- ☑六斎市で地方と都市の間で産業の流通が活発になった。
- ☑職人や商人の同業者組合である「座」がつくられた。

用語解説

※**楮**　桑科の植物。繊維が太く長い。そして丈夫なのが特徴。漉して和紙にする。文書用の紙や傘や障子などさまざまな用途に使用される。現在でも和紙生産に使われるが、材料の楮はほとんどが輸入となっている。

■室町時代の経済と産業の発展

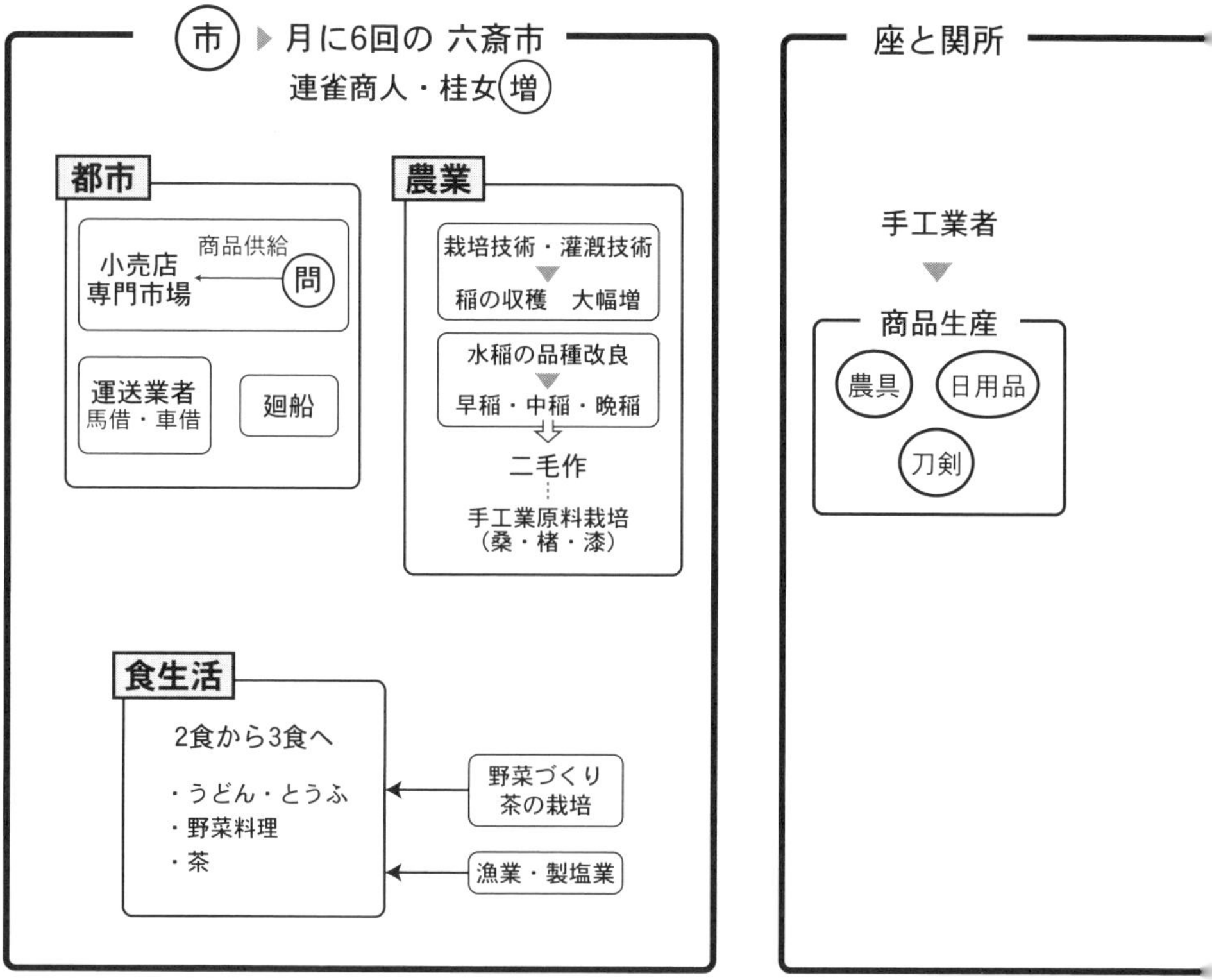
市
月に6回の 六斎市
連雀商人・桂女 増
都市
商品供給
小売店
専門市場
問
運送業者
馬借・車借
廻船
農業
栽培技術・灌漑技術
稲の収穫 大幅増
水稲の品種改良
早稲・中稲・晩稲
二毛作
手工業原料栽培
(桑・楮・漆)
食生活
2食から3食へ
・うどん・とうふ
・野菜料理
・茶
野菜づくり
茶の栽培
漁業・製塩業
座と関所
手工業者
商品生産
農具
日用品
刀剣

合が「**座**」をつくり、寺社や公家に税をおさめ、かわりにその地域での売買独占権や関銭の免除を受けた。

だが、商品流通が発展すると、寺社、公家、幕府などは関所を置き、関銭をとるようになった。

この場合の関所は、古代などに起こった反乱を抑えるものや、江戸時代に作られた警備的な関所ではない。寺社や公家が財政を豊かにするために通行人に税を課したものだ。利用の多い街道では約15キロの距離に60以上の関所が設けられたという。特に京都に入るには「**七口**《ななくち》**の関**」という、7カ所の関所のどれかを通らなければならなかった。

これは商人たちにとって、自由売買や通行の障害にもなったため、のち、各地の戦国大名たちによって廃止されていった。

豆知識
室町時代には多くの運送業が発達した。馬借は馬での運輸、車借は牛車を利用した運輸のこと。

15世紀後半

▼東山文化

幽玄で精神性の高い文化が地方へと波及していった

◉精神性の高い東山文化

14世紀末の義満の金閣に代表される華麗な北山文化に対し、応仁の乱前後に花開いた文化を**東山文化**という。これは義政の**慈照寺**《じしょうじ》**（銀閣）**に代表されるように簡素だが、幽玄で精神性を感じさせる。銀閣の書院造と枯山水の庭園は、武士・僧侶・貴族の住宅の模範となり、後の和風住宅の基礎ともいえる。

このころ村田珠光《じゅこう》がはじめた**侘茶**《わびちゃ》は武野紹鷗《たけのじょうおう》が継ぎ、のちに千利休によって**茶の湯（茶道）**として完成し、それに伴い生け花も、**華道**として発展した。また、中国の四季山水図を描いた**雪舟**があらわれ、それを取り入れた**大和絵**《やまとえ》※の**土佐派**、**狩野**《かのう》**派**が隆盛を誇った。

庶民の地位が向上したため、新たな文化も発達した。北山文化のときに流行した猿楽や田楽から能、**狂言**、念仏踊りや風流踊りが発生する。

山崎宗鑑《そうかん》による連歌や『一寸法師』、『**御伽草子**《おとぎぞうし》』などの短編物語、古浄瑠璃《こじょうるり》、小歌も庶民に広く受け入れられている。公家たちは古典や有職故実《ゆうそくこじつ》の研究に力を入れ、一条兼《かね》良《よし》による『**公事根源**《くじこんげん》』などが出された。

仏教のひろまり

鎌倉仏教のひろまり

- 禅宗諸派（林下）
  - きびしい修行
  - 曹洞系：永平寺・総持寺
  - 臨済系：大徳寺・妙心寺（一休）
- 浄土宗
  - 東国へ布教
- 日蓮宗
  - 西国へ進出
- 浄土真宗（一向宗）
  - 蓮如によって北陸・東海・近畿

文化の地方普及

応仁の乱→貴族・僧侶全国へ

山口（大内氏）…日明貿易の富
▼
「西の京都」…雪舟ら

肥後（菊池氏）
薩摩（島津氏）
＞ 薩南学派（朱子学の元）

15世紀中頃

関東　足利学校（上杉憲実）
「坂東の大学」

ポイント

☑枯山水の庭園は、後の和風住宅の基礎ともなった。
☑幕府御用絵師となる狩野派が隆盛を誇った。
☑禅宗、浄土宗、浄土真宗、日蓮宗が信者を増やした。

用語解説

※**大和絵**　日本画の一つ。絵巻物や日本の故事から題材をとったもの。代表的な作品に「源氏物語絵巻」などがある。土佐派が有名で、狩野派と並んで幕府の御用絵師として長く続いた。

■東山文化

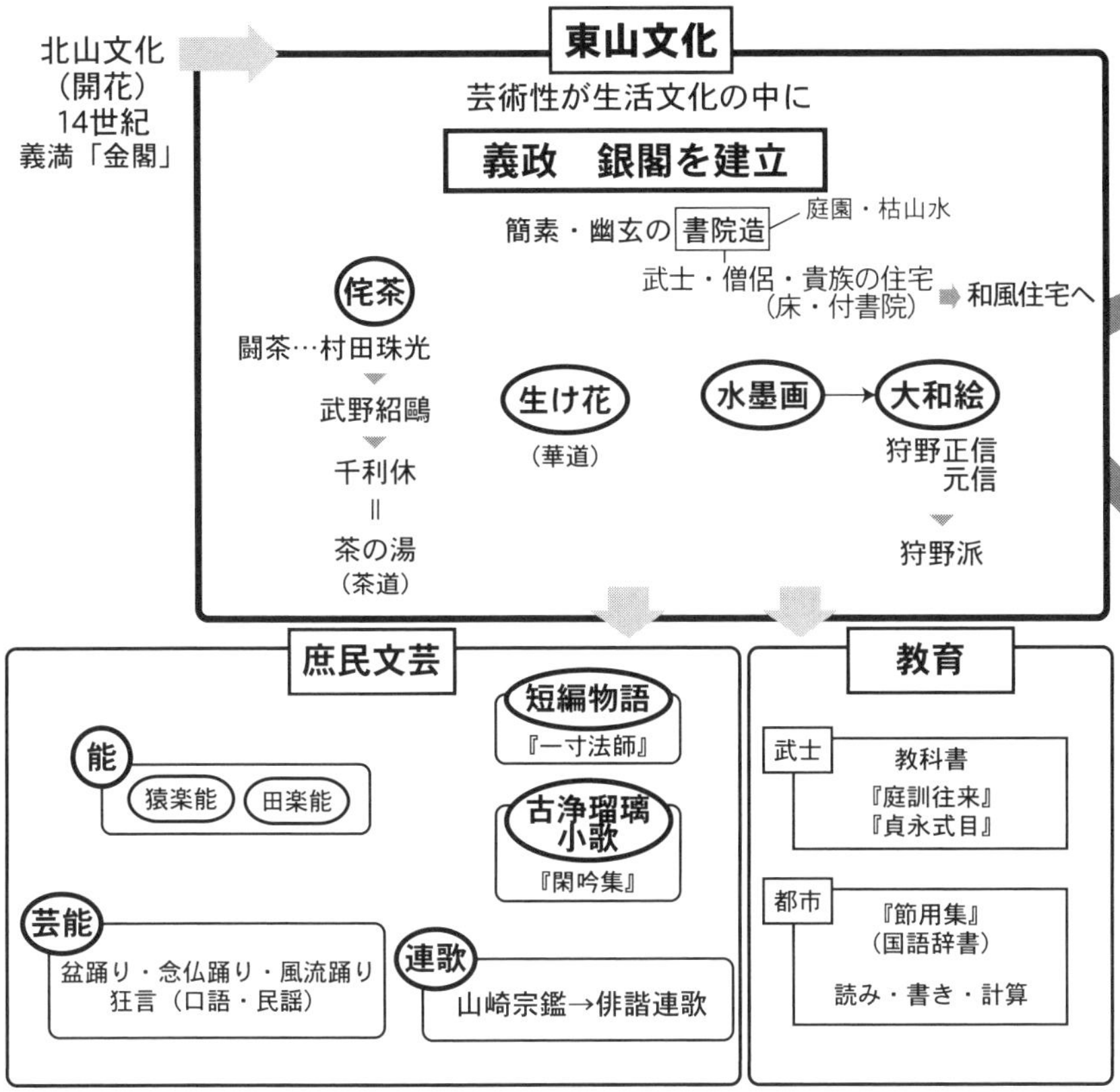
北山文化
(開花)
14世紀
義満「金閣」
東山文化
芸術性が生活文化の中に
義政　銀閣を建立
簡素・幽玄の書院造
庭園・枯山水
武士・僧侶・貴族の住宅
(床・付書院)
和風住宅へ
侘茶
闘茶…村田珠光
武野紹鷗
千利休
茶の湯
(茶道)
生け花
(華道)
水墨画
大和絵
狩野正信
元信
狩野派
庶民文芸
能
猿楽能
田楽能
短編物語
『一寸法師』
古浄瑠璃
小歌
『閑吟集』
芸能
盆踊り・念仏踊り・風流踊り
狂言(口語・民謡)
連歌
山崎宗鑑→俳諧連歌
教育
武士
教科書
『庭訓往来』
『貞永式目』
都市
『節用集』
(国語辞書)
読み・書き・計算

◉地方文化の発展

京都中心だった文化は、応仁の乱で貴族・僧侶が各地へ逃れたことで地方へ波及していった。日明貿易の富で西の京都と呼ばれた大内氏の山口、また菊池氏の肥後、島津氏の薩摩では中央の文化が浸透した。

教育面でも武士の教科書『庭訓往《ていきんおう》来《らい》』や『貞永式目』が整えられた。そして上杉氏によって再興された足利学校では儒学や易学を教え、土佐でも南学《なんがく》の祖・南村梅軒《みなみむらばいけん》が出た。国語辞書『節用集《せつようしゅう》』が刊行され、農民も読み書き計算を学ぶようになった。

また鎌倉時代に生まれた新仏教は、武士や民衆に広く支持された。厳しい修行を行う禅宗諸派、東国に広まった浄土宗、北陸・東海・近畿で盛んになった浄土真宗、西国では日蓮宗が信者を増やした。

豆知識
室町時代に活躍した雪舟は、少年時代、涙を絵具にして足で鼠を描いた。それが生きているようだった、という逸話で有名。

▼戦国大名の登場

武田、上杉、北条、今川など戦国大名が次々に誕生

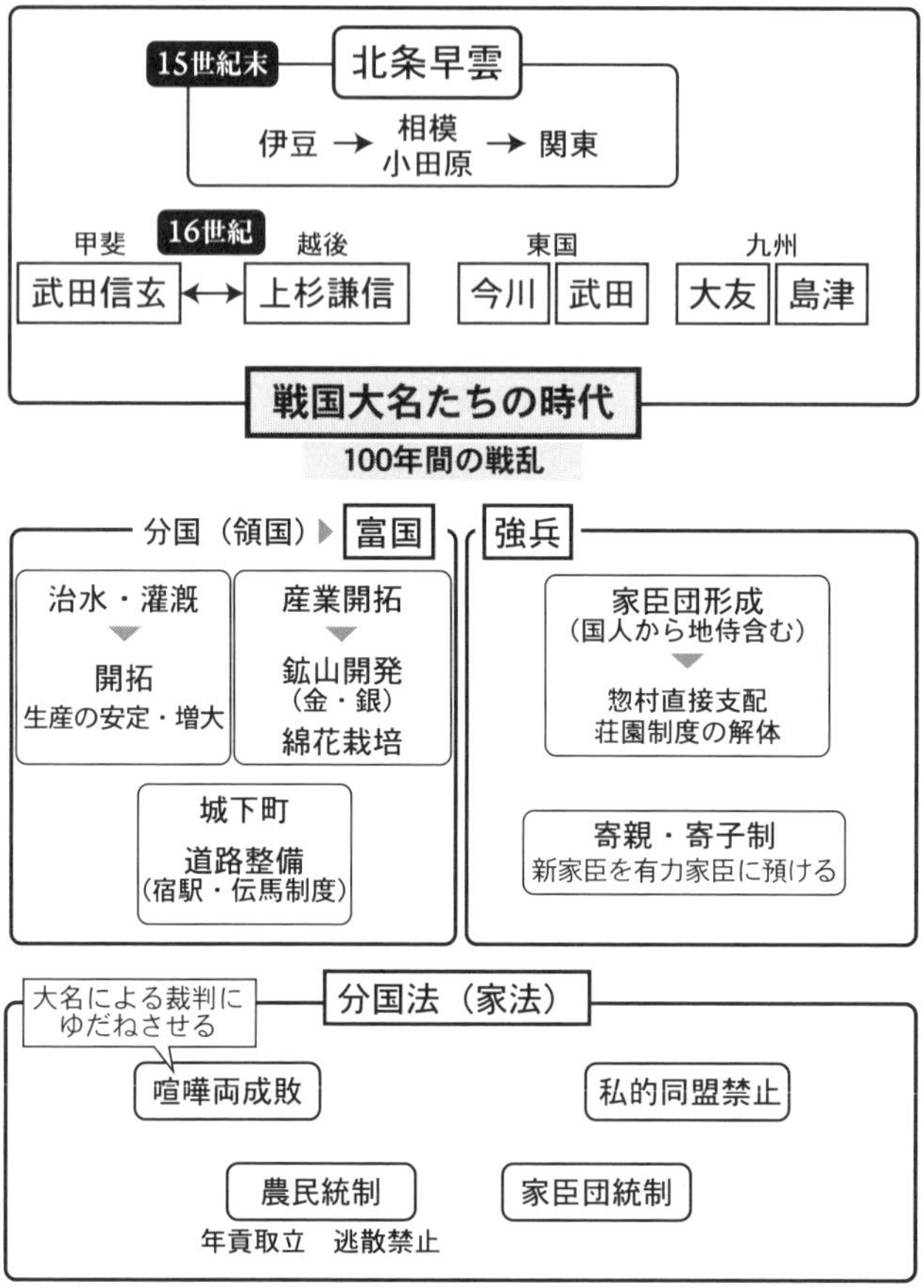
15世紀末
北条早雲
伊豆 → 相模 小田原 → 関東
16世紀
甲斐
越後
東国
九州
武田信玄 ↔ 上杉謙信
今川
武田
大友
島津
戦国大名たちの時代
100年間の戦乱
分国（領国）▶ 富国
強兵
治水・灌漑
開拓
生産の安定・増大
産業開拓
鉱山開発
（金・銀）
綿花栽培
城下町
道路整備
（宿駅・伝馬制度）
家臣団形成
（国人から地侍含む）
惣村直接支配
荘園制度の解体
寄親・寄子制
新家臣を有力家臣に預ける
分国法（家法）
大名による裁判にゆだねさせる
喧嘩両成敗
私的同盟禁止
農民統制
年貢取立　逃散禁止
家臣団統制

◉戦国大名が出現する

応仁の乱の影響は大きく、日本全国で戦乱が起こり、１００年以上に及ぶ戦国時代に入った。下剋上、一揆の多発、農村・都市での自治組織の勃興など、実力がものをいう時代になった。

こうした中、独力で領国をつくりあげた**戦国大名**が生まれた。関東の北条早雲、甲斐の武田信玄、越後の上杉謙信、駿河《するが》の今川義元、九州豊後の大友宗麟《そうりん》、薩摩の島津貴久、東北の伊達氏など、守護大名から戦国大名になったものもいたが、守護代や国人の出も多かった。

ポイント ☑

- ☑混乱に乗じ、領国をひろげる戦国大名が生まれた。
- ☑戦国大名の出現によって荘園制度が崩壊した。
- ☑各地で自治組織を持った都市が誕生した。

用語解説

※**蓮如**　1415年～1499年。浄土真宗の僧。親鸞から数えて８代目にあたる浄土真宗中興の祖。浄土真宗の善知識（仏教の師）とされている。荒廃していた本願寺を再興し、「御文」をもって全国に布教した。

彼らは治水・灌漑によって土地を豊かにし、人々の生産の安定と増大をはかった。

また、地方によっては金・銀などの鉱山開発などを行う大名もあった。また**城下町**をつくり、道路も整備した。新しく加わった家臣を有力家臣にあずける**寄親《よりおや》・寄子《よりこ》制**を設け、戦力強化につとめた。

戦国大名は領国をおさめる分国法《ぶんこくほう》を定め、喧嘩両成敗や私的同盟の禁止などきびしく統制していった。領国内の農民に対してもきびしく年貢を取り立て、逃散を禁止した。

■戦国大名の登場

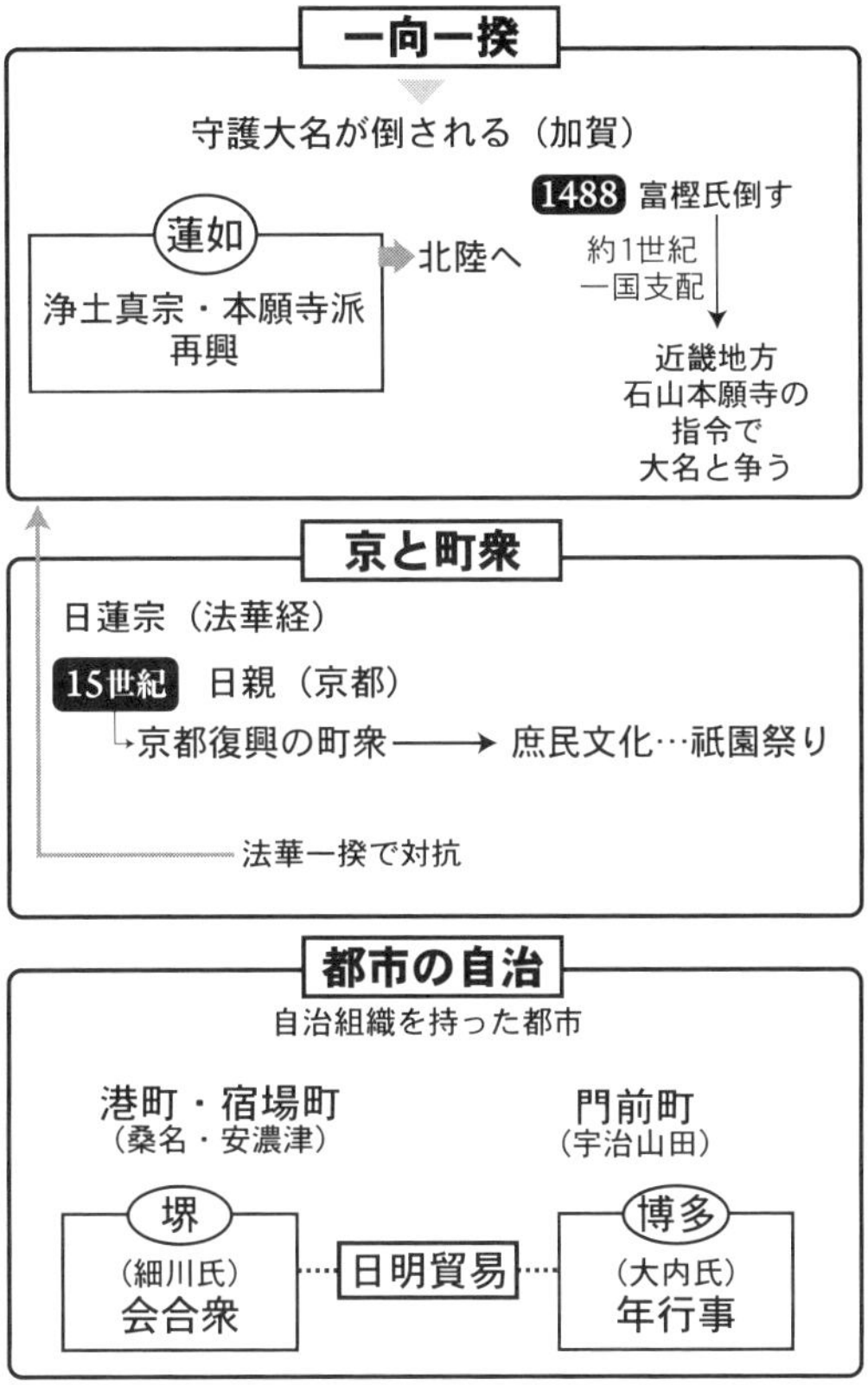
一向一揆
守護大名が倒される（加賀）
蓮如
浄土真宗・本願寺派
再興
北陸へ
1488 富樫氏倒す
約1世紀
一国支配
近畿地方
石山本願寺の
指令で
大名と争う
京と町衆
日蓮宗（法華経）
15世紀 日親（京都）
京都復興の町衆
庶民文化…祇園祭り
法華一揆で対抗
都市の自治
自治組織を持った都市
港町・宿場町
（桑名・安濃津）
門前町
（宇治山田）
堺
（細川氏）
会合衆
日明貿易
博多
（大内氏）
年行事

◉一向宗と日蓮宗の勃興

戦国大名の対抗勢力は同じ大名だけではない。宗教もその一つだった。

加賀の**一向《いっこう》宗**（**浄土真宗**）徒が一揆を起こし、守護大名の富樫《とがし》氏を倒した。

これは本願寺8世の**蓮如《れんにょ》**※によって教えをとかれた国人や農民が蜂起したもので、加賀ではこの後、約1世紀にわたって宗徒が国を支配した。

同じように**日蓮宗**（**法華宗**）は京都の商人層を中心に広まり一向一揆に対抗した。

そうした混乱の中、各地で自治組織を持った都市が誕生していった。港町、宿場町、門前町、そして堺や博多は**日明貿易**によって栄え、自治政治が見られるようになる。

おすすめ本
『武田信玄』
（新田次郎）
文春文庫

豆知識
守護代から戦国大名になったのが朝倉氏、陶氏など。国人からは毛利氏、龍造寺氏、徳川氏などがいる。

■〈久恒式〉図解術 ②

マル ②

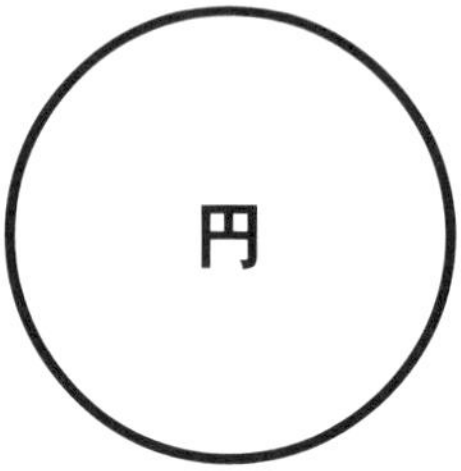
円

イメージ

概念そのもの
集合体、集合群
和、積など

四角

イメージ

テキストボックス
概念、課題、結論など

角丸四角

イメージ

表題
吹き出し、要素の一部
差、除など

その他
特殊図形
その他
特殊図形

イメージ

強調、欄外
その他恣意的な用途
形状的な特殊効果など
（例：矢印の代用など）

第3章

戦国動乱と幕藩体制

安土・桃山→江戸

1543年～1582年

スペインやポルトガルとの交易で南蛮文化が急速に広まった

ポイント

- ✓ポルトガル人がもたらした鉄砲によって戦いが激変した。
- ✓交易の活発化とともにキリスト教が日本に広まった。
- ✓大友、有馬、大村らキリシタン大名が誕生した。

◉ヨーロッパ諸国の進出

日本が戦乱の時代にあったとき、ヨーロッパ各国では**大航海時代**に入り、未知のアジア進出をめざしていた。

ポルトガルは図の左にあるようにアフリカ大陸南端をまわり、インドを経て中国に達し、**マカオ**を根拠地とした。

またスペインは図の右にあるように大西洋を経てアメリカ大陸をまわりこんで、太平洋を航行しフィリピンの**マニラ**を根拠地にアジア貿易を行った。

１５４３年にポルトガル人が九州南方の**種子島**にやってきた。時の島主・種子島時堯《ときたか》はこのとき鉄砲※の製法を家臣に学ばせた。やがて鉄砲はそれまでの槍隊による戦いを、大きく変えていく。

◉南蛮貿易とキリスト教の普及

その後、ポルトガルやスペインは日本と貿易をはじめる。この貿易が**南蛮《なんばん》貿易**だ。室町時代と違い、大名たちが独自で商人と通じるようになり、交易の窓口が拡大した。

南蛮貿易では、鉄砲、火薬、絹糸を輸入し、日本からは銀、刀剣、海産物などを輸出した。交易が活発になると、キリスト教の布教もはじまった。

まず１５４９年に**イエズス会**の宣教師・**フランシスコ＝ザビエル**が鹿児島に上陸し、活動をはじめる。教えは次第にひろまり、江戸初期の信者数は数十万人におよんだ。

それに伴い、西日本を中心に南蛮寺、聖職者養成の高等教育機関、神学校が建設された。

また九州の大友宗麟《そうりん》、有馬晴信、大村純忠《すみただ》らは入信して**キリシタン大名**となり、宣教師・バリニャーノのすすめで、１５８２年、少年４人の天正遣欧《てんしょうけんおう》使《し》節《せつ》をローマ教皇に派遣する大事業を行った。

用語解説

※鉄砲　鉄砲という言葉は元寇のころからあり、このときは陶器製の球に火薬をつめたものだった。火縄銃は火のついた縄で火薬に点火して弾を発射させるもので、火薬と弾は先込め式。日本では堺や近江国友の鍛冶衆らが作製にあたった。

■南蛮貿易とキリスト教

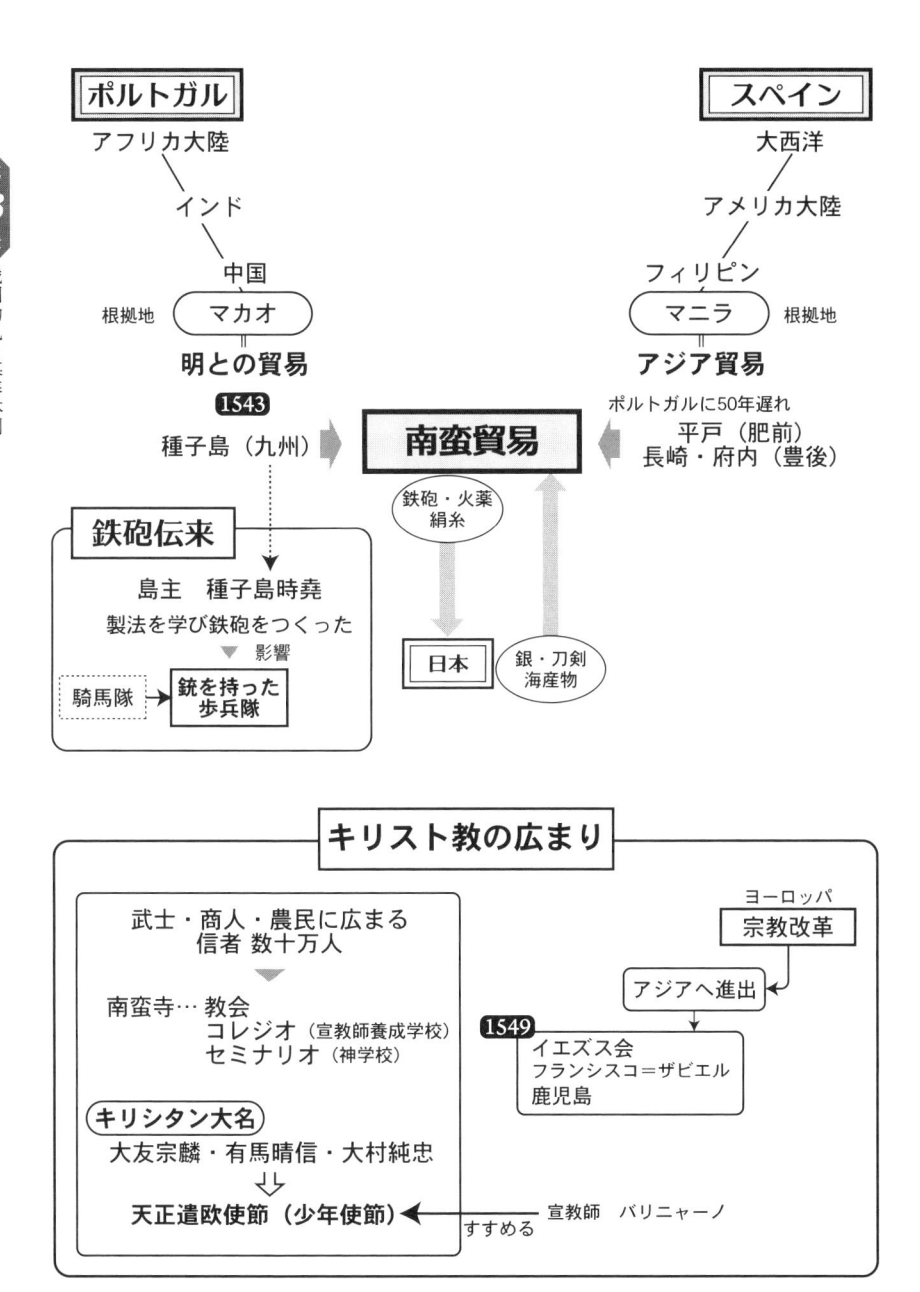

ポルトガル
アフリカ大陸
インド
中国
根拠地 マカオ
＝
明との貿易
1543
種子島（九州）

スペイン
大西洋
アメリカ大陸
フィリピン
マニラ 根拠地
＝
アジア貿易
ポルトガルに50年遅れ
平戸（肥前）
長崎・府内（豊後）

南蛮貿易

鉄砲・火薬
絹糸
日本
銀・刀剣
海産物

鉄砲伝来
島主　種子島時堯
製法を学び鉄砲をつくった
影響
騎馬隊 → **銃を持った歩兵隊**

キリスト教の広まり

武士・商人・農民に広まる
信者 数十万人

南蛮寺… 教会
コレジオ（宣教師養成学校）
セミナリオ（神学校）

キリシタン大名
大友宗麟・有馬晴信・大村純忠

天正遣欧使節（少年使節） ← すすめる 宣教師　バリニャーノ

ヨーロッパ
宗教改革
アジアへ進出
1549
イエズス会
フランシスコ＝ザビエル
鹿児島

おすすめ本
『王の挽歌』
（遠藤周作）
新潮文庫

豆知識
遣欧使節としてローマに渡った少年は伊東マンショ、千々石ミゲル、中浦ジュリアン、原マルチノの４人。

1560年～1598年

▼信長・秀吉による天下統一

織田信長の跡を継いだ豊臣秀吉が全国を統一した

山崎の戦い　…明智光秀
賤ヶ岳の戦い…柴田勝家
▶ 破る

豊臣秀吉　信長の後継者

1585　四国平定　…長宗我部元親服従
1587　九州従える　…島津義久服従
1590　北条氏→小田原攻め
伊達政宗ら東北諸大名服従

全国統一を達成

- 領地200万石
- 重要都市直轄（京都・大坂・堺・伏見・長崎）
- → 財政基盤
- 街道整備
- 貨幣鋳造

検地

太閤検地
全国の土地を把握

近世封建制の基礎が定まる

刀狩

兵農分離
農民から武器を取り上げる

1591 身分統制令 ▶ 奉公人・町人・農民の身分移動を禁ずる

対外政策

キリスト教
普及認める
↓ 植民地化危機感
1587 バテレン追放令
（宣教師国外追放
布教禁止）

明の征服
朝鮮出兵（2回）
（文禄・慶長の役）
1598 秀吉の死
政権崩壊の原因

海外発展 を援助
東南アジアへの
進出盛んに

ポイント

- ☑信長は楽市・楽座を導入するなど、商業を重視した。
- ☑太閤検地と刀狩で近世封建制の基礎が定まった。
- ☑朝鮮出兵の失敗により、豊臣政権の力が弱まった。

◉織田信長の快進撃

図の左の年表にあるように尾張の一大名だった**織田信長**は、１５６０年、**桶狭間《おけはざま》の戦い**で今川義元を撃破、その後、「**天下布武《ふぶ》**」を旗印に天下統一をめざしていく。まず**足利義昭**を将軍につけて上洛し、比叡山延暦寺《えんりゃくじ》や石山本願寺も攻め寺院勢力を抑え込んだ。１５７３年には義昭を追放、室町幕府を滅亡させた。その間にも近江の浅井、越前の朝倉を滅ぼし、１５７５年には**長篠《ながしの》合戦**※で武田勝頼を破った。信長は領土を広げるだけでなく、**楽市《らくいち》・楽座《らくざ》の制**を導入、堺を直轄にし、関所の廃

用語解説

※**長篠合戦**　三河・長篠で起こった武田勝頼と織田信長、徳川家康の戦い。武田家には強固な騎馬軍団がいたが、信長は足軽に大量の鉄砲を持たせるという新しい戦法で勝利した。ただ、近年は騎馬軍団の存在はあやしいとされ、鉄砲の三段討ちも疑問視されている。

■信長・秀吉による天下統一

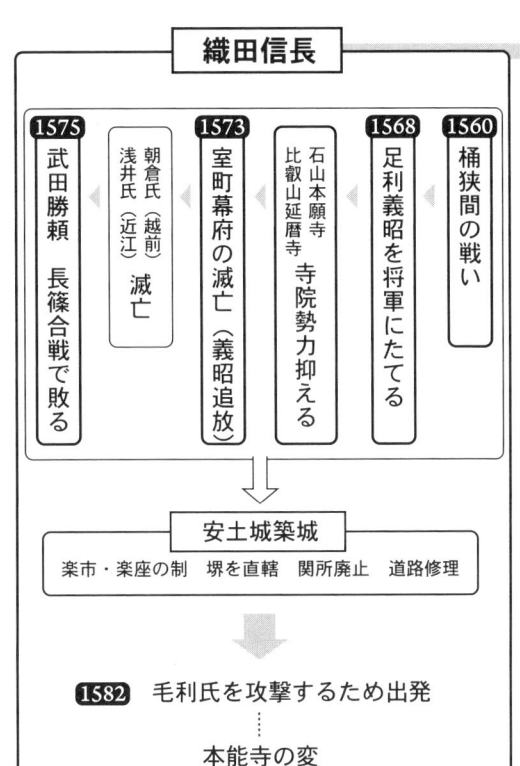

織田信長

- 1560 桶狭間の戦い
- 1568 足利義昭を将軍にたてる
- 石山本願寺 比叡山延暦寺 寺院勢力抑える
- 1573 室町幕府の滅亡（義昭追放）
- 朝倉氏（越前） 浅井氏（近江） 滅亡
- 1575 武田勝頼 長篠合戦で敗る

⇩

安土城築城

楽市・楽座の制　堺を直轄　関所廃止　道路修理

⇩

1582 毛利氏を攻撃するため出発

⋮

本能寺の変

など商業を盛んにする政策をとった。しかし1582年に京都の本能寺で家臣の明智光秀に攻められ、信長はたおれた（**本能寺の変**）。

◉豊臣秀吉の治世

信長の家臣であった**羽柴秀吉**は、謀反を起こした光秀を討ち、次に柴田勝家を破って信長の後継者となった。

さらに図に見るように四国の長宗《ちょうそ》我部《かべ》氏、九州の島津氏、関東の北条氏、東北の伊達氏を服従させ、信長の志であった全国統一を果たした。そして太政大臣の位を受け、豊臣姓を賜る。秀吉は京都など重要都市を直轄にして、領地からの200万石とあわせて財政基盤をかためた。そして街道の整備や貨幣の鋳造も行うなど財政基盤を固めていった。

土地の生産力を米に換算する石高制に改め、**太閤《たいこう》検地**を断行、兵農分離のため**刀狩**を行った。これによって近世封建制の基礎が定まった。

対外政策では、当初、キリスト教を認めていたが、日本の植民地化の危機を感じ、1587年の**バテレン追放令**で宣教師を排除した。その一方で貿易は奨励し、積極外交につとめた。秀吉は東南アジア進出の足がかりとして明《みん》の征服を企《くわだ》て、二度にわたって**朝鮮出兵**を行ったが、これは失敗に終わり、1598年に秀吉が死ぬと豊臣政権の支配力は急速に弱まっていった。

おすすめ本
『新史太閤記』
司馬遼太郎
新潮文庫

豆知識
信長が討たれた本能寺は旧本能寺小学校跡付近。また近くの京都逓信病院裏には自刃した信長の首を洗ったという池があった。

16世紀後半

城郭建築、茶道、能・狂言など、清新で華やかな文化が誕生

◉清新な桃山文化

織豊《しょくほう》政権時代の文化を**桃山文化**と呼ぶ。新鮮味あふれる豪華で現実的なのが特徴だ。

また南蛮人との交流により南蛮文化や、そして琉球・朝鮮文化なども影響を与えた。

桃山文化の特色として最初にあげられるのは、安土城、大坂城、聚楽《じゅらく》第《だい》といった城郭建築である。深い堀と大きな石垣に囲まれ高層の天守閣は人々の度肝を抜いたことだろう。

また建物の内部は彫刻や絵画が飾られ、ふすまには**長谷川等伯**《とうはく》や**狩野**《かのう》**派**の障壁画が描かれた。

文化の担い手は大名だけではなく、町衆や豪商も加わった。

信長の茶頭《さどう》をつとめた堺の豪商**千利休**は、豊臣政権下でも重用され、秀吉と諸大名との仲介役の役割を果たしていく。利休は従来の侘茶《わびちゃ》を**茶道**へ大成させた。

茶道は豊臣秀吉や諸大名の保護を受け、武士の社交として流行、同時に茶器も珍重された。また、朝鮮侵略時に連れ帰った朝鮮人陶工が有田焼、薩摩焼、萩焼、平戸焼などをつくり、国内陶工による志野《しの》焼、織部《おりべ》焼、信楽《しがらき》焼も誕生した。

その他、華道、能・狂言、そして民衆芸能として出雲阿国《おくに》の歌舞伎踊《おどり》が人気を博した。

◉南蛮文化の浸透

一方、芸術や科学にすぐれた南蛮文化はキリスト教宣教師によってもたらされ、天文学・医学・地理学などの実用的学問が持ち込まれた。また活字印刷が伝わり、**『伊曾保《いそほ》物語』**※が出版された。

金平糖《こんぺいとう》、カステラなどの南蛮菓子のほかにも、ビロード、メリヤスといった布地、タバコのような嗜好品など、現在でも南蛮文化の名残がある。

ポイント

- ☑南蛮文化など異国風の色合いが見られた。
- ☑堺の豪商千利休が侘茶を茶道へ大成させた。
- ☑宣教師によって天文学など実用的学問が浸透した。

用語解説

※**『伊曾保物語』**　『イソップ物語』のこと。イエズス会宣教師が日本に持ち込んだキリシタン版と呼ばれるものは、ローマ字で印刷・出版されたもの。その後、江戸時代初期に『仮名草子』として出された。

■桃山文化と南蛮文化

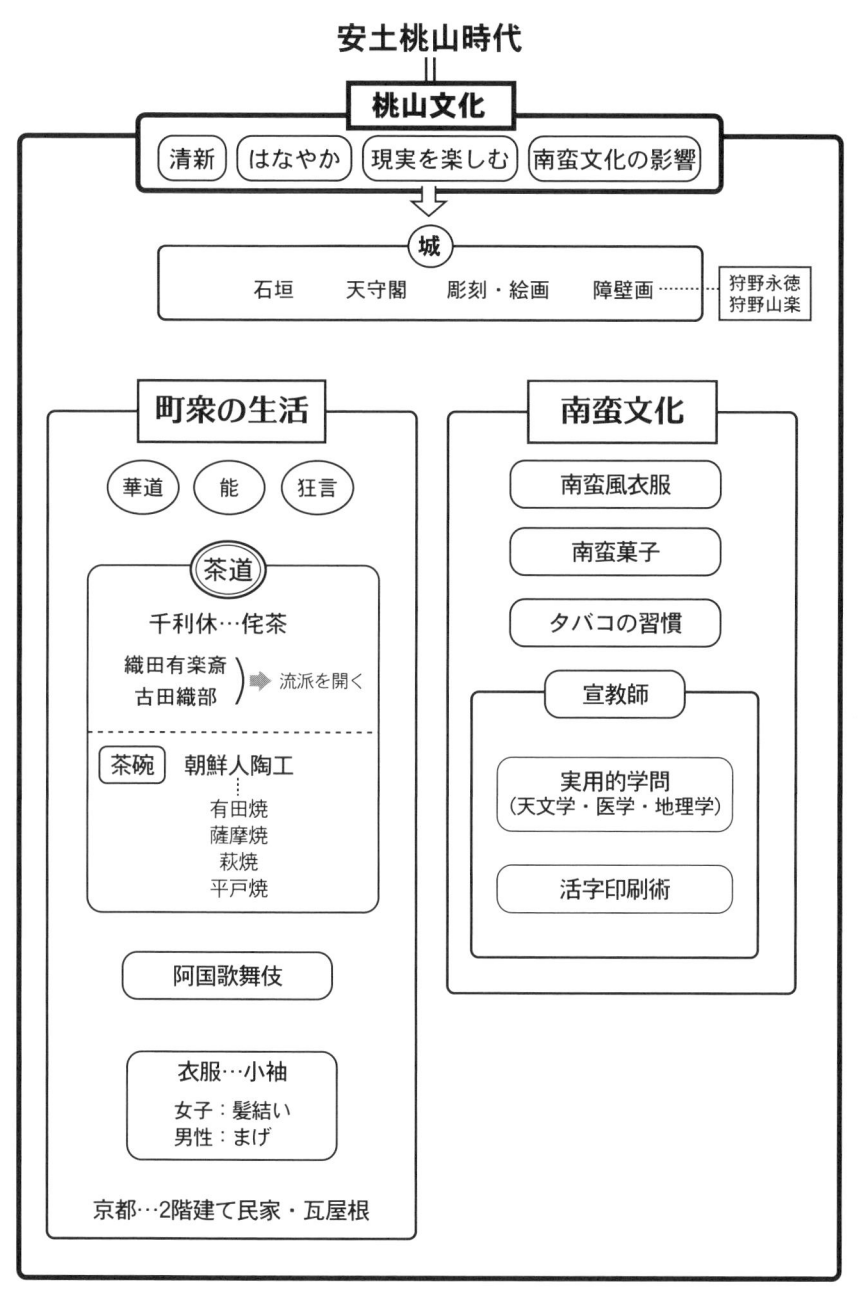

安土桃山時代

＝

桃山文化

清新　はなやか　現実を楽しむ　南蛮文化の影響

⇩

城

石垣　天守閣　彫刻・絵画　障壁画……狩野永徳／狩野山楽

町衆の生活

- 華道　能　狂言
- 茶道
  - 千利休…侘茶
  - 織田有楽斎／古田織部 ➡ 流派を開く
  - 茶碗　朝鮮人陶工
    - 有田焼
    - 薩摩焼
    - 萩焼
    - 平戸焼
- 阿国歌舞伎
- 衣服…小袖
  - 女子：髪結い
  - 男性：まげ
- 京都…2階建て民家・瓦屋根

南蛮文化

- 南蛮風衣服
- 南蛮菓子
- タバコの習慣
- 宣教師
  - 実用的学問（天文学・医学・地理学）
  - 活字印刷術

おすすめ本

『秀吉と利休』
（野上彌生子）
中公文庫

豆知識

千利休の名「利休」は、豊臣秀吉が宮中で献茶をする際に正親町天皇から与えられた名。

1603年〜1615年

▼江戸幕府の成立

家康・秀忠・家光の3代で強固な幕藩体制が完成する

徳川家康
三河の小大名
信長
遠江
駿河
五大老の一人
関東250万石
江戸
1600
関ヶ原の戦い
石田三成
小西行長
破る

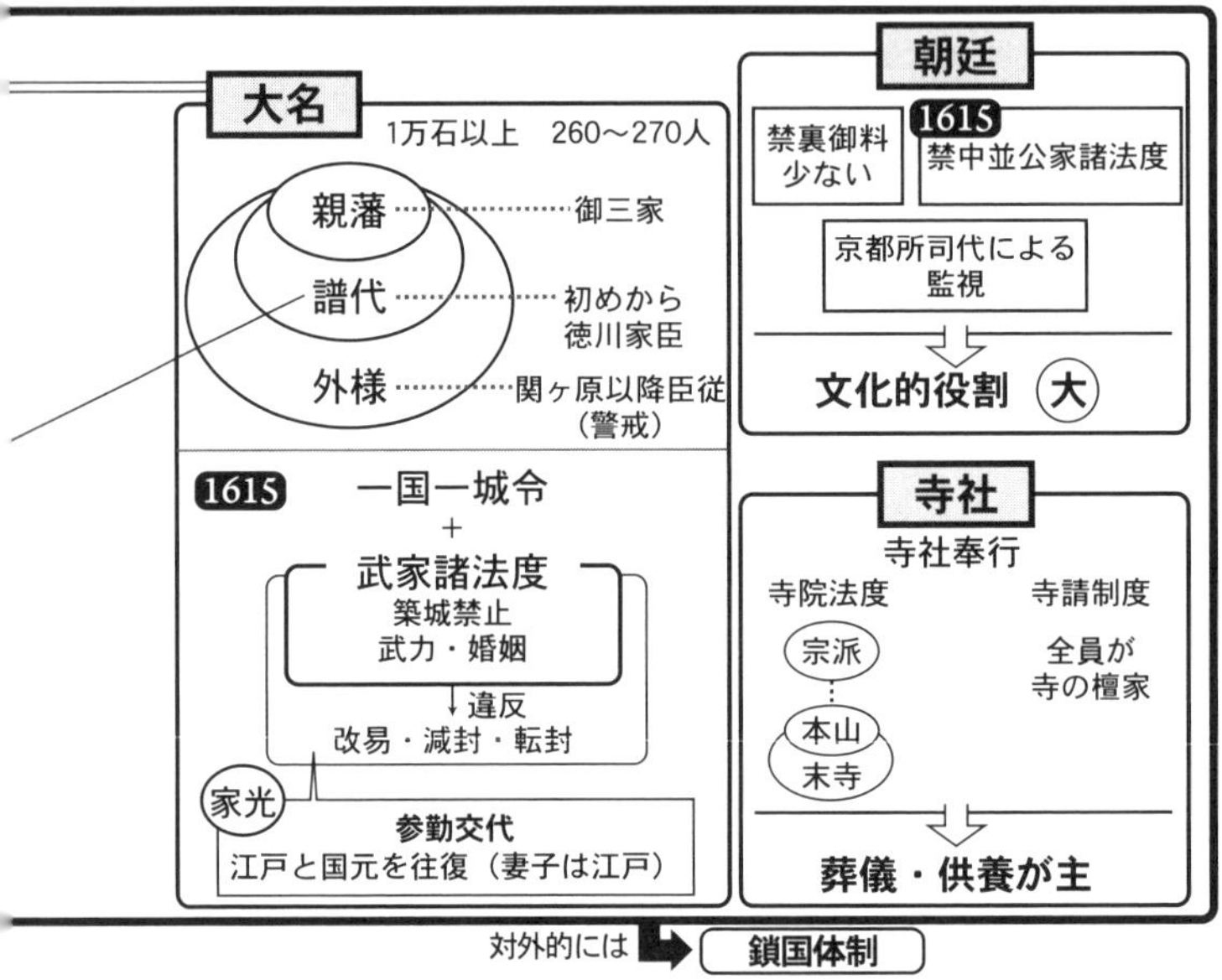

大名
1万石以上　260〜270人
親藩
御三家
譜代
初めから
徳川家臣
外様
関ヶ原以降臣従
（警戒）
1615
一国一城令
＋
武家諸法度
築城禁止
武力・婚姻
違反
改易・減封・転封
家光
参勤交代
江戸と国元を往復（妻子は江戸）
朝廷
禁裏御料
少ない
1615
禁中並公家諸法度
京都所司代による
監視
文化的役割
大
寺社
寺社奉行
寺院法度
宗派
本山
末寺
寺請制度
全員が
寺の檀家
葬儀・供養が主
対外的には
鎖国体制

◉江戸幕府の誕生

1603年、**徳川家康**は**江戸幕府**を開いた。家康の生涯と江戸幕府成立までの流れは図上部の横の流れで理解できる。

三河の小大名、家康は織田信長と結んで、三河、遠江《とおとうみ》・駿河《するが》の大名にのし上がる。豊臣秀吉の時代は**五大老**の一人となり、江戸を本領とした。秀吉の死後、**関ヶ原の戦い**で勝利し、1603年には**征夷大将軍**を任じられ、江戸幕府を開く。2年後、子の**秀忠**に将軍職を譲り、大御《おおご》所《しょ》となり、**大坂冬の陣・夏の陣**で豊臣家を滅亡に追い込んだ。

ポイント

- ☑家康は征夷大将軍を任じられ、江戸に幕府を開く。
- ☑大名は親藩・譜代・外様の3つに分類された。
- ☑「禁中並公家諸法度」を定め、朝廷を管理した。

用語解説

※**禁裏御料**　幕府から朝廷（天皇）に寄進した領地のこと。朝廷がつかう日常的な予算。実際に朝廷が領地の管理をしていたわけではなく、幕府から派遣された旗本がその任に当たっていた。石高としては3万石だった。

■江戸幕府の成立

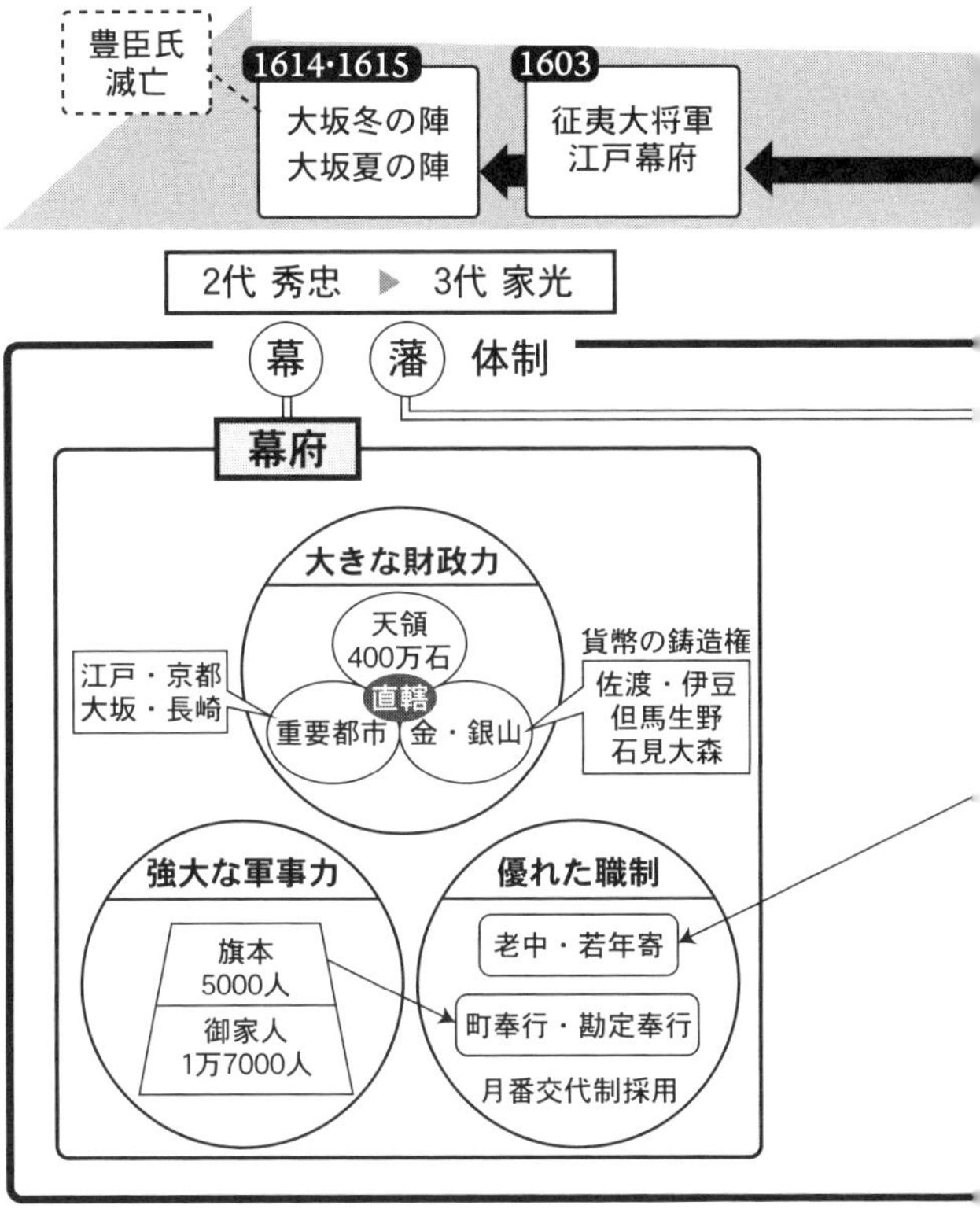
豊臣氏滅亡
1614・1615
大坂冬の陣
大坂夏の陣
1603
征夷大将軍
江戸幕府
2代 秀忠 ▶ 3代 家光
幕 藩 体制
幕府
大きな財政力
天領
400万石
直轄
重要都市
金・銀山
江戸・京都
大坂・長崎
貨幣の鋳造権
佐渡・伊豆
但馬生野
石見大森
強大な軍事力
旗本
5000人
御家人
1万7000人
優れた職制
老中・若年寄
町奉行・勘定奉行
月番交代制採用

家康の後を継いだ2代秀忠と3代**家光**の時代には強固な**幕藩体制**が完成した。

財政は400万石にのぼる直轄地（天領）、佐渡・伊豆などの金山・銀山からの収入を基盤とした。軍事力は2万石以上の旗本、御家人《ごけにん》を将軍の直轄軍とし、それに譜代、親藩を加え、強大なものとなった。

なお1万石以上の大名は徳川家との関係で図のように親藩・譜代・外様の3つに分類された。

◉幕府の行政を整える

幕府の行政は、譜代《ふだい》大名で構成する老中・若年寄、旗本が就く**町奉行・勘定奉行**などの職制で成り立っていた。

諸大名を統制するため「**武家《ぶけ》諸法《しょはっ》度《と》**」を定め、違反者には改易《かいえき》・減封・転封などの処置も行った。また**一国一城令**、**参勤交代制度**で大名の行動を規制した。そして朝廷に対しては、領地である禁裏御料《きんりごりょう》※を少なくし、京都所司代による監視を行っている。1615年には「**禁中《きんちゅう》並《ならびに》公家《くげ》諸法度**」を定め、朝廷が政治に関与できないようにした。寺社に対しては、**寺院法度**、**寺請《てらうけ》制度**を導入し、その結果、寺院は布教などの宗教活動が少なくなり、葬儀や供養が主たる業務となった。

このように江戸幕府は大名、朝廷、寺社の勢力を削《そ》ぎ、260年以上続く幕藩体制を完成させた。

おすすめ本
『徳川家康』
（山岡荘八）
講談社

豆知識
御三家は家康の子で尾張、紀州、水戸の三家を構成、御三卿は8代将軍吉宗のときにつくられ、田安、一橋、清水家のこと。

17世紀

▼士農工商と農民の役割

身分制度と家の秩序が統治の仕組みであった

◉身分を統制する

幕藩体制を維持するために、幕府は兵農分離政策を推進し、**士農工商**という身分制度をつくった。

支配者である武士と被支配者である農民・工商を分離したもの。武士は苗字・帯刀を許され、下位の無礼に対しては切捨御免《きりすてごめん》の義務も負った。

80%以上を占める農民は年貢をおさめる身分として重要視された。また職人を指す工と商人を指す商は都市在住者であり、総称して**町人**と呼ばれた。

さらに、士農工商の下には賤民身分があった。

個々の家では、家長である男性の権限が大きく、後継ぎの長男が大事にされた。

一方で妻の地位は低く、男尊女卑の風潮が強かった。

こうした身分制度と家の秩序が、江戸時代の統治の仕組みであった。

◉農民の仕組み

村落組織では、**名主**《なぬし》など村方《むらかた》三役（名主・組頭《くみがしら》・百姓代）を村役人として、領主の命令の伝達や年貢米納入の管理にあたらせた。

村民は**五人組**という年貢や犯罪などでの連帯責任組合を組織させられた。

そうした村民にも田畑・屋敷を持ち年貢をおさめる**本百姓**、借りた田畑を小作する**水呑百姓**、本百姓に隷属の**名子**《なご》**・被官**という階層があった。

また幕府は１６４３年の**田畑**《でんぱた》**永代売買禁止令**、１６７３年の**分地**《ぶんち》**制限令**などで、本百姓を保護し、規模を維持する政策をとった。

なお農民からの税の中心は田畑・屋敷にかかる**本年貢**、山林・副業にかかる**雑税**、宿駅で人馬を提供する**助郷役**《すけごうやく》などがある。税は**四公六民**※といわれたように零細な百姓には重いものであった。

ポイント

- 武士、農民、工商の士農工商の身分制度がつくられた。
- 名主などが年貢米納入の管理にあたっていた。
- 農民からの税は本年貢、雑税、助郷役などがある。

用語解説

※四公六民　江戸時代の税率の一つ。収穫高の４割を年貢として払い、残りの６割が農民のものとなる。のち、享保の改革で五公五民制に変わった。またその年の収穫量で見るのではなく、一定期間による収穫量平均値という定免法になった。

■士農工商と農民の役割

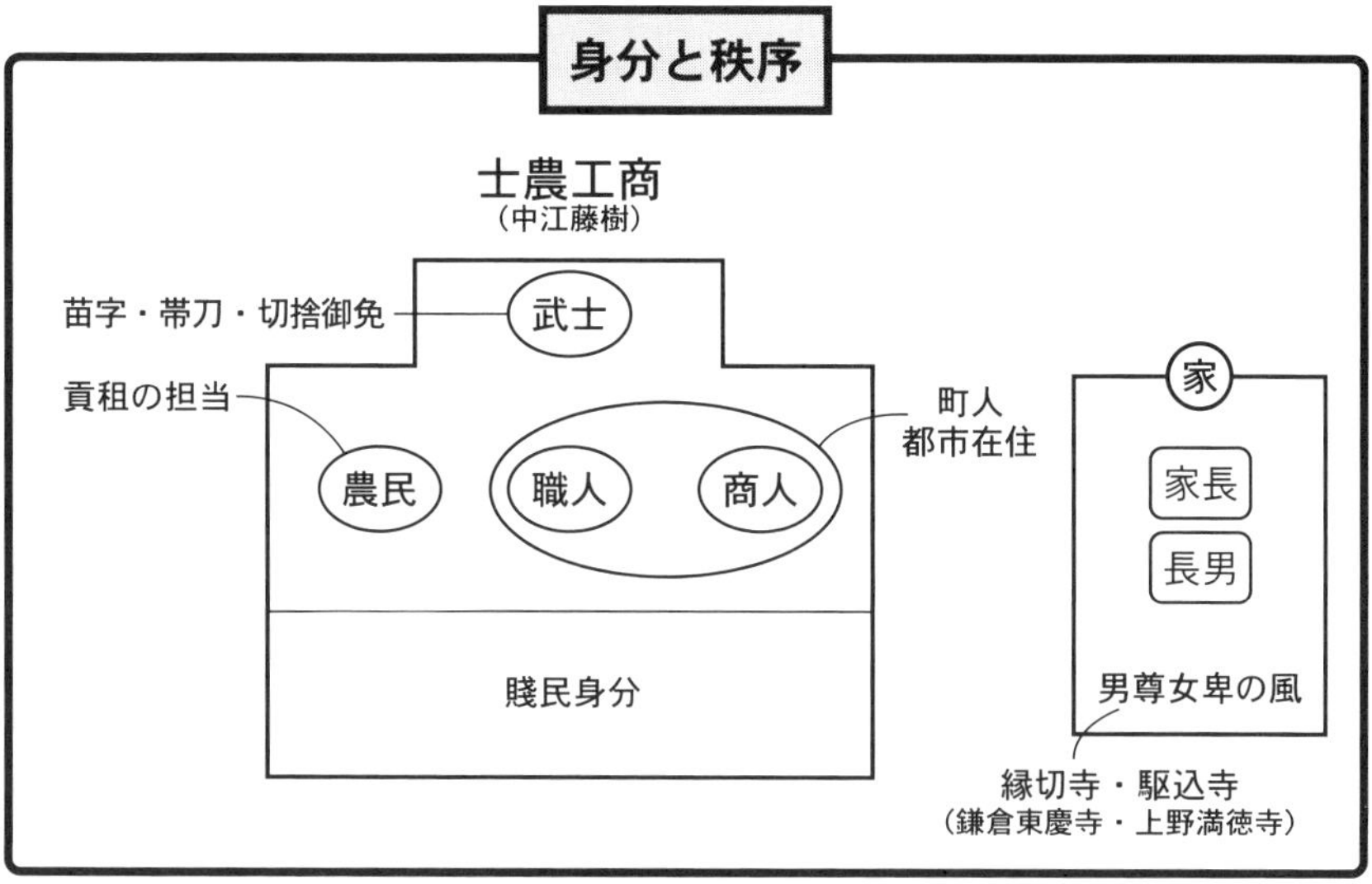
身分と秩序
士農工商
（中江藤樹）
苗字・帯刀・切捨御免
武士
貢租の担当
農民
職人
商人
町人
都市在住
賤民身分
家
家長
長男
男尊女卑の風
縁切寺・駆込寺
（鎌倉東慶寺・上野満徳寺）

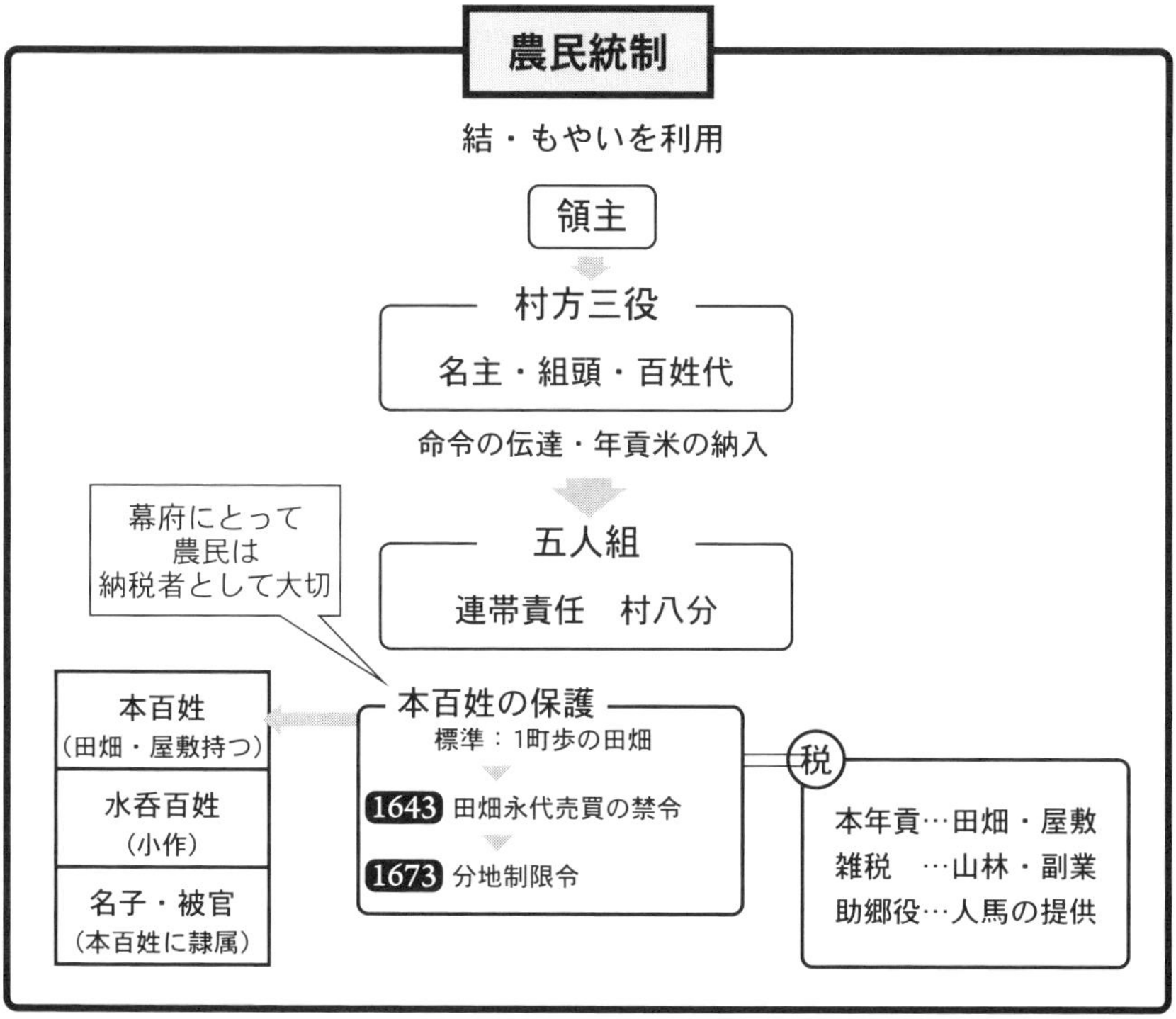
農民統制
結・もやいを利用
領主
村方三役
名主・組頭・百姓代
命令の伝達・年貢米の納入
五人組
連帯責任　村八分
幕府にとって
農民は
納税者として大切
本百姓
（田畑・屋敷持つ）
水呑百姓
（小作）
名子・被官
（本百姓に隷属）
本百姓の保護
標準：1町歩の田畑
1643 田畑永代売買の禁令
1673 分地制限令
税
本年貢…田畑・屋敷
雑税　…山林・副業
助郷役…人馬の提供

おすすめ本
『小説 中江藤樹』
（童門冬二）
人物文庫

豆知識
1623年、徳川秀忠と３代将軍となる家光が上洛した。これ以降、14代家茂になるまで徳川将軍家は上洛しなかった。

17世紀前半

▼鎖国への道

スペイン・ポルトガルの脅威、島原の乱で鎖国が進む

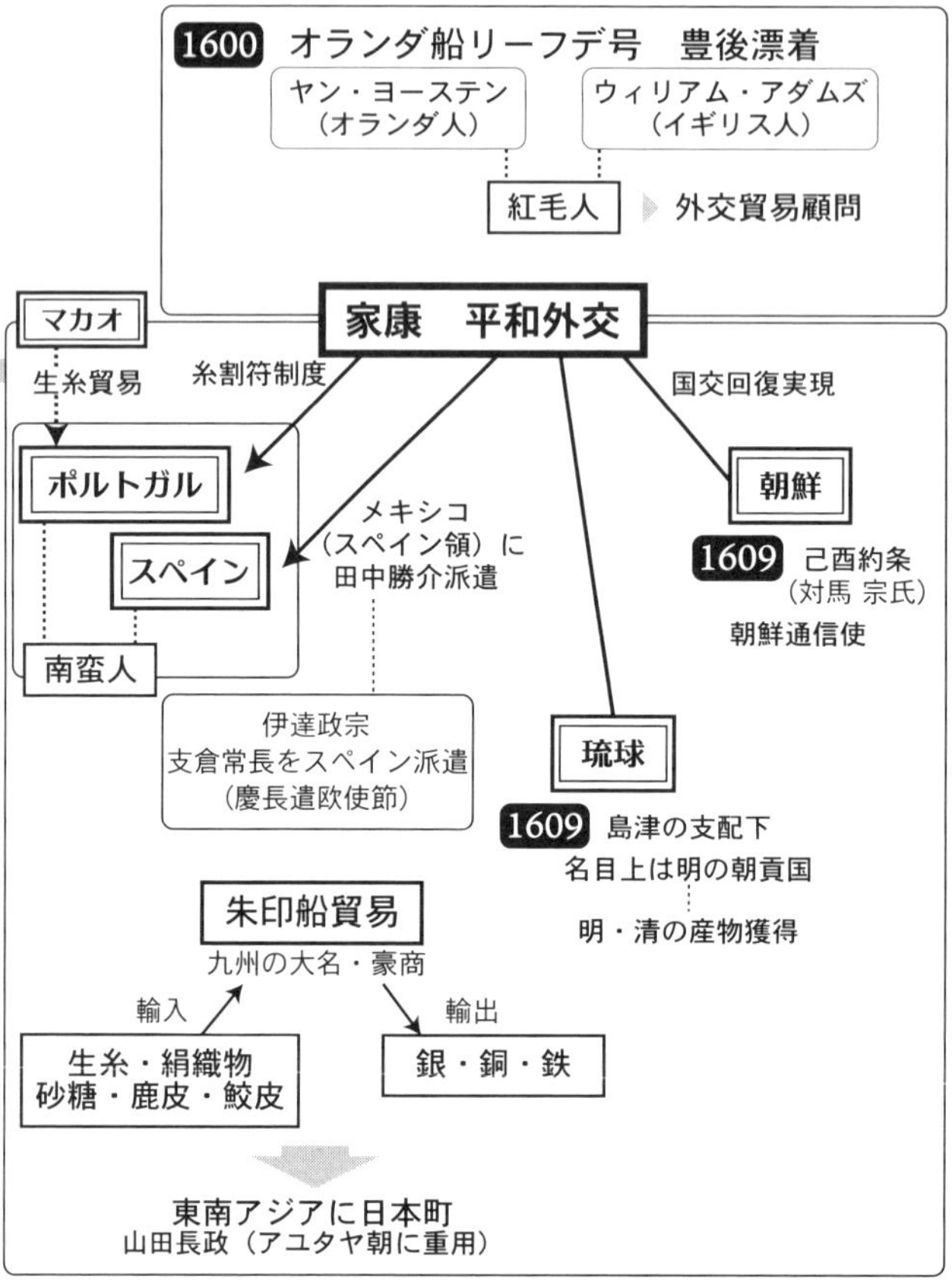
1600 オランダ船リーフデ号　豊後漂着
ヤン・ヨーステン（オランダ人）
ウィリアム・アダムズ（イギリス人）
紅毛人
外交貿易顧問
家康　平和外交
マカオ
生糸貿易
糸割符制度
国交回復実現
ポルトガル
スペイン
南蛮人
メキシコ（スペイン領）に田中勝介派遣
伊達政宗
支倉常長をスペイン派遣
（慶長遣欧使節）
琉球
1609 島津の支配下
名目上は明の朝貢国
明・清の産物獲得
朝鮮
1609 己酉約条
（対馬 宗氏）
朝鮮通信使
朱印船貿易
九州の大名・豪商
輸入
輸出
生糸・絹織物
砂糖・鹿皮・鮫皮
銀・銅・鉄
東南アジアに日本町
山田長政（アユタヤ朝に重用）

ポイント

☑家康は当初、大名・豪商に朱印状を与えて貿易を奨励した。

☑島原の乱をきっかけに鎖国政策は強化された。

☑オランダと中国とのみ外交することになった。

◉諸外国との交流

海外との外交に対する家康の考えはキリスト教はおさえるが、貿易は奨励し、平和外交に努めるというものだった。

図にみるように、1600年、豊後《ぶんご》に漂着したオランダ船リーフデ号に乗っていた**ヤン・ヨーステン**と**ウイリアム・アダムズ**を外交と貿易の顧問にし、平戸にオランダ、イギリスの商館を設け、自由な貿易に従事させた。

また、生糸貿易を行っていたポルトガルには糸割符《いとわっぷ》制度をつくり、生糸の売買の独占を防いだ。

用語解説

※**朱印状**　朱印（印）がおされた公式な文書のこと。黒印もあり、戦国時代や江戸時代に、大名や将軍が文書に使用していた。海外との貿易許可証にも朱印が押されていたため、これを朱印船、朱印船貿易という。

■鎖国への道

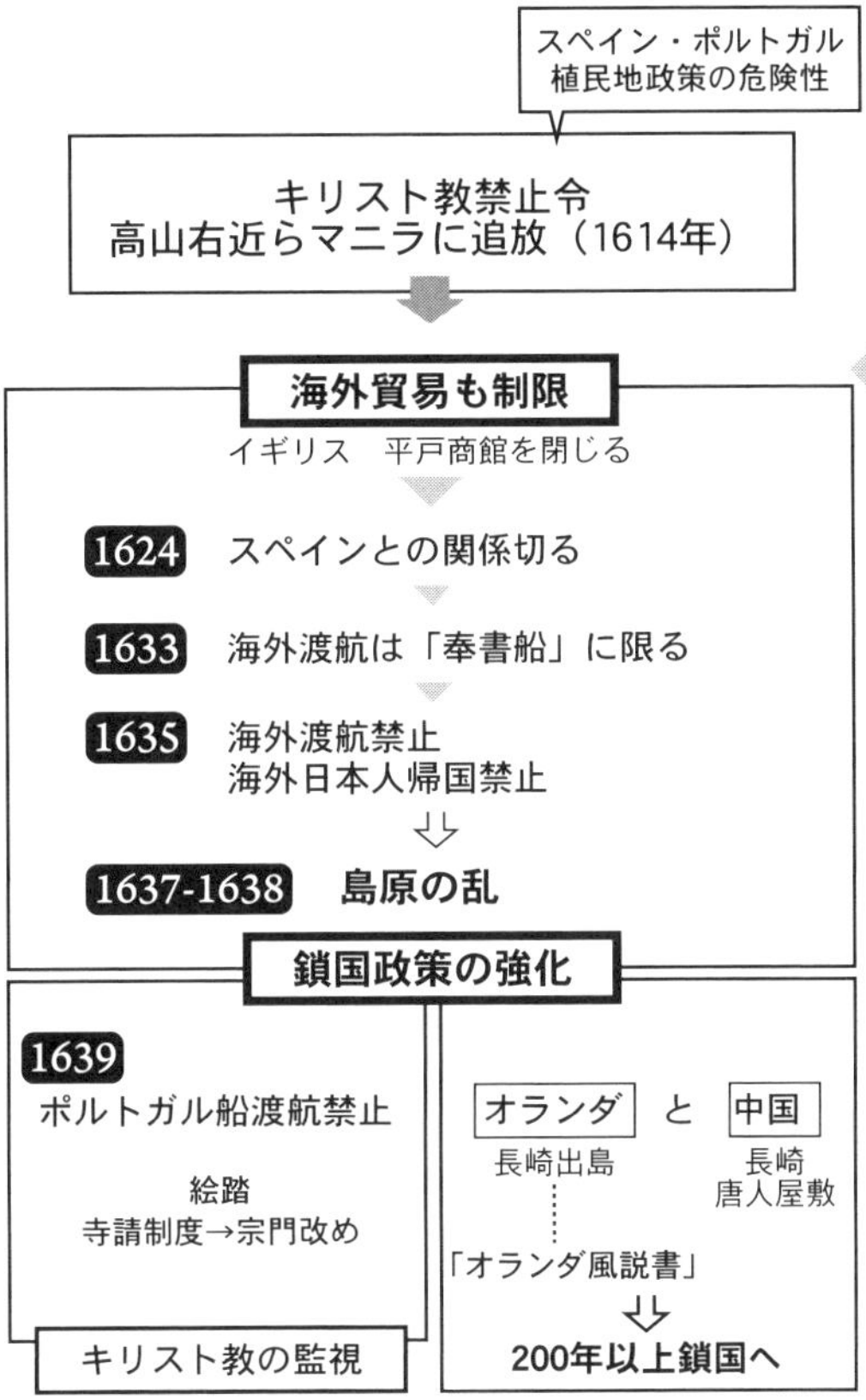
スペイン・ポルトガル
植民地政策の危険性
キリスト教禁止令
高山右近らマニラに追放（1614年）
海外貿易も制限
イギリス　平戸商館を閉じる
1624　スペインとの関係切る
1633　海外渡航は「奉書船」に限る
1635　海外渡航禁止
海外日本人帰国禁止
1637-1638　島原の乱
鎖国政策の強化
1639
ポルトガル船渡航禁止
絵踏
寺請制度→宗門改め
キリスト教の監視
オランダ　と　中国
長崎出島
長崎
唐人屋敷
「オランダ風説書」
200年以上鎖国へ

家康は大名・豪商に朱印状※を与えて貿易を奨励していた（**朱印船貿易**）。日本の銀・銅・鉄をアジア諸国に輸出し、生糸・絹織物・砂糖・鹿皮・鮫皮《さめがわ》を輸入した。当時、東南アジアには日本町がつくられたほど、日本人の海外渡航もさかんであった。

1607年からは**朝鮮通信使**が訪れた。

このように近隣国との交流が一層深まっていった。

◉鎖国の完成

しかしスペイン・ポルトガルがキリスト教をもって日本を植民地化するという疑いがあり、図にあるように、1613年に家康は全国に**キリスト教禁止令**を出し、これによって貿易も制限していった。イギリスやスペインとの関係を切り、海外渡航と国外にいる日本人の帰国も禁止した。

そして1637年にはじまった天《あま》草《くさ》四郎を首領とした**島原の乱**をきっかけに、鎖国政策はさらに強化されていった。1639年にはポルトガル船の来航を禁止し、キリスト教信者に対する**絵踏**、寺請制度による**宗《しゅう》門《もん》改め**を行い、厳しく取り締まった。

鎖国政策によって、日本はオランダと中国とのみ長崎一港を窓口として交易することになった。この鎖国政策はそれから200年以上にわたって続けられた。

おすすめ本
『鎖国――日本の悲劇』
（和辻哲郎）
岩波文庫

豆知識
ヤン・ヨーステンは日本女性と結婚し、現在の東京駅近くに屋敷を構えた。「八重洲」の地名は彼の名前からきている。

▼武断政治から文治政治へ

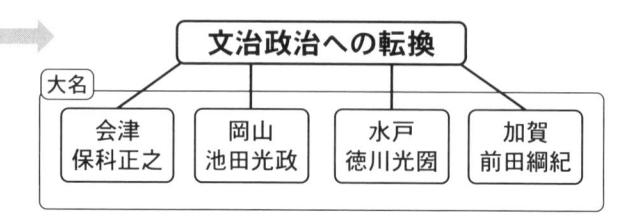

朱子学をもとにした文治政治で体制を維持する

文治政治への転換

大名
- 会津 保科正之
- 岡山 池田光政
- 水戸 徳川光圀
- 加賀 前田綱紀

幕府・藩 財政困難

3代家光までゆとりあり
（金山・銀山から産出）

↓

4代家綱
明暦の大火　復旧で消費

↓

5代綱吉
寺社造営　窮乏

↓

貨幣改鋳（荻原重秀）
慶長小判 ⟶ 元禄小判
差額を幕府収入
⇩
一時的物価高騰

6代 家宣・7代 家継
（7年間）

新井白石＝正徳の治
再び改鋳…正徳金を発行
⇩
失敗

幕府・将軍
権威付け
- 朝廷との融和
閑院宮家創設
- 朝鮮通信使　やや簡素に

長崎貿易の制限

中国・オランダ
生糸・毛織物
木綿・皮革類
白檀など木材

⇄

日本
金・銀・銅

↓

船隻数・貿易額制限

◉文治政治への転換

3代将軍**家光**の時代までは幕府の強圧的政策によって大名のとりつぶしなどが行われ、多くの牢人《ろうにん》が出現した。また合戦もなくなったため、武功も立てられず武士の中からも不満が出た。

1651年、そうした牢人を集めて幕府転覆をはかった兵学者**由井**《ゆい》**正雪**《しょうせつ》の**慶安事件**が起こり、幕府に衝撃を与えた。幕府はこれを機に大名改易政策を和《やわ》らげ、当主が危篤状態に陥ってから願い出る末期《まつご》養子の緩和、殉死の禁止、幕府への人質廃止などを行った。

ポイント
- ☑4代家綱は武断政治から文治政策へ切り替えた。
- ☑5代綱吉は側用人を置く独裁政治を行った。
- ☑新井白石の政治は経済停滞を生み、やがて頓挫した。

用語解説

※**朱子学**　儒学から発展した学問で、宋学ともいう。儒学が「教え」のみだとすると、その教えを熟知した上で「行動」に移せ、と考えたのが朱子学といえる。南宋の朱熹によってまとめられた。江戸幕府における正学として認知された。

■武断政治から文治政治へ

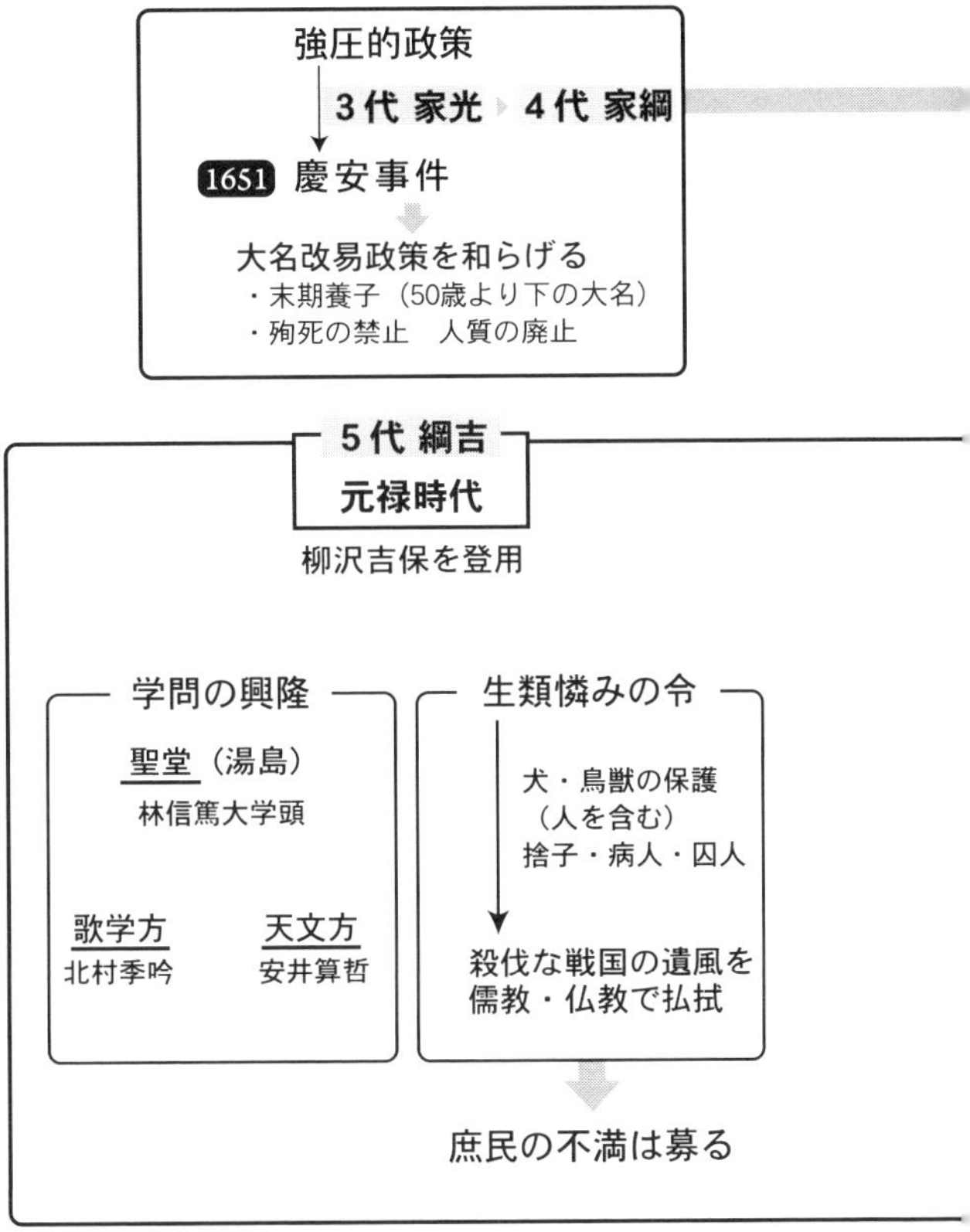
強圧的政策
3代 家光
4代 家綱
1651 慶安事件
大名改易政策を和らげる
・末期養子（50歳より下の大名）
・殉死の禁止　人質の廃止
5代 綱吉
元禄時代
柳沢吉保を登用
学問の興隆
聖堂（湯島）
林信篤大学頭
歌学方
北村季吟
天文方
安井算哲
生類憐みの令
犬・鳥獣の保護
（人を含む）
捨子・病人・囚人
殺伐な戦国の遺風を
儒教・仏教で払拭
庶民の不満は募る

4代**家綱**はいままでの武断政治を改め、**朱子学**※をもとに制度や法令を重視する文治政策への転換をはかった。中でも会津の保科《ほしな》正之、岡山の池田光政、水戸の徳川光圀《みつくに》、加賀の前田綱紀《つなのり》らは優れた藩政を実現した。5代**綱吉**の時代になると、一層儒学を重くおいた文治政治が進められた。その一方で、**生類《しょうるい》憐みの令**を発し、犬・鳥獣など動物の殺生《せっしょう》を禁止し、保護を徹底したり、側用人《そばようにん》に**柳沢吉保**を置き、独裁政治に傾いた。

幕府財政は、4代家綱の時代に起こった明暦の大火からの復興や、5代綱吉の寺社造営などで窮乏していた。そこで慶長小判を金含有率の低い元禄小判にして差額を幕府収入にするなどの対応策をとったが、これは物価の高騰を招いてしまった。

◉新井白石の正徳の治

6代**家宣**《いえのぶ》、7代**家継**《いえつぐ》時代の7年間は朱子学者**新井**《あらい》**白石**《はくせき》を重用した。白石は良質貨幣・正徳金《しょうとくきん》への改鋳、長崎貿易の制限などを行った。朝鮮通信使の待遇は簡素化し、朝鮮側の将軍の呼び名を「日本国大名」から「日本国王」に改めさせた。

一方で朝廷との良好関係を図るため、閑院宮《かんいんのみや》家を創設するなど朝廷との融和にも心をくだいた。儒教を土台とした白石の政治は**正徳の治**と呼ばれる。しかしこの改革は理想に流れ、反発と経済停滞を生み、やがて頓挫した。

豆知識　保科正之は3代将軍家光の異母弟にあたる。そのため、「他藩とちがい、会津は徳川宗家を第一と考える」という遺言を残した。

おすすめ本　『市塵』（藤沢周平）講談社文庫

17世紀～18世紀

都市化が進むことによって農業、手工業が発展する

江戸時代には都市化がすすみ、産業も大いに発展した。

◉新田開発による農村の発展

また農業では、各地で**新田開発**が推進され、耕地が飛躍的に増大した。農民に加え、町人も幕府・藩より請け負ってみずからの資本で大規模な請負新田を開発した。武蔵野に水を引いた**玉川上水**※、駿河に供給した**箱根用水**などの灌漑施設も開発された。

また作物の品種改良、油粕《あぶらかす》などの金肥、そして粘土質の水田に強い備《びっ》中鍬《ちゅうぐわ》、灌漑用の揚水機・竜骨車、木製の人力揚水機・踏車《ふみぐるま》、脱穀用の千歯《せんば》扱《こき》などの改良や発明があり、作業効率は飛躍的に高まった。

その他、桑・麻、油菜、野菜などの商品作物で農民は貨幣を入手できるようになった。年貢の銭納も一般的となったこともあり、商品作物の栽培にも力を入れた。

農業に関する知識を広めるのに役立ったのが農書であった。特に17世紀末に宮崎安貞《やすさだ》が著した『**農業全書**』は大きな影響を与えた。

◉漁業、手工業の発達

漁業についても、網を用いた漁法が発達。紀伊から各地に展開した捕鯨、土佐沿岸のかつお、五島《ごとう》のまぐろ、九十九里浜のいわし、瀬戸内の製塩などがさかんになった。鉱山では、佐渡と伊豆の金山、石見《いわみ》大森や但馬生野《たじまいくの》の銀山、伊予別子《べっし》、下野《しもつけ》足尾の銅山などの開発がすすんだ。

都市では職人が親方・徒弟関係を結んだり、**同業組合**を組織するなどして技術を身につけたり、職業規制を行うなどして手工業が発達、各地に特産物が生まれた。河内、尾張、久留米の綿織物業、越後の縮《ちぢみ》や晒《さらし》、京都西陣の高級絹織物とその影響を受けた桐生《きりゅう》の絹、伏見、灘《なだ》の清酒、美濃《み》《の》や越前の紙、瀬戸、九谷《くたに》、有田《ありた》の陶磁器など、現代まで続く名産品となっている。

ポイント ☑

- ☑玉川上水や箱根用水などの灌漑施設を整備した。
- ☑作物の品種改良、農具の改良で農業が発展した。
- ☑同業組合を組織するなど手工業が発達した。

用語解説

※玉川上水　江戸の六上水の一つ。1654年6月に完成した。武蔵野・羽村の多摩川から取水し、江戸市中には水道管を使って供給。江戸城、四谷、麹町、芝などの南西部で使われた。全長43㎞。現在もその一部が残っている。

■産業の大いなる発達

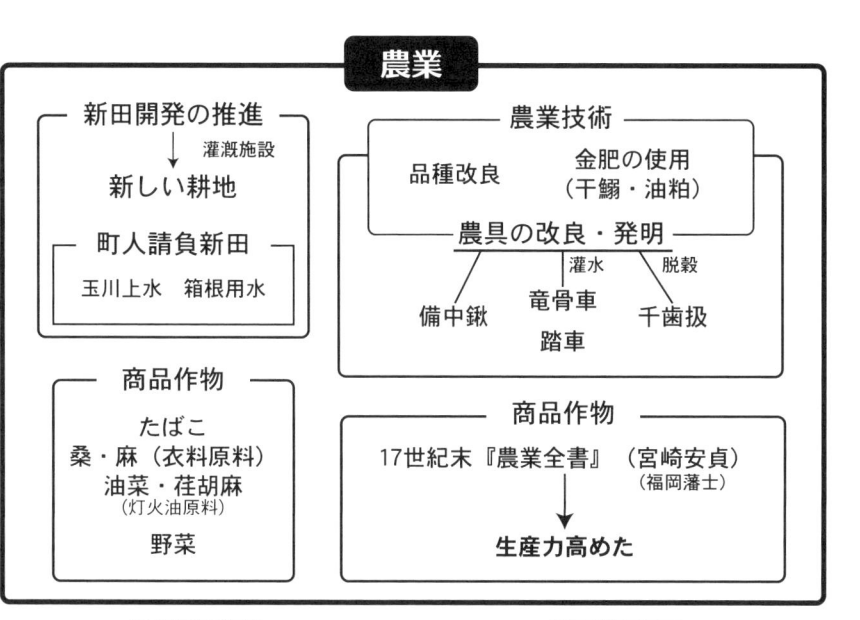

農業

新田開発の推進

↓ 灌漑施設

新しい耕地

町人請負新田

玉川上水　箱根用水

農業技術

品種改良

金肥の使用（干鰯・油粕）

農具の改良・発明

- 備中鍬
- 竜骨車・踏車（灌水）
- 千歯扱（脱穀）

商品作物

たばこ

桑・麻（衣料原料）

油菜・荏胡麻（灯火油原料）

野菜

商品作物

17世紀末『農業全書』（宮崎安貞）（福岡藩士）

↓

生産力高めた

漁業

捕鯨（紀伊→全国）

かつお（土佐沿岸）

まぐろ（五島方面）

いわし（九十九里浜）

製塩（瀬戸内海沿岸）

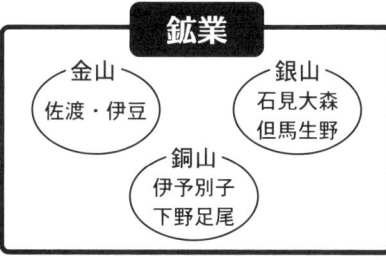

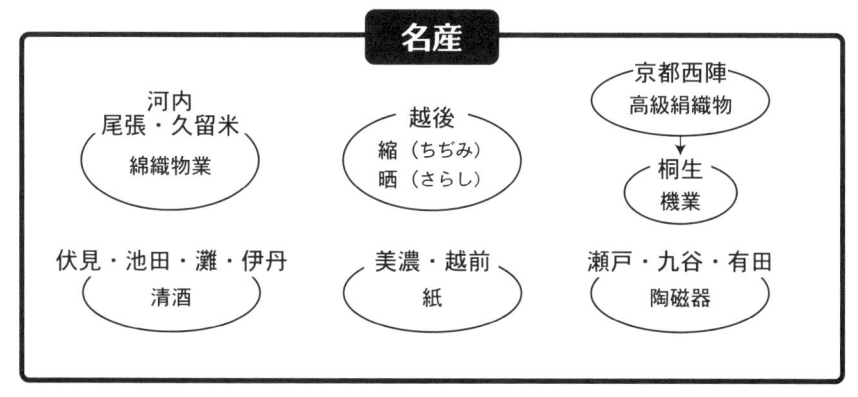

鉱業

金山：佐渡・伊豆

銀山：石見大森・但馬生野

銅山：伊予別子・下野足尾

名産

河内・尾張・久留米：綿織物業

越後：縮（ちぢみ）・晒（さらし）

京都西陣：高級絹織物 → 桐生：機業

伏見・池田・灘・伊丹：清酒

美濃・越前：紙

瀬戸・九谷・有田：陶磁器

おすすめ本
『玉川兄弟——江戸上水ものがたり』
（杉本苑子）
文春文庫

豆知識
竜骨車とは、低地の用水から高地の水田に水をあげる木製の揚水装置。3～6ｍあり、形状が竜に似ているのでこの名がついた。

17世紀〜18世紀

▼町人の経済活動

金融業、遠隔地商売が進み、豪商が誕生する

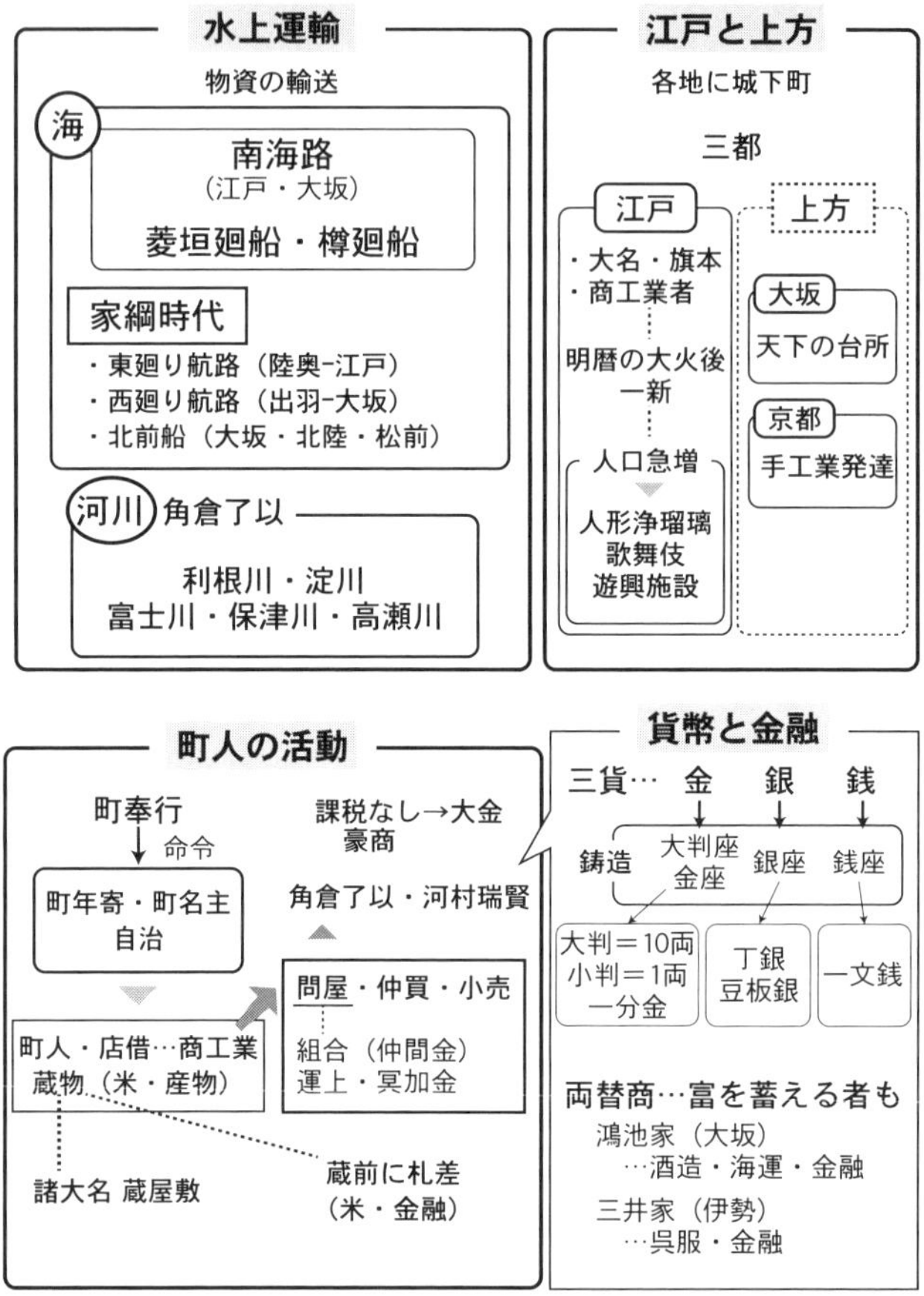
水上運輸
物資の輸送
海
南海路
（江戸・大坂）
菱垣廻船・樽廻船
家綱時代
・東廻り航路（陸奥-江戸）
・西廻り航路（出羽-大坂）
・北前船（大坂・北陸・松前）
河川
角倉了以
利根川・淀川
富士川・保津川・高瀬川
江戸と上方
各地に城下町
三都
江戸
・大名・旗本
・商工業者
明暦の大火後
一新
人口急増
人形浄瑠璃
歌舞伎
遊興施設
上方
大坂
天下の台所
京都
手工業発達
町人の活動
町奉行
命令
町年寄・町名主
自治
町人・店借…商工業
蔵物（米・産物）
諸大名 蔵屋敷
課税なし→大金
豪商
角倉了以・河村瑞賢
問屋・仲買・小売
組合（仲間金）
運上・冥加金
蔵前に札差
（米・金融）
貨幣と金融
三貨… 金 銀 銭
鋳造
大判座
金座
銀座
銭座
大判＝10両
小判＝1両
一分金
丁銀
豆板銀
一文銭
両替商…富を蓄える者も
鴻池家（大坂）
…酒造・海運・金融
三井家（伊勢）
…呉服・金融

◉三都の賑わい

江戸時代は各地に城下町がつくられた。中でも江戸と上方の大坂・京都は「**三都**」と呼ばれ賑わった。

江戸には大名・旗本、商工業者が住み、人口の増加が著しかった。一方、大坂は**天下の台所**と呼ばれ、大名の蔵屋敷があり、商人が多く経済の中心地となった。天皇の座所で、寺社の多い京都では参詣客の増加。また西陣織りなど手工業が発達した。

全国的な交通網が整備されたが、その中心である幕府直轄の五街道では宿駅がつくられ、公用の人馬を用意する**問屋場**《といやば》も設けられた。こうし

ポイント

☑江戸・大坂・京都は「三都」と呼ばれ賑わった。
☑宿場や問屋場など全国的な交通網が整備された。
☑流通貨幣には金・銀・銭の三貨があった。

用語解説

※**三貨**　金（小判、一分金）、銀（丁銀、豆板銀）、銭（寛永通宝）という３つの貨幣制度のこと。金の単位は両、朱。銀は匁、目。銭は文、貫となる。このうち銀のみ秤量貨幣であった。

■町人の経済活動

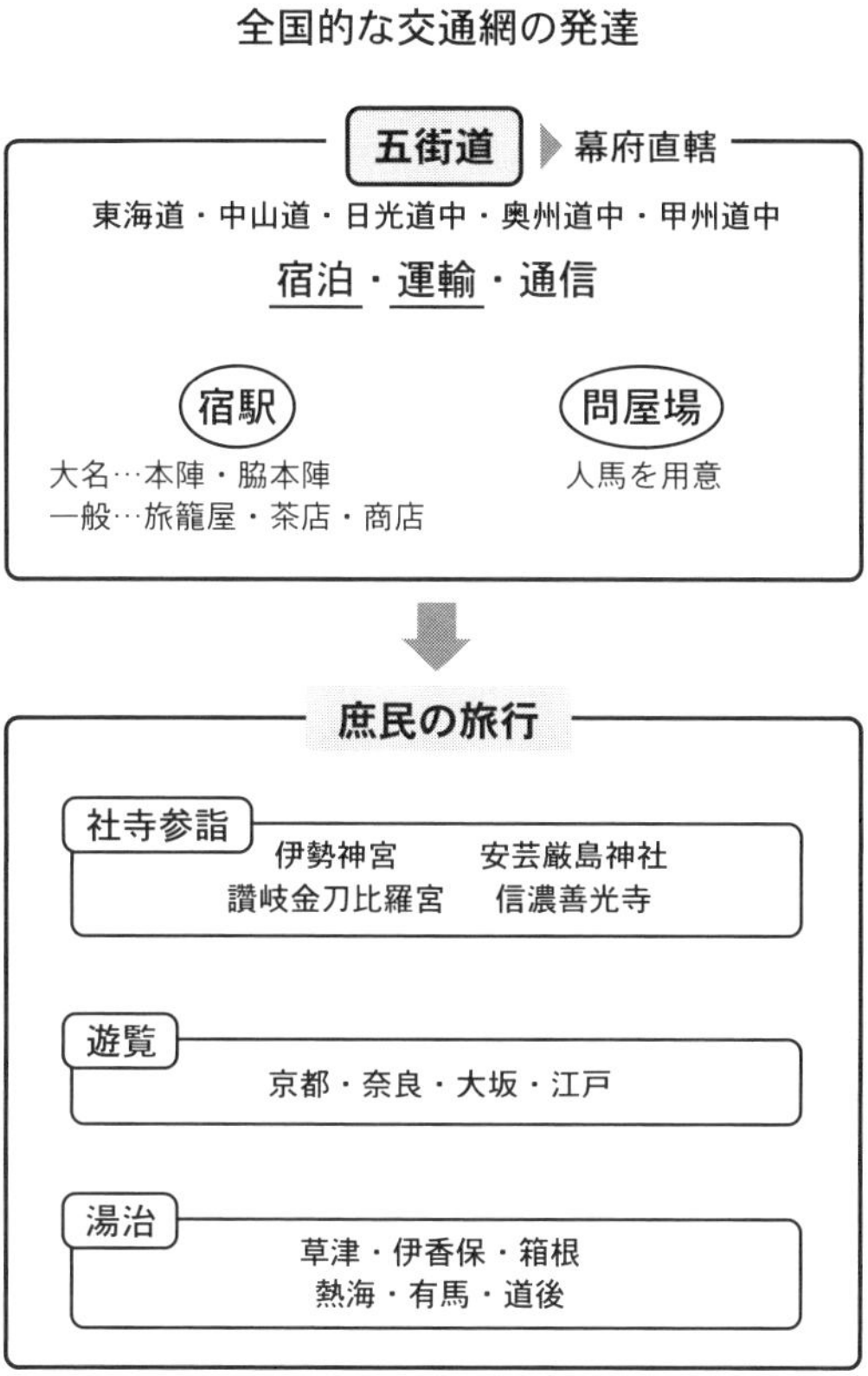
全国的な交通網の発達
五街道
幕府直轄
東海道・中山道・日光道中・奥州道中・甲州道中
宿泊・運輸・通信
宿駅
大名…本陣・脇本陣
一般…旅籠屋・茶店・商店
問屋場
人馬を用意
庶民の旅行
社寺参詣
伊勢神宮　安芸厳島神社
讃岐金刀比羅宮　信濃善光寺
遊覧
京都・奈良・大坂・江戸
湯治
草津・伊香保・箱根
熱海・有馬・道後

た交通網の発達は庶民の旅行を促して、寺社参拝、遊覧、湯治《とうじ》などがさかんになった。また物資輸送では水上交通も発達した。江戸と大坂を結ぶ南海路や陸奥《むつ》と江戸を結ぶ東廻り航路、出羽と大阪を結ぶ西廻り航路が開発された。また西廻り航路を活用して、大坂・北陸と松前を往復する**北前船**《きたまえぶね》などが出現した。海だけではなく河川も豪商・**角倉了以**《すみのくらりょうい》などの尽力によってさかんに利用された。

◉豪商の誕生

三都では町奉行の支配のもとで、町年寄や町名主の自治が認められていた。豪商は**蔵物**《くらもの》という年貢米や藩の特産物を商品として扱った。また、浅草で蔵米《くらまい》の受領と換金を請け負う**札差**《ふださし》のなかには金融業を営む者もあらわれるようになった。

さて、遠隔地との商売がさかんになるにつれて商人にも、問屋・仲買・小売などの専門化が進んだ。

問屋は利益独占のために組合をつくり非難も浴びたが、**運上**《うんじょう》、**冥加金**《みょうがきん》という税金を払うことで公認された。彼らは営業利益への課税を免除されており、一気に豪商となっていく。角倉了以、土木工事の河村瑞《ずい》賢《けん》、酒造・海運・金融の鴻池《こうのいけ》、呉服・金融の三井などがそれである。

この時代の流通貨幣には金・銀・銭の**三貨**《さんか》※があった。中でも銀貨は重さで取りひきされ、秤《はかり》にかける必要性から両替商も生まれた。

おすすめ本
『菜の花の沖』
(司馬遼太郎)
文春文庫

豆知識
御家人や旗本がもらった扶持米の受け取りや売却代行を商いとした商人を札差という。米を担保に金融も行っていた者もいる。

17世紀後半
〜18世紀前半

▼元禄文化①儒学の隆盛

町人による現実的で華麗な文化が花開く

◉町人が主役の文化

元禄時代は幕藩体制の安定期で、武士に加えて経済力をつけてきた町人が台頭し、華やかな文化の主役を担った。**元禄文化**と呼ばれるこの文化は、この世を「浮き世」として現在の生活を楽しもうとする性格を持っている。

上方町人がになった文化であったため、現実主義的傾向が強かった。儒学・古典や自然科学の研究の進歩などで得た合理的精神で、美術・芸能でも現実的で華麗な傾向があった。

この時代の学問は儒学の朱子学が中心だった。朱子学は君臣の別・父子関係・大義名分を重んじ、幕藩体制を支える思想として保護を受けた。綱吉はそれまで上野にあった林家の孔子廟を湯島に移し、学問の中心とした。朱子学の中からは吉田神道を融合させた**垂《すい》加《か》神道**を唱えた山崎闇斎《あんさい》が出ている。

◉国学の芽生え

それに対抗し、中江藤樹や熊沢蕃《ばん》山《ざん》は**陽明学**を尊んだ。しかし陽明学は**知《ち》行合一《こうごういつ》**※であり、朱子学を批判したため幕府は警戒した。

また孔孟の古《いにしえ》の教えに戻るべきとする古学《こがく》派もあらわれ、**山鹿《やまが》素行《そこう》**、**伊藤仁斎《じんさい》**・**東涯《とうがい》**、**荻生《おぎゅう》徂徠《そらい》**などが出た。また水戸の**徳川光圀**、加賀の**前田綱紀**も学問を振興した。

こうした合理的現実的な風潮の影響を受けて、本草《ほんぞう》学、博物学、医学、数学、天文学を擁する自然科学や、歴史学・国文学の分野でも発展がみられた。

特に和算の**関《せき》孝和《たかかず》**、貞享《じょうきょう》暦の**安井算哲《さんてつ》（渋川春海）**が実績をあげた。歴史学の**山鹿素行**、**新井白石**、国文学では道徳的解釈を排した万葉集研究の**契沖《けいちゅう》**、源氏物語や枕草子の注釈を著した**北村季吟《きぎん》**がいる。こうした流れは後の国学《こくがく》につながっていく。

ポイント

☑経済力をつけてきた町人が文化を担った。
☑幕藩体制を支える思想として朱子学が保護された。
☑自然科学、歴史学、国文学も発展した。

用語解説

※知行合一　王陽明が提唱する陽明学の基本思想。朱子学の先知後行説に対して、知識と行動は一体であるもの、行動してこそ知識が完成すると説いた。幕末の吉田松陰が自身の塾・松下村塾に掲げた。

■元禄文化①儒学の隆盛

幕藩体制の安定
町人の台頭

江戸前期文化の頂点
明るく伸びやかな性格
「浮き世」…生活を楽しむ

現実主義的傾向

合理的精神
（儒学・古典の研究
自然科学の研究）

現実的で華麗
（美術・芸能）

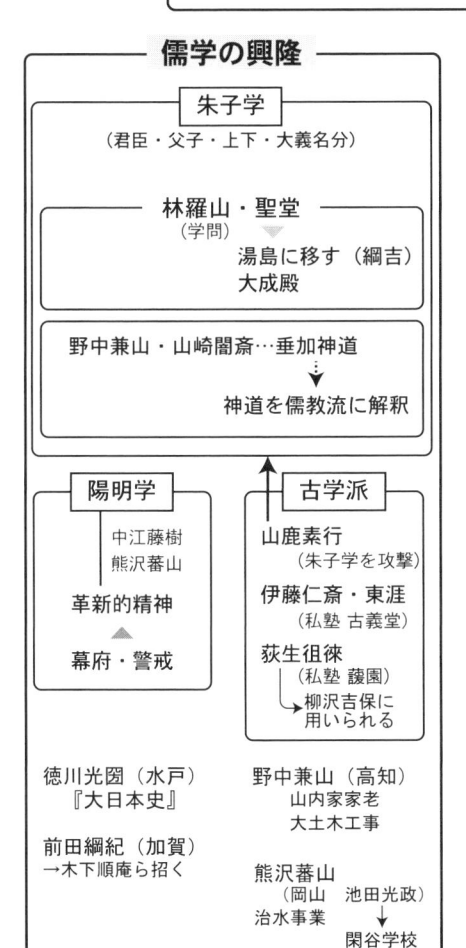

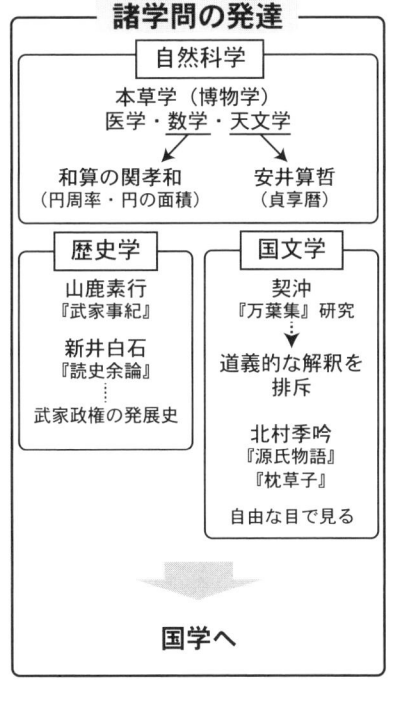

儒学の興隆

朱子学

（君臣・父子・上下・大義名分）

林羅山・聖堂
（学問）
湯島に移す（綱吉）
大成殿

野中兼山・山崎闇斎…垂加神道
↓
神道を儒教流に解釈

陽明学

中江藤樹
熊沢蕃山
革新的精神
▲
幕府・警戒

古学派

山鹿素行
（朱子学を攻撃）
伊藤仁斎・東涯
（私塾 古義堂）
荻生徂徠
（私塾 蘐園）
→柳沢吉保に用いられる

徳川光圀（水戸）
『大日本史』

前田綱紀（加賀）
→木下順庵ら招く

野中兼山（高知）
山内家家老
大土木工事

熊沢蕃山
（岡山　池田光政）
治水事業
↓
閑谷学校

諸学問の発達

自然科学

本草学（博物学）
医学・数学・天文学

和算の関孝和
（円周率・円の面積）

安井算哲
（貞享暦）

歴史学

山鹿素行
『武家事紀』
新井白石
『読史余論』
武家政権の発展史

国文学

契沖
『万葉集』研究
↓
道義的な解釈を排斥

北村季吟
『源氏物語』
『枕草子』
自由な目で見る

国学へ

おすすめ本
『天地明察』
（冲方丁）
角川文庫

豆知識
徳川光圀がはじめた『大日本史』の編纂事業は明治時代まで続き、全397巻という大作になった。

17世紀後半
〜18世紀前半

▼元禄文化②文芸・美術の興隆

歌舞伎、浮世草子などが上層町人の支持で華やいだ

◉元禄の町人文化

元禄文化では人間性豊かな町人主体の文芸も発達した。

文芸では、わびさびをもって独自の俳諧を確立した**松尾芭蕉**、『好色一代男』や『日本永代蔵《えいたいぐら》』などの浮世草子で一世を風靡した**井原西鶴**、世話物・時代物を得意とし、『曾根崎心中』で知られる**近松門左衛門**がその代表である。また歌舞伎では成人男性だけの**野郎《やろう》歌舞伎**※が上演され、江戸の市川団十郎、上方の坂田藤十郎に人気があった。

◉華やかな絵画と工芸

建築物としては豪華な桃山様式を引き継いだ**日光東照宮**などの霊廟建築、書院造を基本に茶屋の様式を取り入れた数寄屋造の**桂離宮**もあった。

図で並べたように具体的にみると、寛永期の装飾画では**俵屋宗達《たわらやそうたつ》**が新様式を生み出し、その影響をうけた元禄期の**尾形光琳《おがたこうりん》**は上層町人の支持があり、この一派は**琳派《りんぱ》**と呼ばれている。他にも幕府の御用絵師となった**狩野探幽《たんゆう》**などが寛永期に活躍した。

こうした絵画の中で新しい世界を拓《ひら》いたのが**浮世絵**である。**菱川師宣《ひしかわもろのぶ》**は『見返り美人図』のような色鮮やかな肉筆画だけでなく、小説の挿絵も描き、これは木版画の元絵となったため、安い値段で大量に売ることができ、庶民の人気を博した。

陶芸では、有田焼の**酒井田柿右衛門《さかいだかきえもん》**の赤絵磁器、京都の野々村仁清《にんせい》は色絵を開発、その作風は尾形乾山《けんざん》に引き継がれた。染物では、**宮崎友禅**が**友禅染**をはじめ、流行した。

元禄文化を通していえるのは、いままで武士階級や公家階級のものであった文化がようやく町人層に浸透してきたということだ。しかし、実際に文化を堪能できたのは、富を蓄えた上層町人だけであった。

ポイント

- ✓歌舞伎では江戸の市川団十郎、上方の坂田藤十郎が人気に。
- ✓安い値段で大量に売ることができた浮世絵も人気に。
- ✓実際に文化を堪能できたのは、上層町人だけだった。

用語解説

※野郎歌舞伎　もともと歌舞伎は出雲の阿国から始まり、女性演者による女歌舞伎だった。それが風紀が乱れるという理由から江戸時代初期に禁止され、演じるのはすべて男性という野郎歌舞伎に変わっていった。

■元禄文化②文芸・美術の興隆

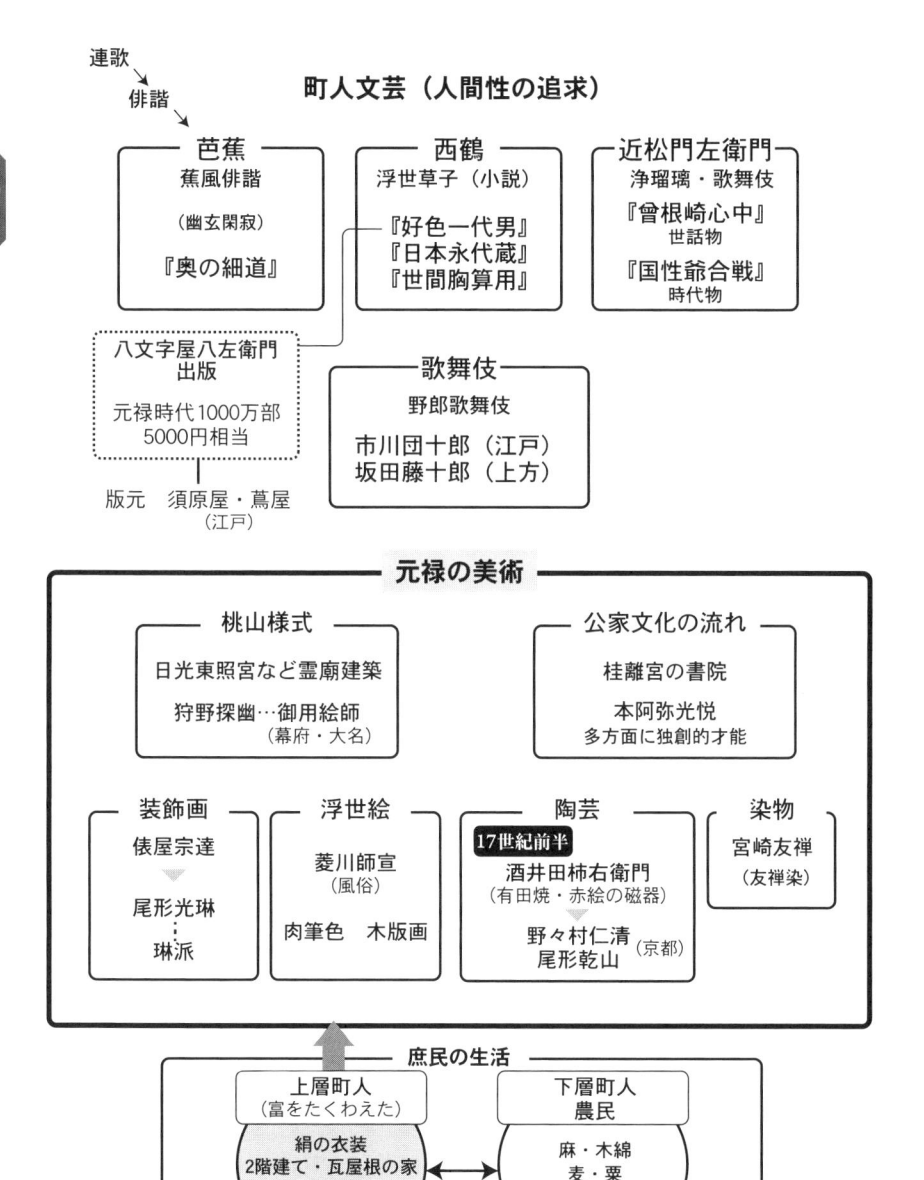

連歌→俳諧→

町人文芸（人間性の追求）

芭蕉
蕉風俳諧
（幽玄閑寂）
『奥の細道』

西鶴
浮世草子（小説）
『好色一代男』
『日本永代蔵』
『世間胸算用』

近松門左衛門
浄瑠璃・歌舞伎
『曾根崎心中』
世話物
『国性爺合戦』
時代物

八文字屋八左衛門
出版
元禄時代1000万部
5000円相当

版元　須原屋・蔦屋
（江戸）

歌舞伎
野郎歌舞伎
市川団十郎（江戸）
坂田藤十郎（上方）

元禄の美術

桃山様式
日光東照宮など霊廟建築
狩野探幽…御用絵師
（幕府・大名）

公家文化の流れ
桂離宮の書院
本阿弥光悦
多方面に独創的才能

装飾画
俵屋宗達
▼
尾形光琳
⋮
琳派

浮世絵
菱川師宣
（風俗）
肉筆色　木版画

陶芸
17世紀前半
酒井田柿右衛門
（有田焼・赤絵の磁器）
▼
野々村仁清
尾形乾山（京都）

染物
宮崎友禅
（友禅染）

↑

庶民の生活

上層町人
（富をたくわえた）
絹の衣装
2階建て・瓦屋根の家
人形浄瑠璃
歌舞伎

↔

下層町人
農民
麻・木綿
麦・粟
かやぶき・わらぶき

おすすめ本
『グローバリゼーションの中の江戸』
（田中優子）
岩波ジュニア新書

豆知識
今も残る光圀のときに完成した「後楽園」、元禄時代に側用人柳沢吉保が造営した「六義園」は、どちらも回遊式という広大な園内を回って楽しむ庭。

1716年～1745年

緊縮と増税の財政再建でわずかな成果を上げる

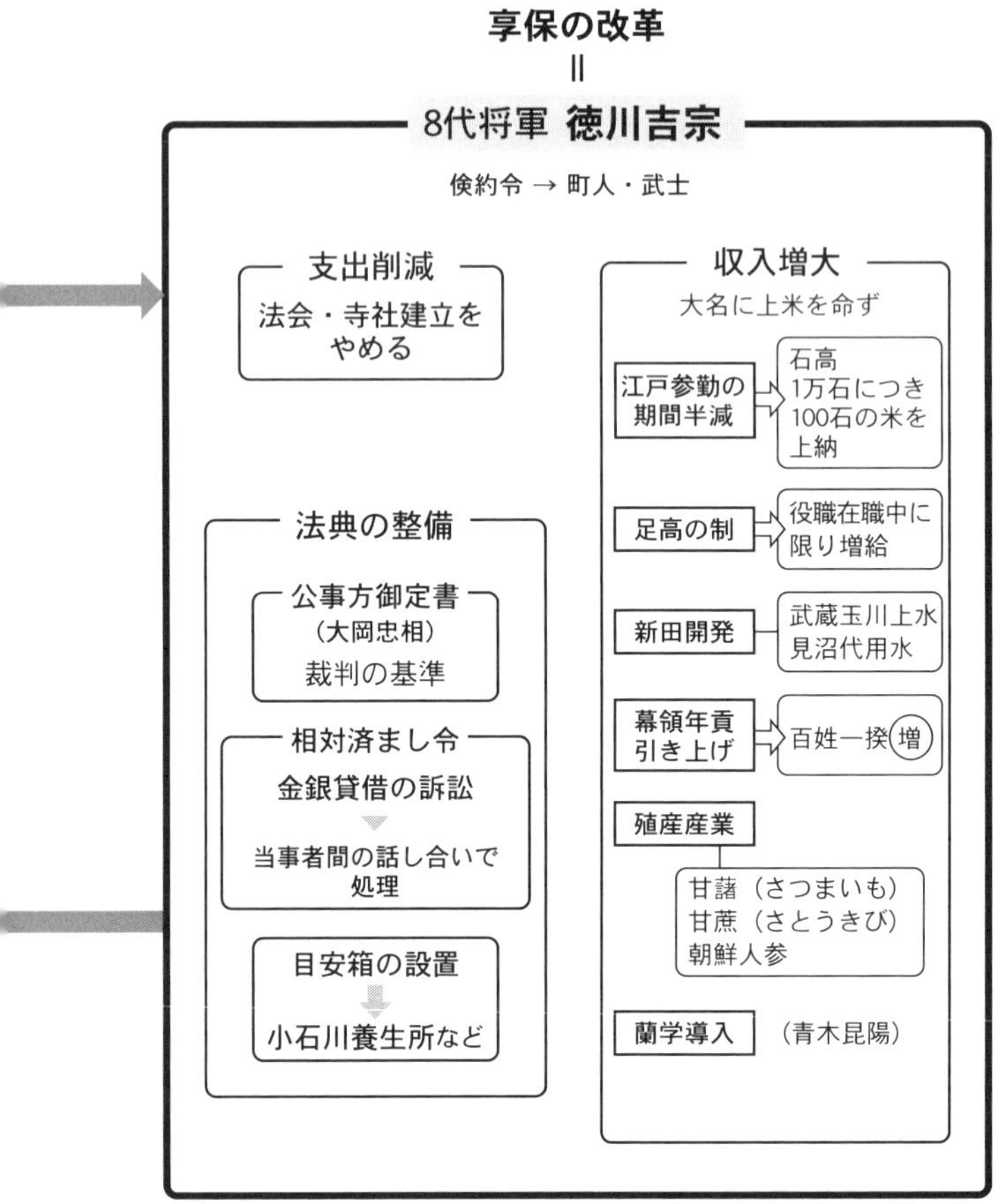
享保の改革
＝
8代将軍 徳川吉宗
倹約令 → 町人・武士
支出削減
法会・寺社建立をやめる
法典の整備
公事方御定書
（大岡忠相）
裁判の基準
相対済まし令
金銀貸借の訴訟
当事者間の話し合いで処理
目安箱の設置
小石川養生所など
収入増大
大名に上米を命ず
江戸参勤の期間半減
石高1万石につき100石の米を上納
足高の制
役職在職中に限り増給
新田開発
武蔵玉川上水
見沼代用水
幕領年貢引き上げ
百姓一揆（増）
殖産産業
甘藷（さつまいも）
甘蔗（さとうきび）
朝鮮人参
蘭学導入
（青木昆陽）

ポイント☑

☑家康時代を理想とした法と官僚による政治が復活した。

☑武士や町人に倹約令を出して支出削減に努めた。

☑評定所などに目安箱を設けて改善を推進した。

◉吉宗の財政再建

江戸中期になると、幕府も諸藩も財政難に陥った。幕府を支える旗本・御家人《ごけにん》は札差などからの借金をかかえ、その返済のために内職に精を出すようになった。

また諸藩では特産物を専売化する一方で、家臣の俸禄を削減したり、商人からの借金で窮乏をしのぐようになった。

そこで新しく8代将軍になった**徳川吉宗**は、幕府の実験をにぎっていた新井白石らを追放し、緊縮と増税による財政再建を実行した。支出削減については、幕府自身は法会《ほうえ》や寺

用語解説

※**青木昆陽**　1698年～1769年。儒学者、蘭学者。儒学を学んでいたが、８代将軍吉宗のとき、飢饉救済のための甘藷（さつまいも）栽培を命じられる。その後、幕臣となり、蘭学の修得に励む。墓石には「甘藷先生」と彫られている。

■徳川吉宗の享保の改革

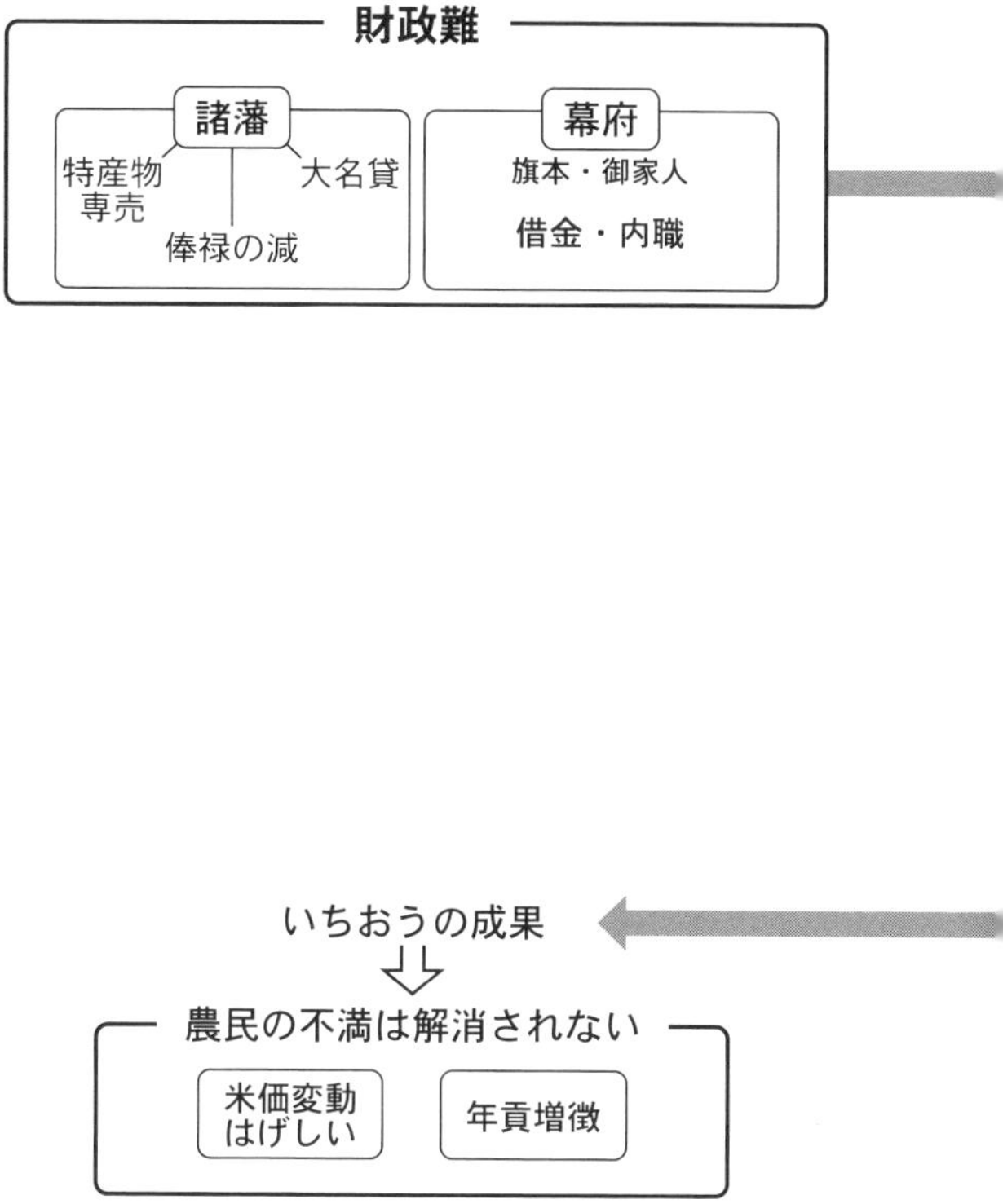
財政難
諸藩
特産物
専売
大名貸
俸禄の減
幕府
旗本・御家人
借金・内職
いちおうの成果
農民の不満は解消されない
米価変動
はげしい
年貢増徴

社の建立をやめて、武士や町人に**倹約令**を出した。

そして収入増大を図るため、江戸参勤の期限を半減する代わりに石高の一部を上納する**上米**を命じた。また幕府の役職在任中のみ増給という**足高《たしだか》の制**を設けるなどの施策を行い、人材の登用も積極的に行った。

さらに年貢に定免法を導入し、実質的に増税した。このため、農民も年貢の減免などを求めて**百姓一揆**が広く起こった。

◉享保の改革の結果とは？

産業開発にも熱心で、甘藷《かんしょ》（さつまいも）、甘蔗《かんしゃ》（さとうきび）、朝鮮人参などの栽培をすすめた。産業開発に役立つヨーロッパの知識を得るために、キリスト教とは無関係の漢訳洋書を輸入させたり、**青木昆陽《こんよう》**※らにオランダ語を学ばせた。

一方で、**大岡忠相《ただすけ》**を登用し、裁判の基準となる**公事方《くじかた》御定書《おさだめがき》**を制定したり、紛争の当事者同士での話し合いで処理させる**相対《あいたい》済まし令**を定めた。

また評定所《ひょうじょうしょ》などに**目安箱**を設けて庶民の意見を聞いた。無料医療施設の**小石川養生所**もその意見が採用されたものだ。

このような**享保《きょうほう》の改革**によって幕府財政は回復をみせたが、米価変動や年貢増徴、享保の飢饉などで各地に一揆が起こり、都市では打ちこわしもおこった。

おすすめ本
『折たく柴の記』
（新井白石／松村明校注）
岩波文庫

豆知識
吉宗の人材登用により抜擢された中には町奉行の大岡忠相、儒学者の荻生徂徠、朱子学の室鳩巣がいる。

▼田沼意次の経済政策

1767年〜1786年

経済政策が功を奏し、幕府収入は増大した

◉田沼意次の改革

9代**家重《いえしげ》**、10代**家治《いえはる》**に仕えた**田沼意次《おきつぐ》**は家治の時代に老中となり、政治を行った。意次は幕府収入の増大を企図して積極的な経済政策を断行、この20年間の幕政は**田沼時代**と呼ばれた。

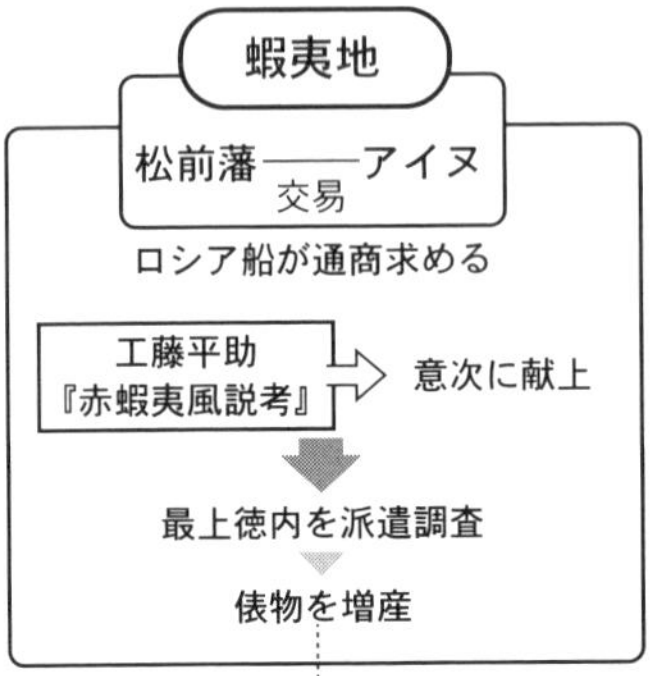
蝦夷地
松前藩——アイヌ
交易
ロシア船が通商求める
工藤平助
『赤蝦夷風説考』
意次に献上
最上徳内を派遣調査
俵物を増産

意次は幕府直営の座を設け、銅や鉄の専売を行った。また商工業者の株仲間を積極的に公認し、運上・冥加金を徴収し、**俵物**と呼ばれた海産物を増産した。中国への輸出を増加させ、金銀を輸入した。

こういった施策で幕府の収入は増加したが、一方で賄賂が横行するなど政治腐敗に対する、批判も高まっていった。

また対外政策にも積極的だった。当時蝦夷《えぞ》地《ち》と呼ばれた北海道・千島・樺太《からふと》は、先住民のアイヌが居住しており、松前藩がアイヌとの交易で利益を得ていた。意次は蝦夷地の開拓を企図し、最上徳内《もがみとくない》らの調査隊を蝦夷地に派遣した。

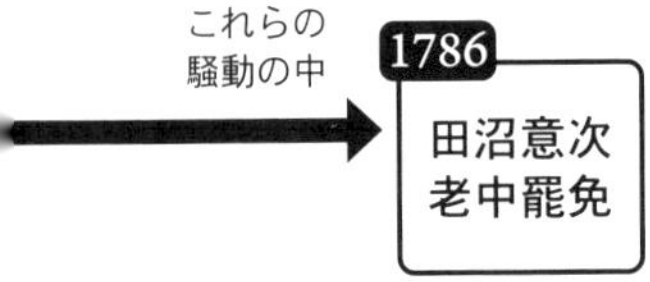
これらの
騒動の中
1786
田沼意次
老中罷免

◉災害と飢饉で農民が困窮する

18世紀は災害と飢饉の時代でもあった。1707年の富士山大爆発、1732年の大量蝗害《こうがい》の発生による凶作があり、これは**享保の大飢饉**につ

ポイント☑
- ☑商工業者の株仲間の公認など、経済政策を断行した。
- ☑幕府の収入が増加する一方で賄賂が横行した。
- ☑大凶作など社会不安が高まり、田沼は失脚した。

用語解説

※代表越訴型一揆　村役人らの、ごく少数の代表が代官などを飛び越えて、藩主や将軍に直訴する形の一揆。佐倉惣五郎事件が有名。反対に村をあげて、もしくは近隣の村が集まって、集団で一揆を起こすのが惣百姓一揆となる。

■田沼意次の経済政策

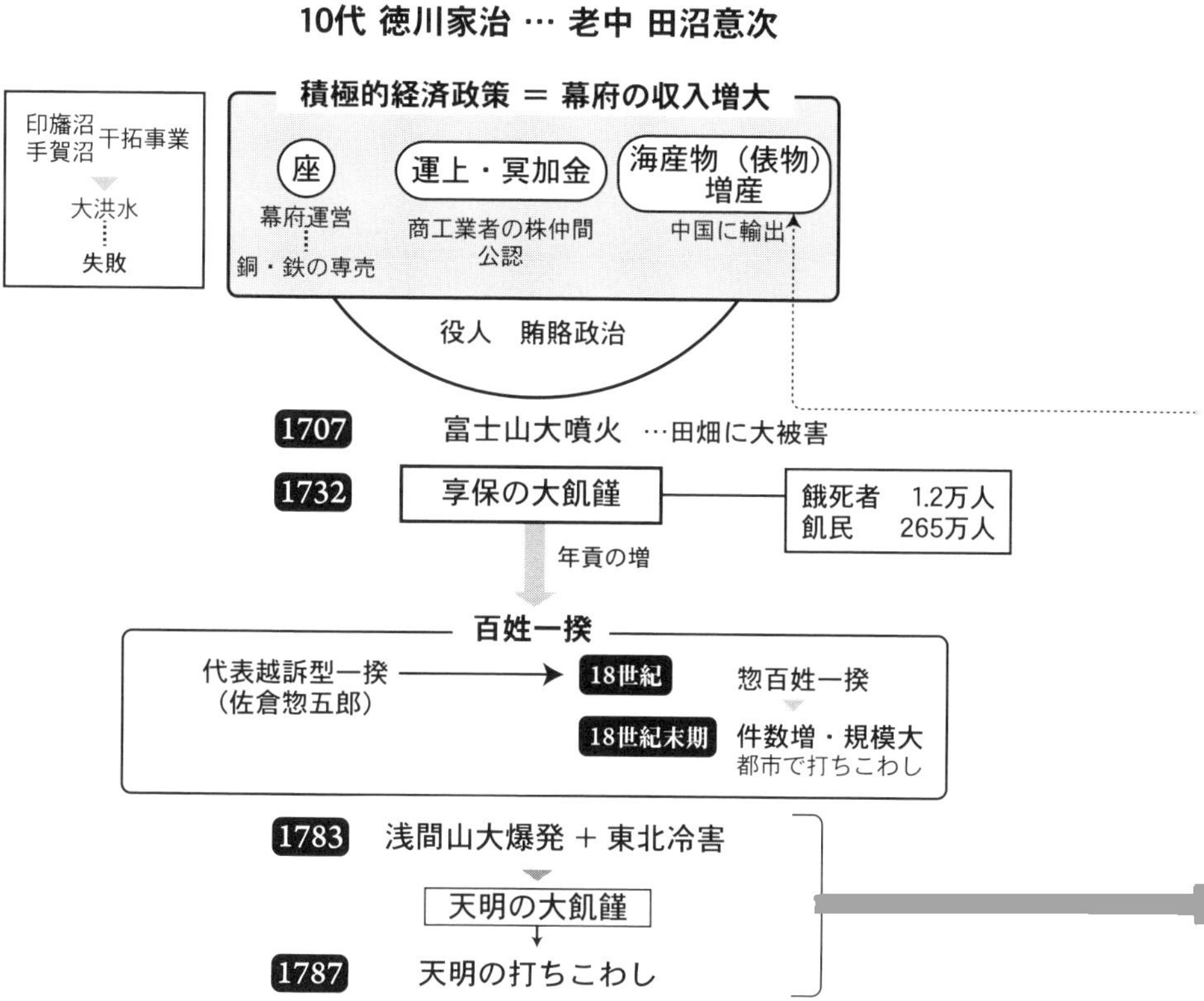
10代 徳川家治 … 老中 田沼意次
印旛沼
手賀沼
干拓事業
大洪水
失敗
積極的経済政策 ＝ 幕府の収入増大
座
幕府運営
銅・鉄の専売
運上・冥加金
商工業者の株仲間
公認
海産物（俵物）
増産
中国に輸出
役人 賄賂政治
1707
富士山大噴火 …田畑に大被害
1732
享保の大飢饉
餓死者 1.2万人
飢民 265万人
年貢の増
百姓一揆
代表越訴型一揆
（佐倉惣五郎）
18世紀
惣百姓一揆
18世紀末期
件数増・規模大
都市で打ちこわし
1783
浅間山大爆発 ＋ 東北冷害
天明の大飢饉
1787
天明の打ちこわし

ながった。

このため各地で大掛かりな百姓一揆が各地で起こった。その形は佐倉惣五郎の代表越訴《おっそ》型一揆※から、農民が団結する惣百姓一揆へとしだいに変わっていく。

将軍吉宗のころになると、一揆の件数が増えるだけでなく規模も大型化し、江戸では米の買い占めをめぐり、はじめて**打ちこわし**が起こる。

老中の田沼意次の時代には、1783年に浅間山が噴火し、東風冷雨の冷害のため大凶作となり、特に東北では数十万人の死者がでた。これが**天明の大飢饉**である。

水害防止と新田開発を目的とする印旛沼《いんばぬま》などの干拓事業も田沼時代に進捗《しんちょく》したが、大洪水で頓挫した。

このような社会不安の混乱の責任を問われ、田沼意次は失脚した。

おすすめ本
『翔べよ源内』
（小中陽太郎）
平原社

豆知識
富士山噴火時の降灰は江戸まで届き、最大10センチも積もったという。宝永時代の噴火口は現在でも残っている。

1787年〜1837年

▼寛政の改革と海外の脅威

緊縮財政、風紀取締りにより幕府財政の安定化をはかる

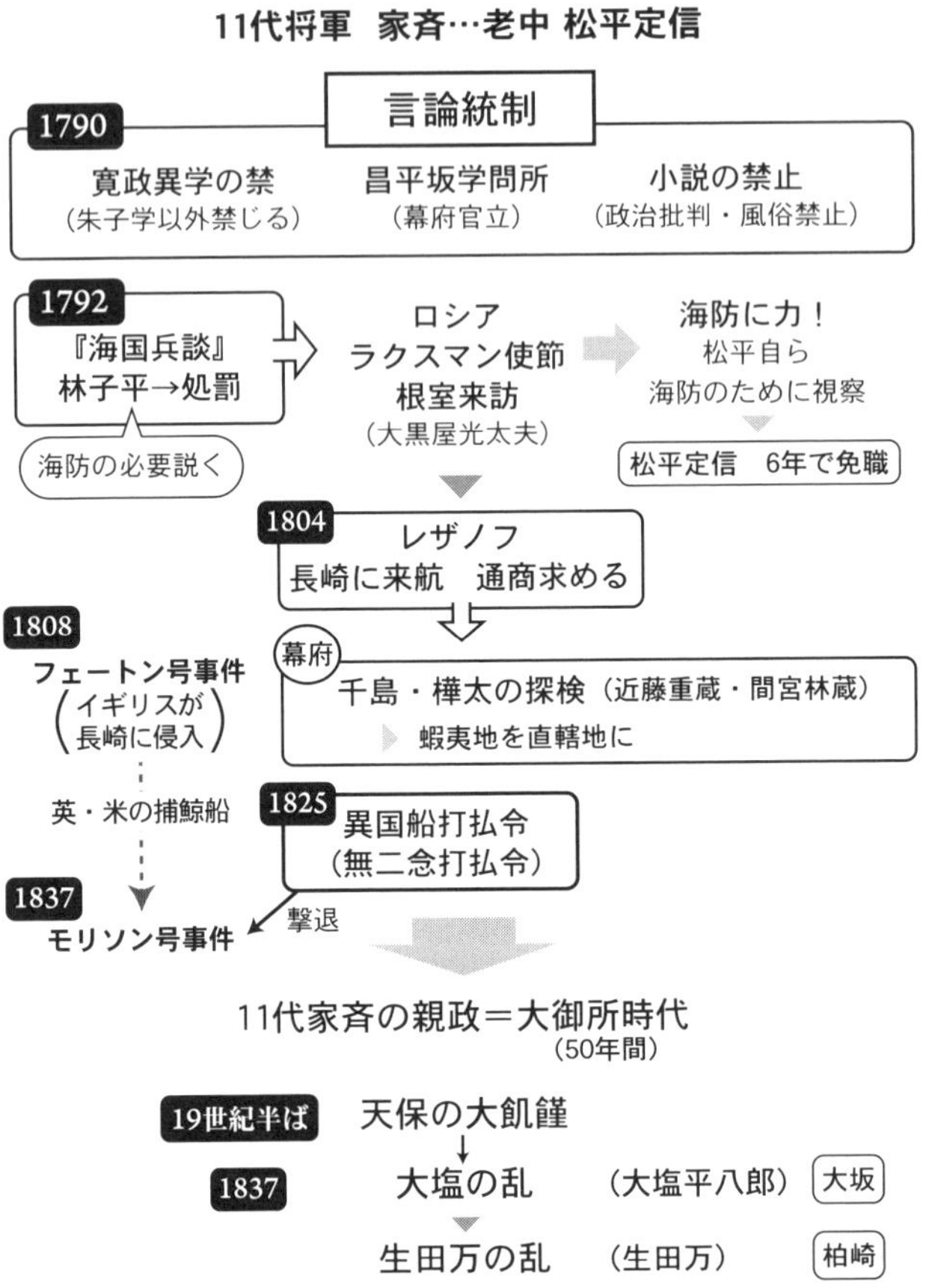

11代将軍　家斉…老中 松平定信
言論統制
1790
寛政異学の禁
(朱子学以外禁じる)
昌平坂学問所
(幕府官立)
小説の禁止
(政治批判・風俗禁止)
1792
『海国兵談』
林子平→処罰
海防の必要説く
ロシア
ラクスマン使節
根室来訪
(大黒屋光太夫)
海防に力！
松平自ら
海防のために視察
松平定信　6年で免職
1804
レザノフ
長崎に来航　通商求める
1808
フェートン号事件
(イギリスが長崎に侵入)
幕府
千島・樺太の探検（近藤重蔵・間宮林蔵）
蝦夷地を直轄地に
英・米の捕鯨船
1825
異国船打払令
(無二念打払令)
1837
モリソン号事件
撃退
11代家斉の親政＝大御所時代
(50年間)
19世紀半ば
天保の大飢饉
1837
大塩の乱
(大塩平八郎)
大坂
生田万の乱
(生田万)
柏崎

ポイント

- 田沼意次の政策とは逆の政策をとった。
- 幕府批判を取り締まり、社会秩序の回復をめざした。
- ロシア、イギリスなどの外国船が日本に現れる。

◉松平定信の寛政の改革

11代将軍**家斉**《いえなり》は陸奥白河藩主**松平定信**を老中に起用して田沼時代に決別した。定信は人材の登用と秩序回復、財政基盤の安定を指向した**寛政の改革**を行った。営利事業の中止、株仲間の税の廃止、旗本・御家人救済のための棄捐《きえん》令を出すなど前時代とは逆の政策をとった。

その上で、朱子学を正学とし異学の教授を禁じた**寛政異学の禁**を出し、林家の家塾・聖堂学問所を幕府官立の**昌平坂**《しょうへいざか》**学問所**とした。また幕府批判や風俗を描く小説を禁止するなど社会秩序の回復をめざした。

用語解説

※**間宮林蔵**　1775年〜1844年。探検家。農民の身分であったが、幕府役人に見込まれ、蝦夷地測量を手伝う。樺太が島であることを発見し、大陸との間の海峡は「間宮海峡」と名付けられた。また、幕府隠密としても活動している。

■寛政の改革と海外の脅威

田沼政治の一掃
- 営利事業の中止
- 株仲間の税一部廃止
- 棄捐令：旗本・御家人救済　札差の貸金帳消し

農村の復興
都市の農民を出身地に帰す
▼
農具代・食料を付与

人足寄場
（江戸石川島）
浮浪者・無宿者
▼
職業訓練

囲米
（米穀の貯蔵）
- 社倉・義倉の設置　飢餓対策
- 七分積金　町費の節約分の70%積立　▶救助用

諸藩の藩政改革
▼
殖産興業・専売制度

熊本	米沢	秋田
細川重賢	上杉治憲	佐竹義和

◉海外の脅威

海防政策に関しては、『海国兵《かいこくへい》談《だん》』を書いた**林子平**《しへい》を幕政批判の罪で処罰した。しかし、このころから諸外国の目は日本に向けられており、ロシアは**ラクスマン**を根室に派遣し、日本に通商を求めてきた。幕府は長崎での交渉を約束しこれを一旦帰国させたが、1804年、ロシアは**レザノフ**を送り、通商を求めている。こうしたロシアの襲来に、幕府は北方警備を強化するため、近藤重蔵《じゅうぞう》や**間宮林蔵**《まみやりんぞう》※に千島・樺太の探検を命じ、蝦夷地を直轄地に編入した。1808年、イギリスのフェートン号が長崎に入港、乱暴をはたらく**フェートン号事件**が起こる。引き続き英米の捕鯨船が近海にあらわれたので、1825年、ついに**異国船打払**《うちはらい》**令**を出した。1837年にはアメリカ船を撃退した**モリソン号事件**が勃発、これを批判した蘭学者の**高野長英**や**渡辺崋山**《かざん》は幕府によって処断された（**蛮社**《ばんしゃ》**の獄**）。

定信は都市農民を出身地に帰すなどの農村の復興、浮浪者・無宿者の職業訓練施設・人足寄場《にんそくよせば》の設置、米穀を貯蔵する囲米《かこいまい》など飢饉対策などの改革も行った。しかし定信の失脚によってわずか6年で寛政の改革は終了した。その後、政治の主導権を握った家斉は将軍職を譲った後も大御所として君臨、文化文政年間を含む50年にわたり政治を行った。

おすすめ本
『渡辺崋山』
（ドナルド・キーン／角地幸男訳）
新潮社

豆知識
『海国兵談』は出版前に版木を没収されたが、林子平は自身でつくった写本を持っていたため、内容が後世に伝聞された。

1827年〜1843年

▼天保の改革と雄藩の改革

急激な改革に抵抗が起こり、改革はほんの2年で終焉した

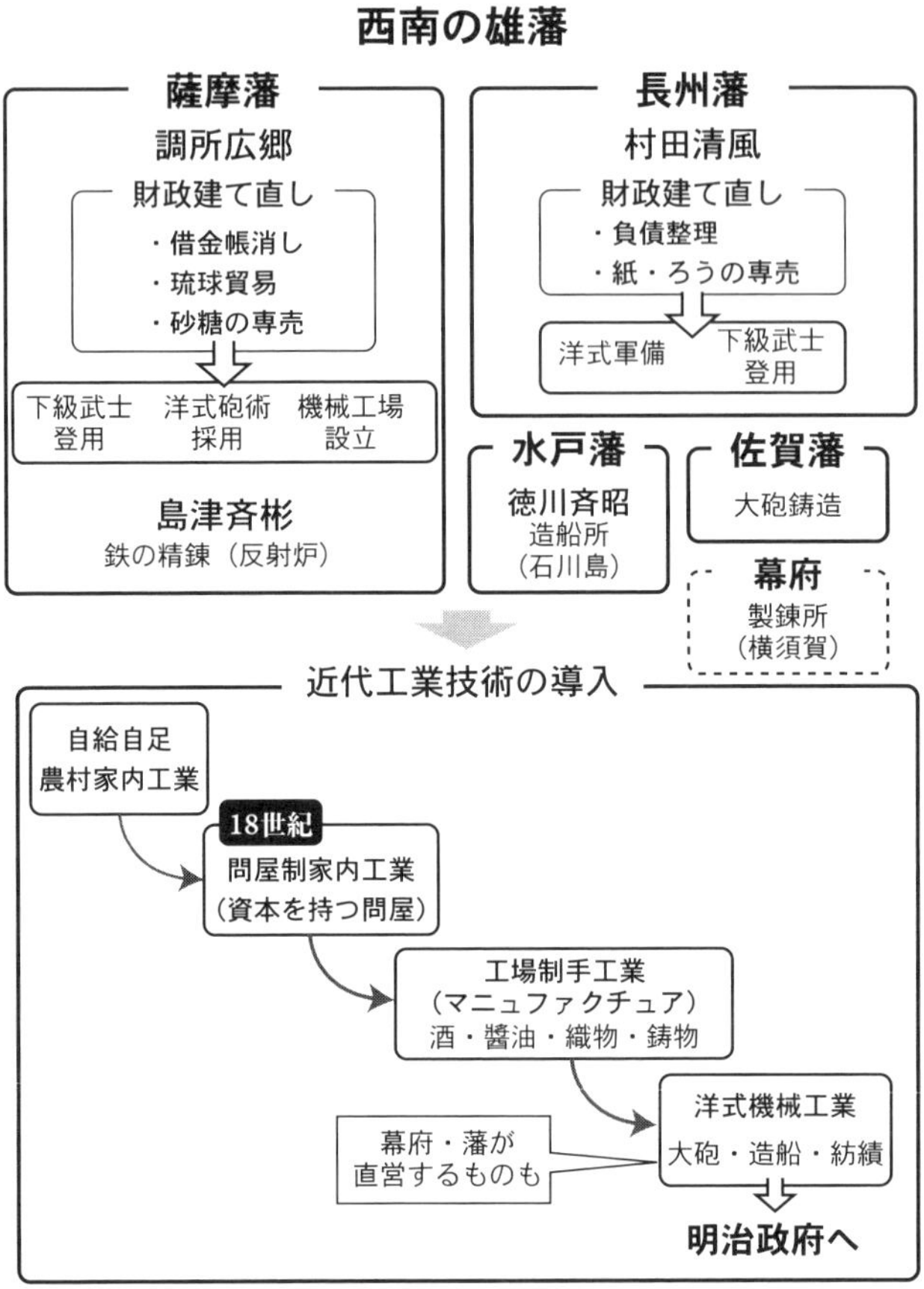

西南の雄藩
薩摩藩
調所広郷
財政建て直し
・借金帳消し
・琉球貿易
・砂糖の専売
下級武士登用
洋式砲術採用
機械工場設立
島津斉彬
鉄の精錬（反射炉）
長州藩
村田清風
財政建て直し
・負債整理
・紙・ろうの専売
洋式軍備
下級武士登用
水戸藩
徳川斉昭
造船所（石川島）
佐賀藩
大砲鋳造
幕府
製錬所（横須賀）
近代工業技術の導入
自給自足農村家内工業
18世紀
問屋制家内工業（資本を持つ問屋）
工場制手工業（マニュファクチュア）
酒・醤油・織物・鋳物
洋式機械工業
大砲・造船・紡績
幕府・藩が直営するものも
明治政府へ

◉水野忠邦の改革と挫折

家斉の死後、12代**家慶**《いえよし》のもとで老中**水野忠邦**《ただくに》※が財政の再建をめざし改革を断行した（**天保の改革**）。

忠邦の主な改革は以下の5つである。①贅沢品と風俗を取り締まる**倹約令**、②物価に悪影響を与えている**株仲間の解散**、③娯楽施設の制限や出版統制などの**風俗取締令**、④江戸に出た地方出身農民を帰村させる**人返しの法**、⑤江戸・大坂周辺の大名・旗本領の幕府天領へ転換させる**上知**《あげち》**令**。

このような急激な改革に不満と抵抗、反対運動が起こり、忠邦の改革

ポイント

- ☑風紀取締り、物価高騰の沈静化をはかった。
- ☑幕政改革は2年あまりで崩壊した。
- ☑長州、薩摩、佐賀など西南諸藩の改革が進んだ。

用語解説

※**水野忠邦**　1794年〜1851年。江戸幕府老中。唐津藩主であったが、幕閣入りを画策、願い出て浜松に転封した。老中として天保の改革を行う。しかしこれは庶民、大名問わず反発され、のち罷免、山形藩へ隠居となる。

はほんの2年で終焉した。

■天保の改革と雄藩の改革

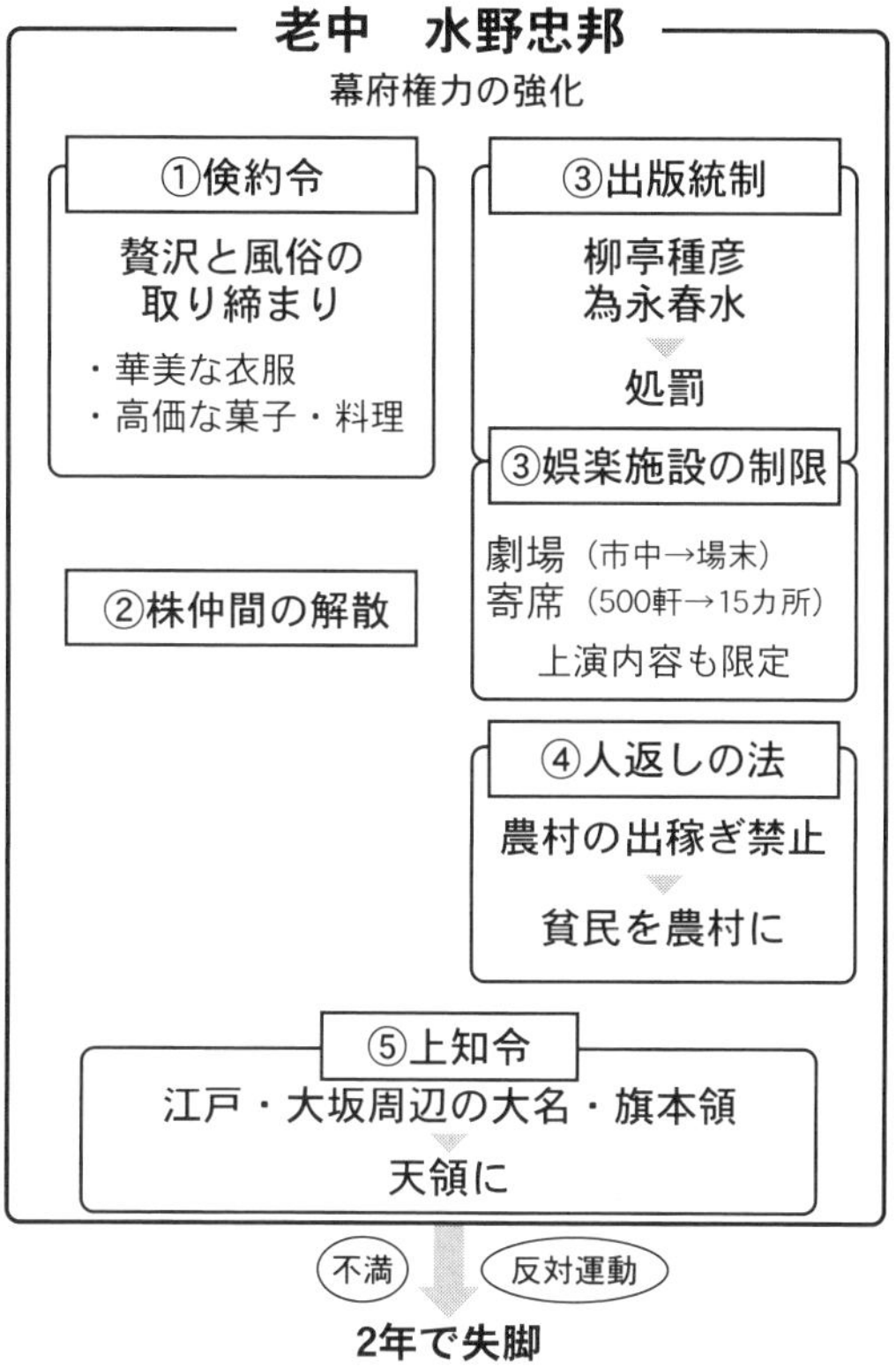
老中　水野忠邦
幕府権力の強化
①倹約令
贅沢と風俗の取り締まり
・華美な衣服
・高価な菓子・料理
②株仲間の解散
③出版統制
柳亭種彦
為永春水
処罰
③娯楽施設の制限
劇場（市中→場末）
寄席（500軒→15カ所）
上演内容も限定
④人返しの法
農村の出稼ぎ禁止
貧民を農村に
⑤上知令
江戸・大坂周辺の大名・旗本領
天領に
不満
反対運動
2年で失脚

◉雄藩の目覚ましい改革

財政再建と政治の建て直しは、日本各地の藩でも実行された。西南の雄藩の改革を図のように整理した。

薩摩藩では、1827年に家老の**調所広郷**《ずしょひろさと》が改革を実行し、借金を棚上げ、**琉球貿易**で、砂糖の藩専売を実施するなどして、財政を建て直した。また下級武士の登用、洋式砲術の採用、機械工場の設立など藩政改革に努めた。さらに薩摩藩主島津斉《なり》彬《あきら》は反射炉をつくり鉄の精錬を行うなど近代化を日指した。

また長州藩では、1838年に**村田清風**が負債を整理し、紙・ろうを藩の専売として財政を建て直すなど改革を断行した。そして洋式軍備を推進し、下級武士を登用するなど目覚ましい改革を行っている。

その他、佐賀藩では大砲をつくり、水戸藩では**徳川斉昭**《なりあき》が石川島に造船所を建設、そして幕府も横須賀に製錬所を設けた。しかしこうした雄藩の改革は、やがて幕府の命運を左右するようになる。

この間、自足自給の農村家内工業は、18世紀には問屋制家内工業になり、さらに工場制手工業へと進化を重ねた。

このような発展はのちに大砲、造船、紡績など洋式機械工業へつながり、明治政府の近代化の礎《いしずえ》になっていった。

おすすめ本
『近世大名家臣団の社会構造』
（磯田道史）
文春学藝ライブラリー

豆知識
家斉、家慶ともに生姜が好物で、家斉は生姜農家を無税にした。また改革で生姜が入手できなくなると、家慶は激怒したという。

▼化政文化の成熟

19世紀前半

江戸を中心に町人主体の文化が発達した

◉化政文化の文学

寛政の改革で江戸時代の文化は停滞したが、家斉の時代からは中・下層の町人が文化の主役となって、**化政文化**といわれる風俗が最盛期を迎えた。この文化は江戸を中心に栄えた。

庶民も寺子屋が普及したため、識字率が上がり、和歌・俳諧・小説に馴染んで、爛熟した文化を楽しんだ。

文学を見ると、物語の中でも滑稽本、人情本、読本《よみほん》というように、ジャンル分けがされてきた。

滑稽本では18世紀後半の山東京《さんとうきょう》伝《でん》らの洒落本の伝統を引き継いだ、**十返舎一九**《じっぺんしゃいっく》の**『東海道中膝栗毛』**や、**式亭三馬**《しきていさんば》の**『浮世風呂』『浮世床』**のような庶民の生活をユーモラスに描いた内容が人気を博した。

また、勧善懲悪思想で綴った**曲亭**《きょくてい》**（滝沢）馬琴**《ばきん》の大作**『南総里見八犬伝』**や**上田秋成**の怪奇小説**『雨月物語』**は読本のジャンルで、庶民の圧倒的な支持を得た。人情本の『春《しゅん》色梅児誉美《しょくうめごよみ》』（為永春水）、絵入りの小説『偐紫《にせむらさき》田舎源氏』（柳亭種彦）もこの時代の代表作だ。

詩歌でも、**与謝蕪村**《よさぶそん》に続いて、**小林一茶**があらわれ、人間味豊かな俳風を確立した。川柳の柄井川柳《からいせんりゅう》、狂

生活と信仰

劇場・見世物小屋
- 落語・講談

年中行事の整備
- 貴族／武士 の行事 → 庶民に広まる
- 年神・祖先の霊
- 春祭り・秋祭り

緑日・開帳・富突
- ・湯治
- ・物見遊山

▼

- ・伊勢神宮参詣
- ・西国三十三所巡礼
- ・四国八十八カ所巡り

ポイント☑

☑中・下層の町人が主役となった文化が最盛期を迎えた。

☑『東海道中膝栗毛』などの滑稽本が人気を博した。

☑小林一茶などの人間味豊かな俳風が確立した。

用語解説

※**錦絵**　浮世絵と同じ。一点しかない肉筆画と木版で摺った版画がある。初期は墨と紅の二色だったが、18世紀になると多色使いが生まれる。肉筆は高価だったが、この多色摺り木版の錦絵によって、廉価で手に入れられるようになった。

■化政文化の成熟

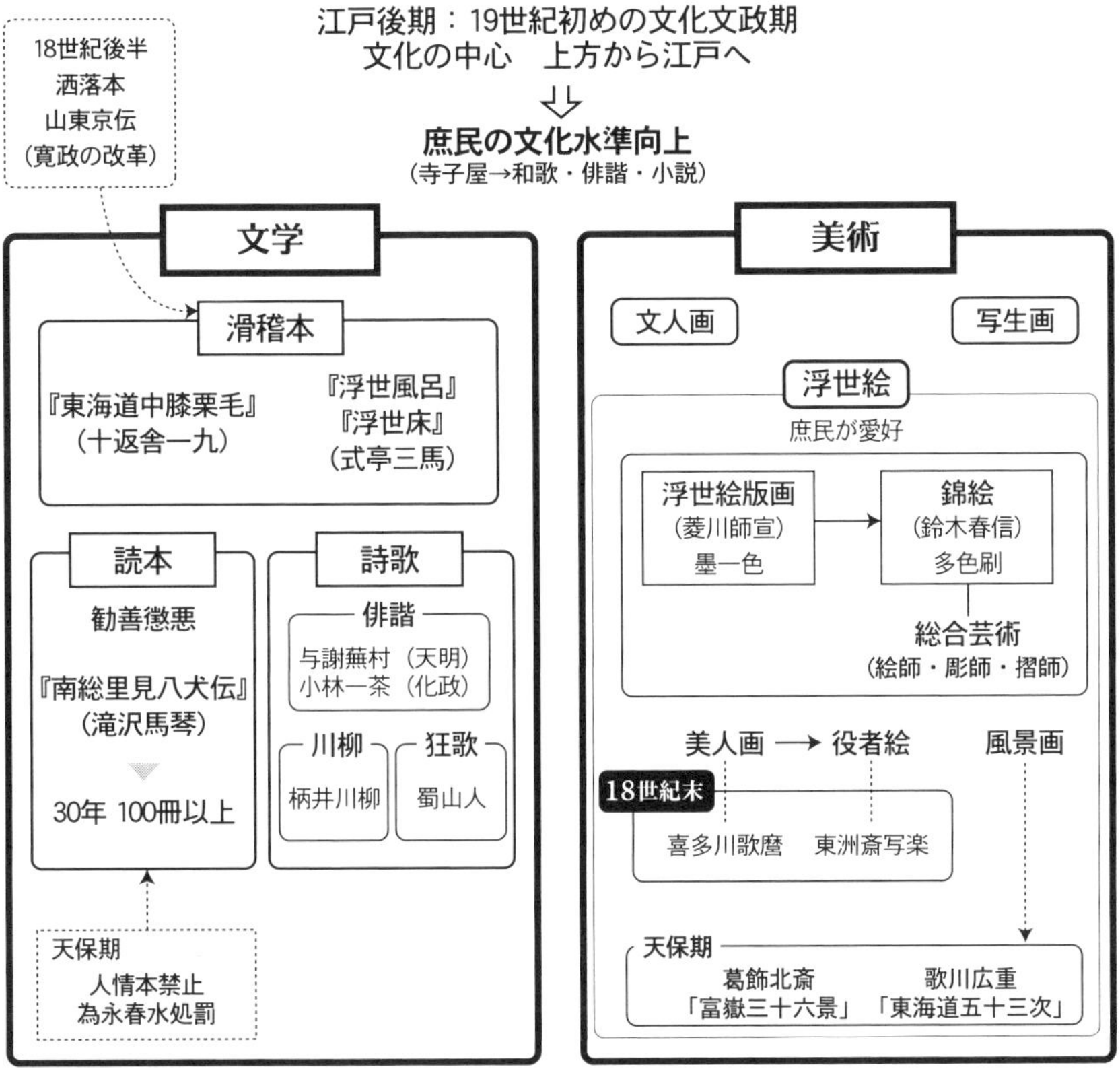
江戸後期：19世紀初めの文化文政期
文化の中心　上方から江戸へ
庶民の文化水準向上
（寺子屋→和歌・俳諧・小説）
18世紀後半
洒落本
山東京伝
（寛政の改革）
文学
滑稽本
『東海道中膝栗毛』
（十返舎一九）
『浮世風呂』
『浮世床』
（式亭三馬）
読本
勧善懲悪
『南総里見八犬伝』
（滝沢馬琴）
30年 100冊以上
天保期
人情本禁止
為永春水処罰
詩歌
俳諧
与謝蕪村（天明）
小林一茶（化政）
川柳
柄井川柳
狂歌
蜀山人
美術
文人画
写生画
浮世絵
庶民が愛好
浮世絵版画
（菱川師宣）
墨一色
錦絵
（鈴木春信）
多色刷
総合芸術
（絵師・彫師・摺師）
美人画
役者絵
風景画
18世紀末
喜多川歌麿
東洲斎写楽
天保期
葛飾北斎
「富嶽三十六景」
歌川広重
「東海道五十三次」

歌の大田蜀山人《しょくさんじん》も活躍した。

また美術の世界では、**鈴木春信**の多色刷錦絵が流行した。この錦絵※はそれまでの二色刷りより色数の多い鮮やかなもので、絵師・彫師・摺《すり》師《し》三者の総合芸術であった。美人画の**喜多川歌麿**、役者絵の**東洲斎写《とうしゅうさいしゃ》楽《らく》**、そして風景画では、「富嶽《ふがく》三十六景」の**葛飾北斎《かつしかほくさい》**、「東海道五十三次」の**歌川（安藤）広重《ひろしげ》**らが有名だ。

◉庶民に流行った旅行

そのほか安価な劇場や見せ物小屋が多くなったことにより、庶民の娯楽には落語や講談も入ってきている。生活はまだ苦しい人々もあったが、寺社の縁日や秘仏開帳、富くじ（富突《とみつき》）は大勢の人で賑わった。

湯治や物見遊山もさかんになり、伊勢神宮参詣や札所《ふだしょ》巡りなどが流行した。

豆知識 お伊勢参りは、無銭でも柄杓を持って「伊勢参りです」と歩くとお金を恵んでもらえた。

18世紀初め～19世紀半ば

国学と尊王、蘭学の発達から幕府への批判思想が生まれた

◉新たな思想の広がり

江戸中期になると新たな学問や思想がおこってきた。

日本古来の思想をあきらかにしようとする**国学**が成立する。18世紀初めの**荷田春満**《かだのあずままろ》の古典研究、18世紀半ばの**賀茂真淵**《かものまぶち》の万葉集研究があり、**本居宣長**《もとおりのりなが》の『**古事記伝**』で国学は大成する。宣長の弟子・**平田篤胤**《あつたね》は、儒教・仏教を排除した復古神道を確立した。

このころ、**宝暦**《ほうれき》**事件**（竹内式部が尊王論を説いて追放された）や**明和事件**（山県大弐《やまがただいに》が幕府批判をして死罪となった）が起こり、幕府はいきすぎた尊王論は断固弾圧した。

ほかにも『**日本外史**』で尊王思想を著した**頼山陽**《らいさんよう》などの考えは、のちの志士に大きな影響を与えた。

一方、蘭学も大いに発達した。18世紀初めの新井白石の洋学研究があるが、吉宗時代の漢訳洋書の輸入制限の緩和が発展のきっかけとなった。**杉田玄白**らが『**解体新書**』の発行すると蘭学への関心は大きくなり、幕府も暦や天文台を設置。なお19世紀初めには蕃書和解御用《ばんしょわげごよう》がつくられた。

蘭学を学ぶ人も増え、ドイツ人医師**シーボルト**の**鳴滝**《なるたき》**塾**※、緒方洪庵《おがたこうあん》の**適塾**が生まれ、有為の人材が育っていく。

◉幕藩体制が弱体化する

しかし、１８３７年の**モリソン号事件**（アメリカの商船モリソン号が、日本の漂流民の送還と貿易交渉のため来航した際、これを撃退させた）をきっかけに起こった**蛮社の獄**で、蘭学者達が弾圧された。

ところで、18世紀初めの**荻生徂徠**の考えを汲んだ**太宰春台**《だざいしゅんだい》は、武士の商業参加を唱えたが、海保青陵《かいほせいりょう》、本多利明、佐藤信淵《のぶひろ》も経世論をもって産業振興と貿易の有益性、藩営専売制などを主張した。

ポイント

- ☑国学は荷田春満、賀茂真淵、本居宣長と受け継がれた。
- ☑シーボルトの鳴滝塾、緒方洪庵の適塾が生まれる。
- ☑幕府の求心力は低下し、幕末動乱へと進んだ。

用語解説

※鳴滝塾　シーボルトによってつくられた長崎郊外鳴滝の医学塾。当初、出島の中の外科室で医学を教えていたが、生徒が多くなったため、私塾を設けた。門人には高野長英、伊東玄朴、二宮敬作などがいる。

■学問と思想の開花

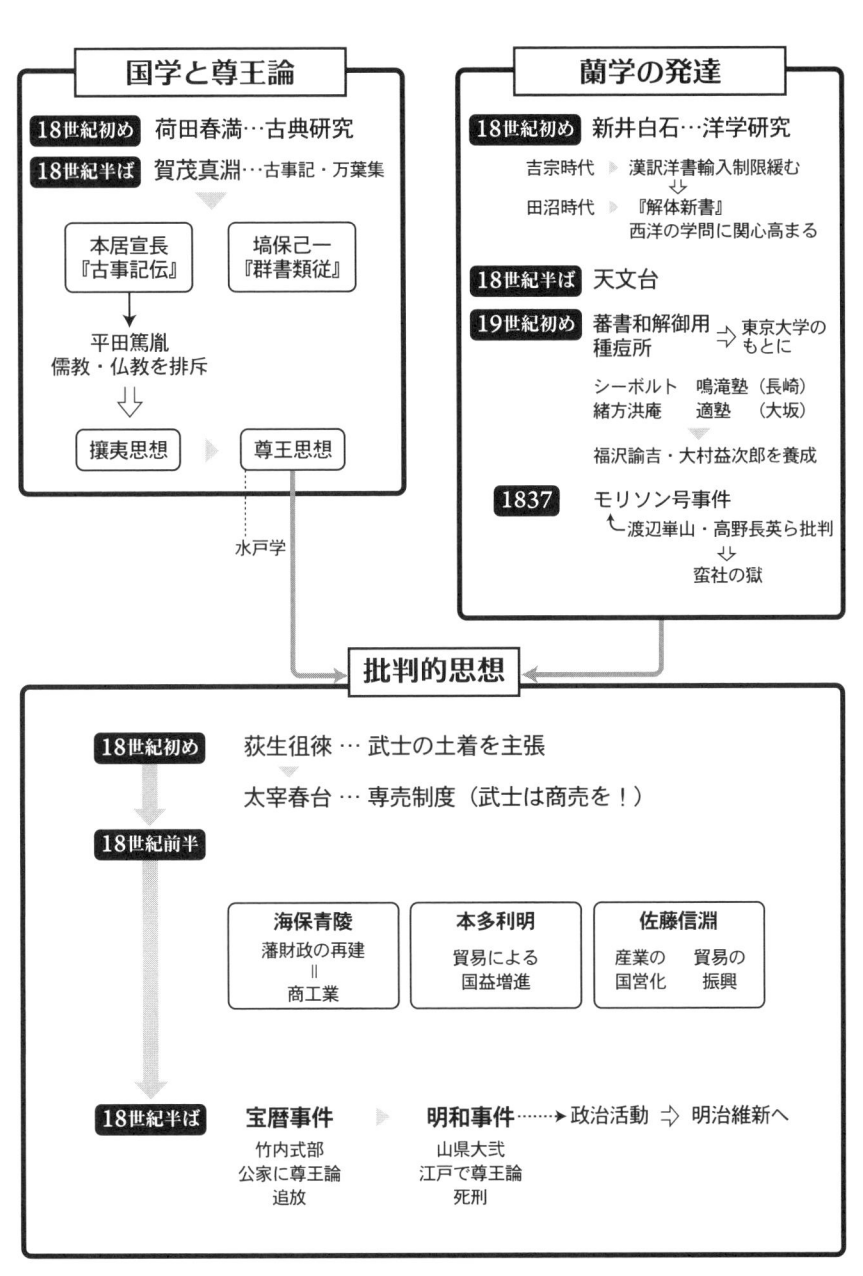

国学と尊王論

18世紀初め 荷田春満…古典研究

18世紀半ば 賀茂真淵…古事記・万葉集

▼

- 本居宣長『古事記伝』
- 塙保己一『群書類従』

本居宣長 → 平田篤胤 儒教・仏教を排斥

⇩

攘夷思想 ▶ 尊王思想

水戸学

蘭学の発達

18世紀初め 新井白石…洋学研究

吉宗時代 ▶ 漢訳洋書輸入制限緩む

⇩

田沼時代 ▶ 『解体新書』 西洋の学問に関心高まる

18世紀半ば 天文台

19世紀初め 蕃書和解御用 種痘所 ⇨ 東京大学のもとに

シーボルト 鳴滝塾（長崎）

緒方洪庵 適塾 （大坂）

▼

福沢諭吉・大村益次郎を養成

1837 モリソン号事件

↑渡辺崋山・高野長英ら批判

⇩

蛮社の獄

批判的思想

18世紀初め 荻生徂徠 … 武士の土着を主張

▼

太宰春台 … 専売制度（武士は商売を！）

18世紀前半

- **海保青陵** 藩財政の再建 ＝ 商工業
- **本多利明** 貿易による国益増進
- **佐藤信淵** 産業の国営化 貿易の振興

18世紀半ば **宝暦事件**（竹内式部 公家に尊王論 追放） ▶ **明和事件**（山県大弐 江戸で尊王論 死刑）……→ 政治活動 ⇨ 明治維新へ

おすすめ本 『冬の鷹』（吉村昭）新潮文庫

豆知識 適塾は大坂にある緒方洪庵主宰の蘭学塾。出身者には大鳥圭介や福沢諭吉、手塚治虫の先祖・手塚良仙などがいる。

■〈久恒式〉図解術 ③

矢印 ①

矢印自体の持つ記号的意味

矢印自体に含まれる記号的意味

移　動
物理的移動
時間的移動

変　化
物理的変化
（質的、量的）
時間的変化
（時系列、推移）

説　明
補足、注釈

第4章

近代日本の光と影

明治↓大正↓昭和（太平洋戦争）

1853年～1860年

ペリーの強引な開国要求に幕府はついに屈服する

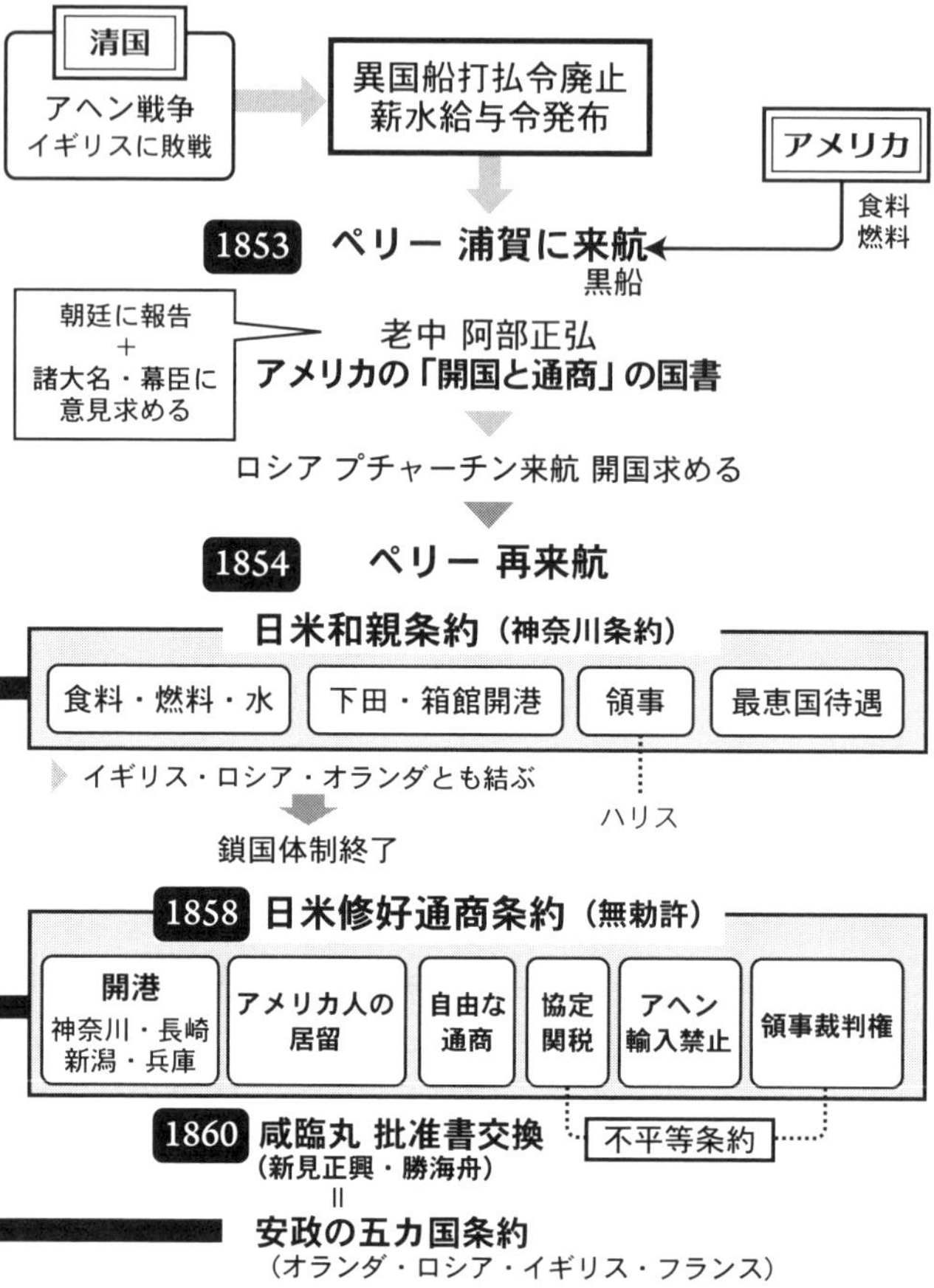
清国
アヘン戦争
イギリスに敗戦
異国船打払令廃止
薪水給与令発布
アメリカ
食料
燃料
1853
ペリー 浦賀に来航
黒船
朝廷に報告
＋
諸大名・幕臣に
意見求める
老中 阿部正弘
アメリカの「開国と通商」の国書
ロシア プチャーチン来航 開国求める
1854
ペリー 再来航
日米和親条約（神奈川条約）
食料・燃料・水
下田・箱館開港
領事
最恵国待遇
イギリス・ロシア・オランダとも結ぶ
ハリス
鎖国体制終了
1858
日米修好通商条約（無勅許）
開港
神奈川・長崎
新潟・兵庫
アメリカ人の
居留
自由な
通商
協定
関税
アヘン
輸入禁止
領事裁判権
1860
咸臨丸 批准書交換
（新見正興・勝海舟）
＝
不平等条約
安政の五カ国条約
（オランダ・ロシア・イギリス・フランス）

◉黒船来航

1842年、清国《しん》は**アヘン戦争**でイギリスに敗れ、**南京条約**で5港の開港や賠償金の支払いの約束をした。これに驚いた幕府は異国船打《うち》払《はらい》令を廃止し、外国船に対して飲料水・燃料の給与を認める**薪水《しんすい》給与令**を出した。

1853年、アメリカ東インド艦隊司令長官**ペリー提督**が蒸気船4隻を率いて浦賀にあらわれた。

アメリカの開国と通商の要求に対して幕府老中**阿部正弘**は翌年に回答するとしたためペリーは退去した。

続いて長崎にあらわれたロシアの

ポイント

- ☑アヘン戦争での清の敗戦に驚き、薪水給与令を出した。
- ☑200年続いた鎖国体制は終わりを告げた。
- ☑井伊直弼は勅許のないままに修好通商条約に調印する。

用語解説

※**五品江戸廻送令**　1860年に出された貿易法。諸外国との取引のために決められたもので、雑穀、水油、ろう、呉服、生糸は産地から横浜へ直送することを禁じ、かならず江戸の問屋に回送してから輸出するとしたもの。

■ペリー来航

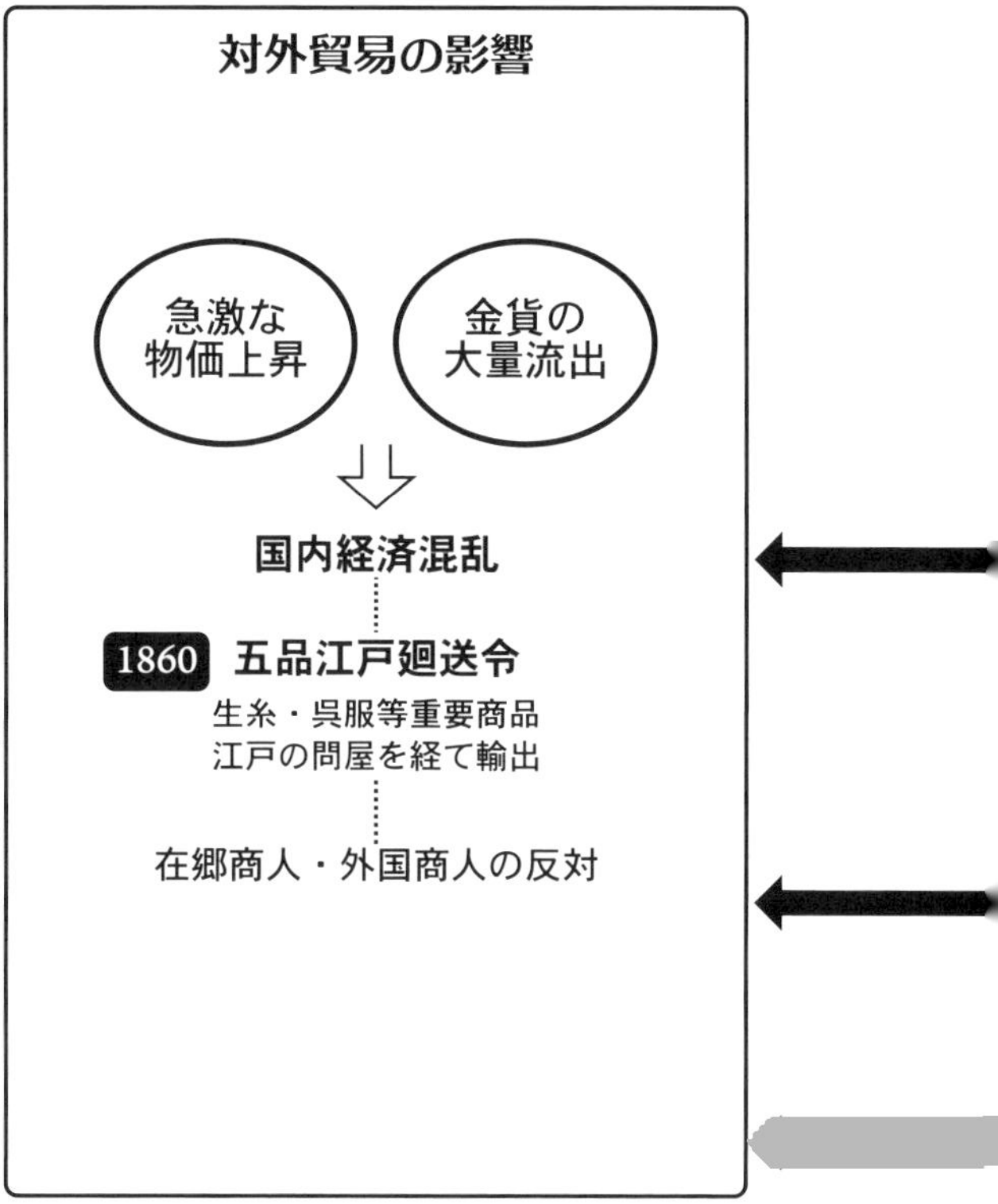
対外貿易の影響
急激な物価上昇
金貨の大量流出
国内経済混乱
1860 五品江戸廻送令
生糸・呉服等重要商品
江戸の問屋を経て輸出
在郷商人・外国商人の反対

使節プチャーチンも開国を要求してきた。なお、翌年早々ペリーは再び来航し、開国を強く迫った。

結局幕府は屈服して**日米和親条約**を結ぶ。食料や燃料の提供、下田と箱館の開港、領事の駐在、最恵国待遇を認めたのだ。

幕府は同様の条約をイギリス、ロシア、オランダと結び、ここに200年続いた鎖国体制は終わりを告げたのである。

◉不平等条約の締結

1856年にはハリスがアメリカ総領事として下田に着任し通商条約の調印をうながしてきた。これに同意した時の老中首座**堀田正睦《まさよし》**は朝廷に条約調印の勅許を求めたが朝廷は反対、このため堀田は罷免《ひめん》され、かわって大老となった**井伊直弼《なおすけ》**が勅許のないままに1858年、**日米修好通商条約**に調印してしまう。

この条約は4港の開港、自由通商、協定関税、領事裁判権の付与など日本にとっては**不平等条約**であった。幕府は同様の条約をオランダ、ロシア、イギリス、フランスと結んだ（**安政の五カ国条約**）。

こうした諸外国との貿易で物価が急上昇し、また金の大量流出が続いた。このため幕府は貿易統制のため雑穀、水油、ろう、呉服、生糸の5品について**五品江戸廻送令《かいそう》**※を出す。だが、この政策は外国商人らの抗議にあい、失敗に終わった。

豆知識 日本に来た黒船はサスケハナ、ミシシッピ、プリマス、サラトガの4隻。このうちサスケハナとミシシッピが蒸気船だった。

1860年前後

幕府と朝廷の公武合体で一時的な融和をはかる

◎対立する将軍候補

欧米諸国の脅威を感じた幕府は西洋文明の吸収と幕政改革の必要性のため、**洋学所**（のち**蕃書調所**《ばんしょしらべしょ》）を設立、また洋式航海術習得のために**長崎海軍伝習所**を設置、さらに大砲鋳造のための反射炉建設などをすすめた。

そのころ13代将軍・**家定**の**将軍継嗣問題**がもちあがった。家定に子供がいなかったためだが、諸外国からの難局に対処できる、英明な人物を擁立するか、あるいは現将軍に近い血統の人物を選ぶかという二つの意見が出た。

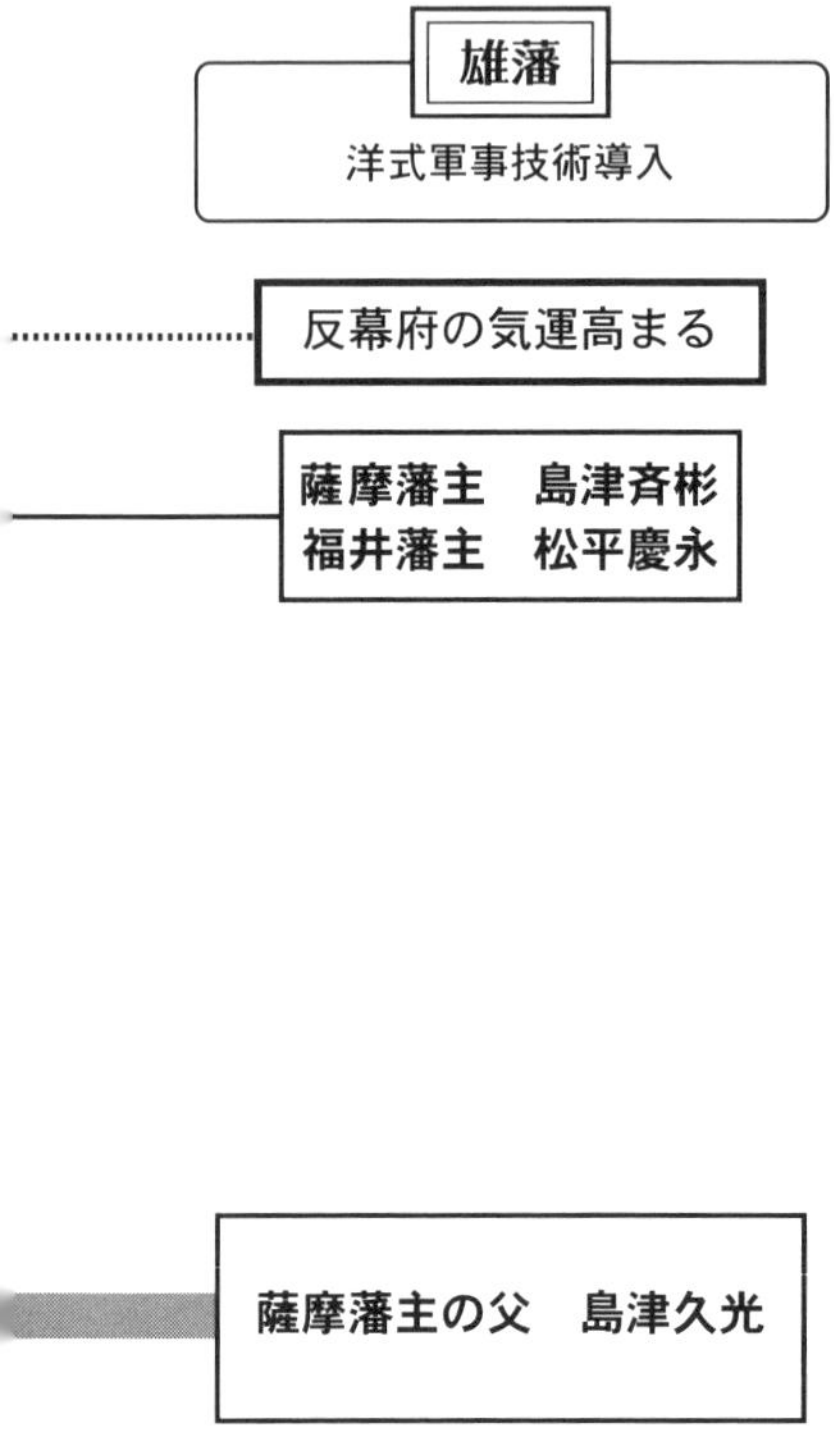
雄藩
洋式軍事技術導入
反幕府の気運高まる
薩摩藩主　島津斉彬
福井藩主　松平慶永
薩摩藩主の父　島津久光

前者は水戸の徳川斉昭の7男で一橋家当主・**一橋（徳川）慶喜**を推《お》す一橋派である。後者は家定の従弟で紀州藩主の**徳川慶福**《よしとみ》**（家茂**《いえもち》**）**を推す南紀派だった。薩摩の島津斉彬《なりあきら》や越前の松平慶永《よしなが》らは慶喜を推したが、南紀派であった井伊直弼が大老に就任、慶福を跡継ぎと決めてしまった。

こうした振る舞いや無勅許で通商条約に調印した、井伊直弼に対し、一橋派は大きく反発した。

すると、直弼は公家、大名、志士問わず、一橋派や幕政批判者を処分していった。これにより長州藩の**吉田松陰**や福井藩の**橋本左内**《さない》らが死罪

ポイント ✔

- ✔将軍継嗣問題で一橋派と南紀派が対立する。
- ✔井伊直弼が大老に就任し、安政の大獄が始まる。
- ✔一橋慶喜が将軍後見職となる。

用語解説

※京都守護職　1862年に新設された幕府の役職。会津藩主・松平容保が就任。京都では京都所司代、京都町奉行所があったが、幕末になると過激派浪士の取締りなどで手が回らなくなったため、二条城、御所警護、市中取締りのために設置。

■幕府の改革と公武合体運動

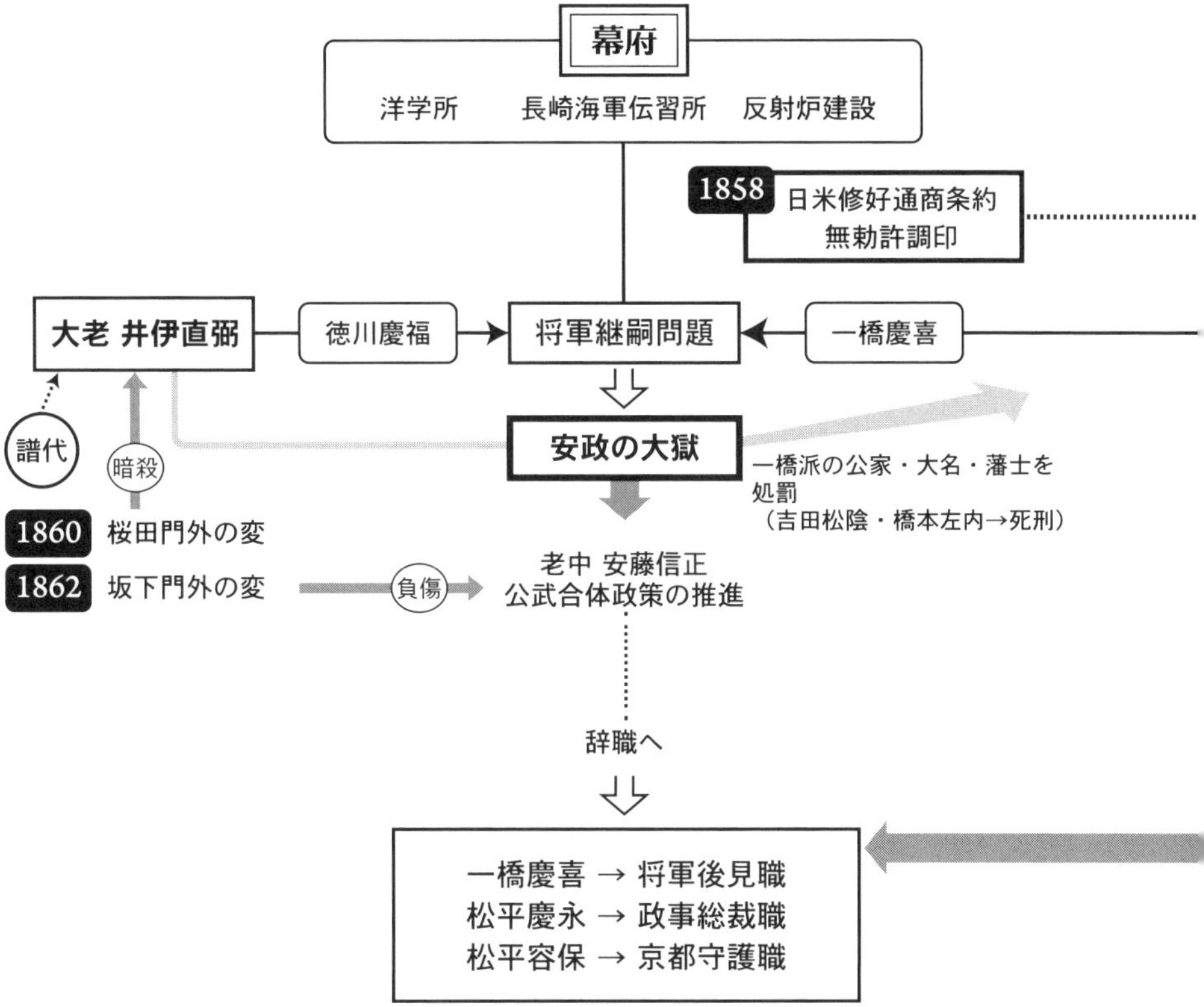
幕府
洋学所　長崎海軍伝習所　反射炉建設
1858 日米修好通商条約
無勅許調印
大老 井伊直弼
徳川慶福
将軍継嗣問題
一橋慶喜
譜代
暗殺
安政の大獄
一橋派の公家・大名・藩士を処罰
（吉田松陰・橋本左内→死刑）
1860 桜田門外の変
1862 坂下門外の変
負傷
老中 安藤信正
公武合体政策の推進
辞職へ
一橋慶喜 → 将軍後見職
松平慶永 → 政事総裁職
松平容保 → 京都守護職

となった。この一連の処断を**安政の大獄**という。

◉**桜田門外の変、勃発**

　これをうらんだ水戸浪士らは1860年、桜田門外で井伊直弼を暗殺した（**桜田門外の変**）。その後、井伊直弼の後を継いだ老中**安藤信正**は、幕府と朝廷の融和をはかるため、孝明天皇の妹和宮を将軍家茂の夫人として迎えるなど**公武合体政策**を推進したが、水戸浪士らに坂下門外で襲われて負傷、辞職してしまう。

　こうした情勢の中で薩摩藩主の父・島津久光は朝廷から勅書をもらい、幕府に改革を求めた。

　そこで幕府は、改革を断行、一橋慶喜を将軍後見職、福井の松平慶永を政事総裁職、会津の松平容保《かたもり》を京都守護職※とする新体制ができあがった。

おすすめ本
『世に棲む日日』
（司馬遼太郎）
文春文庫

豆知識
公武合体策により孝明天皇の妹・和宮は、有栖川宮熾仁親王と婚約していたが、これを破棄して将軍家茂と結婚した。

1862年～1864年

生麦事件、薩英戦争、禁門の変、動乱の幕末が幕開けする

◉幕府と長州の対立

１８６２年、神奈川の生麦《なまむぎ》村で薩摩藩・島津久光一行に無礼を働いたとして藩士がイギリス人を殺傷する事件が起こる（**生麦事件**）。

これは翌年、イギリス艦隊による鹿児島砲撃を招いた。この**薩英戦争**で、外国の強さを知った薩摩藩は攘《じょう》夷《い》が不可能であることを悟った。

また翌年、長州は幕府が定めた攘夷決行日に下関を通る外国船を砲撃して攘夷を実行、各国の船は被害を受けて逃走したが、のちに長州はこの報復を受けることになる。

一方、１８６３年、朝廷内で保守派の公家と薩摩・会津藩がむすんで、三条実美《さねとみ》※ら急進派の公家と長州藩を一掃する事件が起こる。（**八月十八日の政変**）。三条はじめ沢宣嘉《さわのぶよし》などの公家7人はわずかな長州兵に守られながら、都を後にした。また翌年には**池田屋事件**も起こり、長州の不満は頂点に達した。

このため長州藩は、復権を求めて京都に攻めのぼったが、薩摩・会津連合軍に敗れてしまう（**禁門の変**または**蛤《はまぐり》御門《ごもん》の変**）。朝敵とされた長州藩は、幕府による大規模な**第一次長州征討**を受けるが、おとなしく恭順したので、征討軍は引き上げた。

◉長州藩の転換

長州藩では幕府への恭順を機に、俗論派が政権をにぎるが、**高杉晋作**《しんさく》がクーデターをおこして革新政権をつくり、**桂小五郎**などが実権を握った。

１８６４年8月、前年の外国船砲撃事件の報復として、長州藩はイギリス・アメリカ・フランス・オランダの四国連合艦隊の攻撃を受け、下関砲台を占拠される。

ここで長州藩は薩摩藩と同じように列強の実力を知り、攘夷達成は不可能と判断、イギリスとの関係を深めていくことになる。

ポイント☑

☑イギリス人を殺傷する生麦事件が起こる。

☑八月十八日の政変、禁門の変で長州藩は朝敵となる。

☑高杉晋作などの倒幕派が長州藩の実権を握る。

用語解説

※**三条実美**　1837年～1891年。公家、政治家。尊攘派の公家で長州と関わりを持つ。そのため八月十八日の政変で、京都を追われ長州へ移る。のち明治政府に出仕、内大臣となる。わずか２カ月だが、総理を兼務したこともある。

■攘夷の実行と挫折

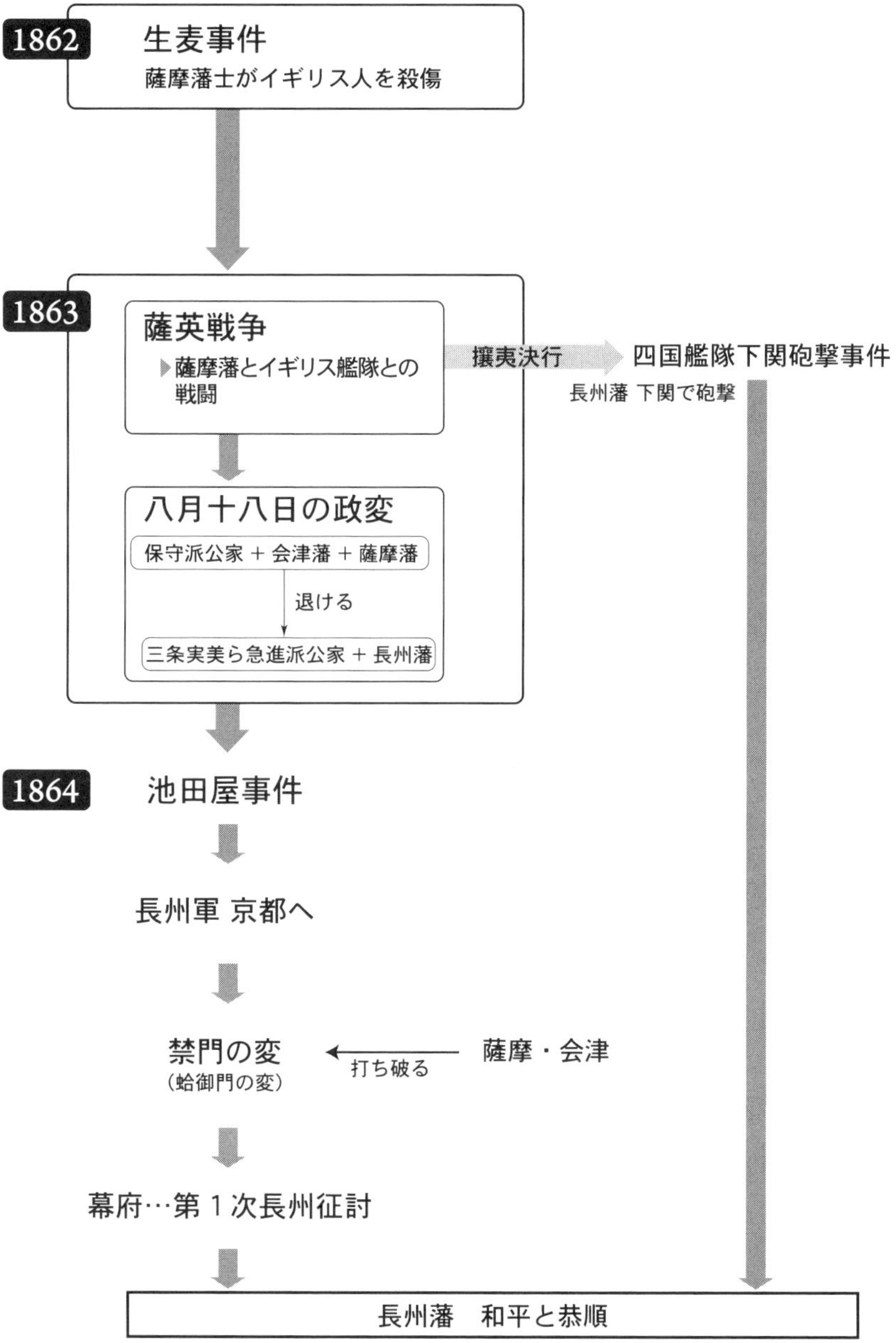
1862
生麦事件
薩摩藩士がイギリス人を殺傷
1863
薩英戦争
薩摩藩とイギリス艦隊との戦闘
攘夷決行
四国艦隊下関砲撃事件
長州藩 下関で砲撃
八月十八日の政変
保守派公家 + 会津藩 + 薩摩藩
退ける
三条実美ら急進派公家 + 長州藩
1864
池田屋事件
長州軍 京都へ
禁門の変
（蛤御門の変）
打ち破る
薩摩・会津
幕府…第１次長州征討
長州藩　和平と恭順

豆知識

都落ちした七卿は、三条実美、三条西季知、東久世通禧、壬生基修、四条隆謌、錦小路頼徳、沢宣嘉の７人。

1864年～1867年

慶喜が大政を奉還し、徳川の世が終わりを告げた

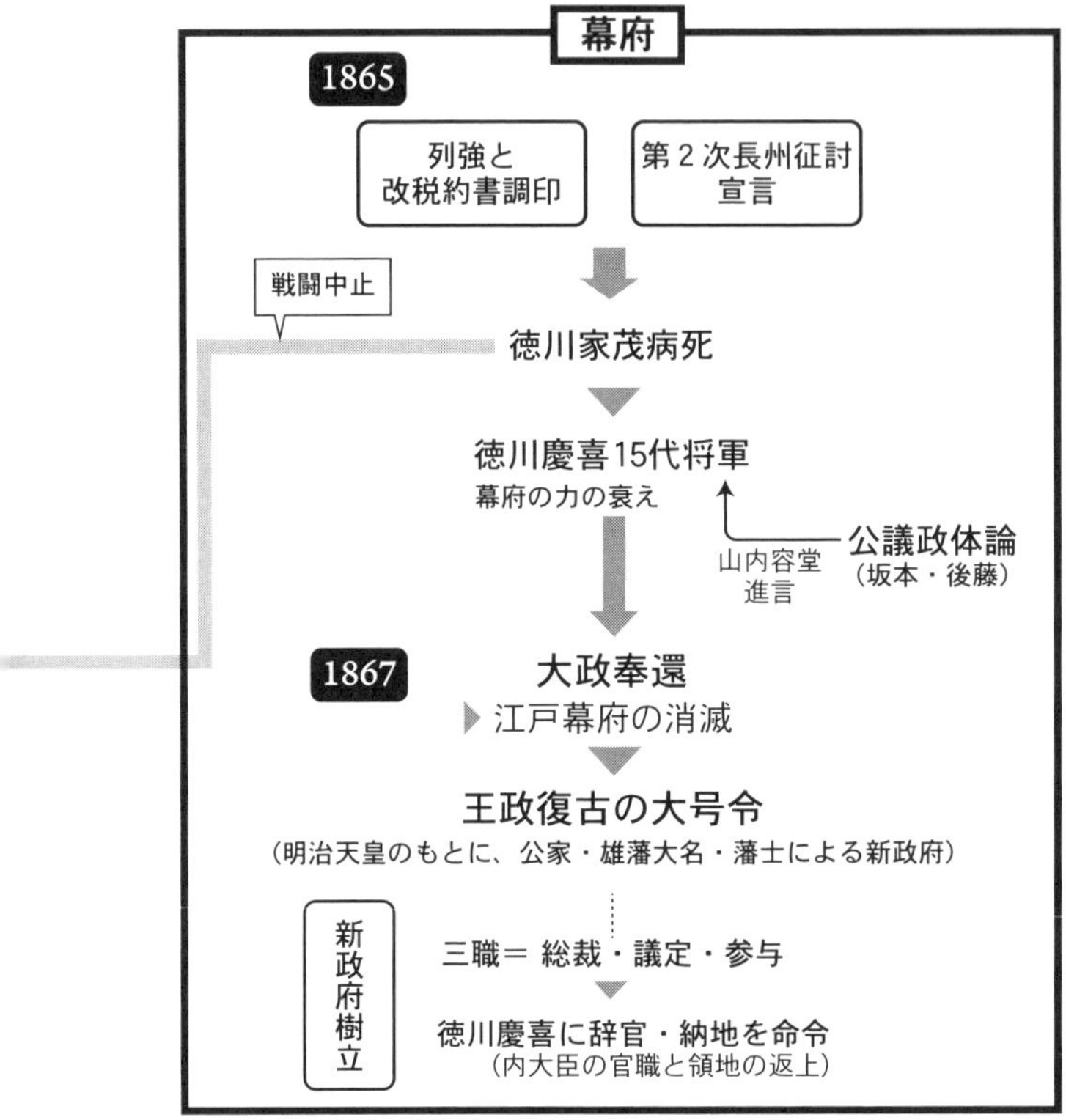
幕府
1865
列強と改税約書調印
第２次長州征討宣言
戦闘中止
徳川家茂病死
徳川慶喜15代将軍
幕府の力の衰え
公議政体論（坂本・後藤）
山内容堂進言
1867
大政奉還
江戸幕府の消滅
王政復古の大号令
（明治天皇のもとに、公家・雄藩大名・藩士による新政府）
新政府樹立
三職＝総裁・議定・参与
徳川慶喜に辞官・納地を命令
（内大臣の官職と領地の返上）

◉薩長同盟から大政奉還へ

長州藩では、高杉晋作や桂小五郎らが藩論を攘夷から倒幕へと転換させた。同じく薩英戦争で敗れた薩摩は、**西郷隆盛**・**大久保利通**らによって反幕府へと方針を転換した。こうして薩長両藩はともにイギリスに接近していった。

一方、幕府はロッシュが公使をつとめるフランスの援助で軍事改革をすすめ、**第二次長州征討**を決定した。しかしそれまで犬猿の仲であった薩摩と長州を**坂本龍馬**・**中岡慎太郎**が仲立ちをし、**薩長同盟**※が成立していたため、薩摩は幕府の出兵命

ポイント

- ☑坂本龍馬などを仲立ちに薩長同盟が成立する。
- ☑徳川慶喜は朝廷に大政を奉還する。
- ☑王政復古の大号令が発せられ、新政府が発足する。

用語解説

※薩長同盟　長州は八月十八日の政変で薩摩藩の攻撃を受けており、とても同盟を結ぶ関係ではなかった。しかし長州が欲しい武器を薩摩名義で購入することを条件として、同盟へとつながった。同盟は京都の小松帯刀邸で締結された。

■攘夷から倒幕へ

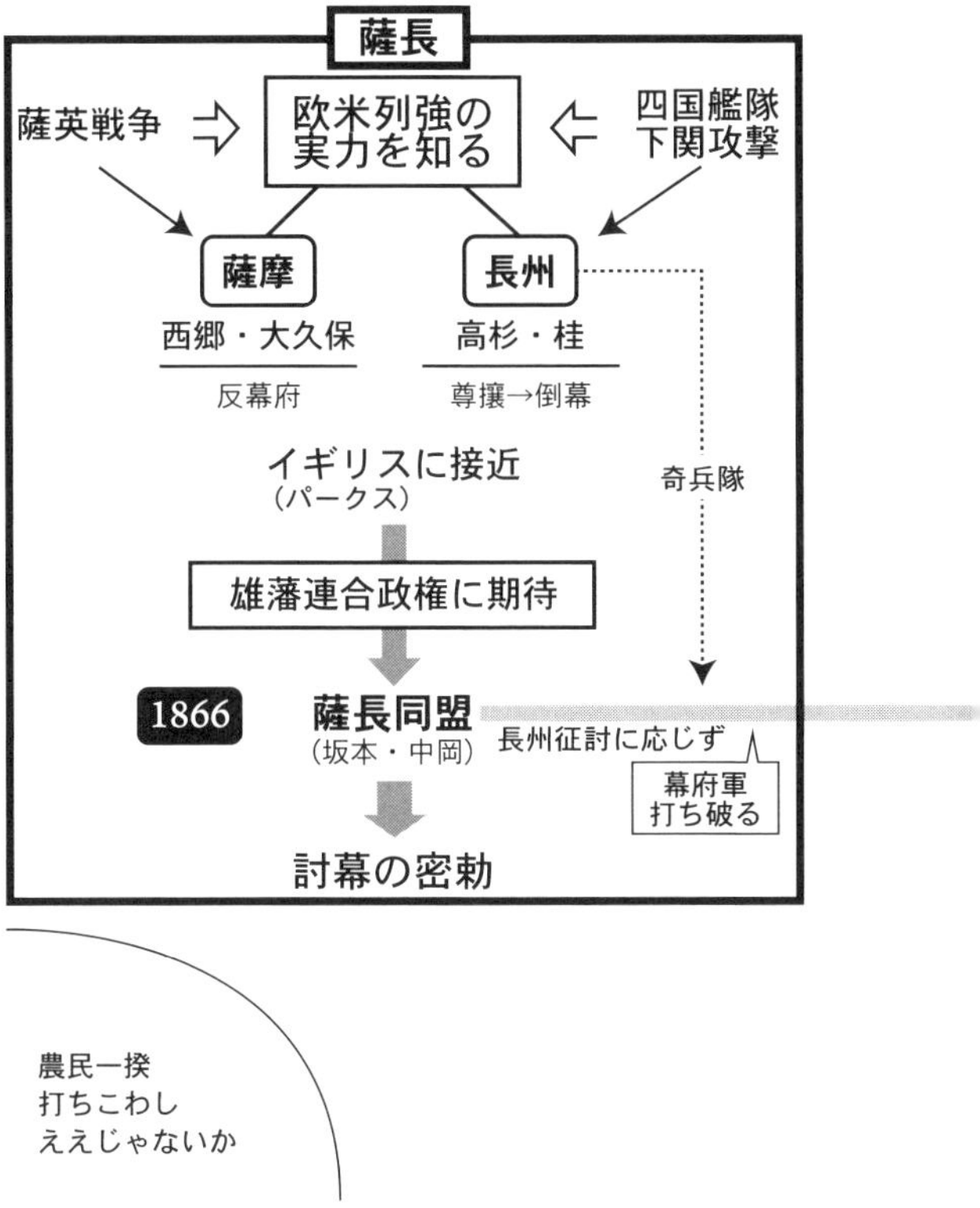
薩長
薩英戦争
欧米列強の実力を知る
四国艦隊下関攻撃
薩摩
長州
西郷・大久保
反幕府
高杉・桂
尊攘→倒幕
奇兵隊
イギリスに接近
（パークス）
雄藩連合政権に期待
1866
薩長同盟
（坂本・中岡）
長州征討に応じず
幕府軍打ち破る
討幕の密勅
農民一揆
打ちこわし
ええじゃないか

令に応じなかった。

征討軍が襲来すると、長州藩は農民・町人も加えた奇兵隊などの諸隊を繰り出し、敵軍を撃破。そこで幕府は、将軍**家茂**の病死を理由に戦闘を中止せざるをえなかった。

その後15代将軍には**徳川慶喜**が就いたが、すでに幕府の力は弱まっていた。土佐藩は坂本龍馬・後藤象《しょう》二郎《じろう》の策を入れて、前藩主山内容堂が政権を朝廷に返上することを進言、慶喜はこれを受け入れて1867年、朝廷に政権を奉還した（**大政奉還**）。260年続いた徳川の世がここに終わりを告げたのだ。

◉徳川幕府最後の戦いへ

しかし同じころ、西郷・大久保、木戸ら武力倒幕派は岩倉具視《ともみ》ら急進派公家と手を結び、討幕の密勅を得ていた。

同年十二月、明治天皇は**王政復古の大号令**を発し、朝廷に公家、雄藩大名、藩士からなる新政府が発足した。新しい職制として総裁、議定《ぎじょう》、参与の三職がおかれた。

そして新政府成立の当日、小御所《こごしょ》会議で徳川慶喜は新政府に参加させないこと、内大臣の職と領地返上が決定された。これにより、不満を持った旧幕府側を暴発させ、武力で徳川家を倒そうとしたのだ。

またこのころ、「**ええじゃないか**」等と連呼しながら集団で町々を巡って熱狂的に踊る騒動も起きた。

おすすめ本
『最後の将軍――徳川慶喜』
（司馬遼太郎）
文春文庫

豆知識
小御所は、寝殿造の建物で、紫宸殿の東北に位置している。主に幕府の使者などが天皇に謁見する執務室。

1868年〜1869年

鳥羽・伏見から箱館へ、新政府軍が勝利する

◉戊辰戦争のはじまり

薩摩藩・長州藩を主体とする新政府軍と、旧幕臣・会津藩・桑名藩を中心とする旧幕府軍は、1868年1月、京都の鳥羽・伏見で戦いをはじめた（戊辰《ぼしん》戦争のはじまり）。数としては圧倒的に有利だった旧幕府軍であったが、新政府軍の近代兵器の前に、後退を余儀なくされた。

このとき新政府軍に、天皇の軍であることを示す錦旗が翻《ひるがえ》った。これで新政府軍が官軍、旧幕府軍は賊軍となったのだ。すると諸藩はみな官軍方につき、旧幕府軍は総崩れになり、大坂に向けて潰走。大坂城で指揮を執っていた前将軍・慶喜は、このままでは軍を立て直せないとして、海路で江戸へ逃れた。新政府軍はその慶喜を追い、江戸へと進軍を開始した。

その後、江戸総攻撃を控えて、新政府の東征軍参謀・西郷隆盛と旧幕府軍を代表する勝海舟が交渉を行い、新政府軍は総攻撃を中止、江戸は戦禍を免れ、4月には江戸城の無血開城がなり、慶喜は江戸を去り、謹慎・蟄居《ちっきょ》の身となった。

◉旧幕府の最後の戦い

しかし、こうした新政府軍のやり方に納得できぬ旧幕臣たちは、上野などで抵抗を示したが、滅ぼされた（**上野戦争**）。また東北諸藩は**奥羽列藩同盟**※（のちに**奥羽越列藩同盟**）を結んで新政府軍と戦うが、新政府軍の圧倒的な武力の前に次々と破られていった。

1868年9月、新政府軍はついに会津若松城を落とし（**会津戦争**）、本州の藩はほぼ新政府が掌握した。しかし、旧幕府の海軍を率いた**榎本《えのもと》武揚《たけあき》**らは、**土方歳三**などの旧幕臣らと蝦夷地を制圧、箱館・五稜郭《ごりょうかく》に結集し、最後の戦いに臨んだが、1869年5月に全面降伏し、1年半近くにわたった戊辰戦争は終結した。

ポイント

- ☑錦旗が翻り、新政府軍が官軍、旧幕府軍は賊軍となった。
- ☑西郷と勝の会合で江戸城の無血開城がなる。
- ☑1年半近くにわたった戊辰戦争が終結する。

用語解説

※**奥羽列藩同盟**　会津藩などを助けるため、陸奥、出羽の各藩が新政府軍に対抗するべく結成した同盟。のちに越後の6藩が入り、計31藩の奥羽越列藩同盟となる。しかし次々に新政府軍に破れ、脱落する藩が続出し、崩壊。

■戊辰戦争

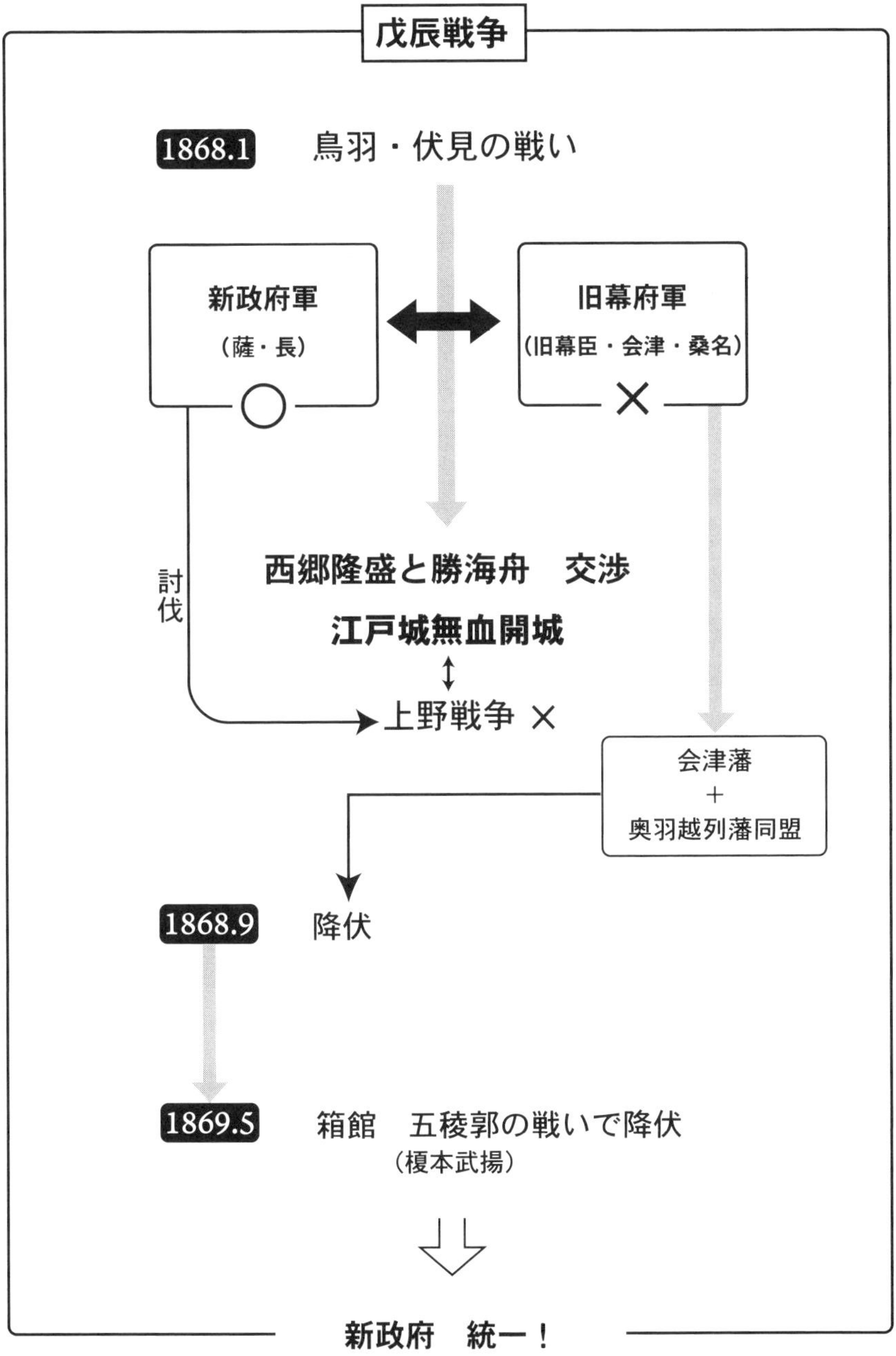
戊辰戦争
1868.1
鳥羽・伏見の戦い
新政府軍
（薩・長）
旧幕府軍
（旧幕臣・会津・桑名）
討伐
西郷隆盛と勝海舟　交渉
江戸城無血開城
上野戦争 ×
会津藩
＋
奥羽越列藩同盟
1868.9
降伏
1869.5
箱館　五稜郭の戦いで降伏
（榎本武揚）
新政府　統一！

おすすめ本

『燃えよ剣』
（司馬遼太郎）
新潮文庫

豆知識

鳥羽伏見の兵力は新政府軍 5000人、旧幕府軍はその3倍だったにもかかわらず、武器の威力の差で新政府軍が勝利した。

1868年〜1871年

天皇を中心とする中央集権的国家となる

◉五箇条の御誓文

幕末から明治初年にかけての社会的、政治的変革を**明治維新**と呼ぶが、大政復古の大号令後から新政府は、天皇を中心とする中央集権的国家体制の基盤をつくっていった。

明治新政府は、まずその政治理念を打ち出した。これは1868年3月の「**五箇条の誓文**※」に見ることができる。

「広く会議を興し万機公論に決すべし」とした公議世論の尊重、上下の心を一にして国を統《おさ》めること、官武から庶民にいたるまで志を遂げること、意思を達成すること、旧習を改め天地の公道に従うことに倣《なら》うこと、世界から新たな知識を学び、天皇中心国家を築くことの5カ条で、これを天皇が神々に誓約する形をとった。

また一般庶民に対しては「**五《ご》榜《ぼう》の掲示**」をかかげた。

昔ながらの儒教道徳を説き、徒党を組むことやキリスト教の禁止などが盛り込まれていた。

政治体制では、**政体書**を発布し、太政官《だじょうかん》への中央集権、三権分立、官吏の公選などの整備を行った。

1868年10月、**明治天皇**が江戸

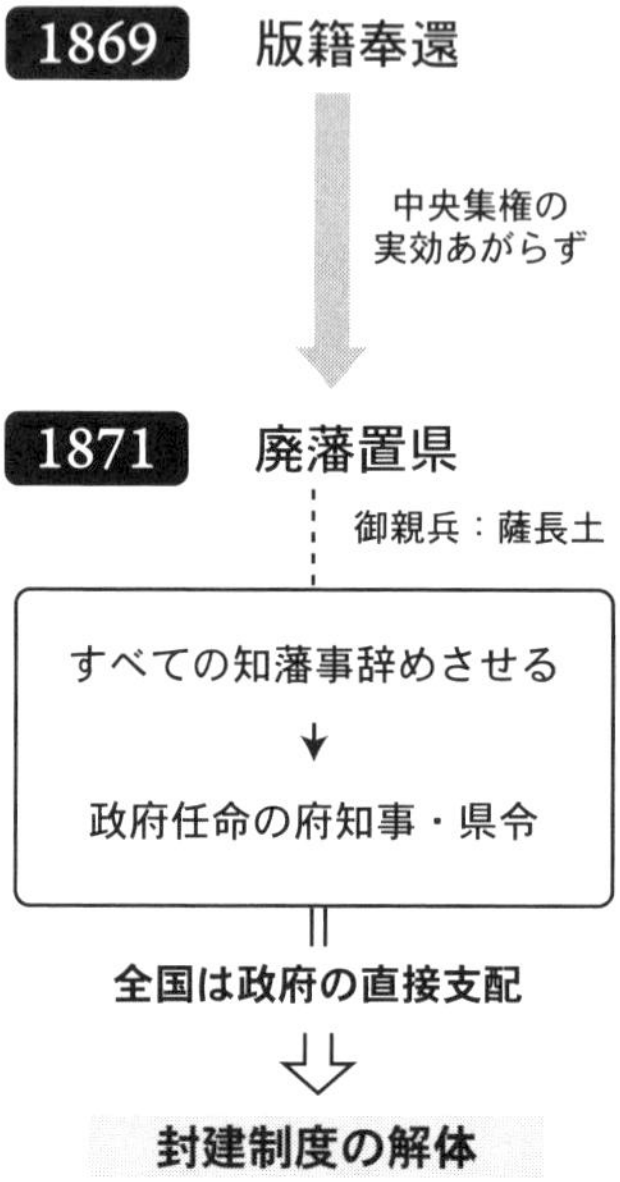
1869 版籍奉還
中央集権の実効あがらず
1871 廃藩置県
御親兵：薩長土
すべての知藩事辞めさせる
政府任命の府知事・県令
全国は政府の直接支配
封建制度の解体

ポイント

☑新政府は「五箇条の御誓文」で政治理念を打ち出した。
☑日本の都が京都から東京へと移った。
☑廃藩置県を断行、封建制度は完全に解体した。

用語解説

※**五箇条の誓文**　明治政府の基本方針。1868年３月に示された。由利公正、福岡孝弟、木戸孝允らによって起草、修正され、三条実美が明治天皇にかわって公表した。これは公家、諸侯宛てのもので、広く一般には「五榜の掲示」が掲げられた。

■明治維新と新政府の政策

天皇中心の中央集権的国家体制の基礎固め

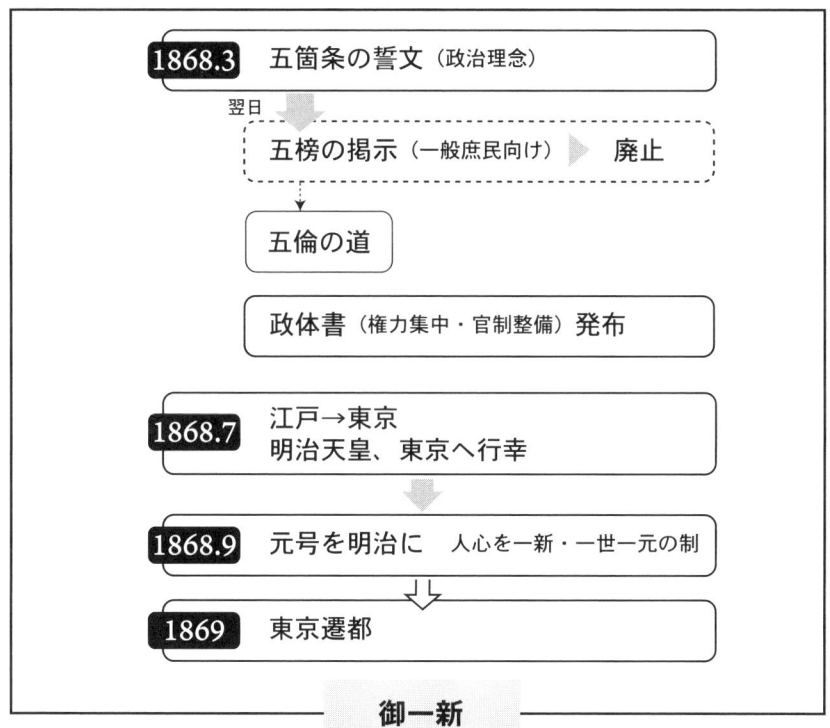

1868.3 五箇条の誓文（政治理念）

↓ 翌日

五榜の掲示（一般庶民向け）▶ 廃止

↓

五倫の道

政体書（権力集中・官制整備）発布

1868.7 江戸→東京
明治天皇、東京へ行幸

↓

1868.9 元号を明治に　人心を一新・一世一元の制

↓

1869 東京遷都

御一新

から名を改めた東京へ行幸し、同年には年号を**明治**とし、天皇一代一元号とする**一世一元の制**もたてられた。翌年には政府諸機関も京都から東京に移った。

なお図は新政権の成立過程をまとめたものである。

◉廃藩置県を断行する

その後、1869年6月に、大名の領地・領民を形式上天皇に返上させる**版籍奉還**が行われた。

もとの藩主たちは知藩事《ちはんじ》に任命されたが、より強い中央政府制度をとるため、1871年、**廃藩置県**を断行した。

このおり知藩事を解任し、あらたに府知事・県令を中央から派遣、政府の直接支配が完成した。

こうして長く続いた封建制度は完全に解体したのである。

おすすめ本
『ある男』
（木内昇）
文藝春秋

豆知識
五榜の掲示は、各地の高札場に公表された。ここは江戸時代から幕府からの知らせなどを掲げた場所で、制札場ともいう。

1873年〜1876年

富国強兵政策で欧米列強をめざす

◉四民平等と地租改正

国家の独立を維持し、欧米列強に追いつくため、政府は**富国強兵政策**を断用した。

まず封建的身分制度の解体を行うため、士農工商を**華族・士族・平民**の３つに大別し、身分間での結婚の自由を許し、職業選択の自由を与え、平民が苗字を名乗ることをみとめた（**四民平等**）。また、被差別民も平民となったが、事実上の差別はその後も残った。

富国面では、石高制に基づいた現物貢租《こうそ》にかわって土地税（地租《ちそ》）とし、１８７３年、地租は地価の３％を現金でおさめることとした**地租改正条例**を公布し、新政府のネックであった安定財源の確保をめざした。

しかし、地租の重さと新税制の押し付けに農民が激しい抵抗をしめし、地租改正反対の一揆が起こった。この動きに対し政府は税率を２・５％に下げる対応を余儀なくされた。

ほかにも華族・士族への家禄支給が国家財政を圧迫していたため、１８７６年に家禄の数年分にあたる金禄公債証書と引きかえに、禄の支給を打ち切った。

禄を失った士族の打撃は大きく、金禄公債証書を担保に商売に手を出す（**士族の商法**）が、多くは失敗した。政府も資金貸付や開墾を奨励（**士族授産**）したが、うまくいった例は少なく、士族は没落していった。

◉徴兵制の誕生

軍事では、**大村益《ます》次郎《じろう》**※が国民皆兵の政府軍創設をすすめ、１８７３年に**山県有朋《やまがたありとも》**陸軍卿が、20歳以上の男子に兵役の義務を課す**徴兵令**を公布した。

しかし徴兵制度は国民の大きな負担となり、反対する一揆も起こった。

ポイント

- ☑封建的身分制度を解体し、四民平等政策をとった。
- ☑地租改正条例を公布し、安定財源の確保をめざした。
- ☑徴兵令による軍隊ができあがった。

用語解説

※**大村益次郎**　1824年〜1869年。医師、兵学者。西洋兵学を学び、故郷の長州で軍政を預かることになる。幕府の第２次長州征討や戊辰戦争で軍を率いて戦い、明治政府でも軍制改革に乗り出すが、反対派の刺客によって暗殺された。

■富国強国をめざして

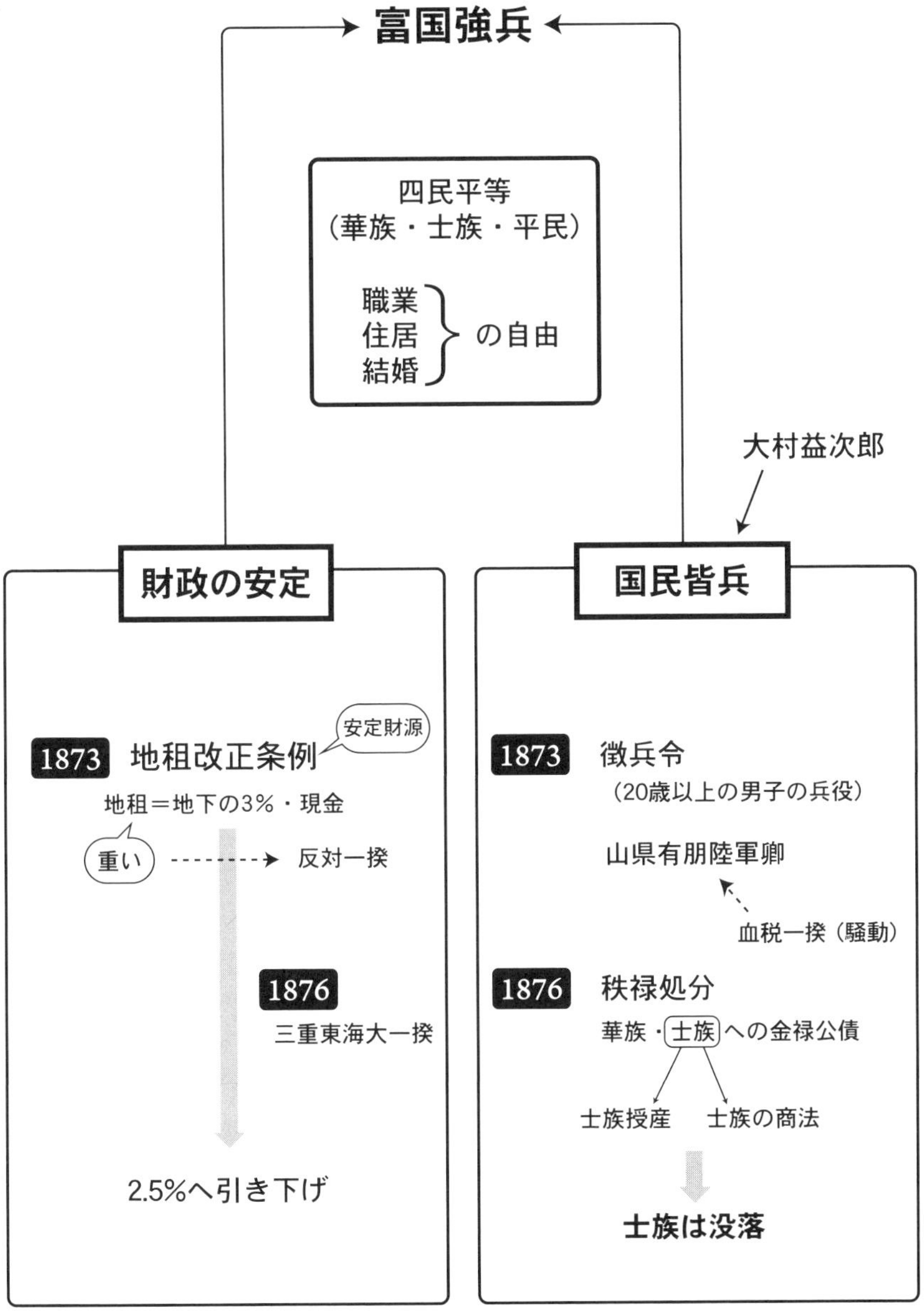
富国強兵
四民平等
（華族・士族・平民）
職業
住居
結婚
の自由
大村益次郎
財政の安定
1873 地租改正条例
安定財源
地租＝地下の3％・現金
重い
反対一揆
1876
三重東海大一揆
2.5％へ引き下げ
国民皆兵
1873 徴兵令
（20歳以上の男子の兵役）
山県有朋陸軍卿
血税一揆（騒動）
1876 秩禄処分
華族・士族への金禄公債
士族授産
士族の商法
士族は没落

豆知識

1872年、戸籍法が実施され、壬申戸籍が編纂された。この年が「壬申」の年であったので、こう呼ぶ。

1871年〜1879年

不平士族を抑えつつ、各国と条約を結ぶ

◉征韓論で政府内の対立が激化する

新政府の方針は国を開き、諸国と活発な交際を行う**開国和親**だった。

そのため1871年、**岩倉具視**を大使とする使節団（**岩倉使節団**）を欧米に派遣した。使節団は政府首脳の大久保利通・木戸孝允・伊藤博文などの副使以下、50余名に及んだ。

使節団派遣の目的の一つである不平等条約の改正の予備交渉は、不首尾に終わったが、このときの西洋文明の見聞が、日本近代化に大きな貢献を果たした。

ところが12カ国の歴訪を終えて使節団が帰国すると、留守政府を預かった西郷隆盛や板垣退助らが朝鮮に開国を拒否されたことから、**征韓論**《せいかんろん》※を唱えていた。岩倉・大久保たちは国内改革が最優先の課題であるとして反対した。この征韓論争に敗れた西郷・板垣・江藤新平ら征韓派は政府を下野してしまう（**明治六年の政変**）。翌年、不平士族に担がれた江藤は佐賀の乱を起こした。

1875年、朝鮮の江華島《こうかとう》沖で日本の軍艦が砲撃を受けた**江華島事件**を機に、翌年、日朝修好条規（**江華島条約**）を結び朝鮮を開国させた。

◉領土問題を次々と解決する

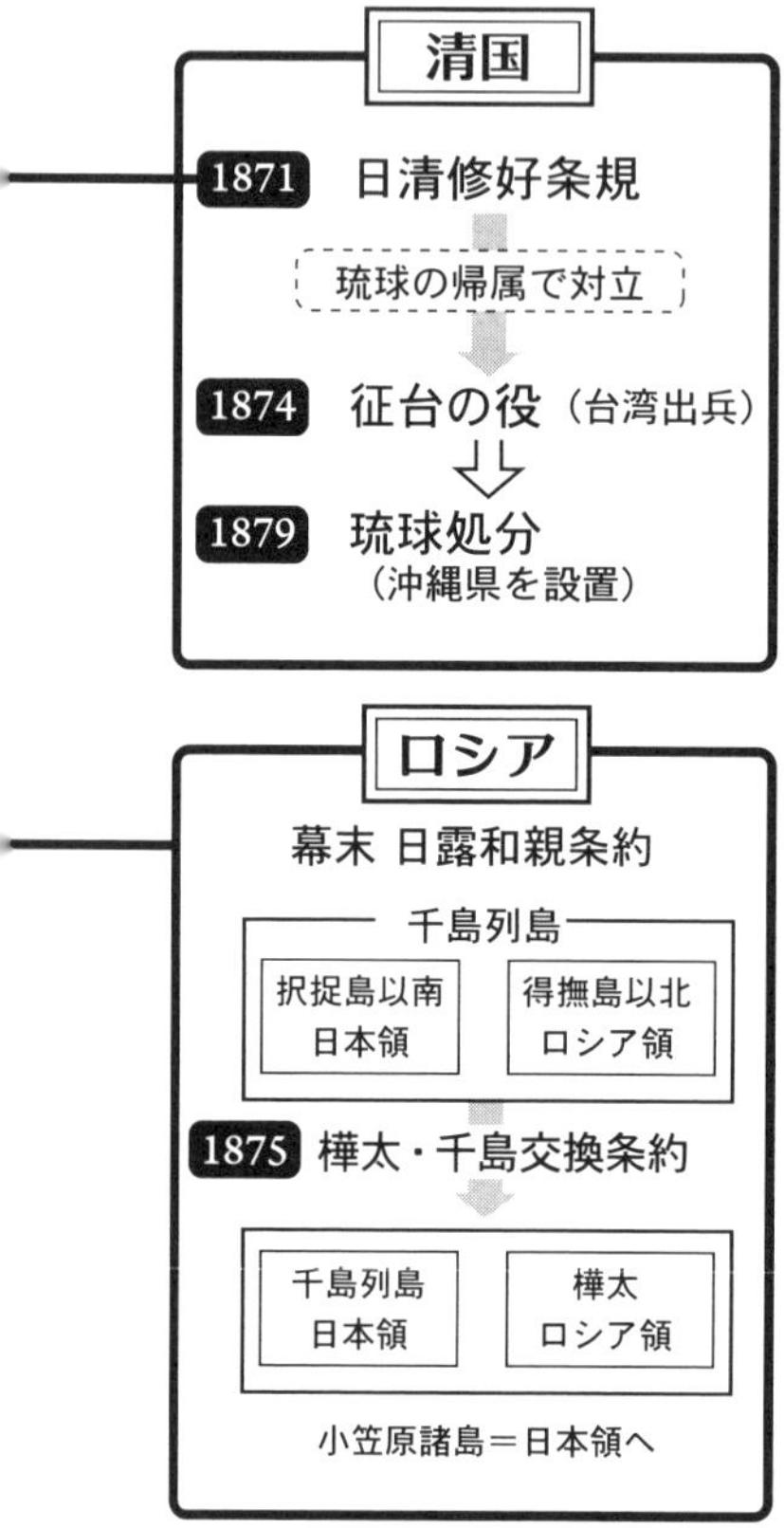
清国
1871 日清修好条規
琉球の帰属で対立
1874 征台の役（台湾出兵）
1879 琉球処分
（沖縄県を設置）
ロシア
幕末 日露和親条約
千島列島
択捉島以南
日本領
得撫島以北
ロシア領
1875 樺太・千島交換条約
千島列島
日本領
樺太
ロシア領
小笠原諸島＝日本領へ

ポイント

- ☑使節団を欧米に派遣し、西洋文明を見聞する。
- ☑西郷隆盛や板垣退助らが征韓論を唱える。
- ☑清、朝鮮、ロシアと次々と条約を結ぶ。

用語解説

※**征韓論**　朝鮮を武力で開国させようという論。西郷隆盛や板垣退助が支持していた。不平士族の不満のはけ口にもなるであろうと考えられていたが、岩倉具視らの反対にあい、明治天皇も不支持だったため、征韓論派は敗れて下野した。

■開国和親の国際関係

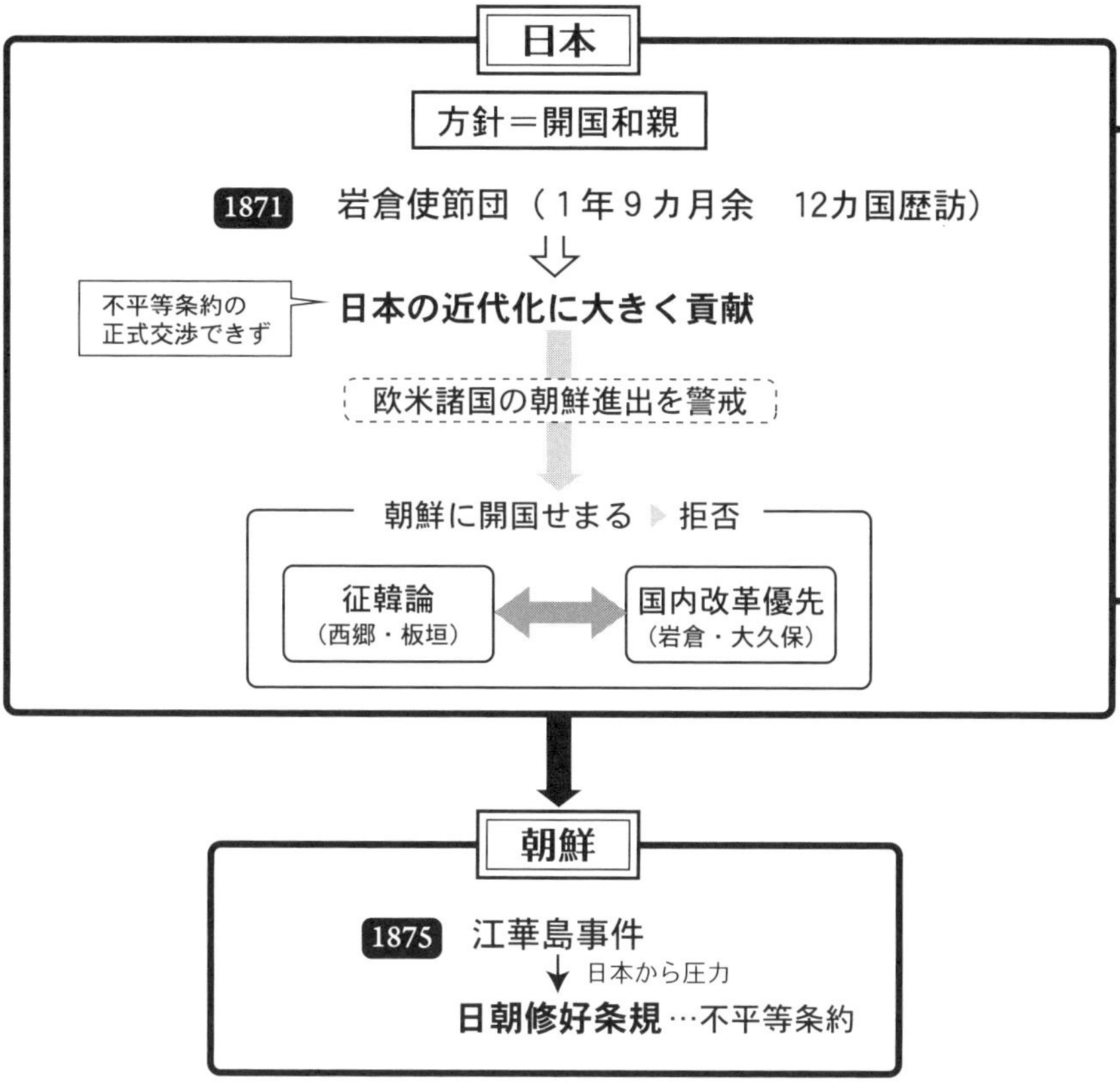
日本
方針＝開国和親
1871 岩倉使節団（１年９カ月余　12カ国歴訪）
不平等条約の正式交渉できず
日本の近代化に大きく貢献
欧米諸国の朝鮮進出を警戒
朝鮮に開国せまる ▶ 拒否
征韓論（西郷・板垣）
国内改革優先（岩倉・大久保）
朝鮮
1875 江華島事件
日本から圧力
日朝修好条規…不平等条約

清に対しては１８７１年に**日清修好条規**を結んだ。この当時、琉球は日本支配下にありながら清にも朝貢しており、琉球帰属が問題になっていた。日本は自国の領土として譲らず、琉球島民が台湾で殺傷されると、台湾に出兵（**征台の役**）し、清国から賠償金をとり１８７９年に琉球藩を廃し沖縄県と改めた（**琉球処分**）。

ロシアに対しては、幕末の日露和親条約で千島列島の択捉《えとろふ》島より南は日本領、得撫《ウルップ》島より北はロシア領、樺《から》太《ふと》は両国の雑居地となっていたのを、１８７５年に樺太をロシア領、択捉島・得撫島を含む千島列島を日本領と定める**樺太・千島交換条約**を結んだ。また所属の不明確であった小笠原諸島は、各国に統治を通知したところ、異議がなかったので日本領として国際的にみとめさせた。

おすすめ本
『特命全権大使米欧回覧実記』
（久米邦武編／田中彰校注）
岩波文庫

豆知識
女子留学生は津田梅子、山川捨松、上田悌子、吉益亮子、永井繁子の５人。このうち上田、吉益は病気で早々に帰国している。

1869年〜1882年

官営工場を設立し、産業発展に全力をつくす

◉**経済力の向上をめざす**

政府は欧米との格差を早期に埋めるため、経済力の向上をめざし、近代産業の育成や貨幣制度の確立に力を注いだ。

工業では、旧幕府・藩の炭鉱、鉱山、工場や造船所を官営とし、また輸出の中心産業となっていた生糸生産の拡大に力を入れるため、模範工場として１８７２年に**官営富岡製糸場**を設立するなど、政府が陣頭指揮にあたった。

また西洋人技師を雇ったり（お雇い外国人）、留学生を欧米へ派遣して新技術、新知識を学び、機械を輸入するなど、近代化に全力をあげた。貨幣制度についても、図にあるように１８７１年に**新貨条例**を定め、貨幣の単位を円・銭・厘《りん》に統一した。

１８７２年、**渋沢栄一**が中心となり国立銀行条例を制定、これにより**第一国立銀行**を手始めに、貨幣発行権を持つ国立銀行が民営でつくられた。

◉**北海道の開拓へ**

一方農業については、図にみるように、穀物の品種改良や土地の開拓に力を入れた。

そして１８６９年、蝦夷地《えぞち》を北海道に改称、太政官直属の**開拓使**という役所を置いた。北海道には職を失った元士族たちが入植し、農業に従事しつつ、事ある時には武器を持って防備にあたる**屯田兵**《とんでんへい》となった。１８８２年には開拓使を廃し、函館・札幌・根室の3県を置いたが、のちこれも廃止して北海道庁を設けた。

政府はさらなる農業技術と農業経営の改良をめざし、１８７６年にアメリカ人の**クラーク**を招いて**札幌農学校**※を開校した。

この学校では大農場制度や開拓指導者を育成、多くの人材が育っていった。

ポイント☑

☑模範工場として官営富岡製糸場を設立する。

☑貨幣発行権を持つ国立銀行が民営でつくられる。

☑蝦夷地を北海道に改称し、屯田兵を置く。

用語解説

※札幌農学校　現在の北海道大学の前身。北海道開拓のため、札幌に設立された。校長は調所広丈、教頭はアメリカからきたクラークだった。クラークの滞在期間は８カ月という短さだった。初期卒業生に新渡戸稲造、内村鑑三らがいる。

■殖産興業①近代産業の育成

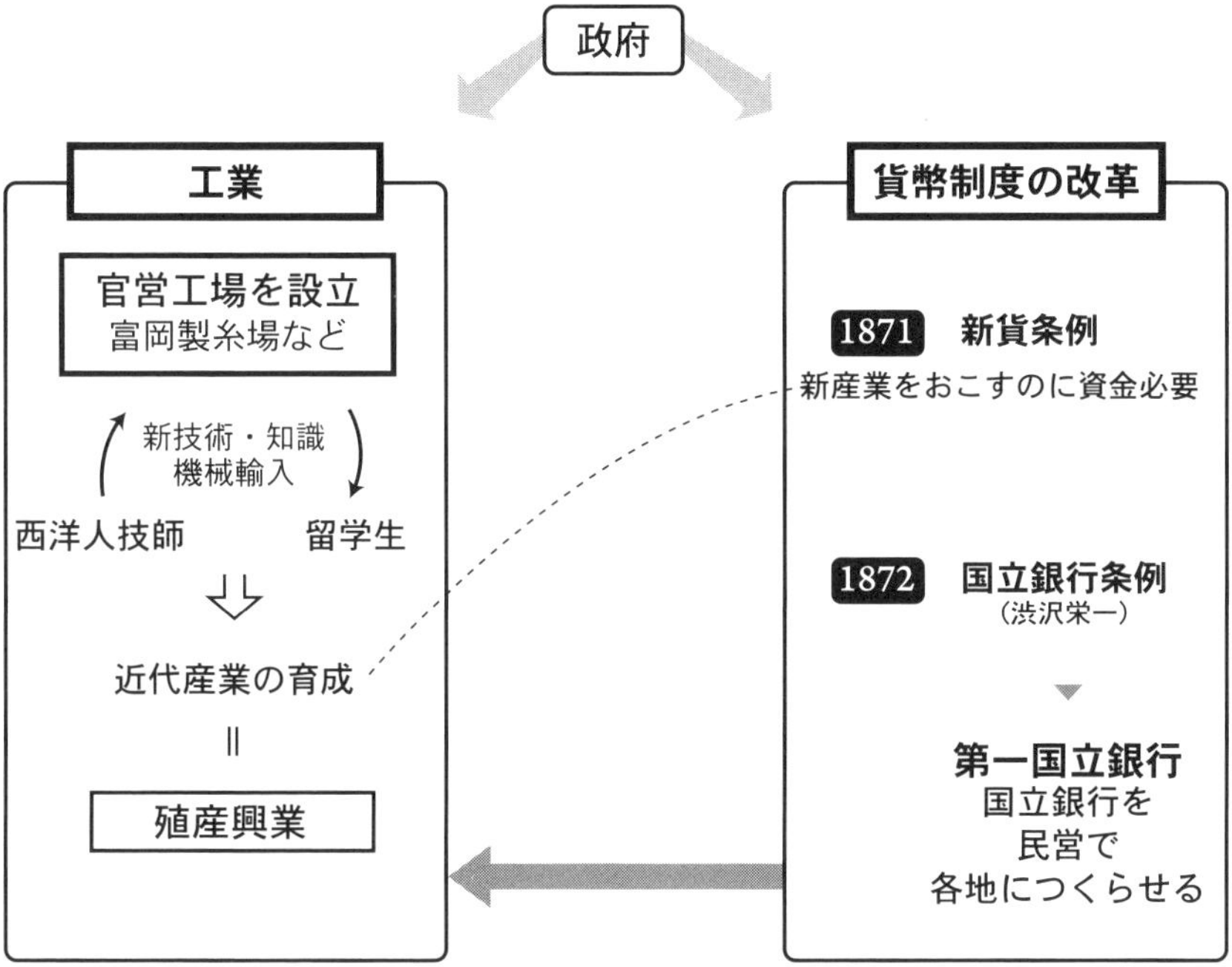
政府
工業
官営工場を設立
富岡製糸場など
新技術・知識
機械輸入
西洋人技師
留学生
近代産業の育成
||
殖産興業
貨幣制度の改革
1871 新貨条例
新産業をおこすのに資金必要
1872 国立銀行条例
(渋沢栄一)
第一国立銀行
国立銀行を
民営で
各地につくらせる

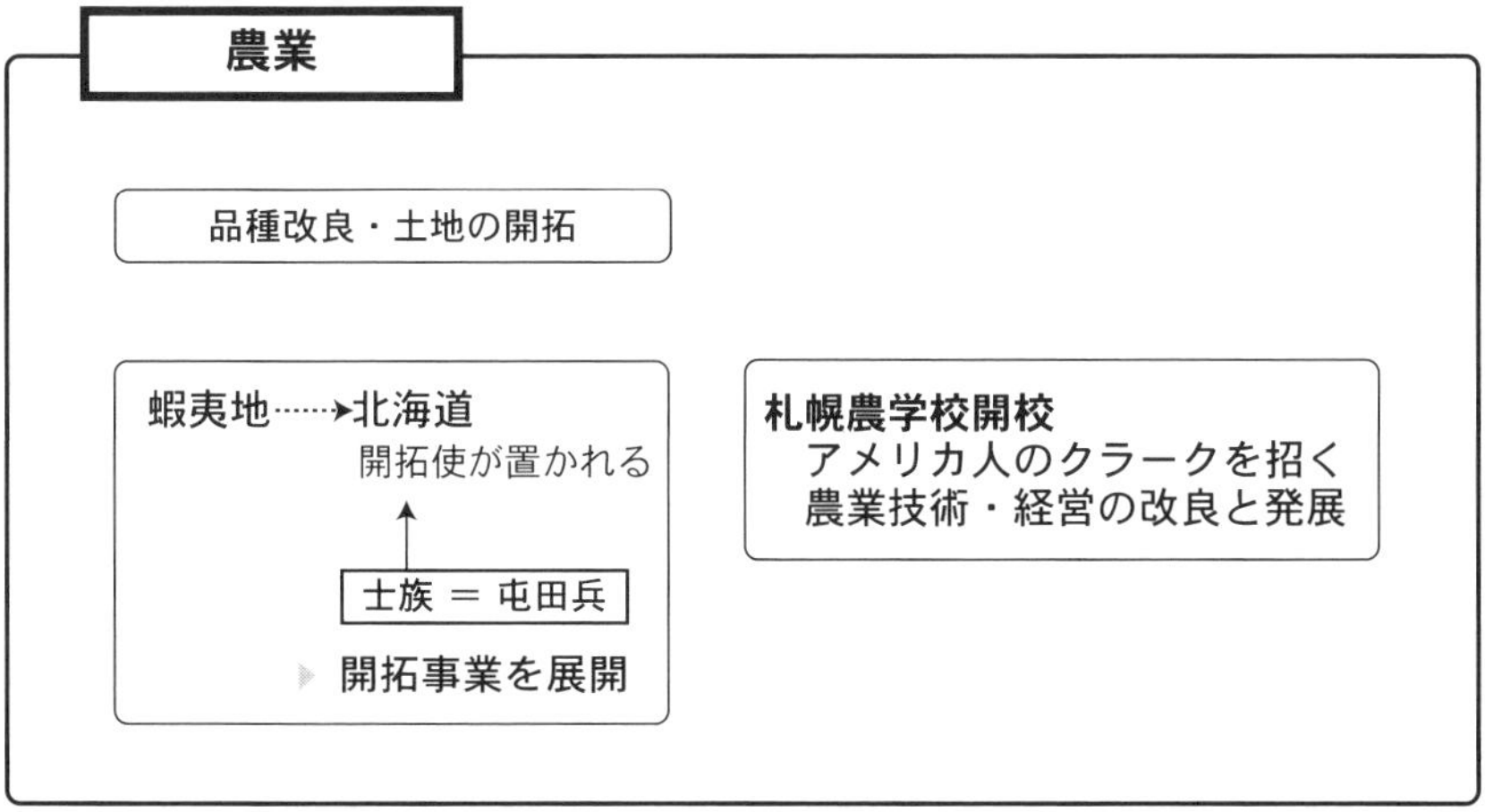
農業
品種改良・土地の開拓
蝦夷地……→北海道
開拓使が置かれる
士族 = 屯田兵
開拓事業を展開
札幌農学校開校
アメリカ人のクラークを招く
農業技術・経営の改良と発展

おすすめ本
『武士道』
(新渡戸稲造/矢内原忠雄翻訳)
岩波文庫

豆知識
富岡製糸場は原材料・敷地の確保が容易、という理由で選ばれた。2014年現在、世界文化遺産登録をめざしている。

1869年〜1882年

松方正義の財政政策で資本主義化が促進された

◉通信網の発達

明治初年、通信の分野も大いに発達した。江戸時代にも飛脚制度があったが、1871年、**前島密《ひそか》**の尽力により**郵便制度**が開始された。これはまず東京・京都・大阪の三府の間ではじまり、その翌年には全国で実施された。1873年からは**全国均一料金制度**が完成した。

電信は、1869年に東京・横浜間が開通して電報が扱われ、1880年代後半には全国ネットワークが完成した。

鉄道は1872年、新橋・横浜間に官営鉄道が敷設された。そして数年のうちに関西圏でもできあがった。

海運では、**岩崎弥太郎**の創設した三菱会社が中心となって発達した。が、のちに政府・三井系の共同運輸会社との競争が激化し、共倒れの危険があったため、1885年に三菱・三井の合併がなり**日本郵船会社**が登場した。

1877年になると**西南戦争**が起こり、政府は戦費調達のため紙幣を乱発した。これは**不換《ふかん》紙幣**※といい正貨と交換できないものであった。これがもとでインフレが起こったため、財政安定のために不換紙幣の整

通信

飛脚
↓
1871 郵便事業開始
前島密の尽力
三府（東京・京都・大阪）
▼
全国展開
1873 均一料金制度

1869 電信開通
東京－横浜間
1880年代
全国ネットワーク完成

交通

1872 新橋－横浜間 官営鉄道開通
↓ 大阪・神戸
↓ 京都・大阪

三菱会社（岩崎弥太郎）
政府・三井系 共同運輸会社
↘ 合併 ↙
1885 日本郵船会社

ポイント☑

- ☑郵便の全国均一料金制度が完成した。
- ☑西南戦争で紙幣を乱発、インフレを引き起こす。
- ☑財政不安は増税と緊縮財政で乗り切った。

用語解説

※**不換紙幣**　金・銀（正貨）との交換を保証しない紙幣のこと。対して兌換紙幣は同額の金・銀貨と交換することを約束した紙幣をいう。1871年、新貨条例により金本位制が採用されたが、金の準備が不十分であったため、銀貨の利用が続いた。

■殖産興業②近代諸制度の推進

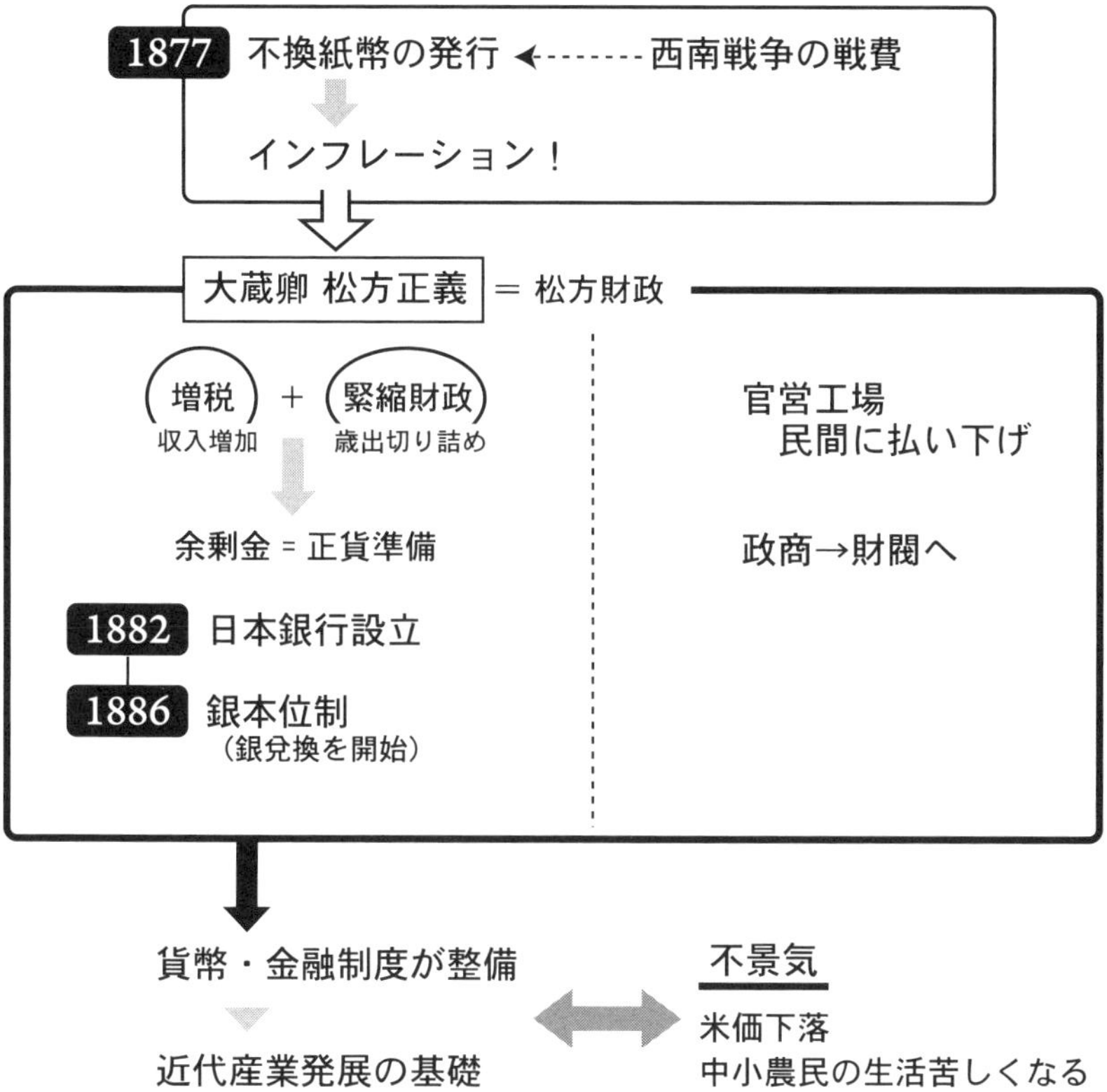
1877
不換紙幣の発行
西南戦争の戦費
インフレーション！
大蔵卿 松方正義
＝ 松方財政
増税
収入増加
＋
緊縮財政
歳出切り詰め
余剰金＝正貨準備
1882
日本銀行設立
1886
銀本位制
（銀兌換を開始）
官営工場
民間に払い下げ
政商→財閥へ
貨幣・金融制度が整備
近代産業発展の基礎
不景気
米価下落
中小農民の生活苦しくなる

理にとりかかった。

◉松方財政による資本主義化

佐野常民にかわって大蔵卿となった**松方正義**《まつかたまさよし》は、インフレを増税と緊縮財政でしずめ、余剰金を正貨準備にあて、1882年に**日本銀行**を設立した。そしてこれまで国立銀行ごとに持っていた紙幣発行権を日本銀行のみとした。

また、政府は赤字となった官営工場を民間に払い下げた。が、これは政府の収支を増やす一方で、経営のノウハウを持った政商が黒字へと導き、中には財閥へと成長していった商人もいた。この一連の**松方財政**によってインフレは解消、資本主義化が促進された。

しかし反面でデフレがすすみ、米価など農作物価格の下落によって農民は苦しい生活を余儀なくされた。

おすすめ本
『渋沢栄一――雨夜譚／渋沢栄一自叙伝〔抄〕』（渋沢栄一）日本図書センター

豆知識
三井は江戸時代の越後屋三井呉服店が源流。明治政府でも政商を務め、財閥となる。立憲政友会の資金調達もしていた。

1872年〜1875年

▼文明開化と啓蒙思想

福沢諭吉、中江兆民など啓蒙思想家が輩出する

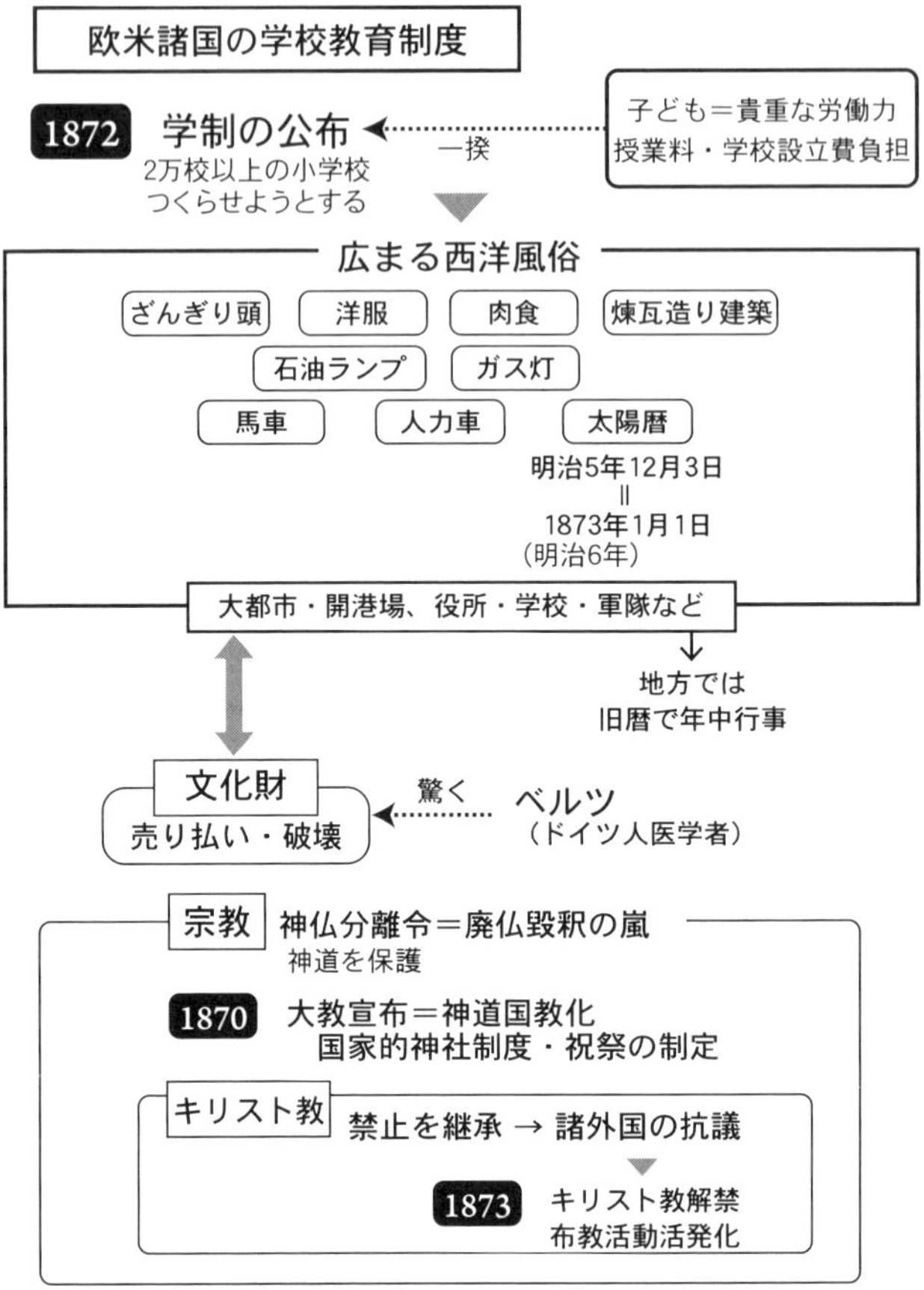

欧米諸国の学校教育制度
1872 学制の公布
2万校以上の小学校つくらせようとする
一揆
子ども＝貴重な労働力
授業料・学校設立費負担
広まる西洋風俗
ざんぎり頭
洋服
肉食
煉瓦造り建築
石油ランプ
ガス灯
馬車
人力車
太陽暦
明治5年12月3日
॥
1873年1月1日
（明治6年）
大都市・開港場、役所・学校・軍隊など
地方では
旧暦で年中行事
文化財
売り払い・破壊
驚く
ベルツ
（ドイツ人医学者）
宗教
神仏分離令＝廃仏毀釈の嵐
神道を保護
1870 大教宣布＝神道国教化
国家的神社制度・祝祭の制定
キリスト教
禁止を継承 → 諸外国の抗議
1873 キリスト教解禁
布教活動活発化

◉西洋思想が芽生える

明治時代は欧米の文物や制度を積極的に取り入れた時代であった。

明治初期には、欧米の自由と権利、個人の自立などを説いて国民を導いた多くの啓蒙思想家が輩出した。**福沢諭吉**、**西周《にしあまね》**、**加藤弘之**、**中江兆民《ちょうみん》**、**津田真《ま》道《みち》**、**中村正直**などがそうで、彼らは海外の学問や思想、政治制度や社会制度に関する知識を日本国内に紹介した。

福沢諭吉は『**西洋事情**』を著して欧米の実情を紹介し、『**学問のすゝめ**』では、学問によって個人の独立、ひいては国の独立を果たすと主

ポイント

- ☑『学問のすゝめ』が大ベストセラーとなる。
- ☑学制が公布され、小学校が全国に誕生した。
- ☑キリスト教が解禁、信教自由保護が通達された。

用語解説

※**廃仏毀釈**　明治政府が国教を神道にしようと神仏分離などの政策を行うと、庶民が仏や寺、釈迦の教えを壊すようになった。しかし1872年に神祇省が廃止されると、この廃仏毀釈運動も収まった。

■文明開化と啓蒙思想

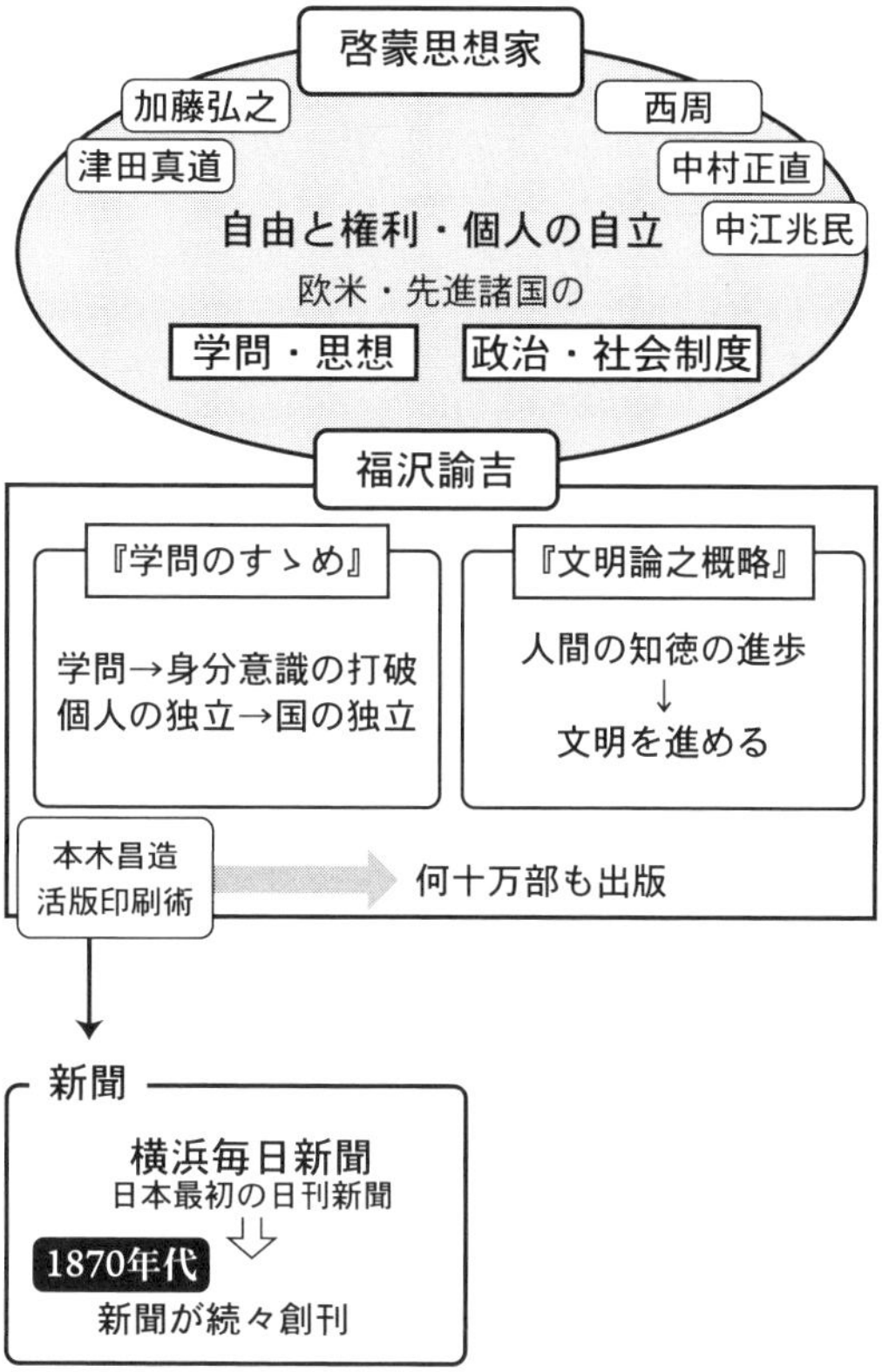

啓蒙思想家
加藤弘之
津田真道
西周
中村正直
中江兆民
自由と権利・個人の自立
欧米・先進諸国の
学問・思想
政治・社会制度
福沢諭吉
『学問のすゝめ』
学問→身分意識の打破
個人の独立→国の独立
『文明論之概略』
人間の知徳の進歩
↓
文明を進める
本木昌造
活版印刷術
何十万部も出版
新聞
横浜毎日新聞
日本最初の日刊新聞
1870年代
新聞が続々創刊

張した。

こうした思想は本木《もとき》昌造《しょうぞう》が発明した鉛製活版印刷技術の発達により数十万部の大ベストセラーとなった。また、日本最初の日刊新聞「横浜毎日新聞」が発行されるなど新しい新聞がぞくぞくと誕生して、啓蒙思想が普及、浸透した。

◉全国で廃仏毀釈が横行する

国民の知識水準を高めるために1872年、政府は欧米にならった**学制**を公布、その結果、2万校以上の小学校が全国に誕生した。

このような西洋思想・制度導入の動きは日常生活をも豊かにした。ざんぎり頭、洋服、肉食、煉瓦《れんが》造り建築、石油ランプ、ガス灯、馬車、人力車、太陽暦など、西洋風俗が国民の間に広まっていった（**文明開化**）。

その一方で歴史的文化財が売り払われたり、破壊されたりと旧習打破が行き過ぎることもあった。

また政府は神道国教化を試み、**神仏分離令**を出して神道の極端な保護を行った。このため全国で**廃《はい》仏《ぶつ》毀《き》釈《しゃく》**※が横行した。

1870年には大《たい》教《きょう》宣《せん》布《ぷ》の詔《みことのり》を出す。天長節（天皇誕生日）・紀元節（神武天皇即位日）の祝祭日はこのときに定められた。

キリスト教は旧幕府の方針を継承して禁止していたが、諸外国の抗議を受けて1873年に黙認となり、布教活動が活発化した。

おすすめ本
『新訂 福翁自伝』
（福沢諭吉／富田正文校訂）
岩波文庫

豆知識
日本では太陰太陽暦だったが、1873年から太陽暦になった。明治5年12月3日が明治6年1月1日となる。

1874年～1877年

士族最大の反乱、西南戦争が勃発する

◉高まる政府への不満

明治の近代化推進は国民生活に急激な変革をもたらした。しかし必ずしも万民に受け入れられたわけではなく、政府への不満を抱く者も多かった。

重い地租を課せられた農民は、地租改正反対運動を起こし、兵役の義務に対しては徴兵令反対を唱え、生活様式の変化に対しては小学校廃止や伝染病予防措置に反対した。

一方、特権を奪われ、経済的にゆきづまっていた士族は、図のように言論と武力によって対抗していった。

言論に関しては、１８７４年に征韓論に敗れて下野した**板垣退助・後藤象二郎**らによる**民撰議院設立建白書**が提出され、国民が政治に参加できる体制づくりを主張した。これが契機となり、議会設立を求める**自由民権運動**が各地で展開されていった。

政府は融和策として、**漸次《ぜんじ》立憲政体樹立の詔《みことのり》**を出した。そして立法機関である元老院を設立し、大審院を設けて裁判制度を整備し、また地方官会議の開設を約束した。だが、新聞紙条例や政府高官の名誉保護を名目とした讒謗律《ざんぼうりつ》を制定、反政府的言論活動を取り締まり、自由民権運動への圧力も忘れなかった。

◉西南戦争の勃発

さて、政府は言論による抵抗には漸進的な対応をしたが、武力蜂起については徹底的に鎮圧した。１８７７年には、士族最大の反乱、**西南戦争**が勃発した。西郷隆盛に呼応し４万人が集結したが、この戦いは徴兵制度から成る政府軍の勝利に終わった。

こうして**不平士族の乱**※は終結し、明治政府の基礎は盤石《ばんじゃく》なものとなった。その後、維新の礎《いしずえ》を築いた元勲《げんくん》たちはこの世を去り、時代は次世代へと移っていった。

ポイント

- ☑経済的にゆきづまった士族が武力で対抗する。
- ☑自由民権運動が各地で展開される。
- ☑特権を奪われた士族が各地で反乱を起こす。

用語解説

※不平士族の乱　明治政府への不満が高まり、各地で起きた士族たちによる反乱。江藤新平による佐賀の乱、熊本の神風連の乱、福岡の秋月の乱、前原一誠による萩の乱など。西南戦争で西郷隆盛らが敗北すると、乱は終結した。

■士族と農民の抵抗

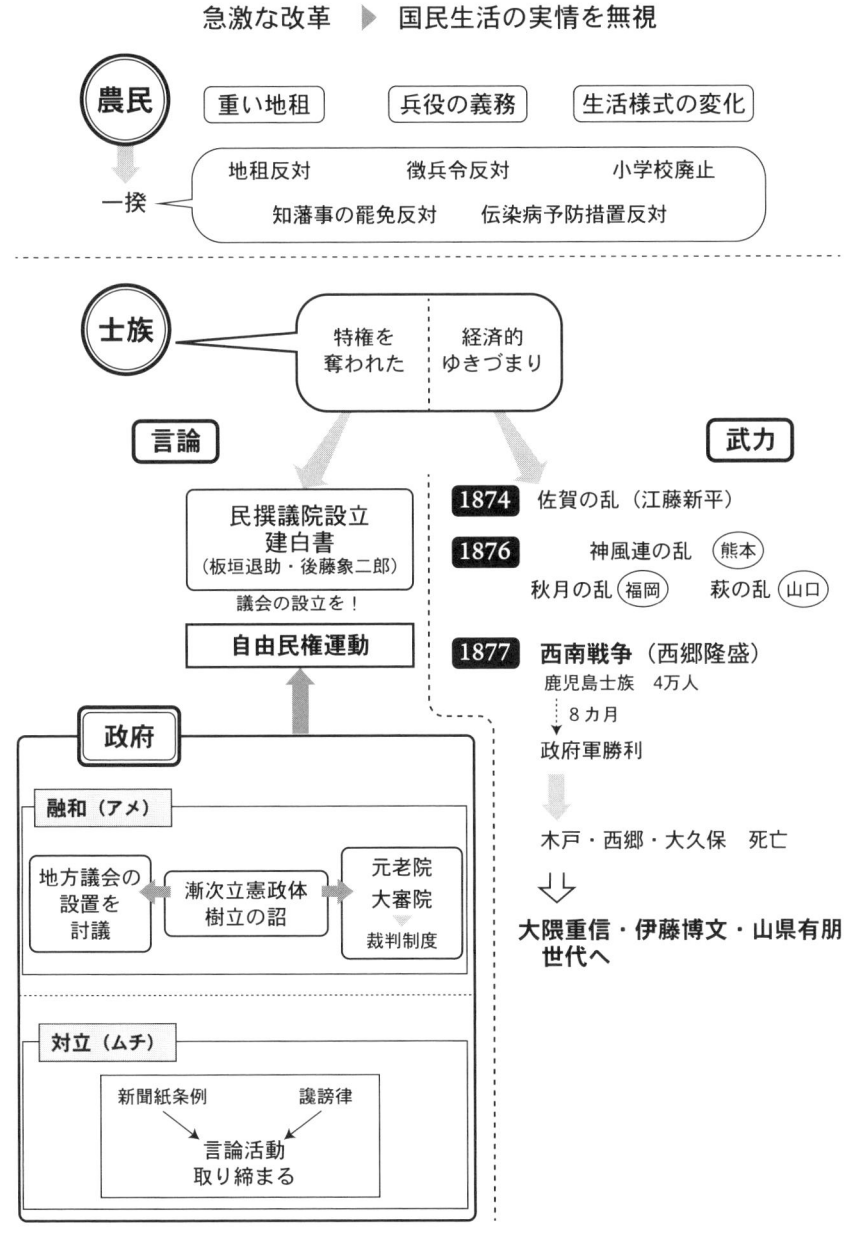

急激な改革 ▶ 国民生活の実情を無視

農民

重い地租　　兵役の義務　　生活様式の変化

↓

一揆
- 地租反対
- 徴兵令反対
- 小学校廃止
- 知藩事の罷免反対
- 伝染病予防措置反対

士族
- 特権を奪われた
- 経済的ゆきづまり

言論

民撰議院設立建白書
（板垣退助・後藤象二郎）

議会の設立を！

↓

自由民権運動

↑

政府

融和（アメ）

地方議会の設置を討議 ⇦ 漸次立憲政体樹立の詔 ⇨ 元老院／大審院 → 裁判制度

対立（ムチ）

新聞紙条例　讒謗律
↘ ↙
言論活動取り締まる

武力

1874 佐賀の乱（江藤新平）

1876 神風連の乱（熊本）
秋月の乱（福岡）　萩の乱（山口）

1877 **西南戦争**（西郷隆盛）
鹿児島士族　4万人
↓ 8カ月
政府軍勝利

↓

木戸・西郷・大久保　死亡

↓

大隈重信・伊藤博文・山県有朋世代へ

おすすめ本
『翔ぶが如く』
（司馬遼太郎）
文春文庫

豆知識
西郷が死亡した頃、火星が接近しており、大きな輝きになっていたため、星の中に西郷が見えるとして騒ぎになった（西郷星）。

1880年〜1881年

▼自由民権運動の高揚

明治十四年の政変で薩長閥の政権が生まれた

◉国会開設へのみちのり

民撰議院設立建白書を提出した板垣退助は、郷里の高知で片岡健吉らと**立志社**を設立、自由民権思想を広めていった。この運動は活発になり、各地に民権派の政治結社（政社）が現れた。そこで板垣の呼びかけで政社の代表が結集した愛国社が設立された。

自由民権運動はもともと不平士族から発したが、武力で政府を倒す可能性が消えた西南戦争後は、さらに隆盛となり、農産物価格の上昇でゆとりのでてきた農民にも支持層が広がっていった。

1880年、大阪での愛国社大会で、河野《こうの》広中《ひろなか》・片岡健吉らが呼びかけ、**国会期成同盟**が結成され、多数の署名を集め、政府に**国会開設**の請願を行った。政府は集会条例を発して、こうした民権派の活動を取り締まったが、その一方で政府内でも意見は分かれた。

急進派の**大隈重信**は、憲法の制定、国会の早期開設を主張し、イギリスを模範とした議会中心の**政党政治**をめざしていた。

これに対し、岩倉具視らは十分な準備期間を設けてドイツ流の君主権限の強い憲法の制定を主張し、対立した。

◉強大化する薩長閥政権

ちょうどこのころ開拓使の開拓長官**黒田清隆**が官有物を同じ薩摩出身の五代《ごだい》友厚《ともあつ》※ら政商に安価で払い下げようとする事件が明るみに出た。

自由民権派の非難の対象となったこの事件をきっかけに、長州藩出身の参議・**伊藤博文**は民権派を抑えるため、大隈を除いた御前会議で9年後の国会開設勅諭《ちょくゆ》を発表した。

同時に民権派と関係ありとして肥前出身の大隈を罷免し、ここに薩長閥の政権ができあがった。これを**明治十四年の政変**という。

ポイント

- ☑板垣退助らが自由民権思想を広めていった。
- ☑大隈重信と岩倉具視が憲法の制定で対立する。
- ☑伊藤博文が10年後の国会開設勅諭を発表した。

用語解説

※五代友厚　1836年〜1885年。実業家。薩摩藩士だったが、藩命により英国へ留学、帰国後は薩摩藩の会計を一手に引き受ける。維新後は大阪株式取引所などを設立。商船会社、鉄道会社なども立ち上げ、大阪の経済界を担った。

■自由民権運動の高揚

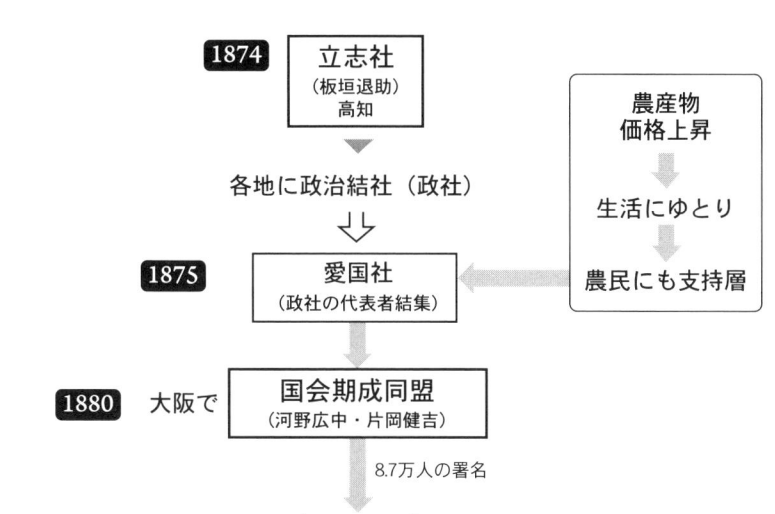

1874 立志社（板垣退助）高知

↓

各地に政治結社（政社）

↓

1875 愛国社（政社の代表者結集）

← 農産物価格上昇 → 生活にゆとり → 農民にも支持層

↓

1880 大阪で 国会期成同盟（河野広中・片岡健吉）

↓ 8.7万人の署名

国会開設の請願

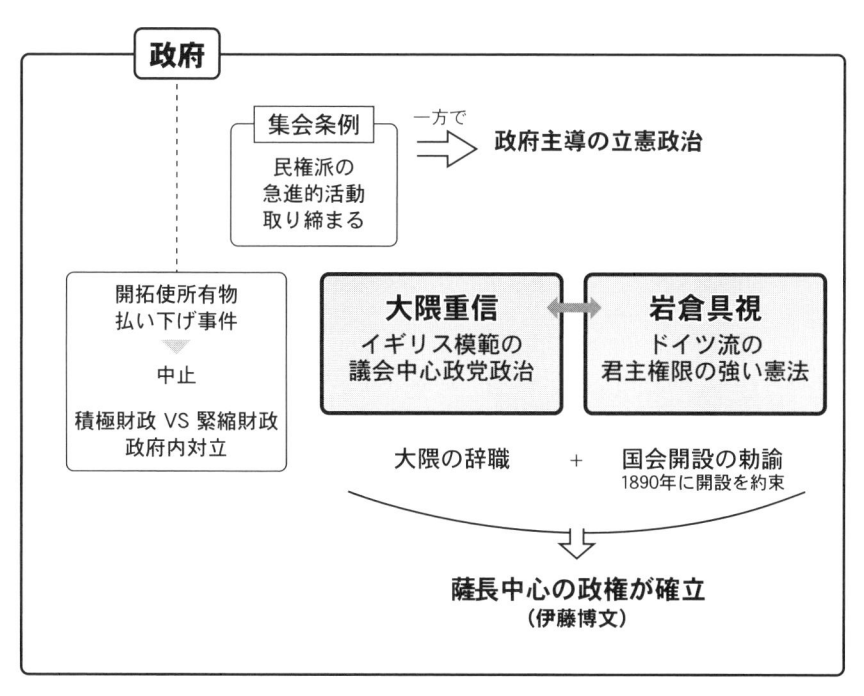

政府

集会条例
民権派の急進的活動取り締まる

一方で ⇒ **政府主導の立憲政治**

開拓使所有物払い下げ事件
↓
中止

積極財政 VS 緊縮財政
政府内対立

大隈重信
イギリス模範の議会中心政党政治

⇔

岩倉具視
ドイツ流の君主権限の強い憲法

大隈の辞職 ＋ 国会開設の勅諭
1890年に開設を約束

⇓

薩長中心の政権が確立
（伊藤博文）

豆知識

佐賀の乱を起こした江藤新平は、斬首となりその首は晒されたが、これが日本における最後の梟首となった。

▼自由党と立憲改進党

フランス流の自由主義、イギリス流の立憲主義

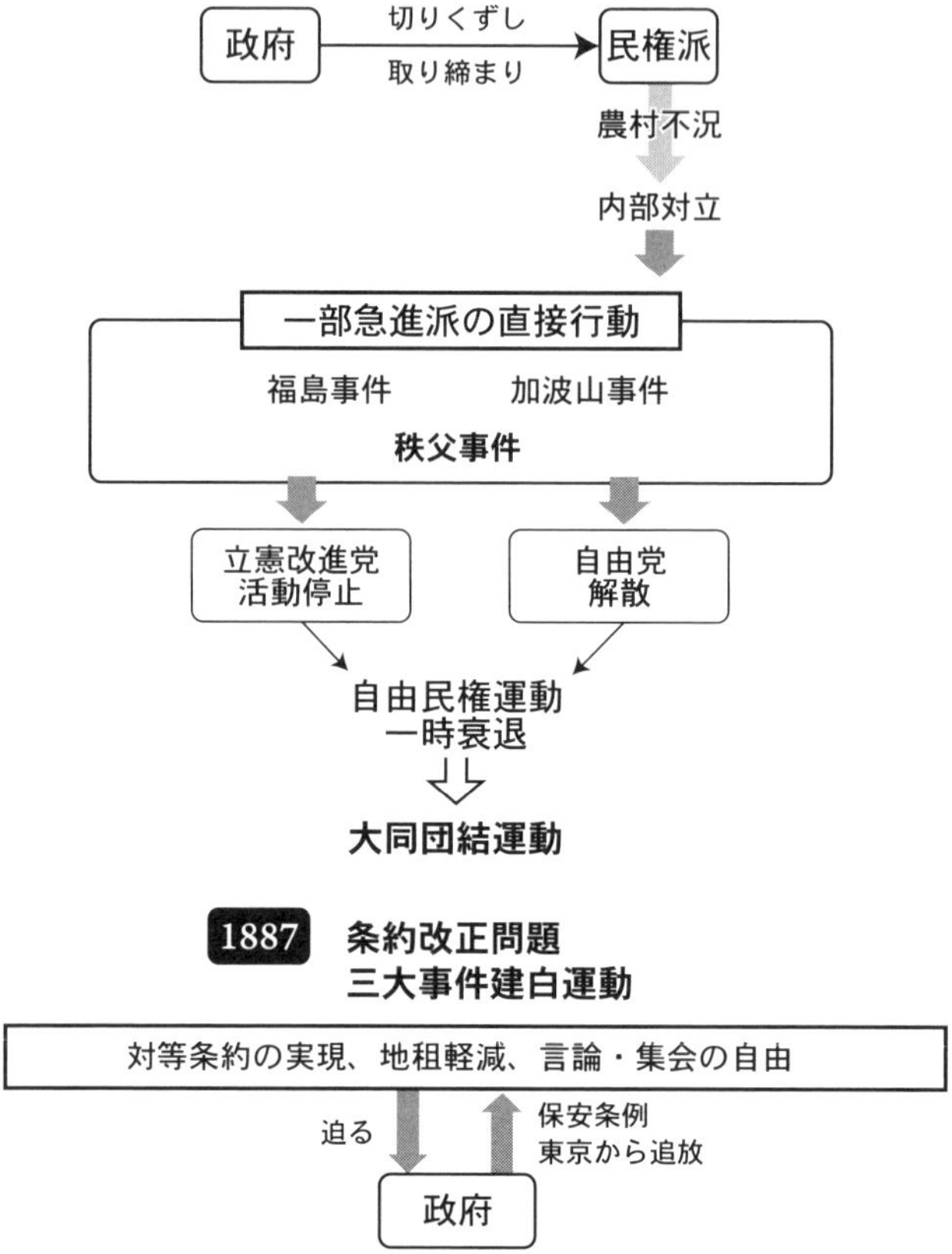
政府
切りくずし
取り締まり
民権派
農村不況
内部対立
一部急進派の直接行動
福島事件
加波山事件
秩父事件
立憲改進党
活動停止
自由党
解散
自由民権運動
一時衰退
大同団結運動
1887
条約改正問題
三大事件建白運動
対等条約の実現、地租軽減、言論・集会の自由
迫る
保安条例
東京から追放
政府

ポイント

☑さなざまな人々が私擬憲法を起草する。
☑自由民権運動が取り締まられ、一時衰退する。
☑星亨による大同団結運動が起こる。

◉二つの政党の誕生

9年後の国会開設が決まると、左の図にみるように**自由党**と**立憲改進党**が誕生する。

1880年に**国会期成同盟**が成立、翌年それを母体に板垣退助を党首とする自由党が結成された。自由党はフランス流の急進的な自由主義を主張して国会進出をめざした。

また、1882年には下野した大隈重信を党首とする立憲改進党が発足した。この党はイギリス流の立憲主義を旨とした。

こういった動きの中で、1870年代末から1880年代初めには、

用語解説

※**大同団結運動**　帝国議会開設にそなえ、自由党、立憲改進党が団結して臨んだ運動。これらの政党は小異をすて大同につくことを掲げたが、この団結運動の首謀者である後藤象二郎が入閣するなどしたため、運動は霧散してしまった。

■自由党と立憲改進党

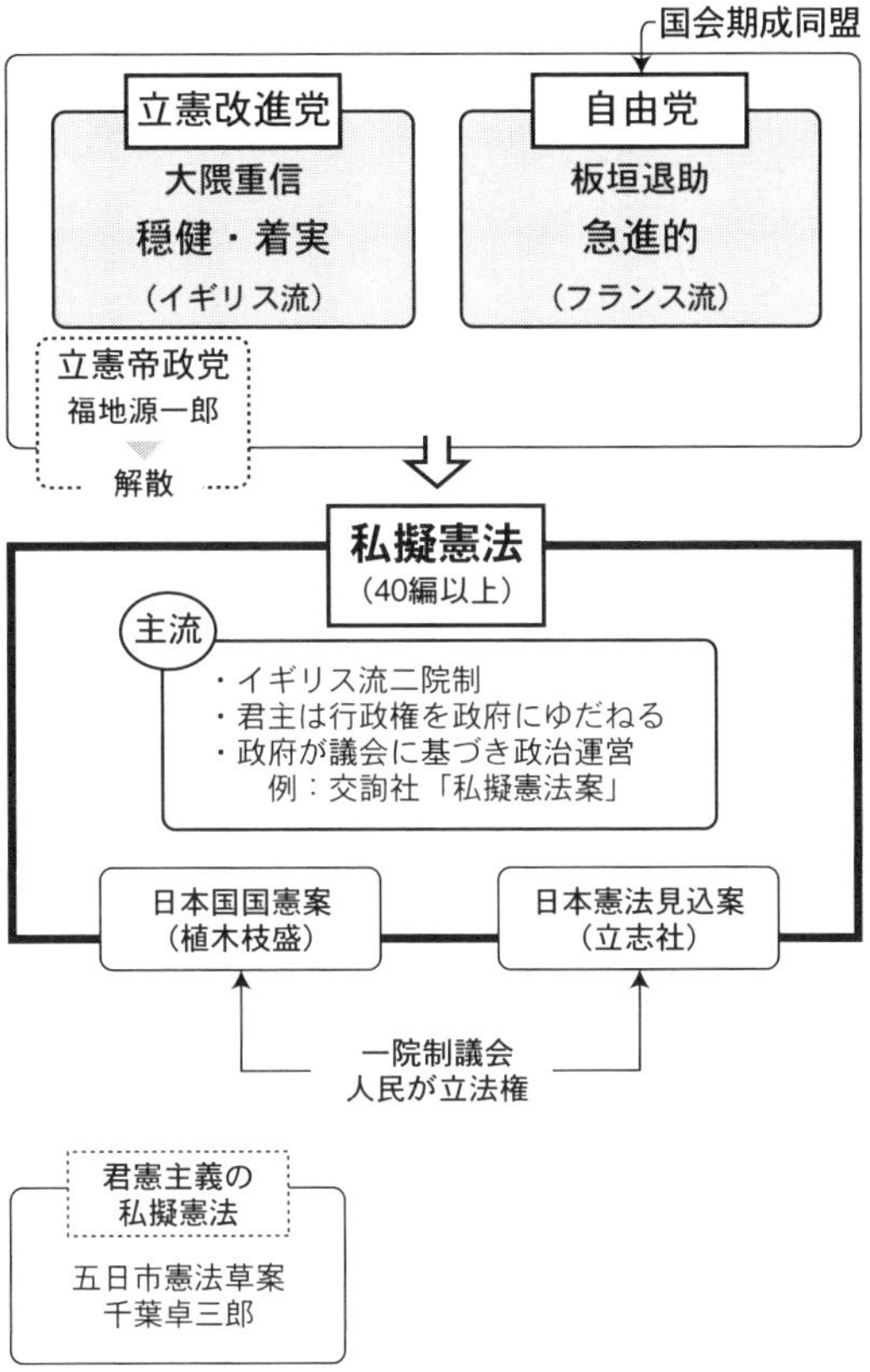
国会期成同盟
立憲改進党
大隈重信
穏健・着実
（イギリス流）
自由党
板垣退助
急進的
（フランス流）
立憲帝政党
福地源一郎
解散
私擬憲法
（40編以上）
主流
・イギリス流二院制
・君主は行政権を政府にゆだねる
・政府が議会に基づき政治運営
例：交詢社「私擬憲法案」
日本国国憲案
（植木枝盛）
日本憲法見込案
（立志社）
一院制議会
人民が立法権
君憲主義の
私擬憲法
五日市憲法草案
千葉卓三郎

さまざまな人々がそれぞれ理想とする憲法法案、いわゆる**私擬《しぎ》憲法**が起草されている。

主流は、イギリス流二院制で、君主は政府に行政権を委ねる、政府は議会の支持にもとづき政治を運営するというものであった。その代表として福沢諭吉門下生を中心とする交《こう》詢社《じゅんしゃ》の「私擬憲法案」がある。

また、植木枝盛《うえきえもり》の**日本国国憲案**、立志社の**日本憲法見込案**は、一院制で、主権在民というものであった。多摩の千葉卓三郎起案の日本帝国憲法は**五日市《いつかいち》憲法草案**と呼ばれ、二院制、議院内閣制をとるものである。

◉自由民権運動への迫害

右の図のように政府は自由民権運動をきびしく取り締まったが、一方で活動家を官吏に登用するなど、切りくずしをはかった。民権派も内部対立を抱えていたこともあり、一部の急進派は**福島事件**や**加波山《かばさん》事件**などを引き起こした。

こうして統制力を失った自由党は解散し、立憲改進党も活動を停止してしまった。

しかし星亨《ほしとおる》による**大同団結運動**※が起こり、1887年の条約改正問題を機会に、外交失策の挽回や地租軽減、言論集会の自由を政府に迫った。

政府は**保安条例**を発して運動家を東京から追放、この運動を押さえ込んだ。

おすすめ本
『ある昭和史――自分史の試み』
（色川大吉）
中公文庫

豆知識
2012年、30代半ば頃とされる板垣退助の写真を、保管していた子孫が公開した。この時代の板垣は極めて珍しいもの。

1882年～1889年

大日本帝国憲法が発布される

◉内閣制度がついに完成する

君主権の強いドイツ流の憲法をめざす政府は、１８８２年、憲法調査のために伊藤博文らをヨーロッパに派遣した。

ドイツ、オーストリア、イギリス、ベルギーなどで近代国家の制度や政治を研究し、その成果がもたらされた。まず１８８４年にこれまでの公家・諸侯に維新功労者を華族に加えた**華族令**を制定し、貴族院をつくる素地をつくった。翌年には**太政官制**※に代えて、総理大臣に大きな権限を与える**内閣制度**ができた。

伊藤博文が初代の**内閣総理大臣**に就任したが、この内閣は閣僚10名のうち薩長出身者が8名という藩閥政府で、非難された。

◉大日本帝国憲法の発布

そして１８８９年2月、**大日本帝国憲法（明治憲法）**が発布された。この憲法は天皇が国民に下賜《かし》する形の**欽定《きんてい》憲法**であった。

天皇は国家元首として統帥《とうすい》権、緊急勅令などの「天皇大権」を持っていた。

また天皇には帝国議会の召集や解散、総理大臣、国務大臣の任命などの権利もあった。

そして**帝国議会**は**二院制**で、皇族・華族、多額納税者、政府が選ぶ勅選議員からなる**貴族院**と、一般有権者の投票によって決まる公選議員からなる**衆議院**で構成された。

ほかにも国民は兵役と納税の義務を負うが、憲法の範囲内で言論、結社、信教など各種の自由と権利をみとめられた。

この憲法の発布により天皇中心の国家体制が確立され、日本は憲法と議会を持った近代国家へと変わりつつあった。

続いて民法や商法などの法典や市制、町村制などの地方自治制度も整備されはじめた。

ポイント

- ✓憲法調査のために伊藤博文らが欧州に派遣される。
- ✓伊藤博文が初代の内閣総理大臣に就任する。
- ✓帝国議会は貴族院と衆議院の二院制であった。

用語解説

※**太政官制**　1868年から1885年まで行われていた政治制度。太政官は行政の最高機関。行政官・刑法官・議政官など７官からのちに二官式省制、三院制へと改変､内閣制度へ移行する。

■帝国議会の幕開け

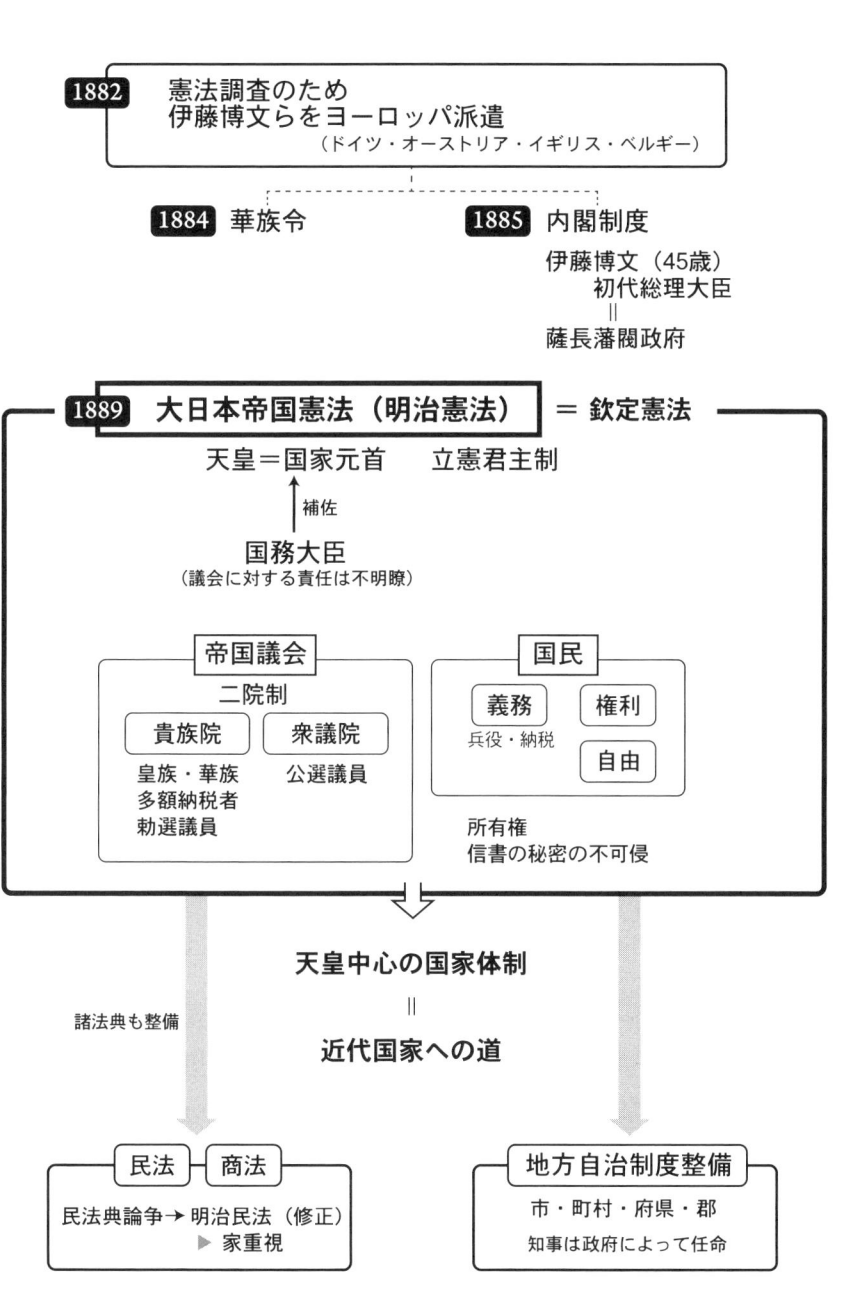

1882 憲法調査のため
伊藤博文らをヨーロッパ派遣
（ドイツ・オーストリア・イギリス・ベルギー）

1884 華族令

1885 内閣制度
伊藤博文（45歳）
初代総理大臣
‖
薩長藩閥政府

1889 **大日本帝国憲法（明治憲法）** ＝ **欽定憲法**

天皇＝国家元首　立憲君主制

↑補佐

国務大臣
（議会に対する責任は不明瞭）

帝国議会
二院制
- 貴族院：皇族・華族、多額納税者、勅選議員
- 衆議院：公選議員

国民
- 義務：兵役・納税
- 権利
- 自由

所有権
信書の秘密の不可侵

⇩

天皇中心の国家体制
‖
近代国家への道

諸法典も整備

民法　商法
民法典論争→明治民法（修正）
▶ 家重視

地方自治制度整備
市・町村・府県・郡
知事は政府によって任命

おすすめ本
『逝きし世の面影』
（渡辺京二）
平凡社ライブラリー

豆知識
軍隊の最高指揮権を統帥権という。日本では太平洋戦争終結まで天皇が持っていた。

1890年〜1892年

第1回帝国議会が山県有朋内閣で開催

◉日本初の選挙

衆議院選挙と議会の開設をにらんで、民権派は大同団結運動によって、民党の再建に力を注いでいった。

これに対し、2代首相・**黒田清隆**は、政策は政党によって左右されず公正に行うとして超然主義を唱えた。これは一党一派に政権の基礎を置かないとする政治姿勢であった。

１８９０年、日本初の衆議院議員選挙が行われた。選挙権は満25歳以上の男子で直接国税15円以上の納入者に限られた。これで有権者が人口の１％強に限られた。被選挙権は納税資格は同じだが、年齢は満30歳以上の者とされた。

そして同年、**第一次山県有朋内閣**のときに**第1回帝国議会**が開かれた。この議会では、反政府系の立憲自由党※と立憲改進党（民党）が衆議院の過半数をしめた。総議席３００のうち、立憲自由党は１３０、立憲改進党は41で、両党合わせて１７１だった。

◉対立する政党と政府

自由党、改進党とも国民生活の安定を視野において、「民力休養・政費節減」を掲げ、山県内閣に対抗し、実際に政府予算を大幅に削減し

ポイント

- ☑日本初の衆議院議員選挙が行われる。
- ☑第１回帝国会議で民党が衆議院の過半数をしめた。
- ☑政府と自由党の協力で第２次伊藤内閣が成立する。

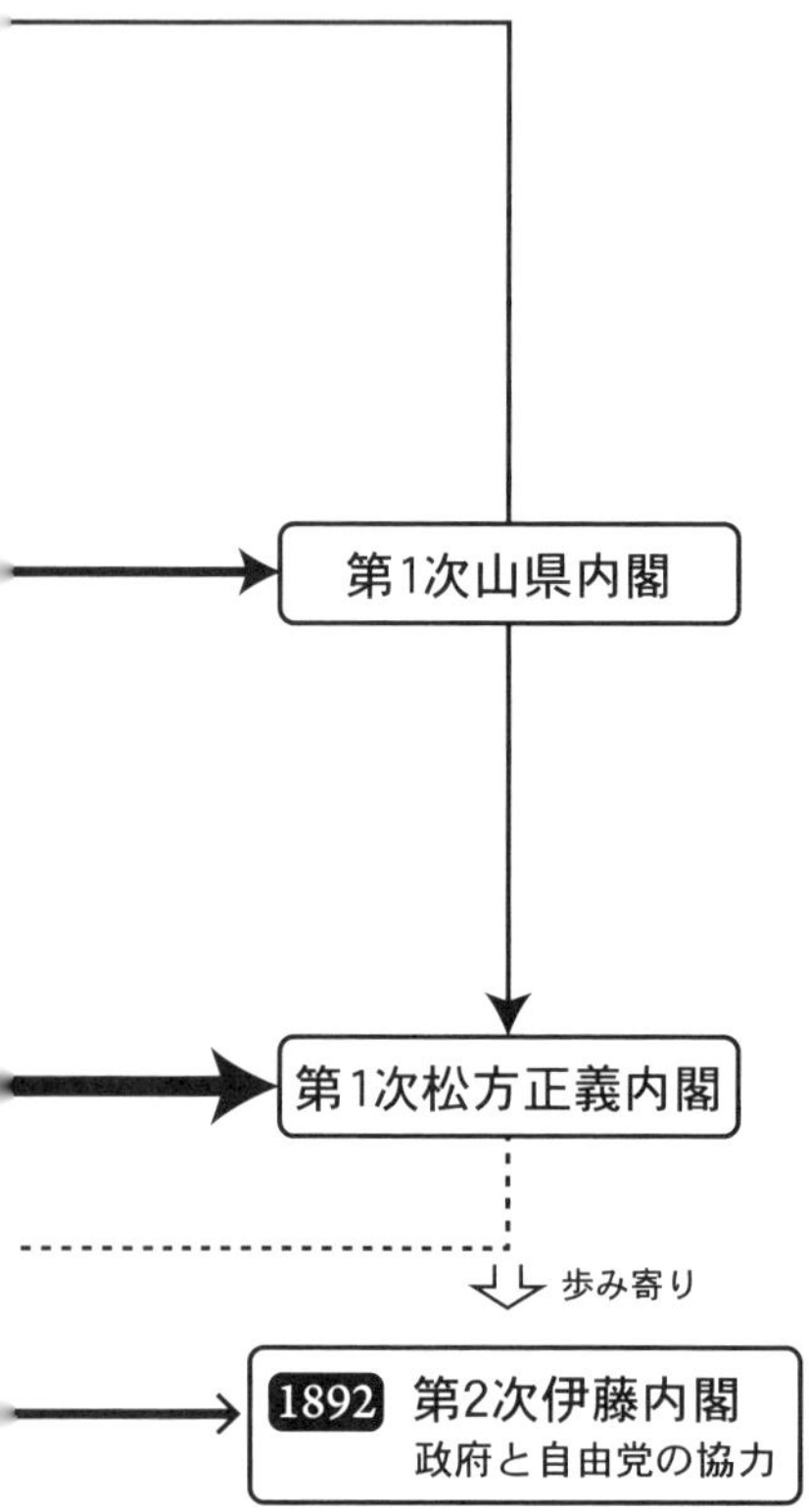

用語解説

※**立憲自由党**　板垣退助を中心とした政党・自由党の解散後、大同団結運動がさかんになり、大井憲太郎らが自由党を再興、それに愛国公党、大同倶楽部、九州連合同志会が合同して立憲自由党が結成された。翌年、自由党と改称。

■政府と民党の対立

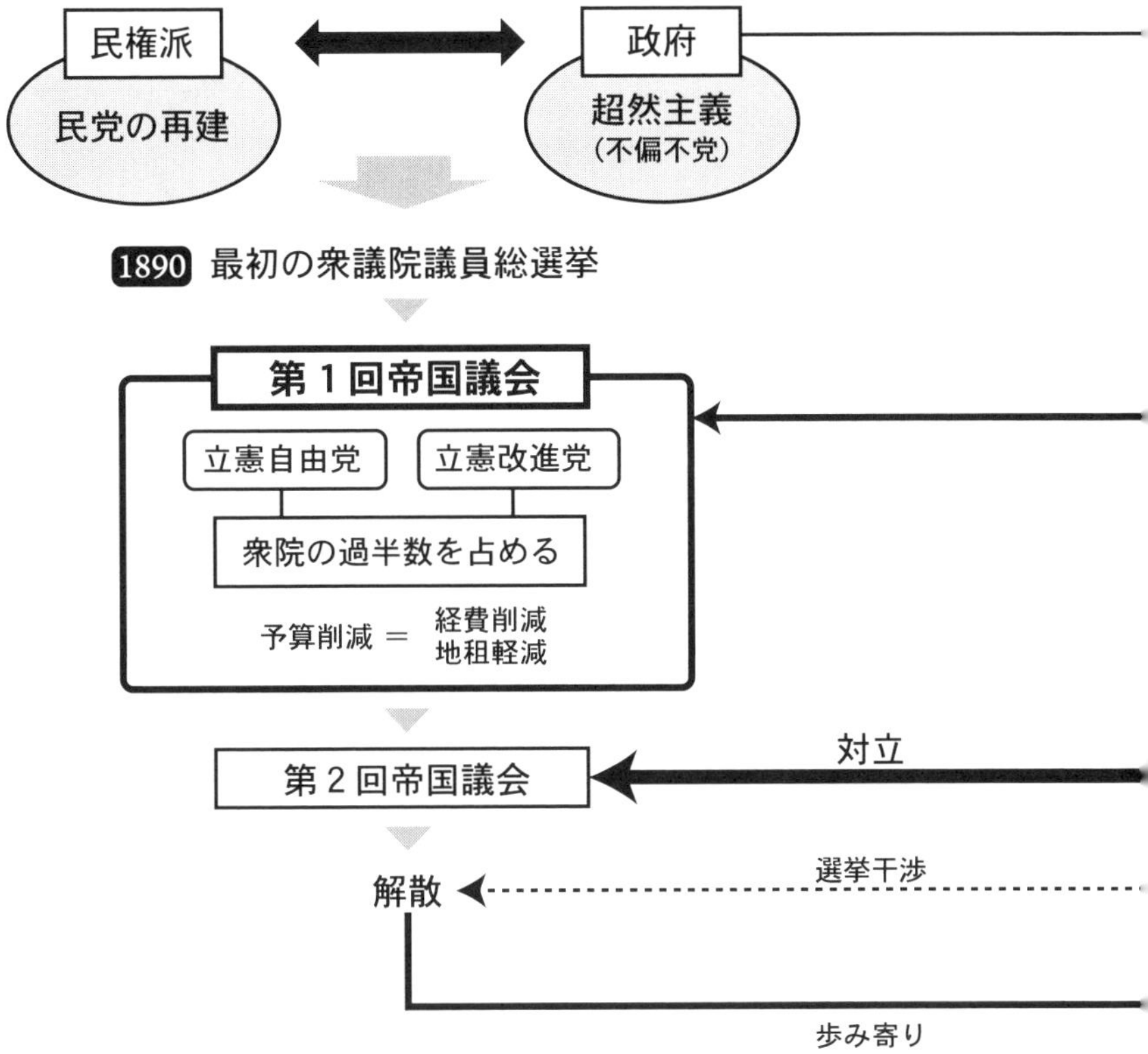

民権派
民党の再建
政府
超然主義
（不偏不党）
1890 最初の衆議院議員総選挙
第１回帝国議会
立憲自由党
立憲改進党
衆院の過半数を占める
予算削減 ＝ 経費削減
地租軽減
対立
第２回帝国議会
選挙干渉
解散
歩み寄り

ようとした。しかしこの第1議会においては、最終段階で自由党の一部が政府に妥協し、修正案が可決された。

第一次松方正義内閣のもとで行われた第2議会においても、民党と政府の激しい対立があり、松方内閣は衆議院を解散した。そして次の選挙では内務大臣・**品川弥《や》二郎《じろう》**による激しい選挙干渉が行われたが、政府の強硬姿勢は成功せず、民党が優位を保った。1892年に成立した**第二次伊藤内閣**になると、政府は民党第一党の自由党に歩み寄り、協力して政治を行うようになった。しかし立憲改進党などは条約改正問題で政府を攻撃した。

このように政府と衆議院は日清戦争の直前まで対立を繰り返していった。

豆知識 吏党は藩閥政府を支持、1890年創立の大成会からはじまり、津田真道、元田肇などがいた。

1878年～1891年

▼関税自主権の完全回復

念願の不平等条約改正がついに実現した

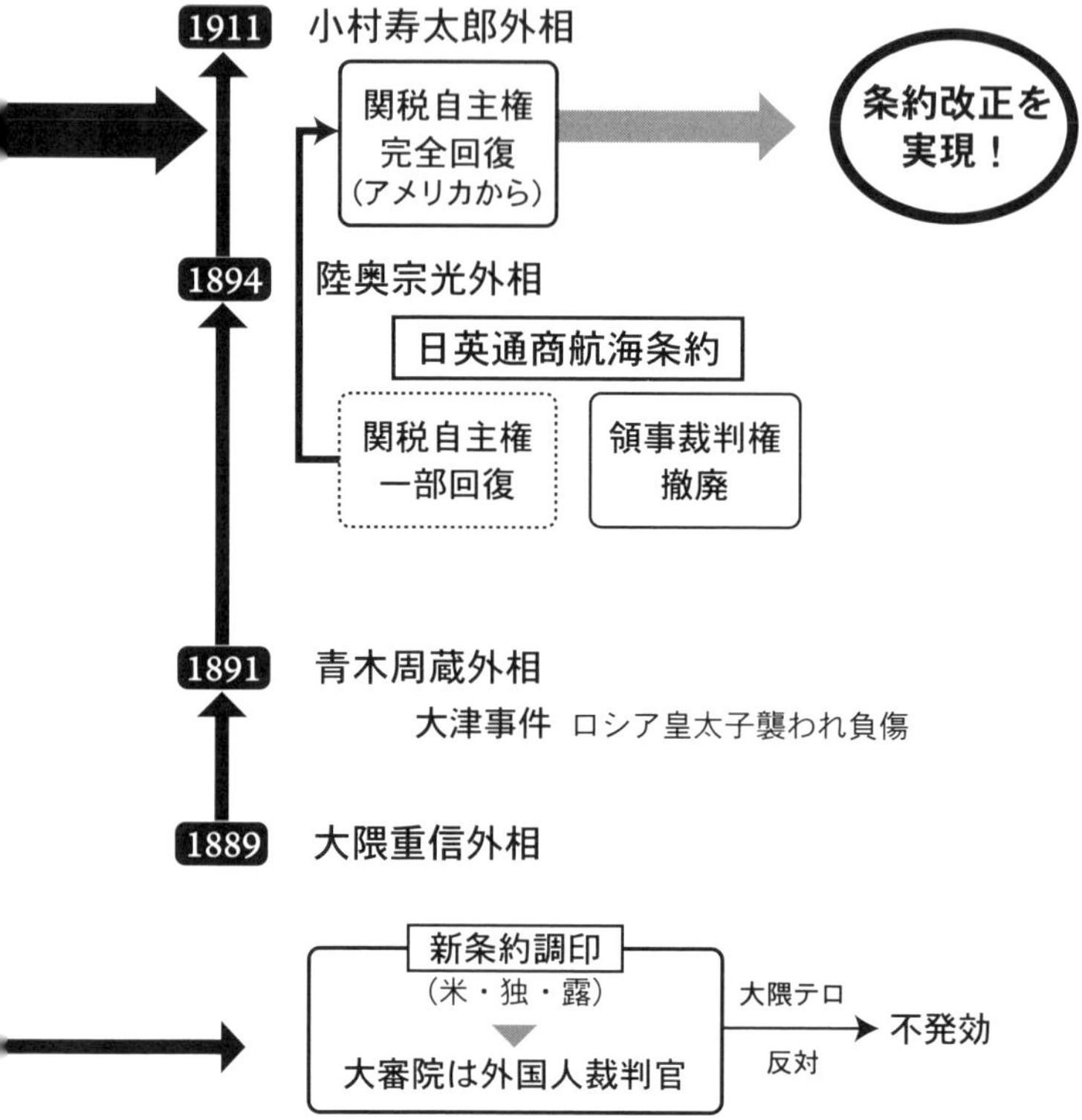

1911
小村寿太郎外相
関税自主権
完全回復
（アメリカから）
条約改正を
実現！
1894
陸奥宗光外相
日英通商航海条約
関税自主権
一部回復
領事裁判権
撤廃
1891
青木周蔵外相
大津事件　ロシア皇太子襲われ負傷
1889
大隈重信外相
新条約調印
（米・独・露）
大審院は外国人裁判官
大隈テロ
反対
不発効

ポイント

☑欧化政策をとって条約改正をめざす。

☑陸奥宗光外相が日英通商航海条約を結ぶ。

☑小村寿太郎外相の時に関税自主権が完全回復。

◉不平等条約の撤廃にむけて

幕末に欧米諸国と結んだ条約は、日本にとって不平等な条約であった。

国際法の理解も不十分なまま、威《い》嚇《かく》によって締結された条約で、在留外国人を日本の法律で裁くことのできない**領事裁判権**を与えていた。また**関税自主権**もなかった。不平等条約を結んだ国家は戦時において国際法が適用されない。独立国家としては安全保障の問題でもあり、この是正が政府にとって重要だった。

そこで明治政府は、関税自主権の確立（**税権回復**）と領事裁判権の撤

用語解説

※**大津事件**　1891年、来日中のロシア皇太子・ニコライが滋賀県大津で襲われ負傷した事件。犯人は沿道を警護していた警察官の津田三蔵であった。津田を極刑にすべきという声も上がったが、日本の司法制度により無期懲役となった。

■関税自主権の完全回復

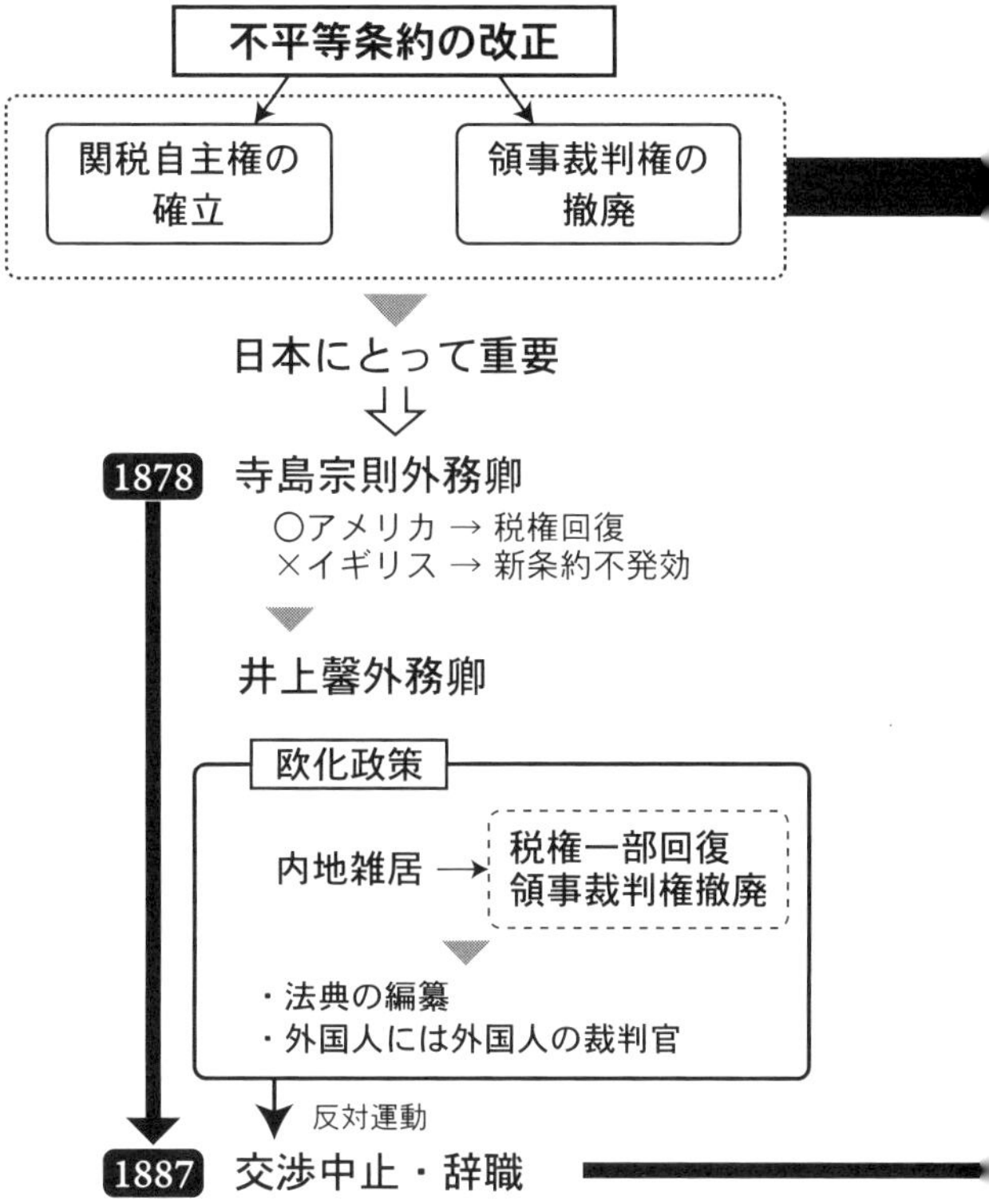
不平等条約の改正
関税自主権の確立
領事裁判権の撤廃
日本にとって重要
1878 寺島宗則外務卿
○アメリカ → 税権回復
×イギリス → 新条約不発効
井上馨外務卿
欧化政策
内地雑居 → 税権一部回復
領事裁判権撤廃
・法典の編纂
・外国人には外国人の裁判官
反対運動
1887 交渉中止・辞職

廃（**法権回復**）に主眼を置いた。こうした政府の動きを図にあるように時間順に追ってみる。

1878年、寺島宗則《むねのり》外務卿は税権回復についてアメリカとの交渉が成立したが、イギリスとは不調に終わり、改正にまでは到らなかった。

次の**井上馨**《かおる》外務卿は**鹿鳴館**に象徴される欧化政策をとり、条約改正をめざした。外国人の国内旅行や土地所有など内地雑居を認める代わりに、税権の一部回復と領事裁判権を撤廃しようとした。このおり、外国人の裁判には、外国人判事を起用するという条件が出された。

だが、これは日本の権利をないがしろにしたとして、政府内外から、大きな反対運動が起こり交渉は中止となった。

◉関税自主権の完全回復

次の大隈重信外相はアメリカ・ドイツ・ロシアと1889年に新条約を調印したが、大審院の外国人判事任用に反対論が起こり、大隈は爆弾テロにあって負傷、新条約は発効しなかった。続く青木周蔵《しゅうぞう》外相だが、大津事件※が起こって条約改正の動きは頓挫してしまう。

1894年にようやく陸奥宗光《むつむねみつ》外相が**日英通商航海条約**を結び、関税自主権の一部回復を含む条約改正がなった。そして小村寿太郎《じゅたろう》外相の時にアメリカとの間で関税自主権が完全に回復した。

おすすめ本
『小村寿太郎とその時代』
（岡崎久彦）
ＰＨＰ文庫

豆知識
欧化政策のために建てられた鹿鳴館では、当初ダンスを踊れる女性が少なく、芸者や女学生までもがかり出された。

▼朝鮮問題をめぐる日清の争い

日本の圧倒的勝利で日清戦争が終結する

◉朝鮮の情勢

朝鮮を開国させた日本は朝鮮を影響下に置く清国と対立する。

朝鮮の国王は**高宗**《こうそう》で、このころその妃の**閔妃**《びんひ》※の一族が実権を握っていた。この閔一族と王の父である**大**《だい》**院君**《いんくん》との間に対立が起き、1882年、**壬午**《じんご》**軍乱**が勃発する。これがきっかけになって、清国に頼る保守派の**事大党**（閔一族）が勢力を強めた。

1884年に**清仏戦争**で清国が不利に陥ると、この機に乗じて日本の援助を受けた**金玉均**《きんぎょくきん》などの改革派の**独立党**（親日派）がクーデターを起こしたが失敗に終わる（**甲申**《こうしん》**事変**）。

以上から日清関係を調整する必要が生じ、1885年、伊藤博文と清国の**李鴻章**《りこうしょう》が相互撤退条項など武力衝突を避ける天津条約を締結。しかし日本では民権派が朝鮮への武力による改革を計画し、また政府も海軍を拡張するなど、朝鮮支配を巡って日清両国は対立を深めていった。

◉日清戦争の勃発

1894年の春、朝鮮で政府の課税強化や官吏の税の横領に抗議する大規模農民反乱（**甲午**《こうご》**農民戦争**）が起こると清国は鎮圧のために出兵、これに対抗して日本も軍隊を派遣した。日清両軍は衝突、挙国一致でこの**日清戦争**にのぞんだ日本は圧倒的勝利を得た。

1895年、下関で**日清講和条約**（**下関条約**）が結ばれた。この条約によって日本は朝鮮の独立、遼東半島・台湾・澎湖《ほうこ》諸島の割譲、3億1000万円の賠償金、杭州・蘇州・重慶・沙市《さし》の開港を勝ち取った。

日本は海外植民地と中国大陸進出の足場を築いたが、満州（中国東北部）に利権を持つロシアは、ドイツ・フランスと組んで遼東半島の清国返還を求めた（**三国干渉**）。こうしたことから、日本国内では、ロシアへの反感が強くなっていった。

ポイント☑

- ☑朝鮮で独立党がクーデターを起こすも失敗に終わる。
- ☑朝鮮の甲午農民戦争を契機に日清が激突する。
- ☑三国干渉によって遼東半島を清に返還する。

用語解説

※**閔妃**　李氏朝鮮の王・高宗の妃。王妃の座につくと、そのころ政治権力を持っていた義父の大院君を隠居させ、自身の縁戚を高官につけて、権力を握った。その後も大院君と衝突、これは20年以上も続いた。乙未事変により暗殺。

■朝鮮問題をめぐる日清の争い

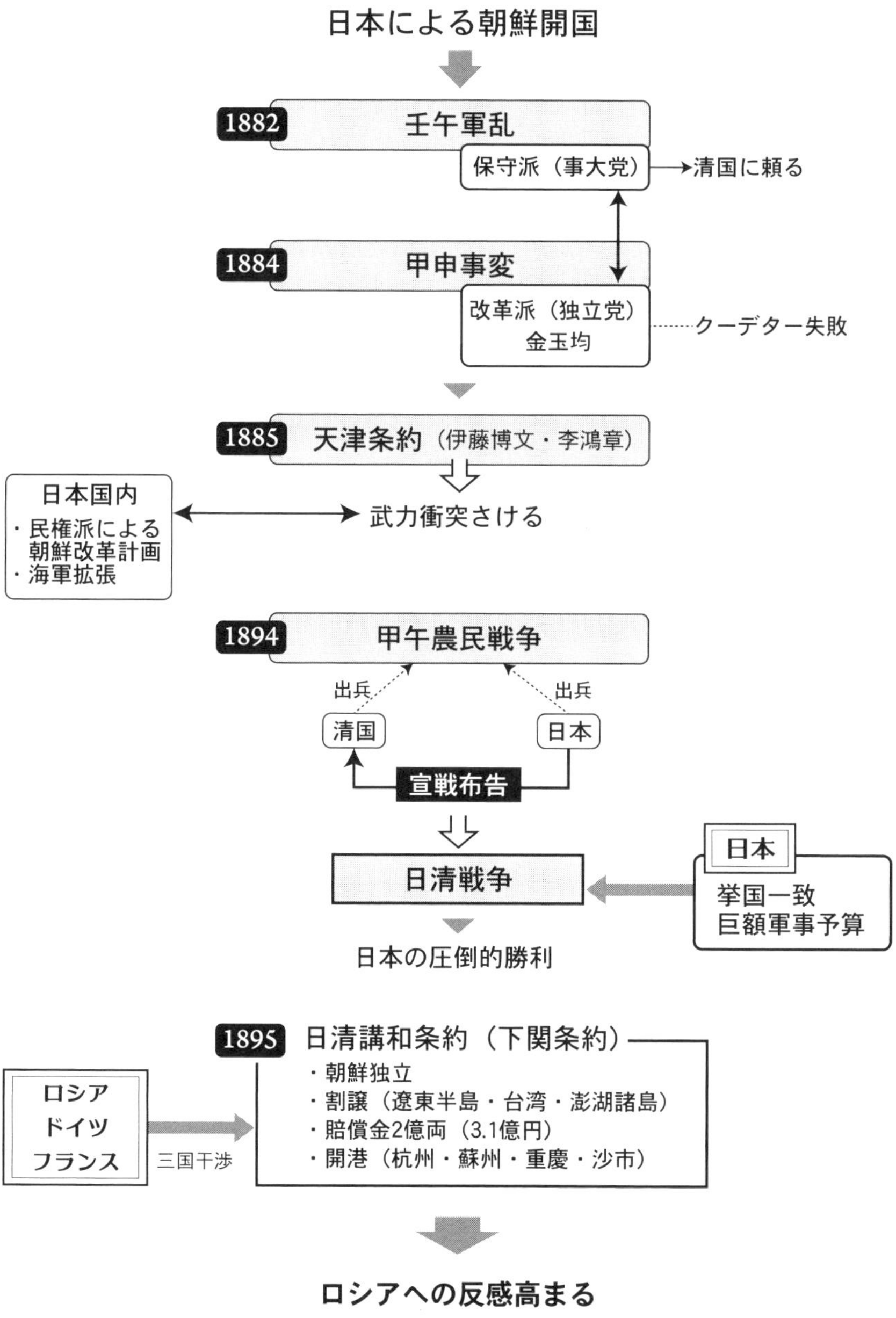
日本による朝鮮開国
1882
壬午軍乱
保守派（事大党）
清国に頼る
1884
甲申事変
改革派（独立党）
金玉均
クーデター失敗
1885
天津条約（伊藤博文・李鴻章）
日本国内
・民権派による朝鮮改革計画
・海軍拡張
武力衝突さける
1894
甲午農民戦争
出兵
出兵
清国
日本
宣戦布告
日清戦争
日本
挙国一致
巨額軍事予算
日本の圧倒的勝利
1895
日清講和条約（下関条約）
・朝鮮独立
・割譲（遼東半島・台湾・澎湖諸島）
・賠償金2億両（3.1億円）
・開港（杭州・蘇州・重慶・沙市）
ロシア
ドイツ
フランス
三国干渉
ロシアへの反感高まる

おすすめ本

『新訂 蹇蹇録——
日清戦争外交秘録』
（陸奥宗光／中塚明校注）
岩波文庫

豆知識

甲午農民戦争は別名・東学党の乱、東学の乱ともいわれている。これは蜂起した中に東学という思想の信者がいたことから。

1895年～1898年

▼政党内閣の誕生

日本最初の政党内閣、隈板内閣が成立する

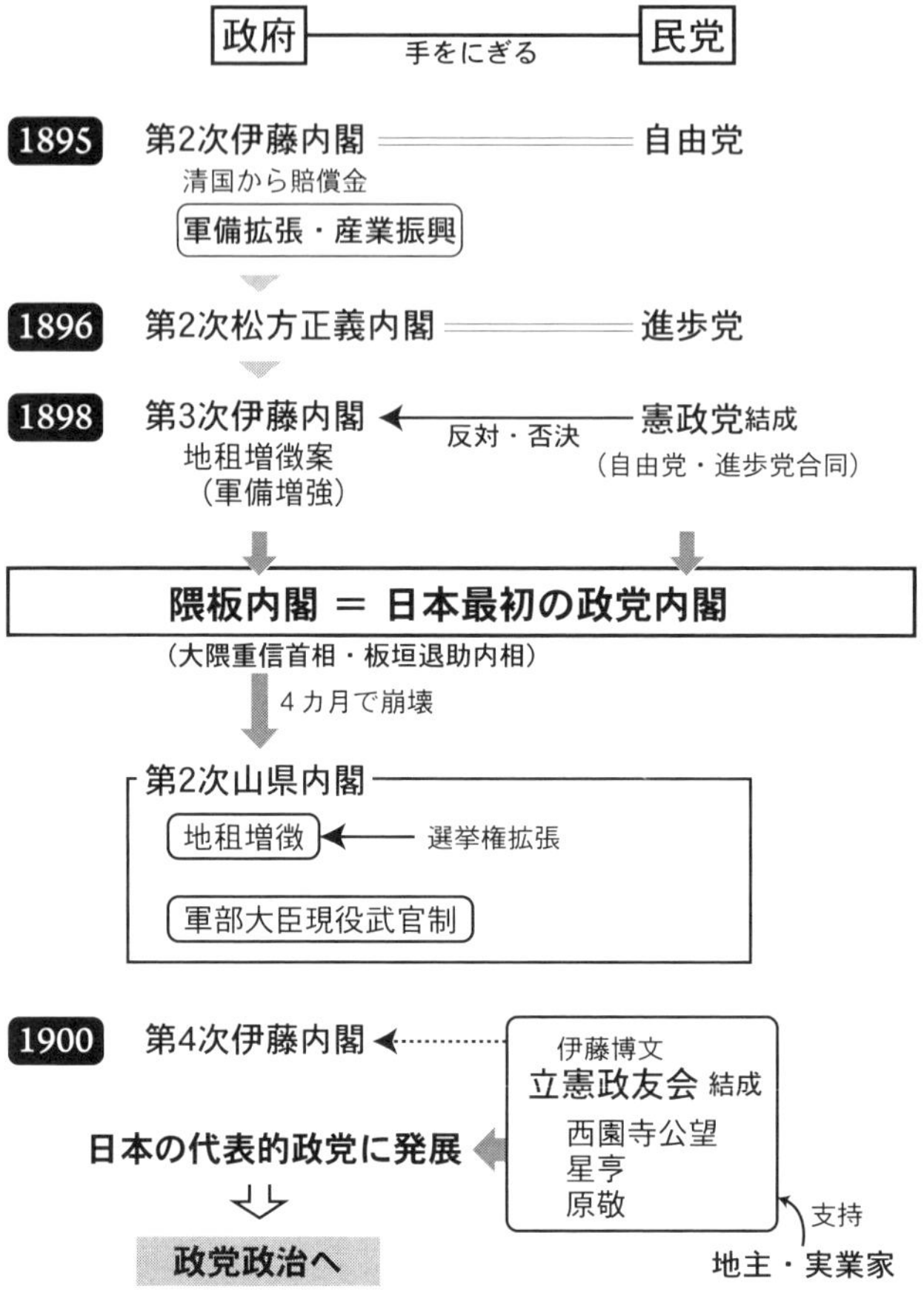

政府
手をにぎる
民党
1895
第2次伊藤内閣
自由党
清国から賠償金
軍備拡張・産業振興
1896
第2次松方正義内閣
進歩党
1898
第3次伊藤内閣
反対・否決
憲政党結成
地租増徴案
（軍備増強）
（自由党・進歩党合同）
隈板内閣 ＝ 日本最初の政党内閣
（大隈重信首相・板垣退助内相）
４カ月で崩壊
第2次山県内閣
地租増徴
選挙権拡張
軍部大臣現役武官制
1900
第4次伊藤内閣
伊藤博文
立憲政友会 結成
西園寺公望
星亨
原敬
日本の代表的政党に発展
支持
地主・実業家
政党政治へ

◉自由党、進歩党の発展

日清戦争で得た巨額の賠償金を、第二次伊藤内閣は軍備拡張と産業振興に使った。この政策を支持したのが、衆議院第一党の**自由党**だった。また次の松方正義内閣では、立憲改進党を中核に誕生した進歩党が協力した。こうして自由党、**進歩党**など民党の力が強くなっていった。

1898年の第三次伊藤内閣で出された軍備増強のための地租増徴は、自由党と進歩党が国力に応じた軍備を主張して反対、否決された。同年、自由党と進歩党は合同し、**憲政党**が結成された。

ポイント☑

- ☑自由党、進歩党など民党の力が強くなる。
- ☑隈板内閣は藩閥勢力の圧力や内部分裂で崩壊した。
- ☑伊藤博文は憲政党を母体に立憲政友会をつくる。

用語解説

※軍部大臣現役武官制　軍部大臣は現役軍人の大将・中将のみに限るとした制度。山県有朋内閣からはじまった。強まる政党の力が、軍部に及ばないようにするための防止策。大正時代に廃止されるが、二・二六事件のときに復活した。

■政党内閣の誕生

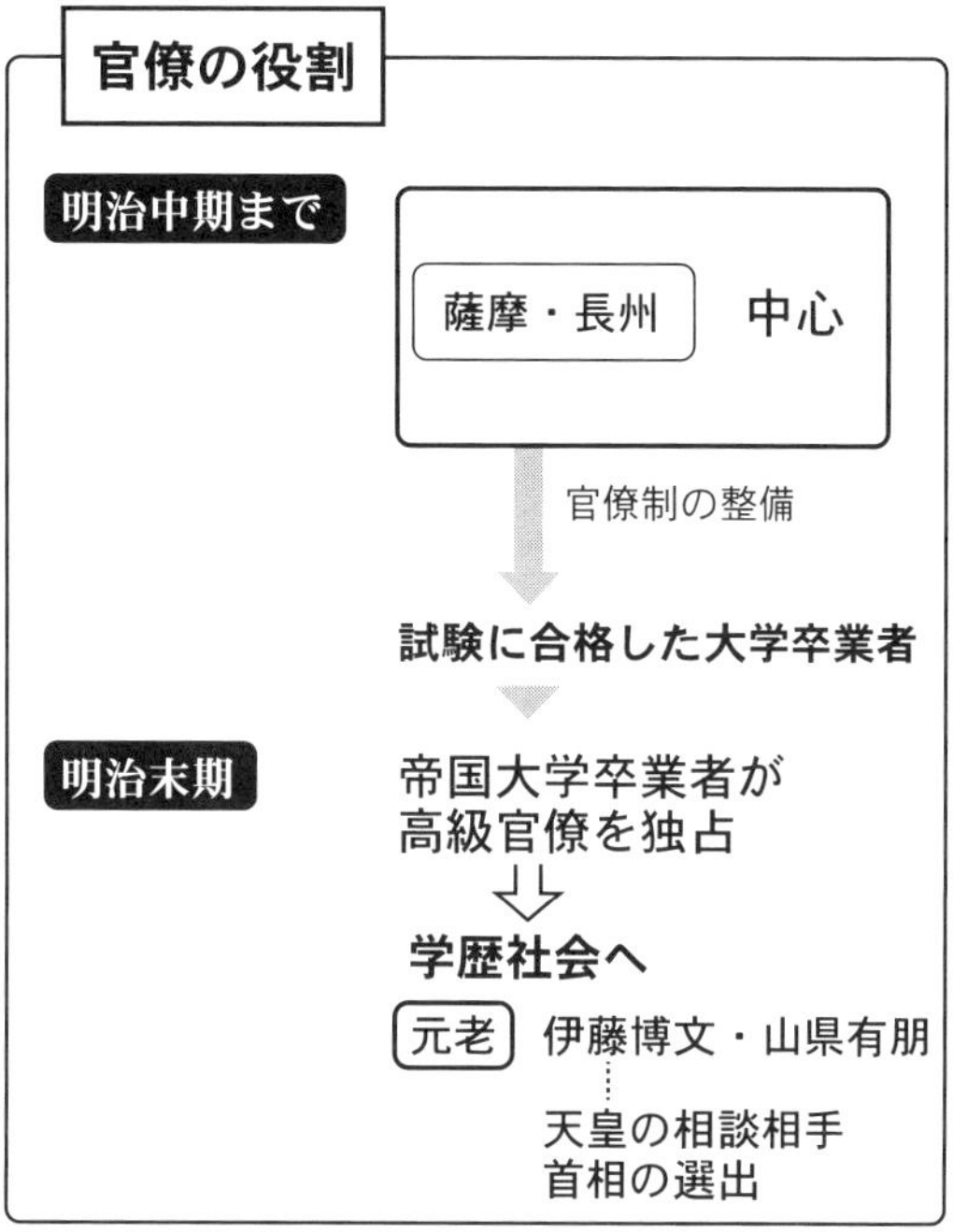
官僚の役割
明治中期まで
薩摩・長州
中心
官僚制の整備
試験に合格した大学卒業者
明治末期
帝国大学卒業者が
高級官僚を独占
学歴社会へ
元老
伊藤博文・山県有朋
天皇の相談相手
首相の選出

　伊藤博文は辞職にあたって憲政党の指導者である大隈重信と板垣退助の組閣を助け、日本最初の**政党内閣**が成立した。大隈を首相、板垣を内相にしたこの内閣を**隈板《わいはん》内閣**という。だがこの内閣は藩閥勢力の圧力や内部分裂によって4カ月で崩壊した。

◉政党政治の基盤が整う

　大隈内閣の次に成立した第二次山県有朋内閣は、地租増徴を実現し、被選挙権の納税制限の撤廃などを行った。また**軍部大臣現役武官制**※を定めて政党の力を削ごうとした。この制度はのちに軍部が内閣を左右できる武器となったのであった。

　こういった流れの中で、伊藤博文は憲政党を母体に、西園寺公望《きんもち》、星亨、原敬《たかし》などを幹部とする**立憲政友会**をつくり、第四次伊藤内閣を組織した。立憲政友会は地主や実業家の支持を集めた。以後、政友会は日本の代表的政党として発展し、長く続く政党政治の基礎が整った。

　明治維新以来、薩摩、長州出身者は高級官僚、旧幕臣出身者は中堅・下級官僚となっていた。政府は官僚制組織の近代化をはかるため、1893年に**文官任用令**を出し、官僚への登用を出身、縁故ではなく大学卒業者による試験で採用していった。また、維新の功労者である藩閥政治家は表舞台から引退したが、元老として裏で権力を持った。

豆知識

伊藤博文の女性好きは有名。女性が「掃いて捨てるほど」そばにいたので、あだ名が「箒」だったという。

1900年～1905年

日英同盟を結び、ロシアと開戦する

◉日露戦争の勃発

日清戦争で敗北した清国は、欧米列強の進出を受け、租借地の設定、鉄道や鉱山開発などの権益を提供させられた。これに対し、1899年、清では**扶《ふ》清《しん》滅《めつ》洋《よう》**を掲げる義和団が外国人排斥の暴動を起こし、清朝政府も翌年これを後押しした。

日本を含む列強は自国民保護のため連合軍を組み、中国北部に派遣、暴動を鎮圧した（**義和団事変**、**北清事変**）。翌1901年清国は列強と**北京議定書**を結び、賠償金と列強の軍隊駐留を認める。また、ロシアは義和団事変を契機に満州を占領し、朝鮮半島にも影響力を強めていった。1897年に国号を**大韓帝国**と変えた朝鮮では、親露政権が生まれた。

日本はロシアに満州支配認めるかわりに、朝鮮から手を引くよう求めたが、うまくいかない。そこで、第一次桂太郎内閣は1902年、**日英同盟**を結んだ。すると、開戦論が圧倒的に強くなり、1904年、ついに**日露戦争**がはじまった。

◉戦争の終結とポーツマス条約

日本は英米からの外積で巨額の戦費をまかなった。日本陸軍は1905年1月に旅順、3月には奉天《ほうてん》（瀋《しん》陽《よう》）を占領。海軍は5月に**日本海海戦**※でバルチック艦隊を破った。だが増え続ける犠牲と戦費から戦争を終結に持ち込みたいと考え、アメリカ大統領**ルーズベルト**に和平仲介を依頼した。結果、ポーツマスで**小村寿太郎**全権とロシアの**ウイッテ**全権が**ポーツマス条約**を結んだ。日本は韓国の支配権、旅順・大連の租借権と長春─旅順間の鉄道権益、南樺太の割譲、などを確保したが、賠償金はなかった。

日本国内では、この講和条件を飲めないとする国民の不満が高まって、**日比谷焼打《やきうち》事件**が起こった。

ポイント

- ☑ロシアの満州進出により反感は高まる。
- ☑日本陸軍は奉天で、海軍は日本海海戦でロシアを破る。
- ☑講和条件をめぐって日比谷焼打事件が起こる。

用語解説

※**日本海海戦**　ロシアのバルチック艦隊と日本海軍が日本海沖で戦ったもの。当時、バルチック艦隊は無敵を誇っていたが、三笠に乗船していた連合艦隊司令長官・東郷平八郎はこれをほぼ全滅させた。参謀・秋山真之による「丁字戦法」が有名。

■日露戦争

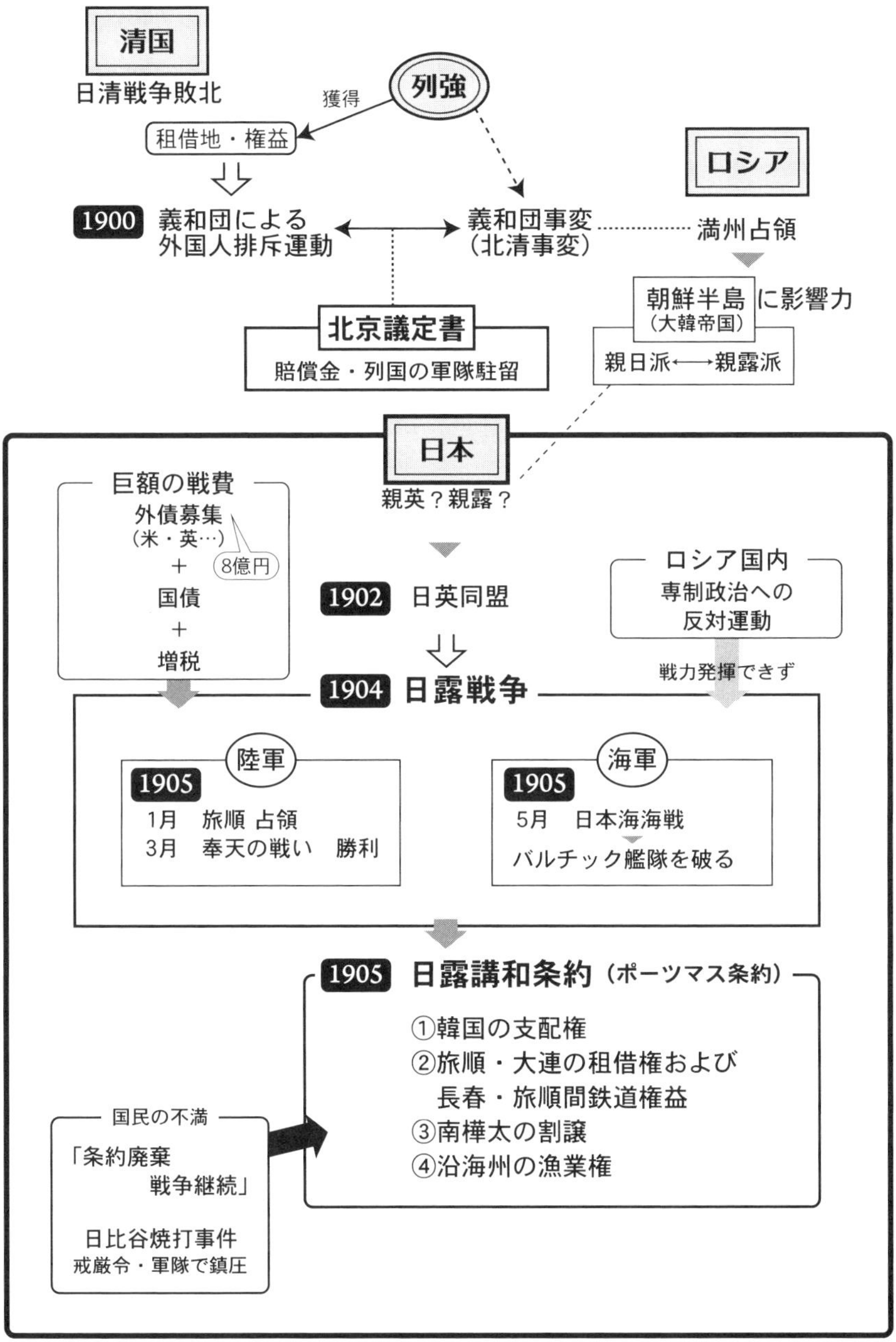
清国
日清戦争敗北
列強
獲得
租借地・権益
1900 義和団による外国人排斥運動
義和団事変（北清事変）
ロシア
満州占領
北京議定書
賠償金・列国の軍隊駐留
朝鮮半島（大韓帝国）に影響力
親日派←→親露派
日本
親英？親露？
巨額の戦費
外債募集（米・英…）
8億円
＋
国債
＋
増税
1902 日英同盟
ロシア国内
専制政治への反対運動
戦力発揮できず
1904 日露戦争
陸軍
1905
1月 旅順 占領
3月 奉天の戦い 勝利
海軍
1905
5月 日本海海戦
バルチック艦隊を破る
1905 日露講和条約（ポーツマス条約）
①韓国の支配権
②旅順・大連の租借権および長春・旅順間鉄道権益
③南樺太の割譲
④沿海州の漁業権
国民の不満
「条約廃棄 戦争継続」
日比谷焼打事件
戒厳令・軍隊で鎮圧

おすすめ本
『ポーツマスの旗――外相・小村寿太郎』
（吉村昭）
新潮文庫

豆知識
日露戦争旅順要塞司令官ステッセルと乃木希典の「水師営の会見」が文部省唱歌となった。1906年の作品。

1907年～1910年

伊藤博文が殺された翌年、韓国が併合される

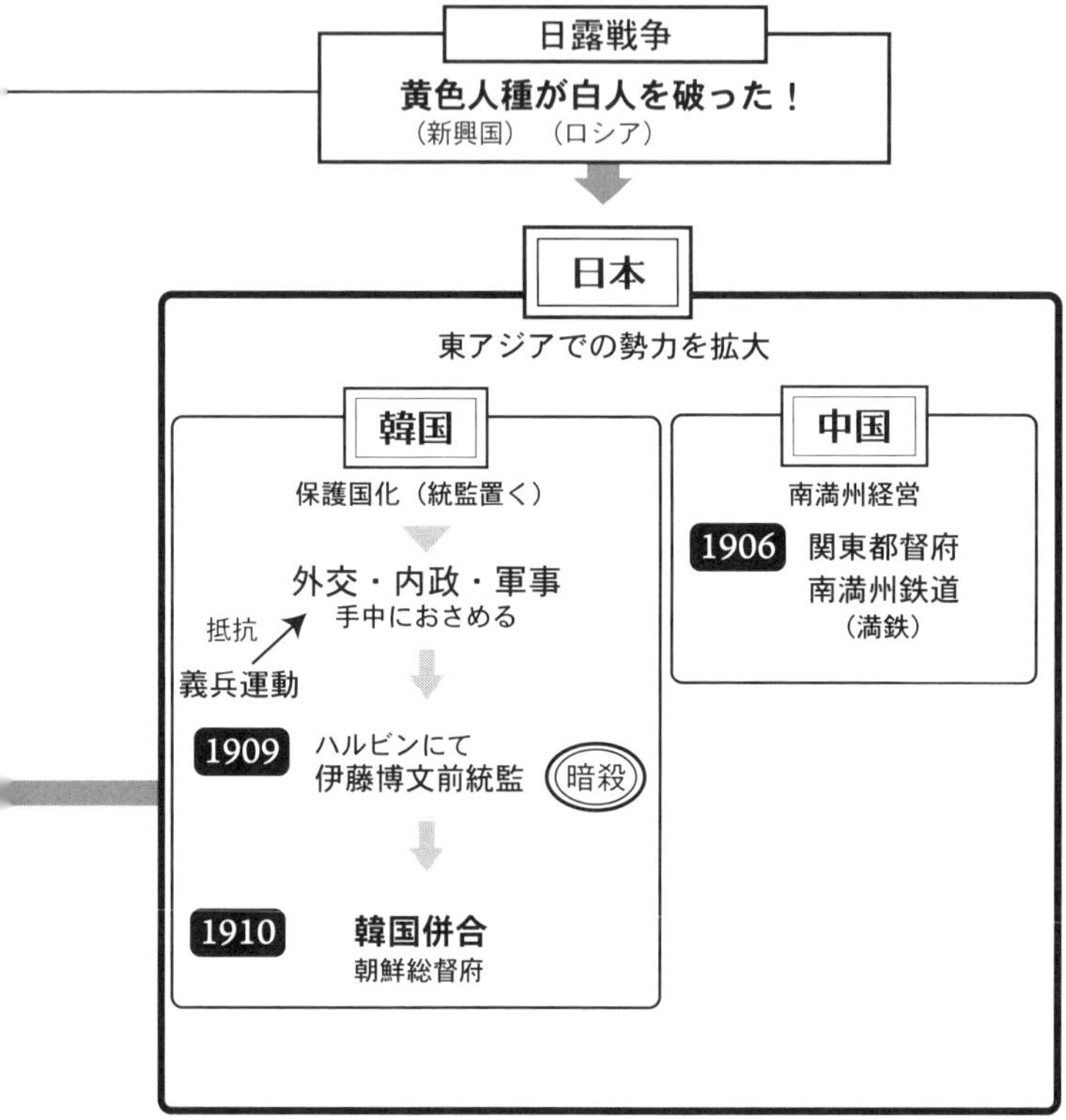
日露戦争
黄色人種が白人を破った！
（新興国）　（ロシア）
日本
東アジアでの勢力を拡大
韓国
保護国化（統監置く）
外交・内政・軍事
手中におさめる
抵抗
義兵運動
1909　ハルビンにて
伊藤博文前統監　暗殺
1910　韓国併合
朝鮮総督府
中国
南満州経営
1906　関東都督府
南満州鉄道
（満鉄）

ポイント
- ☑三度の日韓協約を結び、韓国を保護国化する。
- ☑義兵運動が展開されたが、日本軍に鎮圧される。
- ☑日本は満鉄を拠点に満州経営を進めていった。

◉日本による韓国併合

日露戦争で、新興国である日本が大国・ロシアを破ったことは、日本国内のみならず、アジア諸国にも大きな影響を与えた。

弱体化した清朝の中国では、**孫文**が民族主義・民権主義・民生主義の**三民主義**を唱えて清朝打倒をめざし、実業家の梅屋庄吉、政治家犬養《いぬかい》毅《つよし》、宮崎滔天《とうてん》らの協力を得、東京で**中国同盟会**を発足させる。

日本政府は、欧米列強のとった政策を踏襲し、東アジアでの勢力の拡大路線を選択していった。三度にわたる**日韓協約**を結び、最終的に韓国

用語解説

※**伊藤博文暗殺事件**　1909年、中国・ハルビン駅で起こった事件。犯人は民族主義運動に参加していた安重根。伊藤はかつて韓国統監を務めており、この日は満州・朝鮮問題をロシア蔵相と話し合うために中国入りしていた。

■韓国併合と満州経営

を保護国化して統監を置き、韓国の外交・内政・軍事の実権を握っていった。高宗は、第二次日韓協約の締結に最後まで反対したが（**ハーグ密使事件**）、1907年に退位を強いられた。

こういった動きに対抗して義兵運動が展開されたが、日本の軍隊によって鎮圧されてしまった。

だが抗日運動は続けられ、1909年、初代韓国統監・伊藤博文がハルビンで暗殺される事件※が起こる。

だが、翌年日本政府はついに韓国を併合した。そして**朝鮮総督府**（初代総督・**寺内正毅《まさたけ》**）をおき植民地支配を開始した。韓国における一切の統治は日本国天皇に譲るとし、日本の朝鮮支配は1945年まで及んだ。

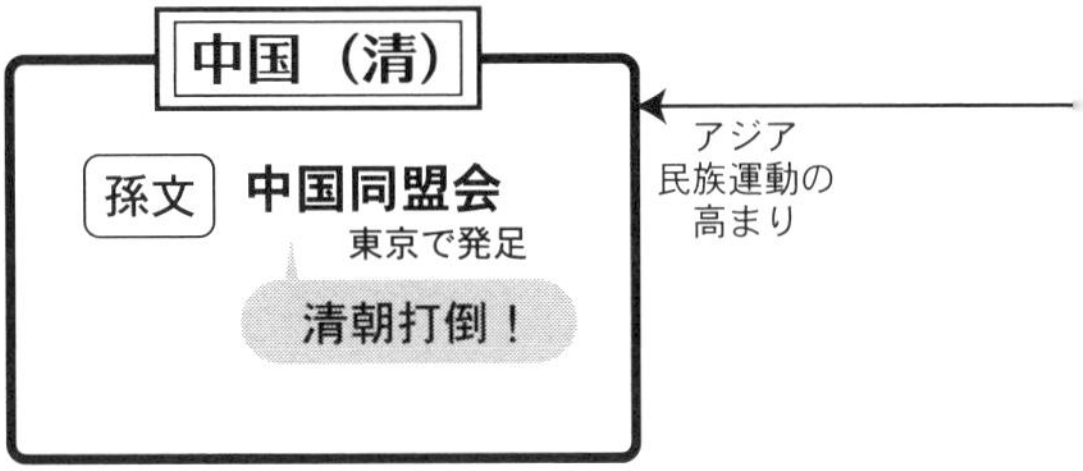

中国（清）
孫文
中国同盟会
東京で発足
清朝打倒！
アジア
民族運動の
高まり

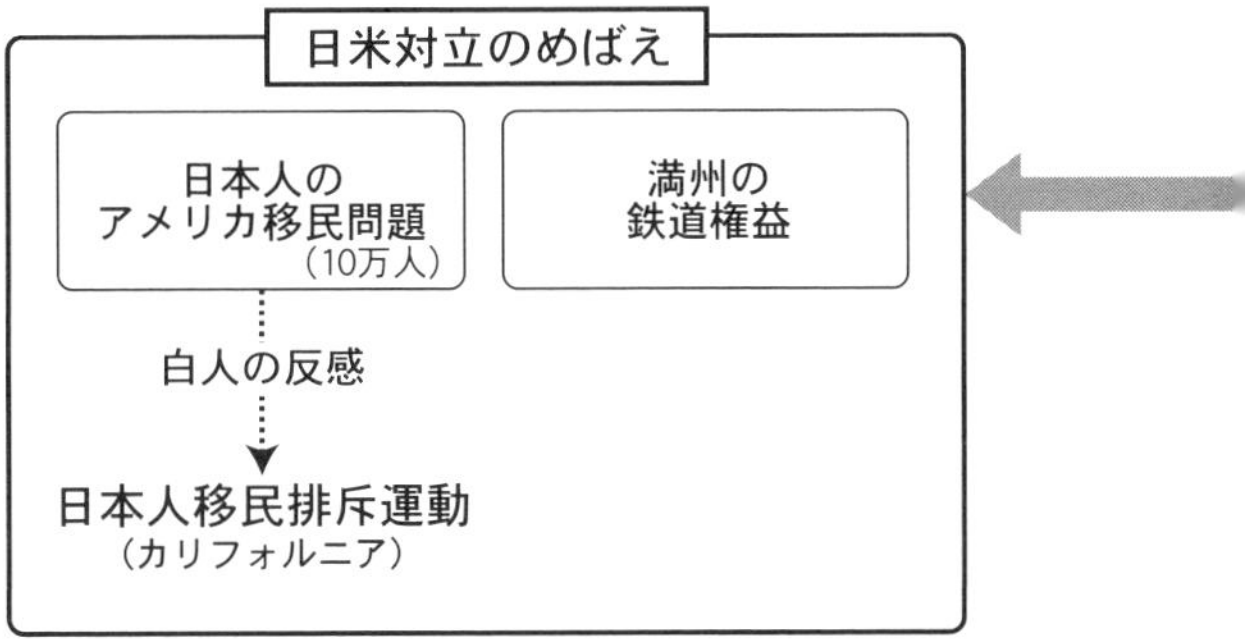

日米対立のめばえ
日本人の
アメリカ移民問題
（10万人）
満州の
鉄道権益
白人の反感
日本人移民排斥運動
（カリフォルニア）

◉アメリカとの対立がめばえる

また、日本政府はポーツマス条約で得た大陸進出の拠点もしっかり確保していく。

中国の旅順に**関東都督府《ととくふ》**をおき、**南満州鉄道株式会社（満鉄）**を設立、その保護、取締り、業務監督を行った。そして満鉄を拠点に満州経営を進めていった。

日本のこうした動きは欧米諸国から警戒された。とくにアメリカとの間に日本人移民問題や満鉄の権益をめぐり対立がめばえた。

以上のことで図の矢印にみるような影響を与え、アメリカでは日本人移民の排斥運動が起こった。

豆知識
1910年、ハレー彗星が大接近した。東京の空でも肉眼で見え、高台に集まる見物人を目当てに屋台を出す商人も出た。

おすすめ本
『伊藤博文と安重根』
（佐木隆三）
文春文庫

▼産業革命の進展

国家主導によって日本の産業が発展する

ポイント
- 日本の産業革命は日清・日露戦争を契機に発展する。
- 日清戦争で得た賠償金をもとに金本位制を確立する。
- 鉄道国有法で全国の主な鉄道を国有化した。

◉官営八幡製鉄所を建設

日本の産業革命は1880年代半ばからはじまり、日清・日露戦争を契機に発展していった。

まず紡織工業（紡績・製糸・織物）では大阪紡績や鐘淵《かねがふち》紡績などの大紡績工場が設立されたことで、1891年からの10年間で綿糸生産は4・5倍になった。生糸の高い輸出額で、外貨を大量に得た。機械化されたことで飛躍的に生産量をあげることができるようになったためだ。

次に、日清戦争で得た莫大な賠償金（3億6000万円。開戦前の国家歳出の4年分超）をもとに、**金本位制**を確立した後、軍備増強と鉄道建設のための鉄を国産化するため、約1000万円の巨費を投じて官営・**八幡製鉄所**を建設、1901年に操業を開始した。その結果1913年までに、銑鉄《せんてつ》は約4・5倍、鋼材は約40倍の生産高になった。

また**三菱長崎造船所**も本格稼働し、造船業も活況を呈した。このように日本は重工業の分野でもめざましい進歩を遂げた。日本の産業革命は国家が主導的役割を果たした点が特徴である。

◉農村の近代化はなぜ遅れたか？

こうした産業革命と並行して交通も発達していった。

1889年、**東海道線**※が全線開通、1891年に日本鉄道による上野・青森間が開通し、民間会社も各地で鉄道を敷設していった。

1906年には**鉄道国有法**で全国の主な鉄道を国有化した。この間、大都市では市街電車が庶民の足となった。

一方、農村の近代化は遅れており、紡績がさかんになったといっても原材料の綿花は安価なインドなどから輸入されたため綿作はすたれ、稲作中心の経営からなかなか発展できなかった。

用語解説

※**東海道線**　東京から神戸までの鉄道。まず新橋－横浜間が開通し、その後、各区間が次々とできあがり、1889年に新橋－神戸がつながった。当初は中山道を通るルートだったが、予算などの都合で東海道ルートとなった。

■産業革命の進展

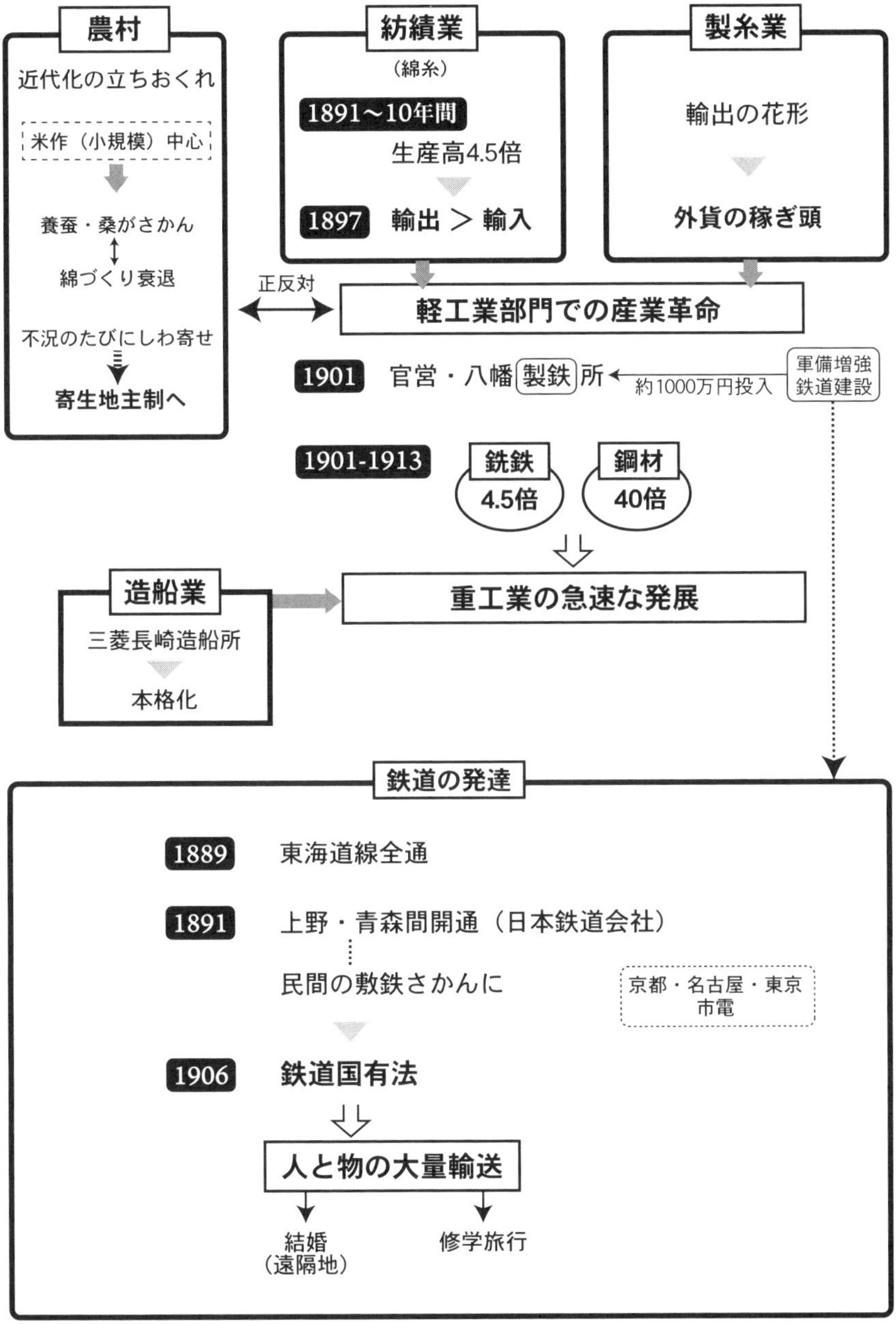
農村
近代化の立ちおくれ
米作（小規模）中心
養蚕・桑がさかん
綿づくり衰退
不況のたびにしわ寄せ
寄生地主制へ
紡績業
（綿糸）
1891～10年間
生産高4.5倍
1897
輸出 > 輸入
製糸業
輸出の花形
外貨の稼ぎ頭
正反対
軽工業部門での産業革命
1901
官営・八幡製鉄所
約1000万円投入
軍備増強
鉄道建設
1901-1913
銑鉄
4.5倍
鋼材
40倍
造船業
三菱長崎造船所
本格化
重工業の急速な発展
鉄道の発達
1889
東海道線全通
1891
上野・青森間開通（日本鉄道会社）
民間の敷鉄さかんに
京都・名古屋・東京
市電
1906
鉄道国有法
人と物の大量輸送
結婚
（遠隔地）
修学旅行

おすすめ本
『実録満鉄調査部』
（草柳大蔵）
朝日文庫

豆知識
筑豊炭田は明治後半から国内最大の炭鉱となり、この炭鉱で働いていた山本作兵衛の記録画は世界記憶遺産に登録されている。

20世紀初め

労働問題が発生し、社会主義運動が高まる

◉労働問題の紛糾

日本の資本主義は短期間に発達し、1900年から1910年頃に特有の構造で確立したため、多くのズレを生んでしまった。大企業と中小企業の格差、悪い労働条件など、労使関係の前近代的性格や低い国内の消費水準などである。それらは労働条件に関する問題を発生させた。

1897年、アメリカの労働運動を学んだ高野房太郎《たかのふさたろう》は片山潜《せん》らとともに**労働組合期成会**を結成、労働組合の結成を訴えるなど労働条件の改善をめざす運動を行った。その結果、労働争議が頻発、第二次山県内閣は1900年に**治安警察法**を制定し、取り締まりを強化した。

同時に社会主義運動も活発になり、1901年には安部磯雄《いそお》・幸徳《こうとく》秋水《しゅうすい》らによって**社会民主党**が結成された。しかし治安警察法によりこの結社はすぐに禁止された。

また、産業の近代化はさまざまな公害問題をも引き起こした。古河市《ふるかわいち》兵衛《べえ》が経営する**足尾銅山**は銅生産の増大に貢献したが、それに伴い大量の鉱毒が近隣の渡良瀬《わたらせ》川に流れ込み、流域の田畑と住民に甚大な被害を与えた。地元出身の**田中正造《しょうぞう》代議士**は解決のために天皇へ直訴《じきそ》し、大きな話題となった（足尾鉱毒事件）。

◉社会主義運動への弾圧

さて、日露戦争後、政府公認の社会主義政党・**日本社会党**が結成されたが、党内はまもなく議会活動中心の穏健派と直接行動重視の急進派に分裂、後者が勝った。

1910年、**大逆《たいぎゃく》事件**※が起こり、**幸徳秋水**らが処刑された。社会主義者への弾圧はこうしてはじまっていった。しかしその一方で、政府は労働者の緩和策として工場法を制定した。これは少年・女子の労働時間制限や深夜労働禁止を決めた法が、不十分なものだった。

ポイント

- ☑短期間での発達があらゆる面でズレを生んだ。
- ☑社会民主党が結成も治安警察法により禁止された。
- ☑大逆事件が起こり、社会主義者への弾圧がはじまる。

用語解説

※大逆事件　明治天皇暗殺の容疑で、社会主義者の幸徳秋水らが逮捕された事件。計画段階で明らかになり、多くの社会主義者、無政府主義者が検挙、無実の罪で処罰を受けた。これにより幸徳秋水をはじめ12人が死刑となった。

■社会問題の発生と社会運動

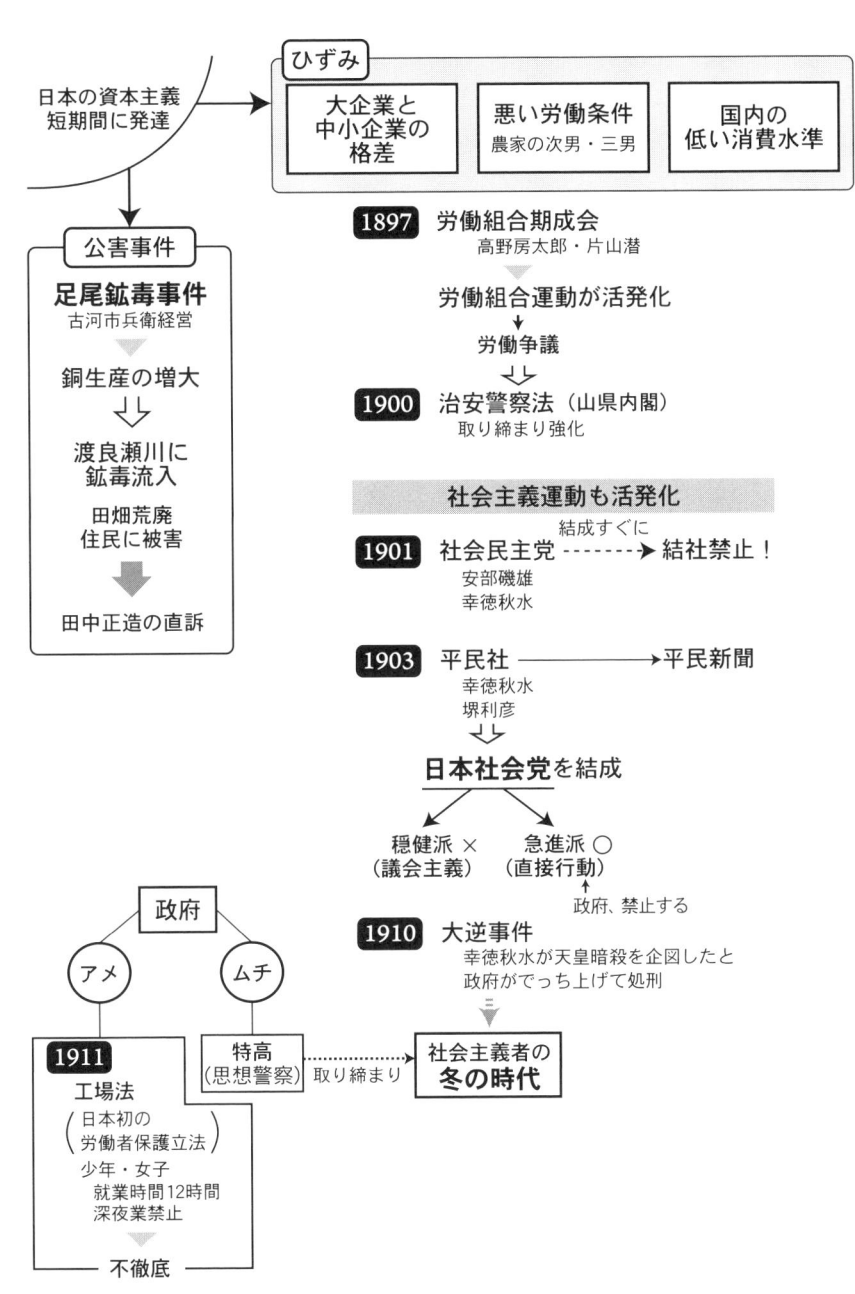

日本の資本主義
短期間に発達

→ ひずみ
- 大企業と中小企業の格差
- 悪い労働条件
  農家の次男・三男
- 国内の低い消費水準

→ 公害事件

足尾鉱毒事件
古河市兵衛経営
↓
銅生産の増大
⇩
渡良瀬川に
鉱毒流入
田畑荒廃
住民に被害
⬇
田中正造の直訴

1897 労働組合期成会
高野房太郎・片山潜
↓
労働組合運動が活発化
↓
労働争議
⇩
1900 治安警察法（山県内閣）
取り締まり強化

社会主義運動も活発化

1901 社会民主党 --------→（結成すぐに）結社禁止！
安部磯雄
幸徳秋水

1903 平民社 ————→ 平民新聞
幸徳秋水
堺利彦
⇩
日本社会党を結成
- 穏健派 ×（議会主義）
- 急進派 ○（直接行動）
  ↑ 政府、禁止する

1910 大逆事件
幸徳秋水が天皇暗殺を企図したと
政府がでっち上げて処刑
↓
社会主義者の
冬の時代

政府
- アメ
  1911
  工場法
  （日本初の労働者保護立法）
  少年・女子
  就業時間12時間
  深夜業禁止
  ↓
  不徹底
- ムチ
  特高（思想警察） ……→ 取り締まり → 社会主義者の**冬の時代**

おすすめ本
『辛酸——田中正造と足尾鉱毒事件』
（城山三郎）
角川文庫

豆知識
製糸工場での労働時間は、14時間以上という過酷なものだった。3度の食事は15分ほどで食べ、休憩は一切ない。

19世紀～20世紀初め

自由民権思想は国家主義思想に変貌した

◉自由民権思想の影響

明治初年、西洋の思想が導入されると中江兆民や植木枝盛らが**自由民権思想**を広め、青年層や知識層の支持を広く集めた。

しかしこの思想は、国家の独立を維持し、勢力を拡張しようとする国権論にしだいに吸収されていった。

1880年代末には政府の欧化主義を批判した**三宅《みやけ》雪嶺《せつれい》**は国粋保存主義を唱え雑誌『日本人』を発行、また一般国民のための平民的欧化主義を提唱した**徳富《とくとみ》蘇峰《そほう》**だが、三国干渉の現実をみて、のちに国家主義に変貌していった。

宗教界では、江戸以来の天理教・金光教・黒住《くろずみ》教などの教派神道が民間を中心に拡大、仏教も廃仏毀釈運動の打撃から立ち直った。

また1873年の黙認以来、キリスト教は布教活動が活発になる。**内村鑑三**※や同志社を創設した**新島襄**らにより、知識・青年層に大きな影響を与えたが、キリスト教は、忠君愛国を標榜する国家主義と衝突することもあった。

たとえば高等中学校の講師であった内村鑑三が、教育勅語奉読式で最敬礼をしなかったことが原因で、「国賊」と非難され、退職した事件があった。これは国家主義とキリスト教の争いの一例である。

◉明治時代に発達した科学分野

一方、近代化による科学の発達も目覚ましく、明治後期には日本人の独創的研究が発展を遂げる。

長岡半太郎による原子模型理論、**志賀潔《きよし》**の赤痢菌の発見、**北里柴三郎**の破傷風菌の純粋培養、薬学では**高《たか》峰《みね》譲吉《じょうきち》**のアドレナリン抽出や胃腸薬として商品化されるタカジアスターゼの創製などがあった。

人文科学でも実証的・合理的研究がすすみ、すぐれた成果があらわれた。

ポイント

- ☑西洋の思想は国権論に吸収されていった。
- ☑キリスト教は国家主義と衝突することもあった。
- ☑科学分野で日本人の独創的研究が発展を遂げる。

用語解説

※内村鑑三　1861年～1930年。思想家。キリスト教の洗礼を受けたが、無教会主義を提唱した。札幌農学校を経て、教員になったが不敬事件で辞職。以後は布教活動に勤しむ。非戦論を主張し、社会主義者を批判している。

■新しい思想と科学の発達

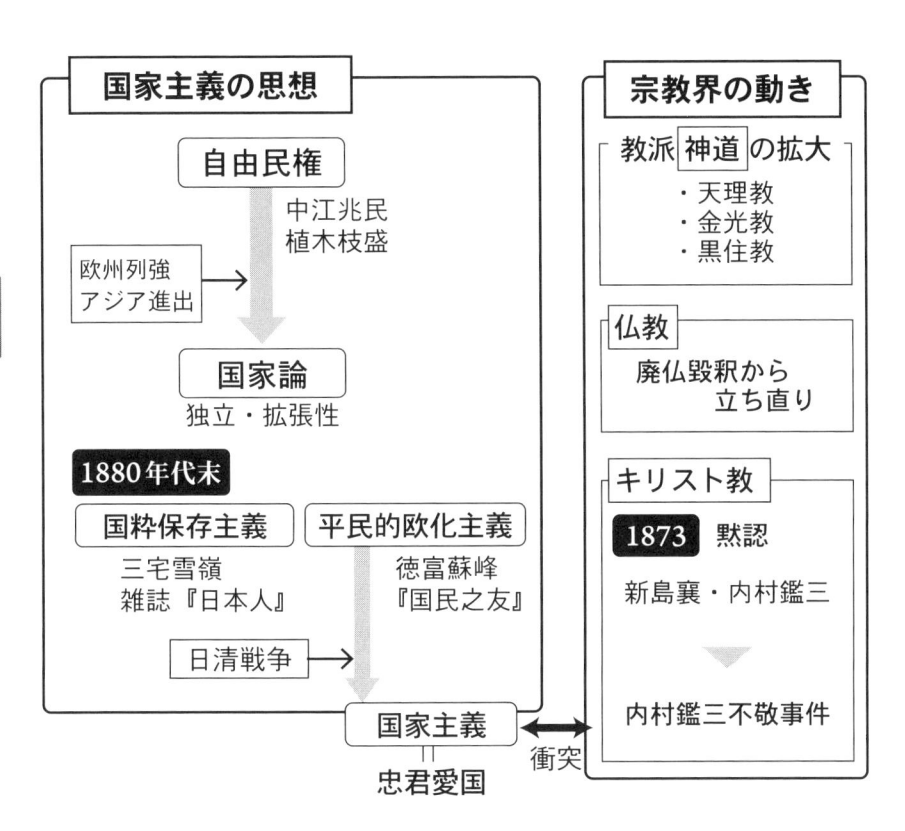

国家主義の思想

自由民権
中江兆民
植木枝盛

欧州列強
アジア進出 →

国家論
独立・拡張性

1880年代末

国粋保存主義
三宅雪嶺
雑誌『日本人』

平民的欧化主義
徳富蘇峰
『国民之友』

日清戦争 →

国家主義
||
忠君愛国

↔ 衝突

宗教界の動き

教派神道の拡大
・天理教
・金光教
・黒住教

仏教
廃仏毀釈から
立ち直り

キリスト教
1873 黙認
新島襄・内村鑑三
↓
内村鑑三不敬事件

科学の発達 明治末期

日本人による独創的な研究

物理学
長岡半太郎
（原子模型理論）

薬学
高峰譲吉
（アドレナリン
タカジアスターゼ）

細菌学
北里柴三郎
（破傷風菌の純粋培養）
志賀潔
（赤痢菌の発見）

人文科学
実証的合理的
研究の深化

→ **優れた成果**

おすすめ本
『代表的日本人』
（内村鑑三／鈴木範久訳）
岩波文庫

豆知識
東京帝大教授の鈴木梅太郎はオリザニンを発見した。これはビタミンB_1のことで、脚気の予防薬となる。

19世紀後半～20世紀初め

学校令制定で教育制度が発展した

◉ドイツに倣った学校教育

教育を重視する政府の施策によって、学校教育は大いに発展した。

明治の初年には、フランス・アメリカに範をとった自由主義的傾向が一時教育に取り入れられた。

しかし初代文部大臣・**森有礼**《ありのり》は、１８８６年にドイツ式の**学校令**（小学校令・中学校令・帝国大学令など）を制定し、国家主義的な教育制度を体系化。

さらにその後、日本の教育制度は発展していった。

具体的には6歳から14歳までの児童の就学義務を保護者に課す義務教育の延長、授業料の撤廃、女子就学率の上昇などだ。

また１８９０年には忠君愛国と家族道徳を強調し、明治天皇が下付した３１５字の**教育勅語**※が発布された。

そのほか１９０３年には小学校の**国定教科書制度**も創設され、道徳教育など国家主義的教育方針が徹底されていった。

◉新しい大学の創立

大学については、明治初年に設立された東京大学が、１８８６年に工部大学校と統合され、ドイツ、フランス、アメリカなど先進諸国の近代大学制度をモデルとした**帝国大学**となった。

帝国大学は国家の指導的人材を養成する機関となった。

一方で、福沢諭吉創設の**慶応義塾**、１８８２年に立憲改進党首の大隈重信が設立した**東京専門学校**（のちの**早稲田大学**）、１８７５年に京都に開学した新島襄の**同志社**などの私学は、政界・実業界・言論界に多彩な人材を送りこんだ。

女子教育の面でも、津田梅子の**女子英学塾**（のちの**津田塾大学**）、成瀬《なるせ》仁蔵《じんぞう》の**日本女子大学校**などが設立された。

ポイント

- ☑森有礼はドイツ式の学校令を採用した。
- ☑明治天皇が下付した教育勅語が発布された。
- ☑福沢諭吉の慶応義塾、大隈重信の東京専門学校が設立。

用語解説

※**教育勅語**　正式には「教育ニ関スル勅語」という。1890年、井上毅らによって作成された。孝行や謙遜、知能啓発などを謳った12項目から成る。小学校での式典などで朗読した。1946年にＧＨＱにより禁止。1948年、廃止。

■学校教育の発展

明治初年 **自由主義的傾向**

1886 **学校令制定** ▶ 国家主義的教育制度の体系化

小学校

義務教育4年

1890 **教育勅語**
忠義愛国・家族道徳

1900 公立小学校授業料撤廃

▼

女子の就学率上昇

1903 国定教科書制度

1907 義務教育6年へ

帝国大学令

東京大学 ▶ 帝国大学
（のちの東京帝大）

⇩

指導的人材育成

私学

慶応義塾（福沢諭吉）
東京専門学校（大隈重信）
同志社（新島襄）

⇩

政界・実業界・言論界へ人材輩出

女子教育

女子英学塾（現：津田塾大）（津田梅子）

日本女子大学校

おすすめ本
『天皇と東大——大日本帝国の生と死』
（立花隆）
文藝春秋

豆知識
和仏法律学校は現・法政大学、日本法律学校は日本大学、哲学館は東洋大学など、今も続く私立大がこの時期に多く生まれた。

▼文芸と芸術の革新

ロマン主義から自然主義、そして反自然主義へ

◉新たな文学の動き

明治の文学界にも新しい波が起こってきた。

１８８５年に**坪内逍遥**《しょうよう》が『小説神髄』を書き、勧善懲悪思想から離れて、現実をそのまま描写する写実主義を唱えて文学の自立化を説いた。

日清戦争の前後には、人間性の解放、個人の自由な感情を新体詩や小説で描こうとする**ロマン主義運動**が起こった。図の矢印にみるようにこの運動の影響で、新体詩や小説などが多数発表された。

このころドイツから帰朝した**森鷗外**の抒情溢れる作品も出された。また小説の**樋口一葉**や短歌の**与謝野晶子**など、女流作家も活躍した。

その後、日露戦争のころから、自然主義が盛んになり、**島崎藤村**や**田山花袋**《かたい》らの**自然主義小説**が流行した。

この動きに反発して、矢印にみるように知識人の精神生活を描いた**夏目漱石**の反自然主義の作品も多くの読者を獲得した。

◉日本美術の復興と発展

美術界においては、日本美術の復興に**フェノロサ**や**岡倉天心**《てんしん》が尽力し、東京美術学校や日本美術院を舞台に**横山大観**《たいかん》らの日本画家が活躍した。また、西洋画は**黒田清輝**《せいき》らがフランス印象派の画風を取り入れ描いた。

そうした画壇に対し、政府は日本画と西洋画の共栄をめざして文部省美術展覧会（文展）を開設した。

そのほか演劇界でも変化が起こった。歌舞伎は江戸時代から人気だったが、明治になって**団菊左**《だんきくさ》**時代**※と呼ばれる全盛期を迎える。現代社会劇の**川上音二郎**《おとじろう》の新派劇や、西洋近代劇（新劇）も上演された。

音楽では東京音楽学校が設立され、**滝廉太郎**らのすぐれた作曲家があらわれた。小学校でも西洋歌謡を模した唱歌がとり入れられている。

ポイント

- ☑個人の自由な感情を描くロマン主義運動が起こる。
- ☑島崎藤村らの自然主義小説が流行する。
- ☑日本美術の復興に岡倉天心らが尽力する。

用語解説

※団菊左時代　市川団十郎（９代）、尾上菊五郎（５代）、市川左団次（初代）のこと。この時期に人気のあった３人の歌舞伎役者である。団十郎は古典の形を伝え、菊五郎は研究熱心、左団次は立ち回りを得意とし、三者三様であった。

■文芸と芸術の革新

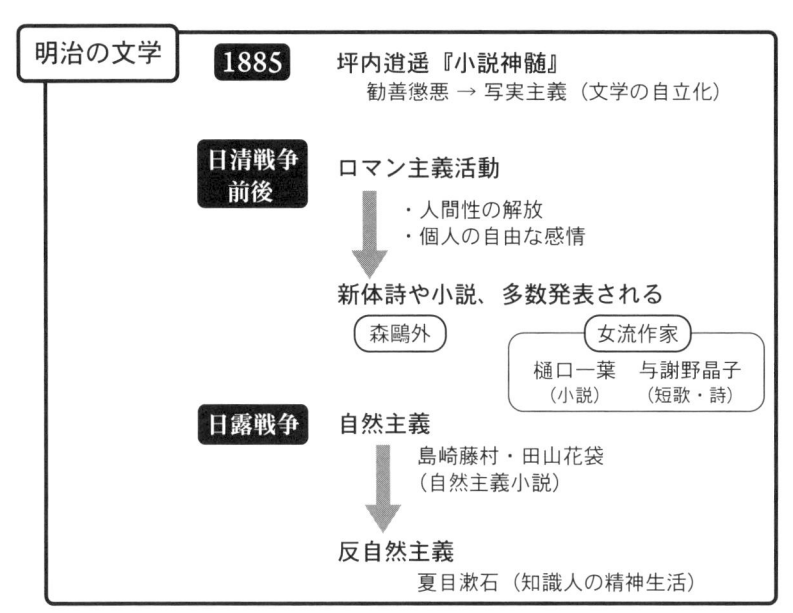

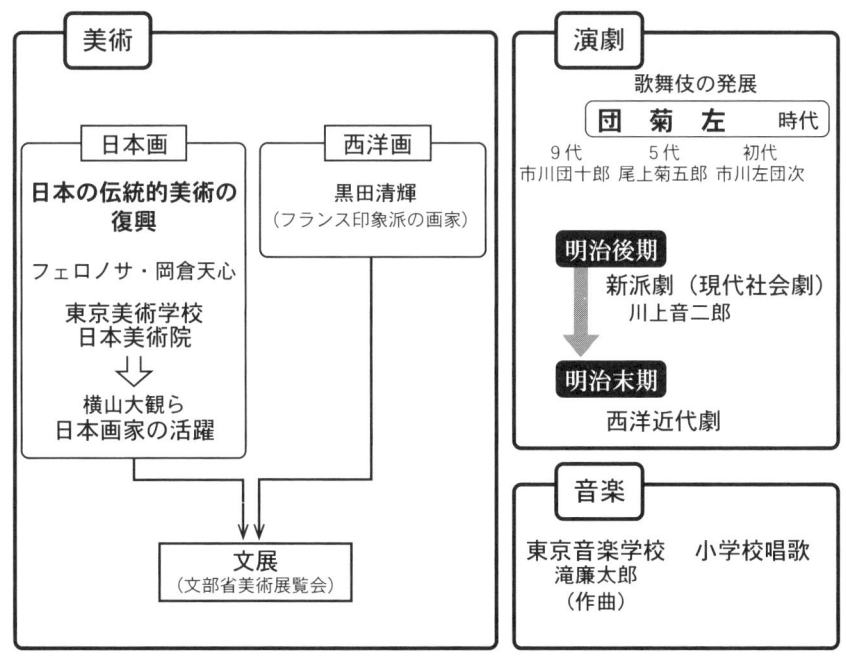

明治の文学

1885
坪内逍遥『小説神髄』
勧善懲悪 → 写実主義（文学の自立化）

日清戦争前後
ロマン主義活動
・人間性の解放
・個人の自由な感情
↓
新体詩や小説、多数発表される
森鷗外
女流作家
樋口一葉（小説）　与謝野晶子（短歌・詩）

日露戦争
自然主義
島崎藤村・田山花袋
（自然主義小説）
↓
反自然主義
夏目漱石（知識人の精神生活）

美術

日本画
日本の伝統的美術の復興
フェロノサ・岡倉天心
東京美術学校
日本美術院
⇩
横山大観ら
日本画家の活躍

西洋画
黒田清輝
（フランス印象派の画家）

↓
文展
（文部省美術展覧会）

演劇

歌舞伎の発展
団　菊　左　時代
9代 市川団十郎　5代 尾上菊五郎　初代 市川左団次

明治後期
新派劇（現代社会劇）
川上音二郎
↓
明治末期
西洋近代劇

音楽

東京音楽学校　小学校唱歌
滝廉太郎
（作曲）

おすすめ本
『九鬼と天心——明治のドン・ジュアンたち』
（北康利）
PHP研究所

豆知識
日本画の中に洋画の手法を取り入れた横山大観、菱田春草の絵は、発表当時「朦朧体」といわれ、評価されなかった。

19世紀後半～
20世紀初頭

▼新しい文化のひろまり

日清・日露戦争の報道で10数万部の新聞もあらわれた

◉明治時代のマスコミ

明治の新しい文化は、新聞や雑誌というマスコミを通じて国民一般に広く伝播《でんぱ》していった。

１８７０年代に創刊された**日刊新聞**の多くは自由民権運動とむすびつき、１８８０年代には知識人を対象とした大判で文語体の政治論議が中心の**政論新聞（大新聞）**として発達した。東京日日新聞、郵便報知新聞などがその代表である。

反対に**小新聞**は江戸時代の読売《よみうり》瓦版《かわらばん》の伝統を引き継いで、小型で総ふり仮名つきの平易な文章を用いて、世間の事件や花柳界※のうわさなど社会のできごとを庶民に伝えた。

１８９０年代になるとニュース報道を中心とした全国的な規模の**商業新聞**が登場する。

庶民への教育の普及と日清・日露戦争時期のニュース報道に関心が高まり、明治末期になると一日の発行部数が10数万部に達するという新聞もあらわれた。

◉仕事場は洋風、家庭では和風

新しい文化の広がりと同時に国民の生活スタイルも変化していった。

まず官庁、学校、会社、軍隊が西洋風の生活を取り入れ、その衣食住は大都市の一般家庭へも広がった。

電灯も公共施設から一般家庭へ普及し、レンガ造りの洋風建築が登場、肉食と洋服の習慣も見られるようになった。だが日本人は仕事場では洋風、家庭では和風というように生活様式の使い分けをしている。

鉄道、郵便、電信、そして１８９０年代の電話によって、国民は生活圏を拡大していった。

しかし、どれだけ文化的な生活が普及したといっても、それはあくまで都市だけの話であった。いまだ石油ランプを使い、麦入りの飯を食べる農村の生活との格差は、依然として大きいままだった。

ポイント☑

☑1890年代、全国的な商業新聞が登場する。

☑西洋風の生活が都市へも広がった。

☑鉄道、郵便、電話で、国民の生活圏は拡大した。

用語解説

※花柳界　芸者や遊里で働く女性たちがいる世界のことを指す。当時はこうした女性たちのうわさ話などがゴシップ記事的な意味を持ち、「艶種」といって新聞の三面記事を彩っていた。

■新しい文化のひろまり

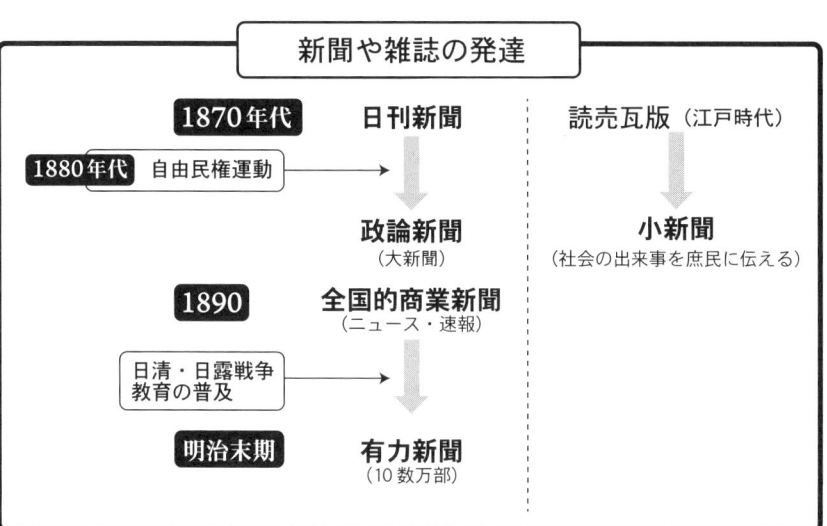

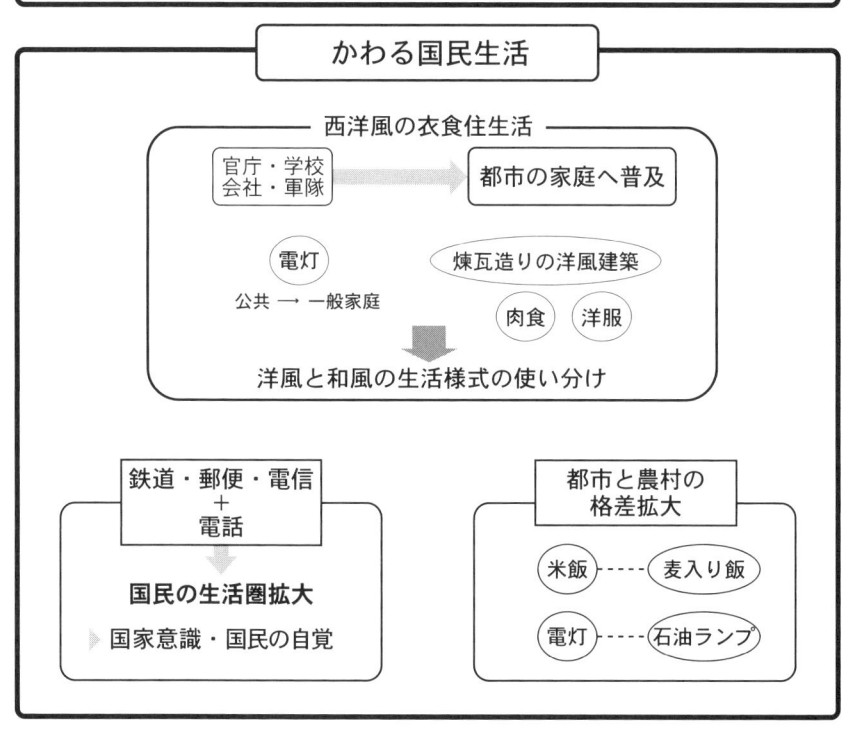

新聞や雑誌の発達

- **1870年代** 日刊新聞
- **1880年代** 自由民権運動 → 政論新聞（大新聞）
- **1890** 全国的商業新聞（ニュース・速報）
- 日清・日露戦争、教育の普及 → **明治末期** 有力新聞（10数万部）

読売瓦版（江戸時代） → 小新聞（社会の出来事を庶民に伝える）

かわる国民生活

西洋風の衣食住生活

- 官庁・学校、会社・軍隊 → 都市の家庭へ普及
- 電灯：公共 ⟶ 一般家庭
- 煉瓦造りの洋風建築
- 肉食
- 洋服

↓

洋風と和風の生活様式の使い分け

鉄道・郵便・電信 ＋ 電話

↓

国民の生活圏拡大

▶ 国家意識・国民の自覚

都市と農村の格差拡大

- 米飯 ----- 麦入り飯
- 電灯 ----- 石油ランプ

おすすめ本

『坂の上の雲』（司馬遼太郎）文春文庫

豆知識

日刊新聞の始まりは「横浜毎日新聞」で1871年創刊。その後「東京横浜毎日新聞」と名称変更、統廃合を重ね1940年廃刊。

1914年〜1922年

日英同盟でドイツに宣戦、青島と南洋諸島を占領する

ポイント

☑サライエボ事件をきっかけに第１次世界大戦が勃発。
☑日本は二十一カ条の要求を袁世凱に突きつける。
☑アメリカからの要請で日本もシベリアに出兵する。

◉第一次世界大戦の勃発

20世紀はじめ、ヨーロッパではドイツ・オーストリア・イタリアの三国同盟と、ロシア・フランス・イギリスの**三国協商**が対立していた。

１９１４年、セルビア人によるオーストリア帝位継承者夫妻暗殺事件がボスニアのサライエボで起こる（**サライエボ事件**）。これをきっかけにオーストリアがセルビアに宣戦、次に**三国協商**がセルビア側、ドイツがオーストリア側にたって、**第一次世界大戦**が勃発した。日本は１９０２年の日英同盟を理由にドイツに宣戦、ドイツの軍事基地・青島《チンタオ》と植民地の南洋諸島を占領した。

中国では１９１１年に**辛亥《しんがい》革命**が起こり、孫文を臨時大総統にした**中華民国**が南京に成立したが、軍閥の雄・**袁世凱《えんせいがい》**は実験を握り、正式な大統領となった。日本では第二次大隈重信内閣が１９１５年に山東省のドイツ権益の継承など**二十一カ条の要求**を袁世凱に突きつけ認めさせたが、中国では排日感情が大きくなっていった。

◉日本の出兵

次の寺内正毅内閣は袁世凱の後継者の北方軍閥・**段祺瑞《だんきずい》**政権に莫大な

1917　**ロシア革命**
ソヴィエト政権（レーニン）
＝
連合国から離脱
（ドイツ・オーストリアと講和）

1918
→ **シベリア出兵**
（チェコスロヴァキア軍救援）

→ **シベリア・沿海州・北満州**
▼
連合国撤兵後の駐留
⇩ 批難
1922　**撤兵**

用語解説

※石井・ランシング協定　日本の中国における特殊権益承認協定。日本の石井菊次郎全権大使とアメリカ国務長官ランシングとの間で締結された。ほかにアメリカの主張する中国の領土の保全、開国、機会均等などが盛り込まれていた。

■第1次世界大戦の勃発と日本の動き

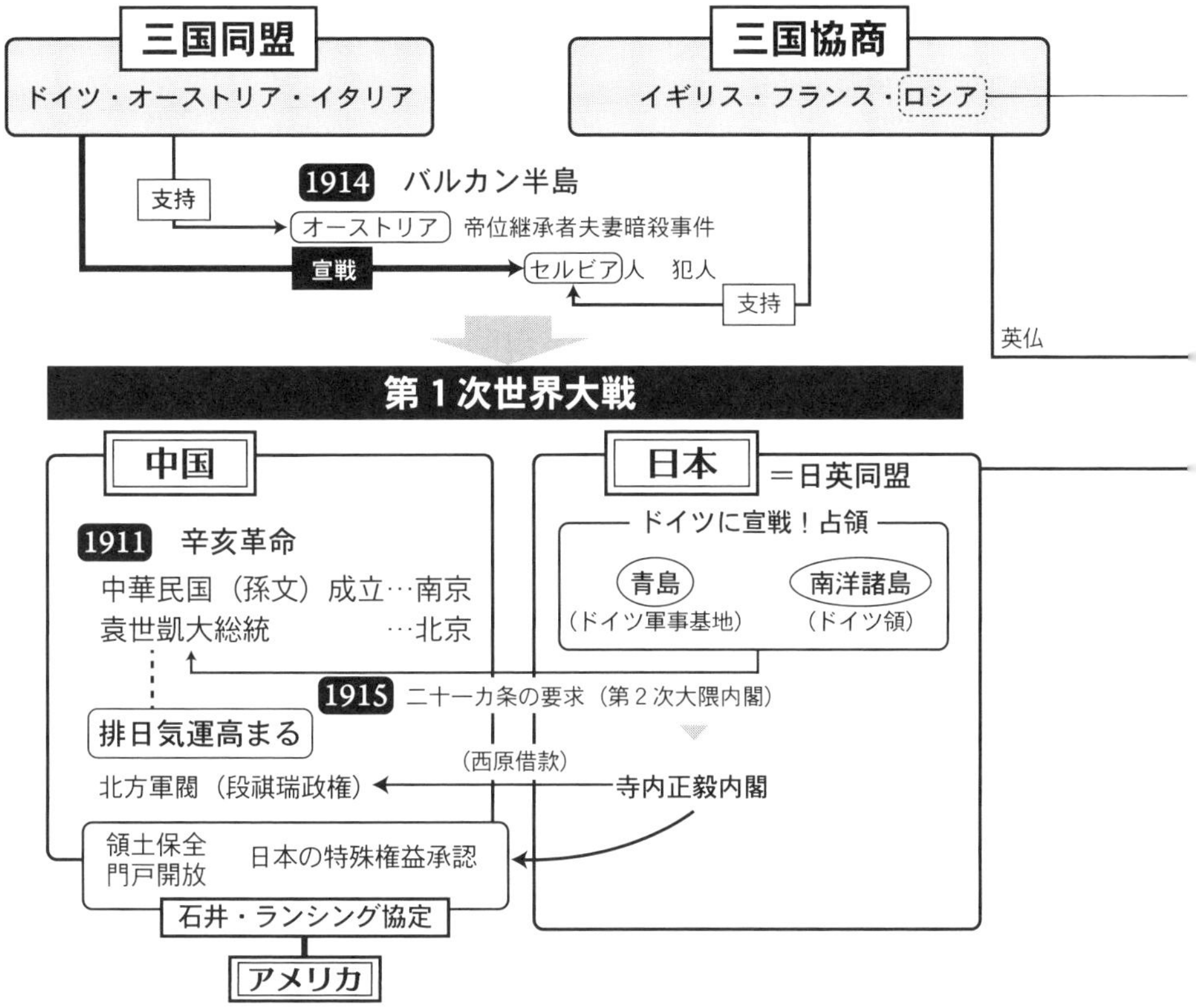

三国同盟
ドイツ・オーストリア・イタリア
三国協商
イギリス・フランス・ロシア
1914 バルカン半島
支持
オーストリア 帝位継承者夫妻暗殺事件
宣戦
セルビア人 犯人
支持
英仏
第1次世界大戦
中国
1911 辛亥革命
中華民国（孫文）成立…南京
袁世凱大総統 …北京
排日気運高まる
北方軍閥（段祺瑞政権）
日本
＝日英同盟
ドイツに宣戦！占領
青島
（ドイツ軍事基地）
南洋諸島
（ドイツ領）
1915 二十一カ条の要求（第2次大隈内閣）
（西原借款）
寺内正毅内閣
領土保全
門戸開放
日本の特殊権益承認
石井・ランシング協定
アメリカ

借款を与えて日本の影響力を強めようとした（**西原借款《にしはらしゃっかん》**）。そして1917年にはアメリカと**石井・ランシング協定**※を結び、中国の領土保全や日本の中国における特殊権益を承認させるなどして、ますます中国への影響力を高めていった。

一方、三国協商の一つ・ロシアでは1917年に革命が起こりレーニンが指導する社会主義の**ソヴィエト政権**が成立、ドイツ・オーストリアと講和を結び、連合国から離脱した。連合国のフランス、イギリスは1918年、革命と内戦にからんでシベリアに出兵した。アメリカから要請を受けた日本もシベリア・沿海州・北満州に兵を送った。日本軍は連合国の撤退後も駐留を続けたが、内外の批判もあり、1922年には撤兵することになった。

おすすめ本
『革命をプロデュースした日本人』
（小坂文乃）
講談社

豆知識
第1次世界大戦に参戦したころ、生糸や綿織物の輸出増加により、景気がよくなった。そのため「成金」が誕生した。

▼大正デモクラシー

1912年～1918年

民本主義が高まり、大正デモクラシー起こる

◉大正政変が起こる

日露戦争の後から満州事変にかけて国内では民主主義や自由主義の気運があふれた。

政権も長州閥と陸軍を背景に**桂太郎**※と、衆院第一党の立憲政友会の総裁**西園寺公望**※が交代で政権を担当する安定時代を迎えた（**桂《けい》園《えん》時代**）。

1912年、第二次西園寺内閣が陸軍の二個師団増設要求を拒否し総辞職となり、第三次桂内閣が誕生した。

この藩閥と陸軍の横暴を憂えた立憲国民党の**犬養毅**と立憲政友会の**尾崎行雄**らが第一次護憲運動を起こし桂内閣を総辞職に追い込んだ。この動きを**大正政変**という。

その後を受けて薩摩出身で海軍の山本権《ごん》兵《べ》衛《え》が立憲政友会の支持をバックに内閣を組織した。山本内閣は**軍部大臣現役武官制の改正**などを行ったが、1914年に海軍高官の賄賂問題である**ジーメンス事件**で退陣を余儀なくされた。

そして立憲同志会の支持を得た大隈重信がこの後をついで第二次内閣を組織した。

このような相次ぐ政変のなかで、政党の力が伸びていった。

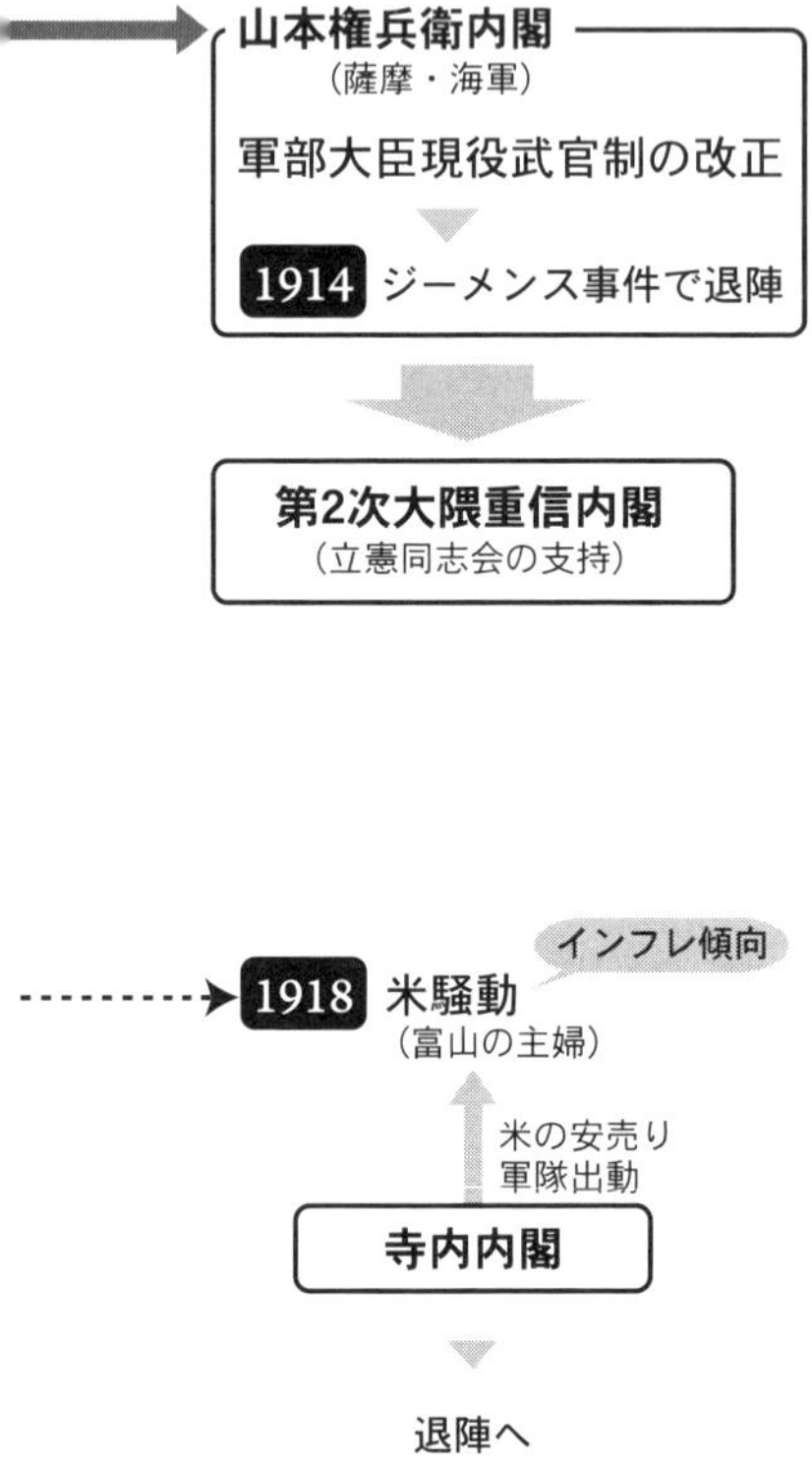

山本権兵衛内閣
（薩摩・海軍）
軍部大臣現役武官制の改正
1914 ジーメンス事件で退陣
第2次大隈重信内閣
（立憲同志会の支持）
インフレ傾向
1918 米騒動
（富山の主婦）
米の安売り
軍隊出動
寺内内閣
退陣へ

ポイント

- ☑民主主義や自由主義の気運が高まる。
- ☑犬養毅、尾崎行雄ら大正政変を起こす。
- ☑インフレがすすんで、各地で米騒動が起こった。

用語解説

※桂太郎と西園寺公望　桂と西園寺は1901年から交互に総理に就任した。桂は軍閥であり、西園寺は政党出身、対立するのではと思われたが、桂は「情意投合」（立場は違えど、そろって協力し、政権運営をする）として西園寺と協調した。

■大正デモクラシー

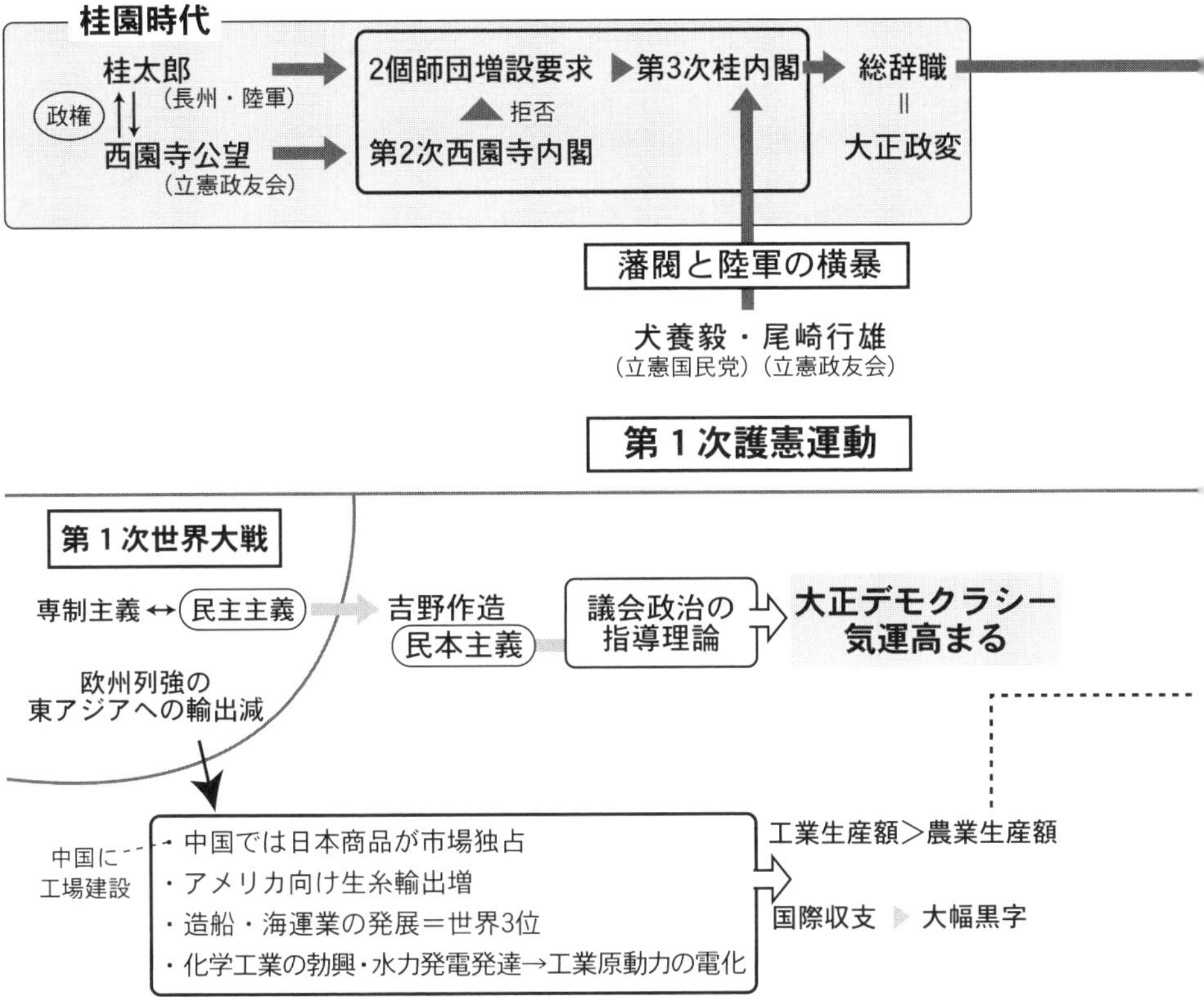
桂園時代
桂太郎
（長州・陸軍）
政権
西園寺公望
（立憲政友会）
2個師団増設要求
拒否
第2次西園寺内閣
第3次桂内閣
総辞職
＝
大正政変
藩閥と陸軍の横暴
犬養毅・尾崎行雄
（立憲国民党）（立憲政友会）
第１次護憲運動
第１次世界大戦
専制主義↔民主主義
吉野作造
民本主義
議会政治の
指導理論
大正デモクラシー
気運高まる
欧州列強の
東アジアへの輸出減
中国に
工場建設
・中国では日本商品が市場独占
・アメリカ向け生糸輸出増
・造船・海運業の発展＝世界3位
・化学工業の勃興・水力発電発達→工業原動力の電化
工業生産額＞農業生産額
国際収支
大幅黒字

　こうした政治の流れから、東京帝大の**吉野作造**教授が、民意による政治運営を行うべきという**民本主義**を唱えた。

　この民本主義は議会政治の指導理論となり、大正デモクラシーの気運が満ちていく。

◉各地で頻発する米騒動

　第一次世界大戦を機に工業生産額は農業生産額を凌駕《りょうが》するまでになり、国際収支は大幅な黒字になっていった。いわゆる大戦景気である。

　しかし一方では、インフレがすすんだ。1918年には米価が上昇し、富山県の主婦たちの運動に端を発して各地で**米騒動**が起こった。

　時の寺内正毅内閣は騒動を鎮《しず》めるために米の安売りや軍隊の出動も行ったが、世論の指弾を浴びて退陣にいたった。

おすすめ本
『大正から昭和へ——恐慌と戦争の中を生きて』（横松宗）河出書房新社

豆知識
山本権兵衛の読み方は「ごんべえ」。以前は「ごんのひょうえ」とも呼ばれたが、これは進水式の時、神主が祝詞用に呼んだもの。

1918年〜1922年

▼平民宰相の誕生と社会運動

「平民宰相」原敬が本格的な政党内閣をつくる

ポイント

- ☑原内閣は産業振興など積極政策を採用した。
- ☑1923年の関東大震災など世情が不安定となる。
- ☑平塚雷鳥は婦人参政権獲得運動をはじめる。

◉原内閣の誕生

１９１８年、立憲政友会総裁の**原敬**内閣が誕生する。原内閣は本格的な政党内閣であった。衆議院議員が首相になったのは初めてであり、そのうえ原は爵位の受け取りを拒《こば》んできたこともあって、「**平民宰相**」として歓迎された。

原内閣は、産業振興、高等教育機関の大増設、選挙資格の拡大など積極政策を採用した。しかし、多数党の横暴という印象を与えたことなどから、１９２１年、東京駅で暗殺された。

さて、１９２０年の第一次世界大

高まる社会運動

- 1912 友愛会（鈴木文治）
  - 1920 メーデー（日本初）
- 1921 日本労働総同盟

- 1922 日本農民組合（賀川豊彦）

婦人
- 1911 青鞜社（平塚雷鳥）
- 1920 新婦人協会（市川房枝）
- 婦人参政権獲得運動

部落解放
- 1922 全国水平社 西光万吉の宣言
- 1955 部落解放同盟

- 1920 日本社会主義同盟 大杉栄　無政府主義
- 1922 日本共産党 非合法活動

国家主義活動（北一輝・大川周明）
→ 国家主義者や青年将校に影響

用語解説

※**北一輝**　1883年〜1937年。思想家。明治憲法下の天皇制を批判し、その著書に同調した陸軍青年将校たちが二・二六事件を引き起こした。北は直接の事件関与者ではないが、反乱軍の精神的支柱となったとして処刑された。

■平民宰相の誕生と社会運動

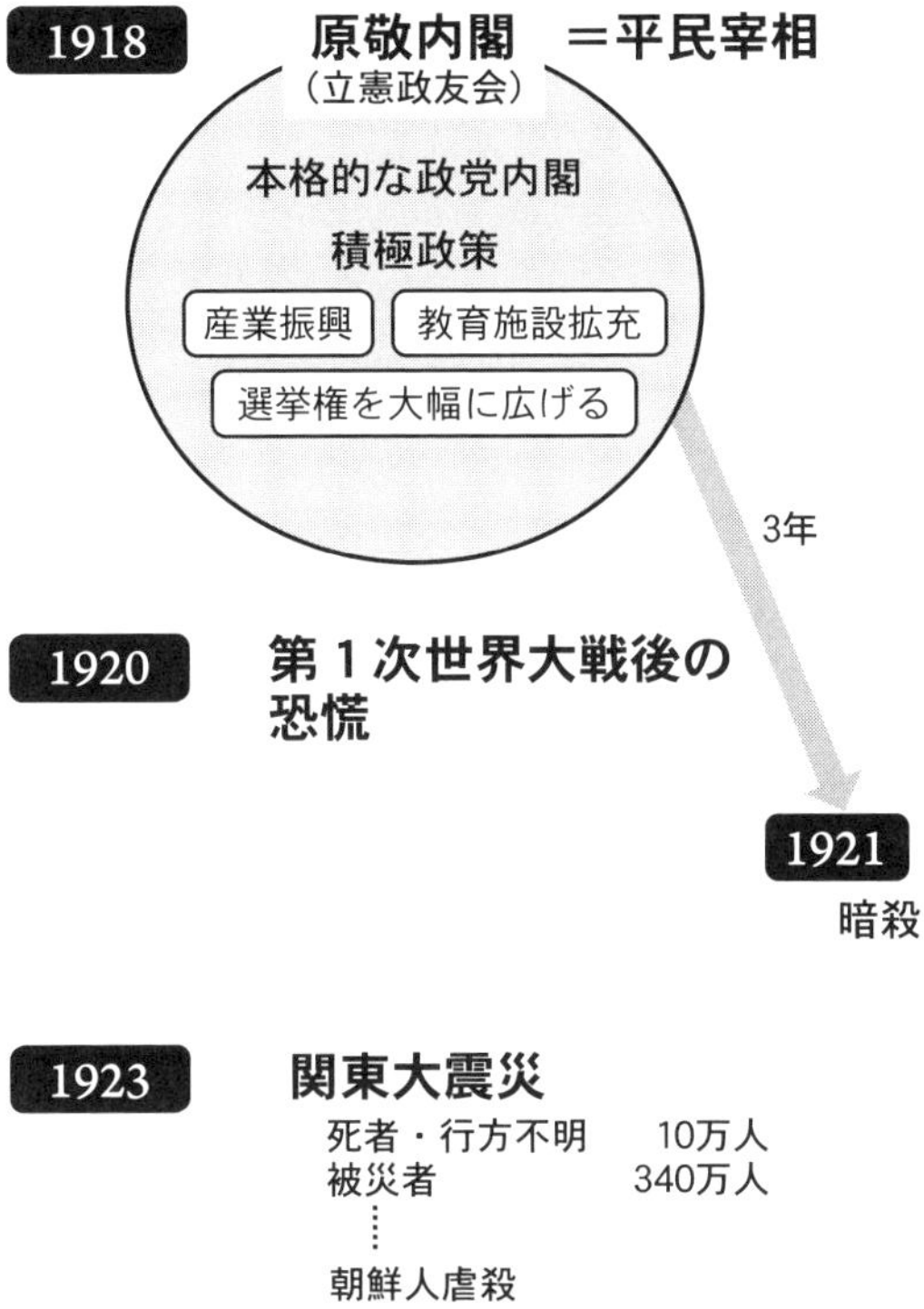
1918
原敬内閣　＝平民宰相
（立憲政友会）
本格的な政党内閣
積極政策
産業振興
教育施設拡充
選挙権を大幅に広げる
3年
1920
第１次世界大戦後の恐慌
1921
暗殺
1923
関東大震災
死者・行方不明　10万人
被災者　340万人
朝鮮人虐殺

戦後の恐慌、1923年の**関東大震災**など、世情は不安定であった。

　この間、第一次大戦期に盛り上がりをみせた世界各国の民族独立運動や、1917年の**ロシア革命**は、衰退していた労働社会運動に大きな影響を与えていった。

◉社会運動の増大

　まず、1912年に**鈴木文治《ぶんじ》**が創立した労働者組織・**友愛会**は1920年のメーデーを経て、1921年には**日本労働総同盟**に発展していった。また農村では、小作争議が増加したこともあり、1922年には**賀《か》川豊彦《がわとよひこ》**の指導のもとに**日本農民組合**が発足した。ほかにも1911年に**平塚雷鳥《らいちょう》**が**青鞜社《せいとうしゃ》**を設立、女性解放を唱え、1920年には**市川房枝**らとともに**新婦人協会**を結成し、**婦人参政権獲得運動**がはじまった。

　部落解放運動も1922年には西《さい》光万吉《こうまんきち》起草の水平社宣言が採択され、全国組織の全国水平社が発足し、後の**部落解放同盟**に発展していく。

　しかし、1920年に設立された日本社会主義同盟では内部対立が続いていた。1922年には**日本共産党**が革命をめざして非合法活動を開始している。一方、国家主義の立場から**北一輝《きたいっき》**※・**大川周明《しゅうめい》**らによる国家改造運動が進められ、これは国家主義者や青年将校に影響を与えた。

　このようにこの時代は社会運動が大きな高まりをみせていったのだ。

おすすめ本
『原敬日記』
（原敬／原奎一郎編）
福村出版

豆知識
平塚雷鳥の雑誌『青鞜』の創刊第１号表紙はのちに高村光太郎の妻となる長沼智恵子が描いた。

1918年～1922年

アメリカとの協調を重視し、軍備縮小を決断する

◉ヴェルサイユ条約と国際連合

１９１８年に第一次世界大戦でドイツが敗北すると、アメリカ大統領**ウィルソン**の発表した**14カ条の平和原則**をもとに、１９１９年、**パリ講和会議**が開催された。日本は西園寺公望らを全権として派遣した。この会議で27カ国が調印した**ヴェルサイユ条約**により、ヨーロッパにおける新しい戦後秩序が生まれた。

また会議では民族自決の原則によって東欧諸国の独立が認められた。朝鮮半島でも民族独立運動（**三・一独立運動**）が高まったが、日本はこれを鎮圧した。日本は山東半島の旧ドイツ権益を継承したが、中国はこれに反発し、大規模な反日民族運動（**五・四運動**）が起こった。

会議では日本は**人種差別撤廃案**も提案したが、アメリカなどの反対があり、これは不成立に終わった。

なお、この条約で１９２０年に常設の国際平和機構として**国際連盟**が発足し、日本は常任理事国に選ばれている。

◉幣原外交

翌年にはアメリカの主導で**ワシントン会議**が開かれた。ここでは軍縮と東アジア地域の国際秩序が課題となり、話し合いが進められた。日本は加藤友三郎海軍大臣・**幣原《しではら》喜《き》重《じゅう》郎《ろう》**※駐米大使らを全権として派遣し、アメリカとの協調と財政的制約から軍備縮小を決断した。

結果、日英同盟は廃棄となり、中国との話し合いで日本の山東省における旧ドイツ権益の返還が決まった。

１９２２年には日米英仏伊５カ国間で**ワシントン海軍軍縮条約**が結ばれた。その後、外相に就任した幣原喜重郎はアメリカとの協調に力を注ぎ**幣原外交**と呼ばれた。このようにしてアジア太平洋地域の新たな国際秩序である**ワシントン体制**が成立したのである。

ポイント

- パリ講和会議に西園寺公望らを全権として派遣。
- 中国で反日民族運動の五・四運動が起こる。
- 新たな国際秩序であるワシントン体制が成立。

用語解説

※幣原喜重郎　1872年～1951年。政治家、外交官。ワシントン会議では全権大使を務め、ワシントン体制下で「幣原外交」を繰り広げた。終戦後、総理大臣、衆議院議長などを歴任。議長在任中に死亡した。

■幣原協調外交

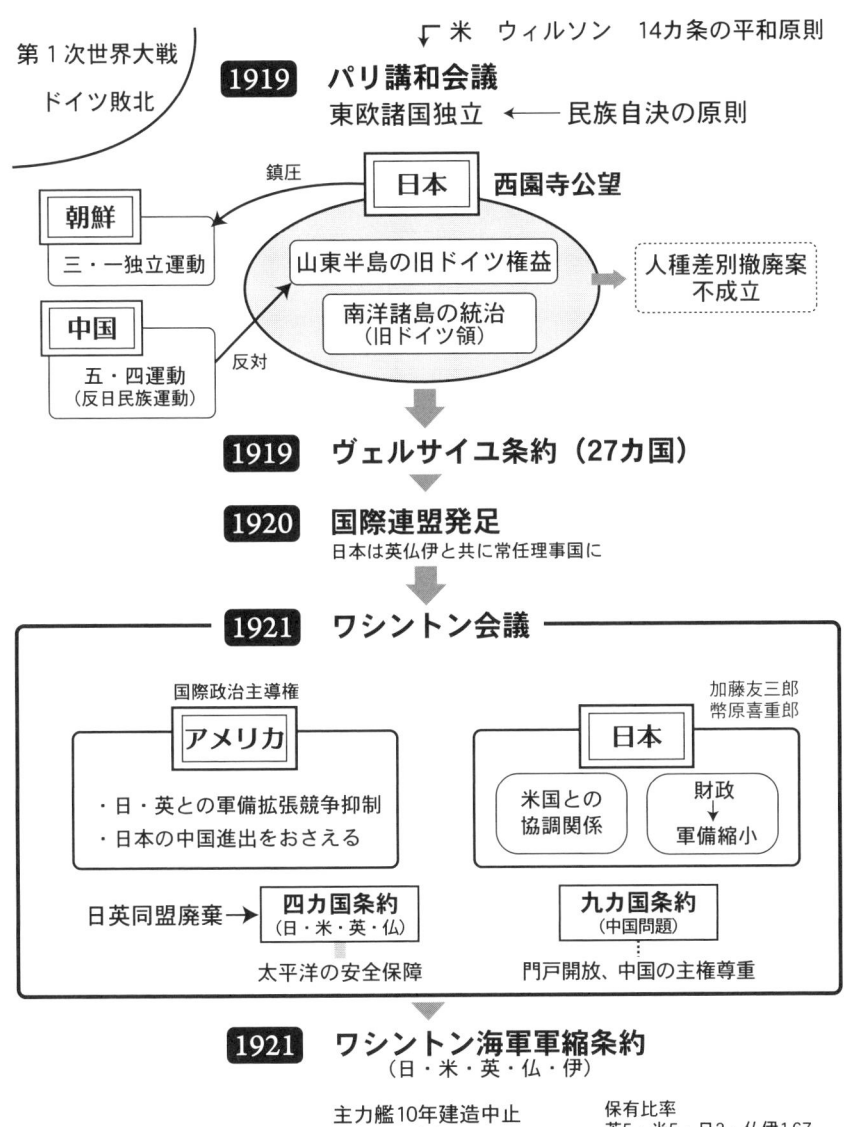

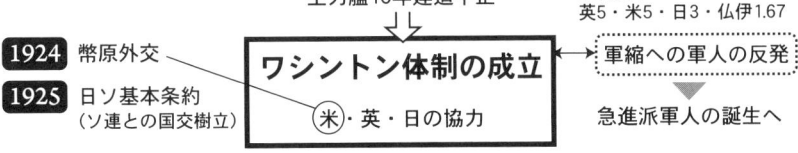

第1次世界大戦
ドイツ敗北

米 ウィルソン 14カ条の平和原則
↓

1919 パリ講和会議

東欧諸国独立 ← 民族自決の原則

日本 **西園寺公望**

- 山東半島の旧ドイツ権益
- 南洋諸島の統治（旧ドイツ領）

→ 人種差別撤廃案不成立

日本 →（鎮圧）→ **朝鮮** 三・一独立運動

中国 五・四運動（反日民族運動） →（反対）→ 山東半島の旧ドイツ権益

↓

1919 ヴェルサイユ条約（27カ国）

↓

1920 国際連盟発足

日本は英仏伊と共に常任理事国に

↓

1921 ワシントン会議

国際政治主導権
アメリカ
・日・英との軍備拡張競争抑制
・日本の中国進出をおさえる

加藤友三郎
幣原喜重郎
日本
- 米国との協調関係
- 財政 → 軍備縮小

日英同盟廃棄 → **四カ国条約**（日・米・英・仏）
太平洋の安全保障

九カ国条約（中国問題）
門戸開放、中国の主権尊重

↓

1921 ワシントン海軍軍縮条約（日・米・英・仏・伊）

主力艦10年建造中止

保有比率
英5・米5・日3・仏伊1.67

⇩

ワシントン体制の成立
米・英・日の協力

↔ 軍縮への軍人の反発
↓
急進派軍人の誕生へ

1924 幣原外交
1925 日ソ基本条約（ソ連との国交樹立）

おすすめ本
『楡家の人びと』
（北杜夫）
新潮文庫

豆知識
ヴェルサイユ条約に全権として出席した牧野伸顕は大久保利通の次男であったが、生後すぐ従兄弟・牧野家へ養子に出された。

加藤高明内閣時に普通選挙法が成立する

◉二大政党の力

原敬の暗殺後、閣僚留任のまま立憲政友会の**高橋是清**《これきょ》内閣が誕生したが、党内対立から6カ月で退陣する。

１９２４年に成立した**清浦奎吾**《きょうらけいご》内閣は貴族院を背景としていたため、憲政会・立憲政友会・革新倶楽部は時代錯誤であるとして内閣打倒を目的に**第二次護憲運動**を展開した。清浦内閣は衆院解散で対抗したが、結果は前述の護憲三派の勝利に終わり、憲政会総裁・**加藤高明**が**護憲三派連立内閣**を組織した。

加藤内閣は、協調外交路線で軍縮政策を実行した。また１９２５年には25歳以上の男子すべてに選挙権を与える**普通選挙法**を成立させた。しかし、その代償として**治安維持法**も制定した。この法律は共産主義者を取り締まることが第一義であったが、のちには自由主義・民主主義運動も対象となっていった。

さて、加藤内閣以来、立憲政友会と憲政会の二大政党が交代で政権を担当するようになった。衆議院で多数議席を持つ政党の党首が組閣するのが立憲政治の慣例となり、天皇から首相選任などの諮問《しもん》を受ける元老の西園寺公望ら重臣も協力した。

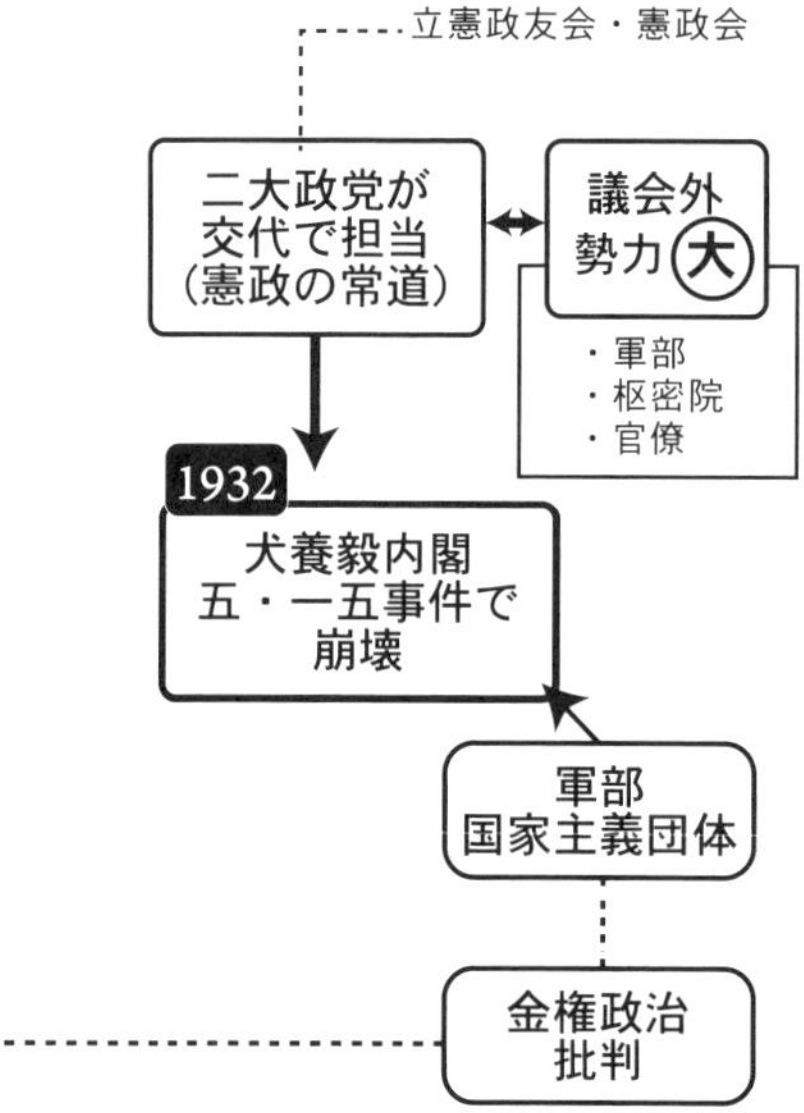
立憲政友会・憲政会
二大政党が交代で担当（憲政の常道）
議会外勢力（大）
・軍部
・枢密院
・官僚
1932
犬養毅内閣 五・一五事件で崩壊
軍部 国家主義団体
金権政治批判

ポイント
- ☑高橋内閣が誕生するも党内対立から6カ月で退陣。
- ☑加藤内閣は協調外交路線で軍縮政策を実行した。
- ☑立憲政友会と憲政会の二大政党が交代で政権を担当。

用語解説

※**五・一五事件**　1932年、海軍の青年将校たちが起こした反乱。ロンドン海軍軍縮会議の結果に不満を持ち、首相官邸や警視庁、立憲政友会本部などを襲った。首相の犬養毅は死亡。将校たちは自首した。

■二大政党時代の功罪

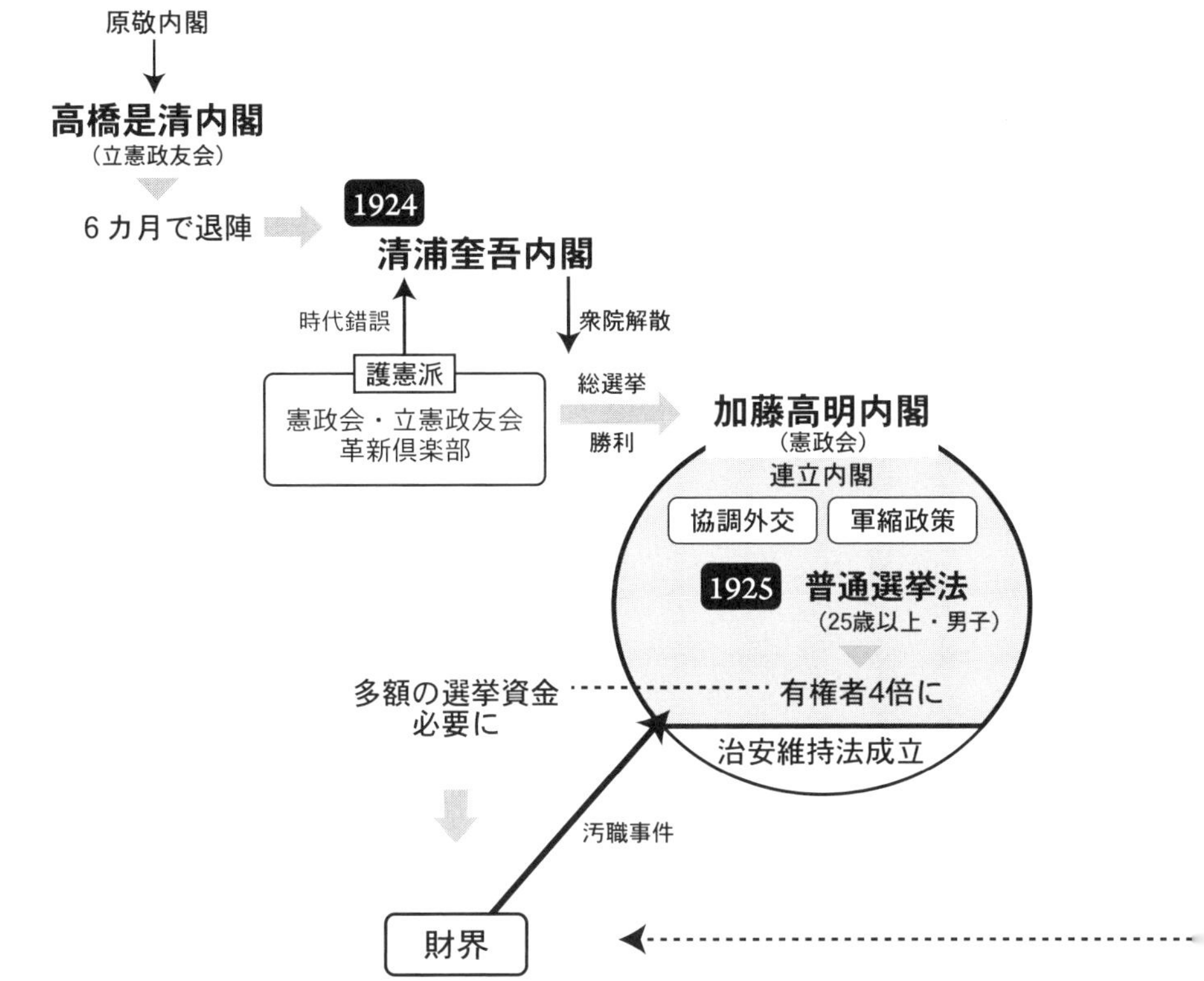
原敬内閣
高橋是清内閣
（立憲政友会）
6カ月で退陣
1924
清浦奎吾内閣
時代錯誤
護憲派
憲政会・立憲政友会
革新倶楽部
衆院解散
総選挙
勝利
加藤高明内閣
（憲政会）
連立内閣
協調外交
軍縮政策
1925
普通選挙法
（25歳以上・男子）
有権者4倍に
多額の選挙資金
必要に
治安維持法成立
汚職事件
財界

◉五・一五事件の顚末

しかし軍部・枢密院《すうみついん》・官僚など議会外の勢力も大きな力を持っていたため、野党となった政党は政権を奪取するため、こうした勢力と手を握って政府を盛んに攻撃していった。

また普選によって有権者が増え選挙資金も膨大になっていったため、政党は財界と選挙資金を通じて結びつき、汚職事件が頻発するようになり、金権政治と批判された。

こういった流れの中で軍部や国家主義団体が力を得ていった。

それが、1932年、海軍青年将校が首相官邸、内大臣邸、政友会本部などを襲い、**犬養毅**首相らを暗殺した**五・一五事件**※へとつながっていったのである。このクーデターで政党内閣は終止符を打たれ、軍部独裁への道が敷かれた。

豆知識
柳田国男は農商務省、貴族院書記官などを勤めたが、1925年雑誌『民族』を創刊し、民俗学研究を進めていった。

▼都市化と大衆化の波

マルクス主義思想の影響でプロレタリア文学が興隆した

◉大正デモクラシーが時代を彩る

明治初期に約3300万人だった日本の人口は大正末期には約6000万人を超えるほど増加した。こうした人口の多くは大都市の工業とサービス業に吸収されていった。

大都市では生活様式が高度化し、また就学率の向上や高等教育機関の拡充によって知識層は大幅に増え、大衆は文化を享受していった。それが自由主義、民主主義を求める思想や運動を生み、**大正デモクラシー**が時代を彩《いろど》った。

マスコミ界では、新聞が部数を伸ばし、1920年代半ばには1日100万部の部数を誇る有力新聞も登場。雑誌では月刊数十万部の大衆雑誌が現れた。一冊一円の円本という安価な文学全集や文庫本も登場し、1925年にはラジオ放送もはじまった。

◉野口英世らの活躍

学問にも新しい波が押し寄せた。

人文科学・社会科学には自由主義的立場に立つ研究が盛んになった。**美濃部《みのべ》達吉《たつきち》**の**天皇機関説**、**柳田国男**の**民俗学**、**津田左右吉《そうきち》**の**日本古代史**、**西田幾多郎《きたろう》**の**独創的哲学**などがある。一方で、河上肇《はじめ》のマルクス主義経済学研究など**マルクス主義思想**の影響も強くなっていった、

自然科学でも、**本多光太郎**のKS磁石鋼、**野口英世**の黄熱病研究など、大いに成果があった。理化学研究所、航空研究所、地震研究所なども設立されている。文学も、**志賀直哉**・**武者小路実篤**などの**白樺派**、**谷崎潤一郎**・**永井荷風**の**耽美派**、やや遅れて**芥川龍之介**などの**新現実派**、1920年代には**小林多喜二《たきじ》**・**徳永直《すなお》**らの**プロレタリア文学**※が興隆し、近代文学が確立されていく。

ほかにも演劇では**松井須磨子《すまこ》**が人気を博し、映画もこの時期から昭和初期にかけて、急速に発展した。

ポイント

- ☑大都市では大正デモクラシーが時代を彩った。
- ☑有力新聞が登場し、ラジオ放送もはじまった。
- ☑自然科学では野口英世の黄熱病研究が成果をあげた。

用語解説

※プロレタリア文学　労働者の現状を表す文学で、社会主義、共産主義とも結びつき、次第に政治活動を展開する作家も多くなった。代表的な作品に小林多喜二の『蟹工船』、徳永直の『太陽のない街』など。

■都市化と大衆化の波

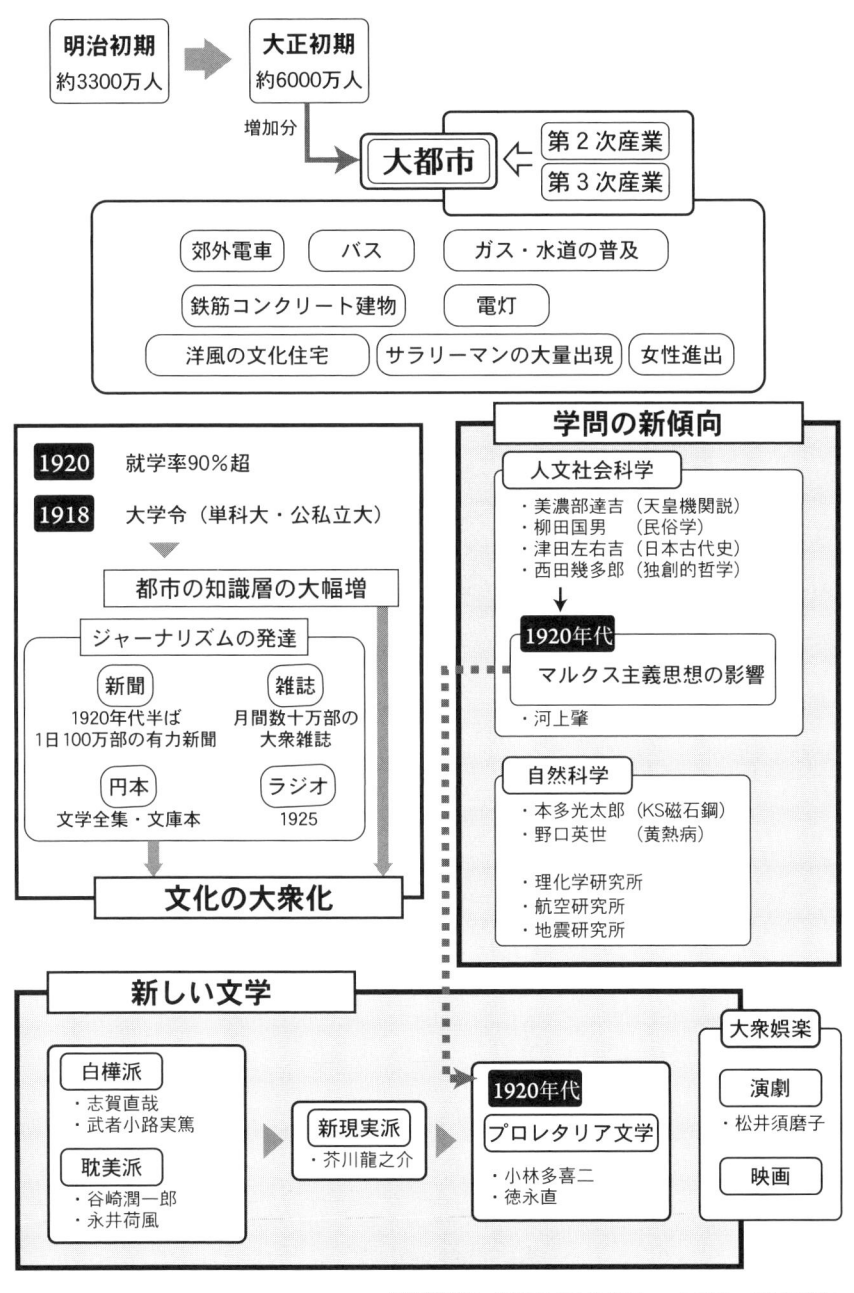

明治初期 約3300万人 → **大正初期** 約6000万人

増加分 → **大都市** ⇐ 第2次産業／第3次産業

- 郊外電車
- バス
- ガス・水道の普及
- 鉄筋コンクリート建物
- 電灯
- 洋風の文化住宅
- サラリーマンの大量出現
- 女性進出

文化の大衆化

- **1920** 就学率90％超
- **1918** 大学令（単科大・公私立大）

▼

都市の知識層の大幅増

ジャーナリズムの発達

- 新聞：1920年代半ば 1日100万部の有力新聞
- 雑誌：月間数十万部の大衆雑誌
- 円本：文学全集・文庫本
- ラジオ：1925

→ **文化の大衆化**

学問の新傾向

人文社会科学

- 美濃部達吉（天皇機関説）
- 柳田国男（民俗学）
- 津田左右吉（日本古代史）
- 西田幾多郎（独創的哲学）

↓

1920年代 マルクス主義思想の影響

- 河上肇

自然科学

- 本多光太郎（KS磁石鋼）
- 野口英世（黄熱病）

- 理化学研究所
- 航空研究所
- 地震研究所

新しい文学

白樺派

- 志賀直哉
- 武者小路実篤

耽美派

- 谷崎潤一郎
- 永井荷風

▶ **新現実派**

- 芥川龍之介

▶ **1920年代** **プロレタリア文学**

- 小林多喜二
- 徳永直

大衆娯楽

- 演劇
  - 松井須磨子
- 映画

豆知識 川端康成や横光利一、今東光、稲垣足穂は新感覚派と呼ばれる。川端はノーベル文学賞受賞者。

1924年〜1931年

▼協調外交のゆきづまり

浜口首相が狙撃され、協調外交が終わる

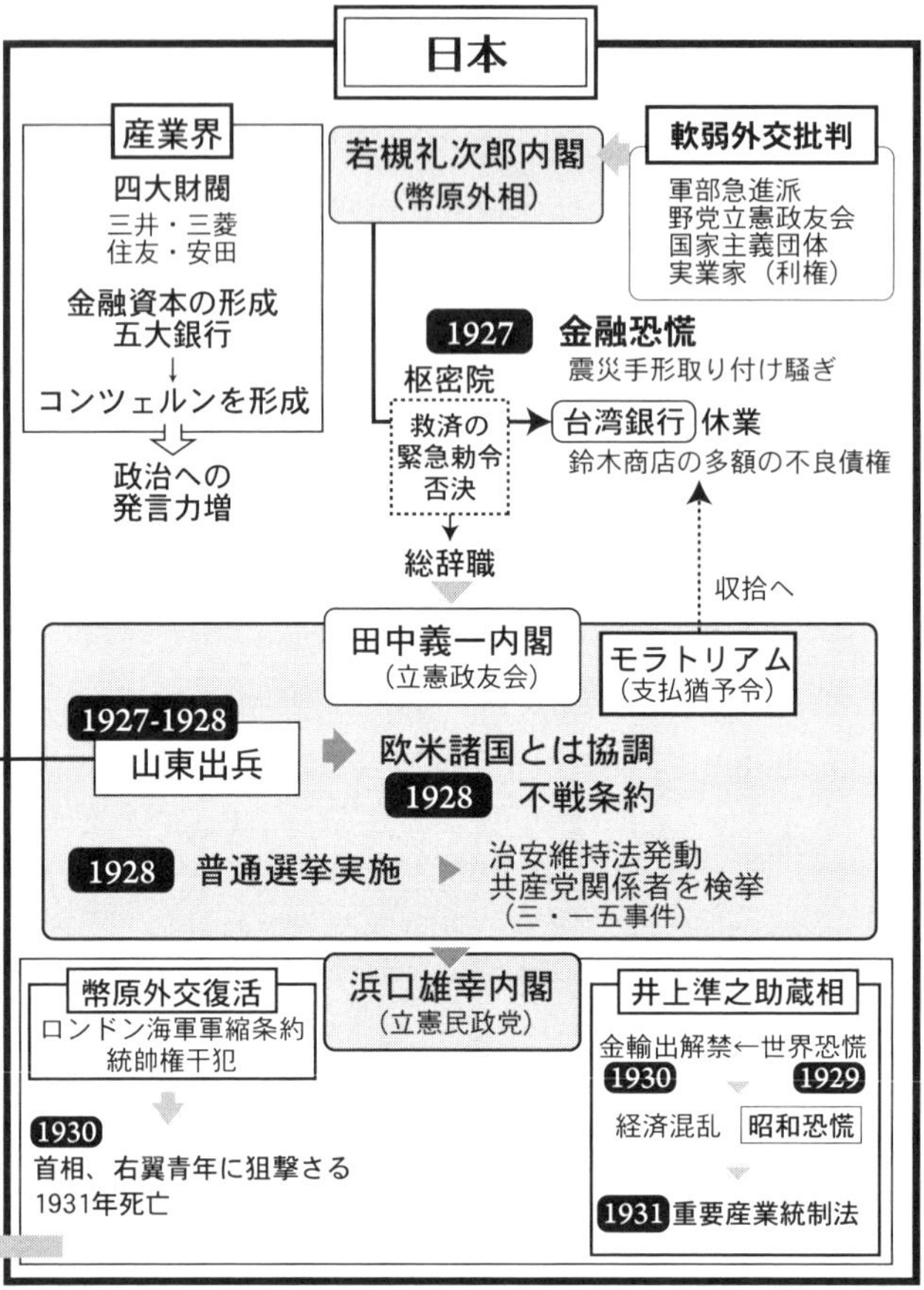
日本
産業界
四大財閥
三井・三菱
住友・安田
金融資本の形成
五大銀行
コンツェルンを形成
政治への発言力増
若槻礼次郎内閣
（幣原外相）
軟弱外交批判
軍部急進派
野党立憲政友会
国家主義団体
実業家（利権）
1927 金融恐慌
震災手形取り付け騒ぎ
枢密院
救済の緊急勅令否決
台湾銀行 休業
鈴木商店の多額の不良債権
総辞職
収拾へ
田中義一内閣
（立憲政友会）
モラトリアム
（支払猶予令）
1927-1928
山東出兵
欧米諸国とは協調
1928 不戦条約
1928 普通選挙実施
治安維持法発動
共産党関係者を検挙
（三・一五事件）
幣原外交復活
ロンドン海軍軍縮条約
統帥権干犯
浜口雄幸内閣
（立憲民政党）
井上準之助蔵相
金輸出解禁←世界恐慌
1930
1929
経済混乱 昭和恐慌
1931 重要産業統制法
1930
首相、右翼青年に狙撃さる
1931年死亡

◉張作霖の爆殺

第一次大戦後、列強となった日本は欧米列強との協調を進めたが、中国の民族独立運動などの高まりを受け、内外ともに影響を受けていく。

中国では1924年、孫文が**国共合作**の方針を打ち出し、国民政府を樹立するが、翌年死去。後継者の**蔣介石**は軍閥を破る**北伐**《ほくばつ》を開始した。

そのころ日本国内では、憲政会の若槻《わかつき》礼次郎内閣の幣原喜重郎外相が、**対中国内政不干渉政策**をとり満州の権益の維持につとめたが、軍部急進派、野党の立憲政友会、国家主義団体などから軟弱外交との批判に

ポイント
- ☑幣原外相が、対中国内政不干渉政策をとる。
- ☑田中義一内閣も欧米との協調路線をとった。
- ☑満州某重大事件で田中内閣が退陣する。

用語解説

※**関東軍**　1919年、中国・遼東半島の関東州守備のためにおかれた日本陸軍の一つ。張作霖爆殺事件や満州事変を引き起こしたことで知られる。太平洋戦争後、その大多数がソ連の捕虜としてシベリアへ抑留された。

■協調外交のゆきづまり

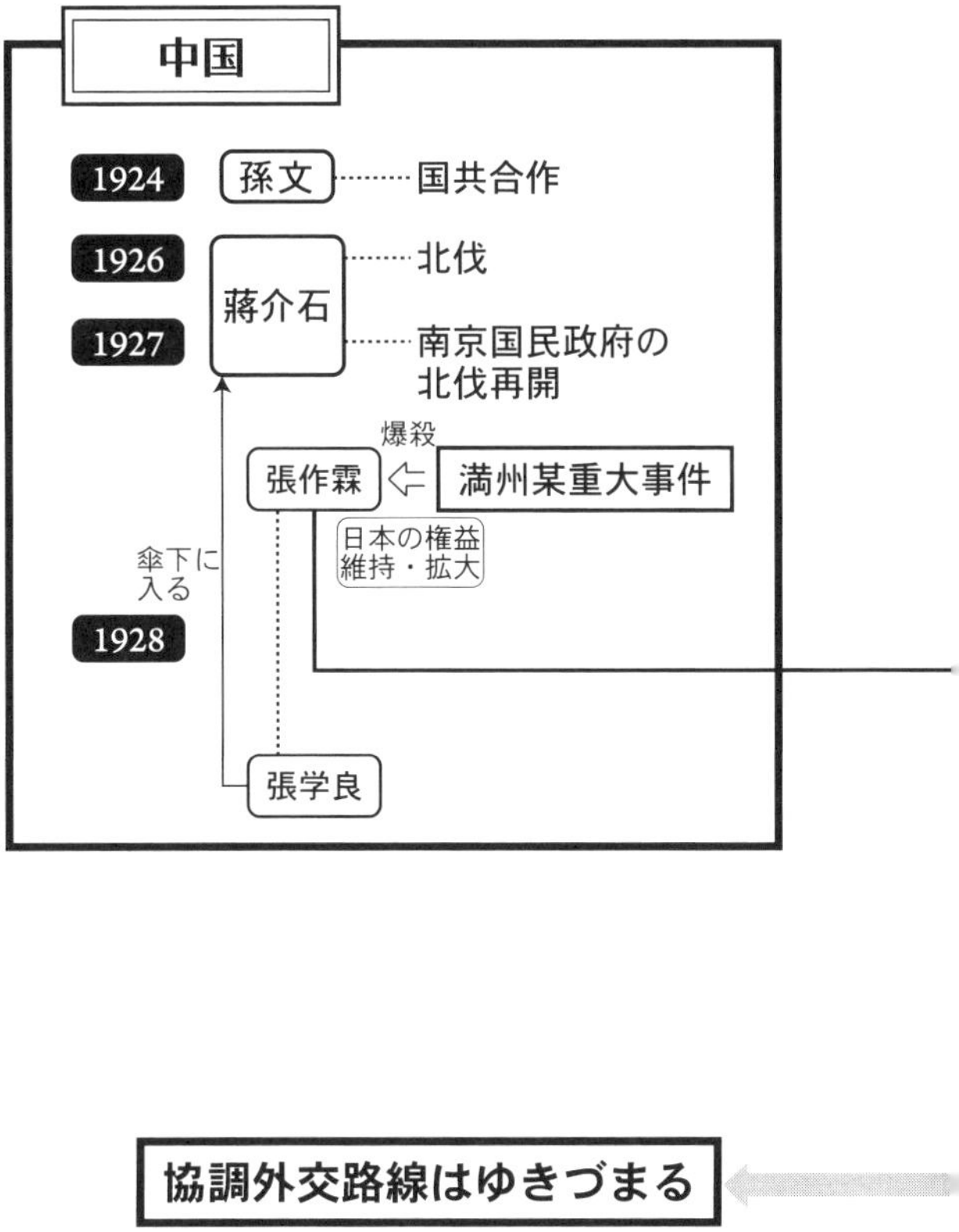
中国
1924
孫文
国共合作
1926
蒋介石
北伐
1927
南京国民政府の北伐再開
爆殺
張作霖
満州某重大事件
日本の権益維持・拡大
傘下に入る
1928
張学良
協調外交路線はゆきづまる

さらされた。また関東大震災後の震災手形をめぐって銀行の取り付け騒ぎが発生、金融恐慌を引き起こした。枢密院の台湾銀行救済のための緊急勅令案を否決したため、若槻内閣は総辞職に追い込まれた。次の立憲政友会の**田中義一《ぎいち》内閣**はこれを**モラトリアム**（**支払猶予令**）等によって乗り切った。田中内閣も欧米とは不戦条約を結ぶなど協調路線をとった。内政では総選挙後に治安維持法を発動し、共産党関係者を検挙した（**三・一五事件**）。

中国では反共クーデターにより蒋介石が南京に**国民政府**を樹立、田中内閣は日本人居留民保護のため**山東出兵**を行い、満州の**張作霖《ちょうさくりん》**と結んだが、張は日本軍（**関東軍**※）の謀略により、奉天郊外で爆殺された（**満州某重大事件**）。天皇の信任を失って自ら田中内閣は総辞職し、立憲民政党の**浜口雄幸《おさち》内閣**が誕生する。

◉昭和恐慌のはじまり

浜口内閣の井上準之助蔵相は不況解消のため金輸出を解禁したが折しも世界恐慌に重なり、経済界は混乱し昭和恐慌につながる。このため1931年に**重要産業統制法**を制定した。一方、外交面では**ロンドン海軍軍縮条約**に調印したが、これは天皇の統帥権干犯《かんぱん》として軍部の攻撃にあう。これが元で浜口首相は右翼青年に狙撃《そげき》され負傷、内閣は総辞職し、第二次**若槻礼次郎内閣**へと移る。

おすすめ本
『昭和史 1926-1945』（半藤一利）平凡社ライブラリー

豆知識
浜口雄幸は東京駅で狙撃されたが、その場所を示すプレートが新幹線中央乗換口あたりにある。

1931年～1933年

満州事変が勃発、撤退要求に反対し脱退へ

◉満州事変の勃発

　1930年代に入って協調外交が挫折し、中国の反日運動が盛んになってきた。日本の、満州における権益確保を守るため武力制圧に出た関東軍によって、1931年9月に満鉄爆破事件が起こった（**柳条湖《りゅうじょうこ》事件**）。関東軍は、これを中国軍のせいにして同軍を攻撃し、ここに**満州事変**が勃発した。若槻内閣は事変の不拡大を方針としたが、図のように多数の新聞はこの関東軍の動きを強く支持し、世論は熱狂した。これに加え、閣内不一致もあり、若槻内閣は12月に総辞職を余儀なくされた。

　1932年3月、清朝最後の皇帝・**溥儀《ふぎ》**を執政とした**満州国**※が建国された。だが満州国は日本が事実上の支配権を握っていた。この満州国については不戦条約違反、九カ国条約違反であるという国際的非難がわき起こり国際連盟は2月に**リットン調査団**を派遣している。

◉国連脱退へ

　一方、国内では、政党・財閥を打倒しようとする国家改造の動きがあり、1931年には軍事政権樹立をめざした**3月事件**、**10月事件**が起こる。そして1932年には井上準之

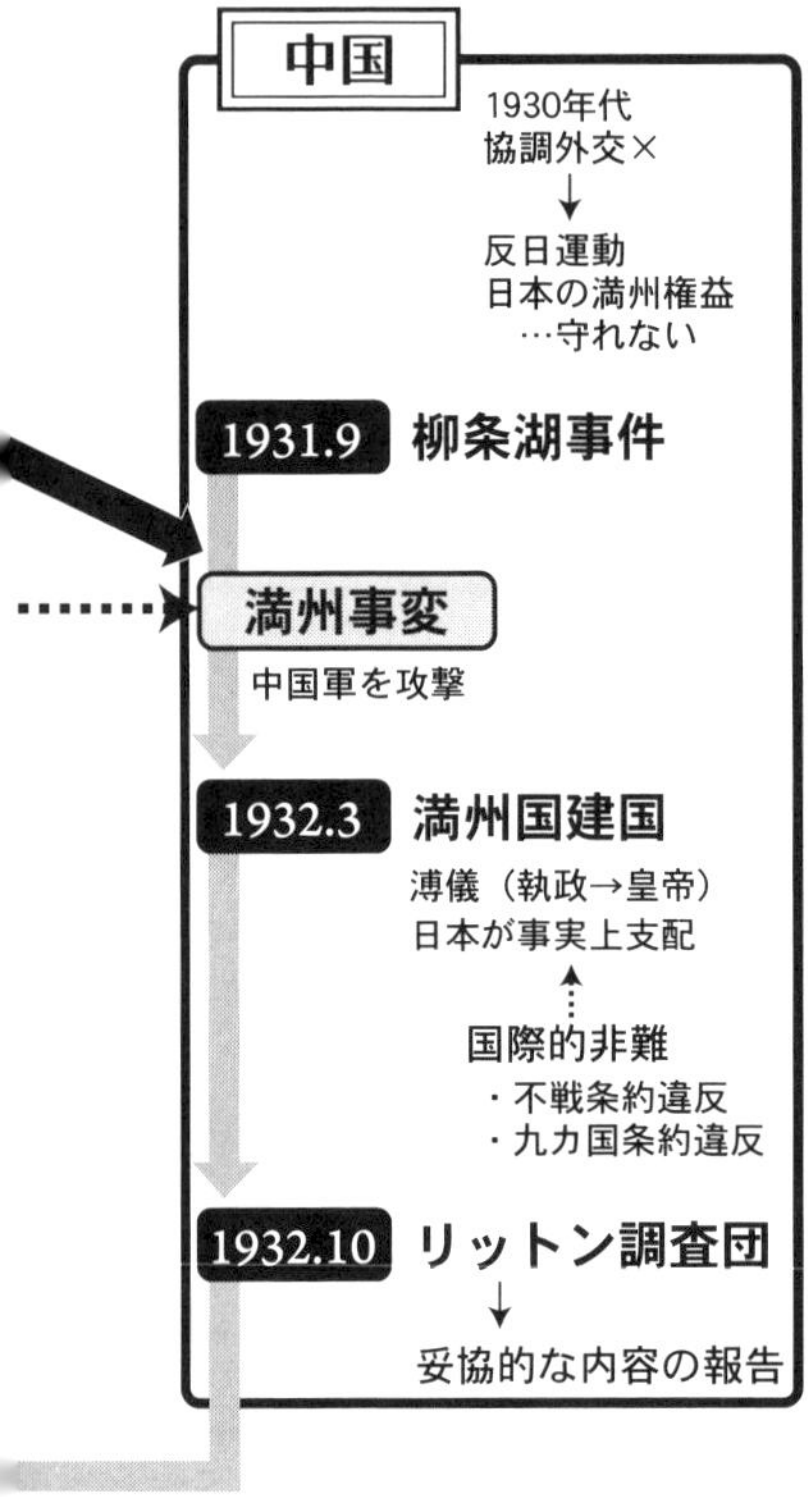

中国
1930年代
協調外交×
反日運動
日本の満州権益
…守れない
1931.9
柳条湖事件
満州事変
中国軍を攻撃
1932.3
満州国建国
溥儀（執政→皇帝）
日本が事実上支配
国際的非難
・不戦条約違反
・九カ国条約違反
1932.10
リットン調査団
妥協的な内容の報告

ポイント

- ☑満鉄爆破事件をきっかけに満州事変が勃発する。
- ☑清朝最後の皇帝・溥儀を執政とした満州国が建国される。
- ☑国際連盟が日本軍の撤退要求、日本は国際連盟を脱退。

用語解説

※**満州国**　中国東北部にあたる場所で、日本が傀儡国家として建国。「五族協和」「王道楽土」を掲げて、日本、モンゴル人、漢民族などがそろって国をつくっていこうとした。新しい国に夢を抱き、日本からの入植者も多かった。

■国際連盟からの脱退

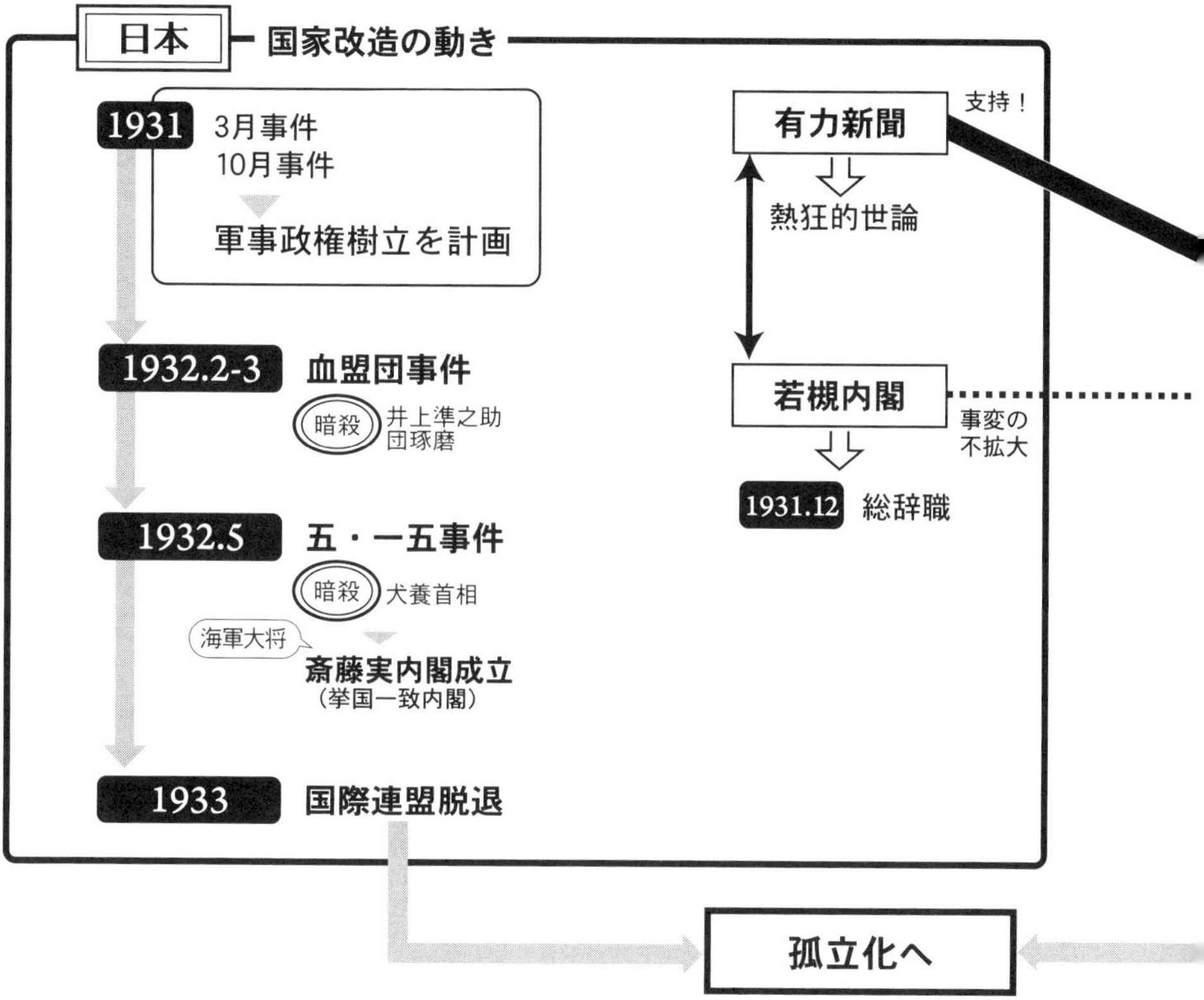
日本
国家改造の動き
1931
3月事件
10月事件
軍事政権樹立を計画
1932.2-3
血盟団事件
暗殺
井上準之助
団琢磨
1932.5
五・一五事件
暗殺
犬養首相
海軍大将
斎藤実内閣成立
（挙国一致内閣）
1933
国際連盟脱退
有力新聞
支持！
熱狂的世論
若槻内閣
事変の
不拡大
1931.12
総辞職
孤立化へ

助前蔵相、三井合名会社団琢磨《だんたくま》理事長の暗殺が起こった（**血盟団事件**）。

5月には海軍将校が犬養毅首相を暗殺した**五・一五事件**も起こり、8年間続いた政党内閣の時代は終わりを告げた。犬養内閣後に成立したのが、退役海軍大将の**斎藤 実**《まこと》**内閣**であった。斎藤は各勢力から閣僚を選び、挙国一致をめざした。これ以降、この軍人、官僚、重臣を首相とする挙国一致内閣が13代続く。

なおリットン調査団は満州での軍事行動を正当とは認めなかったが、東三省を日本を中心とする列強の管理下におくべきと妥協的な内容を提案した。

この案をもとに国際連盟が満州を占領している日本軍の撤退をもとめると、1933年3月、日本はついに国際連盟を脱退すると通告した。

おすすめ本
『上海時代――ジャーナリストの回想』
（松本重治）
中公文庫

豆知識
血盟団事件は井上日召が組織した血盟団が特権階級人物暗殺を計画したもの。「一人一殺」とし、井上準之助、団琢磨を殺害。

1933年〜1940年

▼泥沼の日中戦争

盧溝橋事件をきっかけに、日中戦争へと突入する

◉二・二六事件が起こる

満州事変後、国内では軍部が台頭し軍国主義の傾向が強まっていく。

１９３３年には**滝川事件**がおこり、１９３５年には美濃部達吉の学説・**天皇機関説**を国体に反するとし著書発禁とした。

そして、１９３６年には陸軍皇道派による大規模な反乱がおこり、斎藤実内大臣、高橋是清蔵相ら重臣が殺された（**二・二六事件**）。その後、陸軍は広田弘毅《こうき》内閣に、陸海軍大臣は現役の大将・中将に限る軍部大臣現役武官制を復活させた。こうして文民統制は不可能になり、軍部が政権を左右するようになったのだ。

さて国連を脱退した日本は、**近衛《このえ》文麿《ふみまろ》内閣**のときにヒトラーのナチス政権のドイツと、ムッソリーニ首相のファシスト党政権のイタリアと結び、１９３７年、**日独伊三国防共協定**が成った。

◉日中戦争のはじまり

一方中国では、１９３６年に張学良が蒋介石を拘束し、内戦を停止し抗日をといた**西安事件**が起こり、抗日民族統一戦線が成立する。

１９３７年には北京郊外で**盧溝《ろこう》橋《きょう》事件**※、これを機に蒋の国民政府と**日中戦争**へ発展していった。

戦争がはじまると国内では、議会の承認なしに戦争遂行のために労働力や資源を動員できる**国家総動員法**が制定。翌年にはこの法令にもとづいて国民徴用令が公布され、民間人も軍需産業に従事させることが可能になった。１９４０年には大日本産業報国会が結成され、経済界でも戦争に協力する体制ができあがる。

近衛内閣は「国民政府を対手《あいて》とせず」という声明を出し、これにより日中の和平の機会は失われた。その後、戦争目的を**東亜新秩序建設**と発表、こうして戦争は泥沼化の一途をたどっていった。

ポイント ☑

☑陸軍皇道派による二・二六事件が起こる。

☑ドイツ、イタリアと日独伊三国防共協定を結ぶ。

☑戦争遂行のために国家総動員法が制定される。

用語解説

※盧溝橋事件　1937年、北京近くの盧溝橋で夜間演習中の日本軍が発砲を受けたとしてはじまった、日本と中国国民軍との衝突。これが日中戦争の端緒となった。その後、戦闘は上海や南京にも拡大した。

■泥沼の日中戦争

国内

1933 滝川事件

滝川幸辰教授（京都帝大）
自由主義的刑法学説
（家族の道徳に反する）

1935 天皇機関説問題

美濃部達吉教授（東京帝大）
天皇機関説
（国体に反する学説）

↕

岡田啓介内閣

「国体明徴声明」
（天皇機関説否認）

1936 二・二六事件

斎藤実内大臣
高橋是清蔵相 } 殺害

↑
戒厳令

広田弘毅内閣

軍部大臣現役武官制復活

▼

陸軍統制派の勝利！

1938

国家総動員法
軍事費：一般会計拠出の3/4

1939 国民徴用令

産業報国会

1940 大日本産業報国会

（労働組合解散）

国際

1936 西安事件

張学良が蔣介石を監禁
▶ 国民政府と共産党の内戦停止
→抗日へ

1937 日独伊三国防共協定

ドイツ
ナチス
（ヒトラー）

イタリア
ファシスト党
（ムッソリーニ）

1937 盧溝橋事件

上海でも日中武力衝突

第２次国共合作

日中戦争　南京事件

近衛内閣「国民政府を対手にせず」
東亜新秩序の建設

1940 南京政府樹立

（汪兆銘）

↓

泥沼へ

おすすめ本
『落日燃ゆ』
（城山三郎）
新潮文庫

豆知識
東亜新秩序とは近衛内閣が発表した戦争目的で、東亜（日本、満州、中国）の政治、経済、文化等の互助連携を樹立するとしたもの。

1938年～1940年

▼第二次世界大戦の勃発

欧州で戦争がはじまり、日米関係は悪化の一途へ

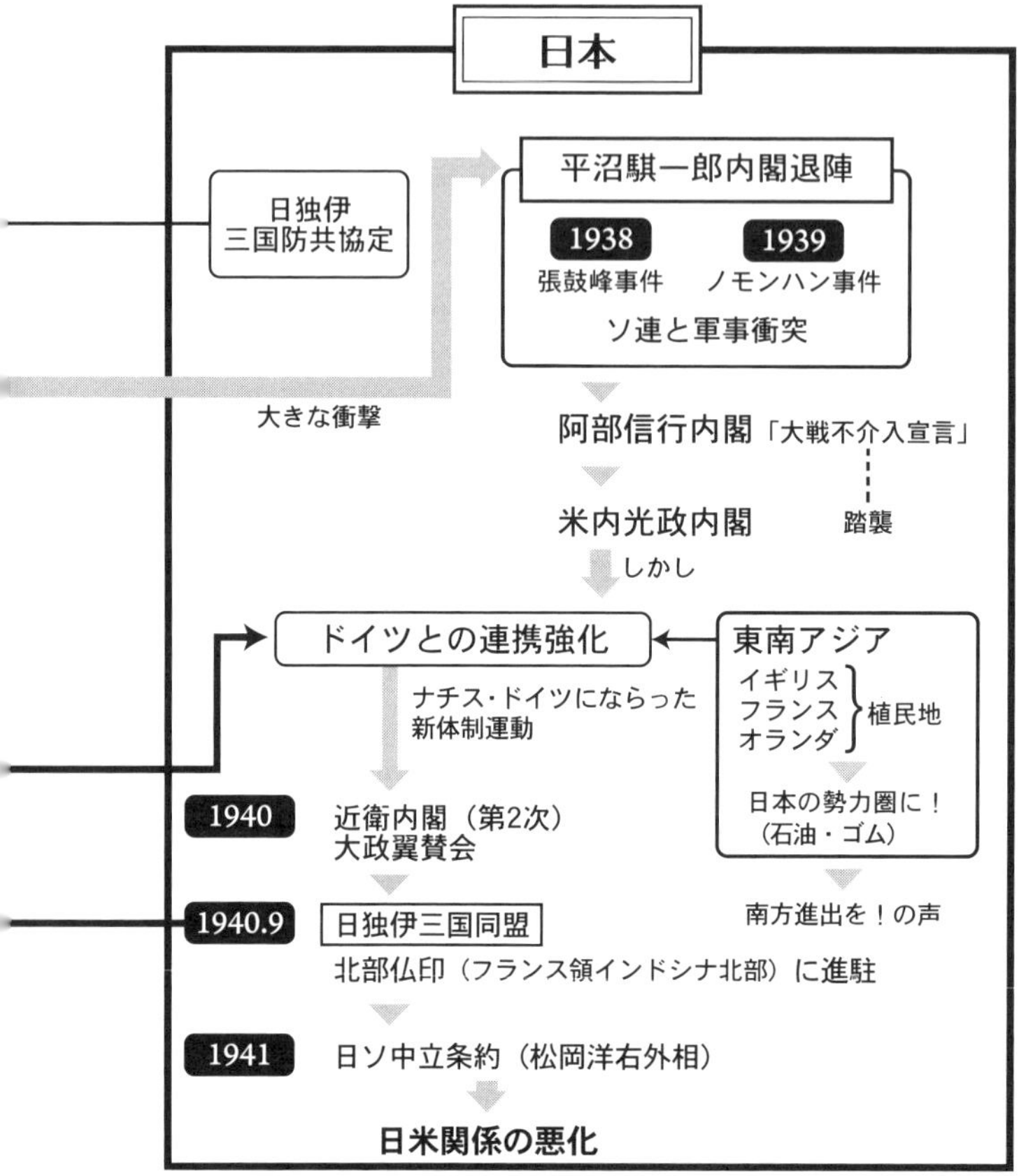

日本
日独伊
三国防共協定
平沼騏一郎内閣退陣
1938
張鼓峰事件
1939
ノモンハン事件
ソ連と軍事衝突
大きな衝撃
阿部信行内閣「大戦不介入宣言」
踏襲
米内光政内閣
しかし
ドイツとの連携強化
東南アジア
イギリス
フランス
オランダ
植民地
日本の勢力圏に！
（石油・ゴム）
南方進出を！の声
ナチス・ドイツにならった
新体制運動
1940
近衛内閣（第2次）
大政翼賛会
1940.9
日独伊三国同盟
北部仏印（フランス領インドシナ北部）に進駐
1941
日ソ中立条約（松岡洋右外相）
日米関係の悪化

◉第二次世界大戦の開戦

このころのヨーロッパを見てみると、ナチス・ドイツは1938年オーストリアを併合、チェコスロバキアの一部も領土としていた。そして翌年にはソ連と不可侵条約を結んでいる。

日本では日独伊三国防共協定をもってソ連と対立していた。1938年の**張鼓峰《ちょうこほう》事件**※や翌年の**ノモンハン事件**※など日本がソ連と軍事衝突を続けていた最中に、**独ソ不可侵条約**が締結されると、平沼騏一郎《きいちろう》首相は「欧州の天地は複雑怪奇なる新情勢を生じた」として総辞職した。

ポイント

- ☑ノモンハンでソ連と軍事衝突が起こる。
- ☑ドイツがポーランドに侵攻し、第二次世界大戦が勃発する。
- ☑日独伊三国同盟、日ソ中立条約が成立する。

用語解説

※張鼓峰事件／ノモンハン事件　1938年、満州の張鼓峰で行われた日本とソ連の戦いが張鼓峰事件。そして1939年５月から９月に、満州とモンゴルの国境付近・ノモンハンで行われた日本とソ連の国境線紛争がノモンハン事件。

■第２次世界大戦の勃発

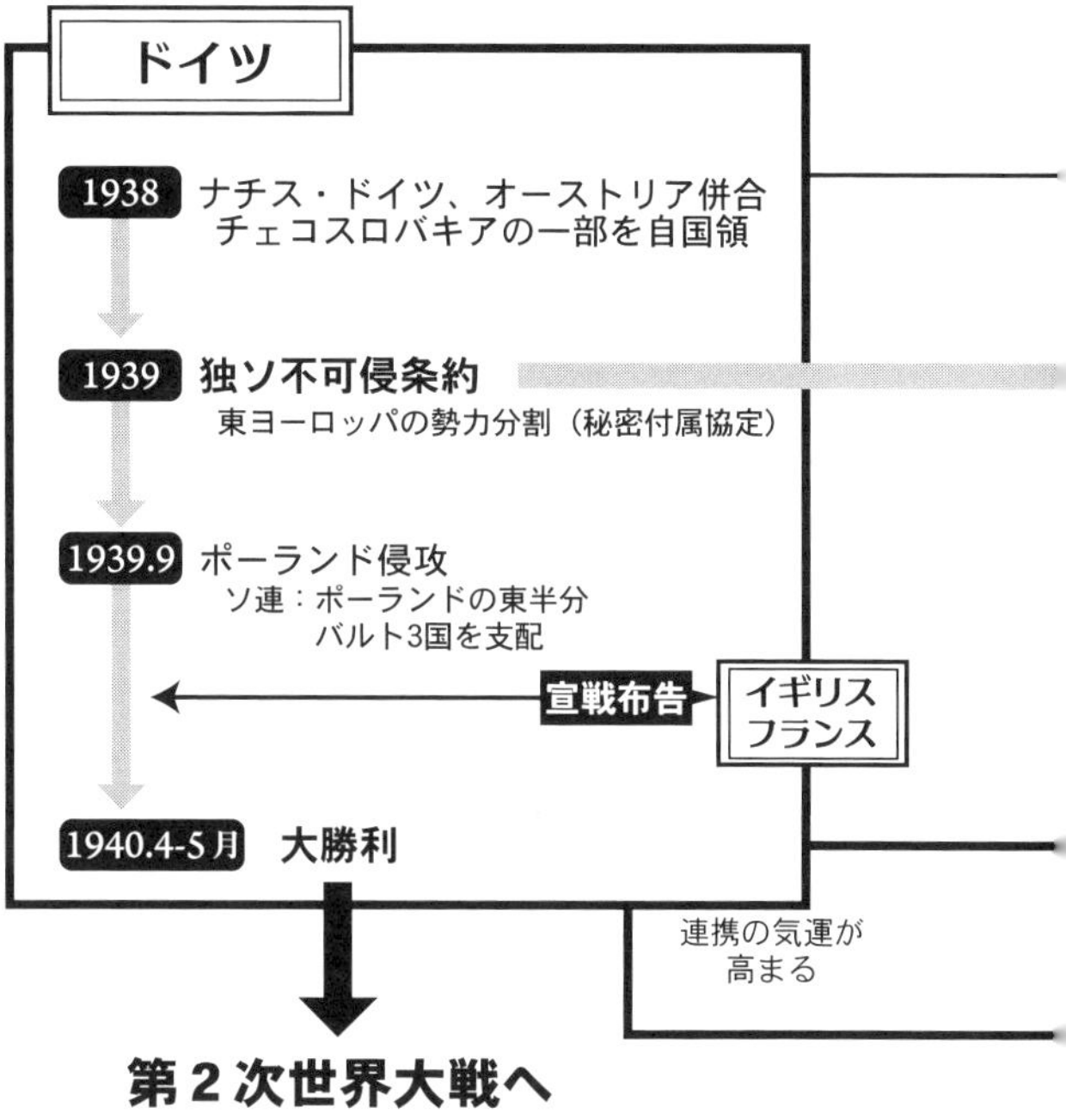
ドイツ
1938 ナチス・ドイツ、オーストリア併合
チェコスロバキアの一部を自国領
1939 独ソ不可侵条約
東ヨーロッパの勢力分割（秘密付属協定）
1939.9 ポーランド侵攻
ソ連：ポーランドの東半分
バルト3国を支配
宣戦布告
イギリス
フランス
1940.4-5月 大勝利
連携の気運が
高まる
第２次世界大戦へ

１９３９年９月１日、ドイツは独ソ不可侵条約の秘密付属協定による東ヨーロッパの戦力分割に則《のっと》り、ポーランドに侵攻を開始、ポーランドの同盟国であるイギリスとフランスは９月３日、ドイツに宣戦布告、ここに**第二次世界大戦**がはじまった。

◉軍事色の強まる日本

阿部信行内閣はアメリカとの関係からドイツとの同盟に消極的であったため、大戦不介入宣言を行い、次の米内《よない》光政《みつまさ》内閣もそれを継承した。

しかしヨーロッパにおけるドイツの大勝利を受けて、日本ではドイツとの連携強化の声が多くなった。またイギリス・フランス・オランダの植民地である東南アジアを日本の勢力圏に置いて、石油やゴムなどの重要物資を獲得しようとした。

１９４０年に発足した第二次近衛文麿内閣は、ナチス・ドイツの新体制運動にならって、官制の**大政翼賛会**を発足させ、議会を無力にしてしまう。翌年には小学校をドイツをまねた国民学校に変更するなど教育面でも軍事色を強めていった。

同年９月にはアメリカを仮想敵国とした**日独伊三国同盟**が成立した。日本は東南アジアに勢力圏を築こうとし、北部仏印（フランス領インドシナ北部）に進駐した。また翌年には三国同盟を進めた**松岡洋右《ようすけ》外相**によって、**日ソ中立条約**も調印した。このため日米関係は悪化していった。

おすすめ本
『転落の歴史に何を見るか――奉天会議からノモンハン事件へ』（齋藤健）ちくま新書

豆知識
戦時下、文学は規制対象となり、雑誌連載の谷崎潤一郎『細雪』も時節に合わないとして中断、戦後に刊行された。

1941年

ハル＝ノートが提示、日本は真珠湾を攻撃する

◉南部仏印へ進駐

1941年4月からはじまった日米戦争をさけるための日米交渉では、日本軍の中国からの撤兵問題を巡ってなかなか進展しなかった。

また、1941年6月に独ソ戦がはじまると、ソ連と戦うべきとする北進論が急浮上し、陸軍は北満州のソ連国境に大軍を動員、特種演習を行おうとしたが、その後、中止した。

フランスがドイツに降伏すると、7月には、日本は日中戦争打開のため、蔣のいる重慶への英・米・ソの支援ルート遮断、重慶への爆撃基地確保、石油やゴムなどの戦略物資の確保を目的として、**南部仏印（フランス領インドシナ南部）**に進駐した（南進）。こういった日本の動きをみて、アメリカは日本の**在米資産の凍結**を実施し、日本の輸入の70％を占めていた石油輸出も禁止するに至った。そしてアメリカ・イギリス・中国・オランダによる**ABCD包囲陣**※という対日包囲網を結成した。

これを受けて、それまで日本では、対米開戦を主張する陸軍と、慎重な海軍とで意見が分かれていたが、海軍も次第に強硬路線へ傾いていった。

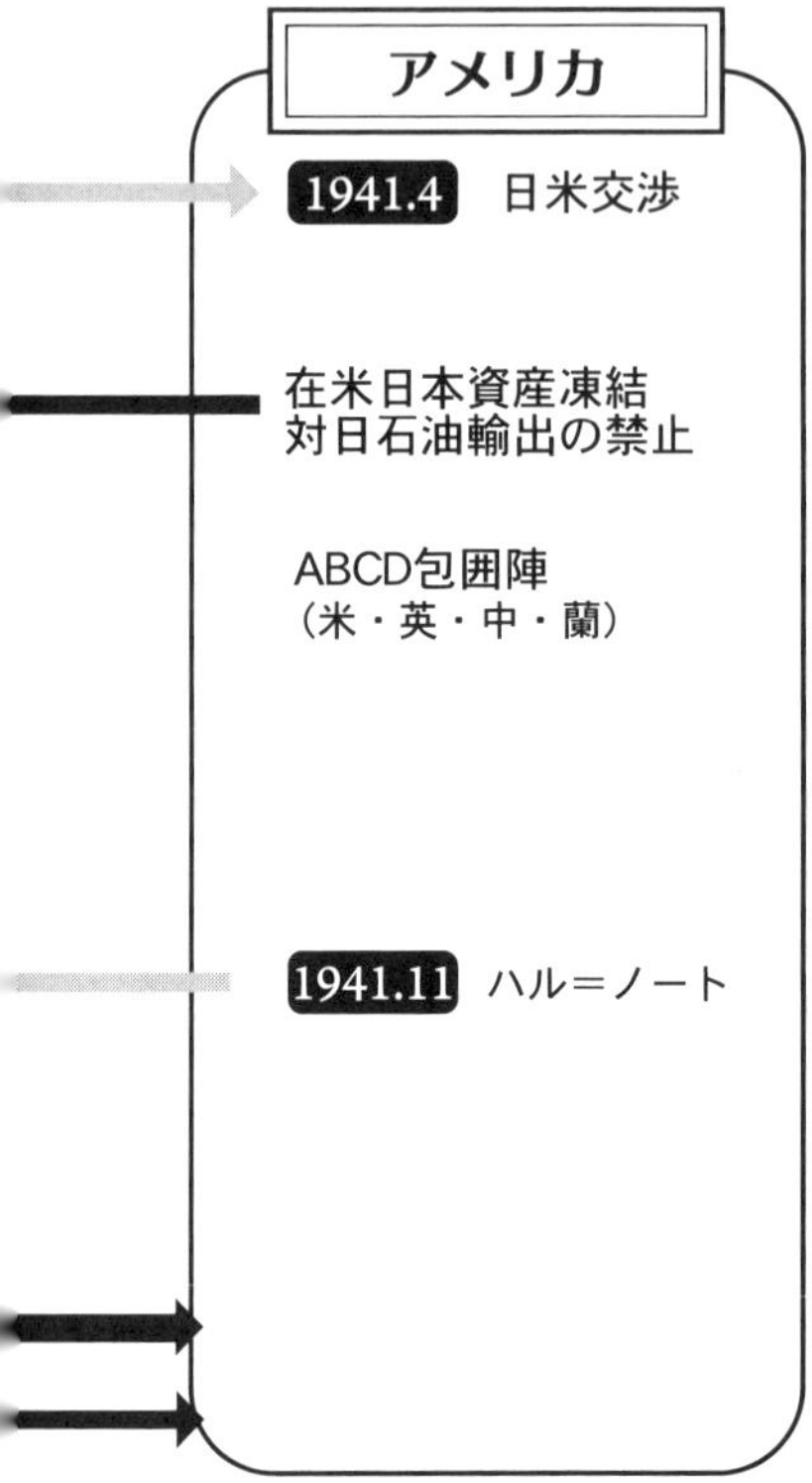
アメリカ
1941.4 日米交渉
在米日本資産凍結
対日石油輸出の禁止
ABCD包囲陣
（米・英・中・蘭）
1941.11 ハル＝ノート

ポイント

- ☑戦略物資の確保のため、日本は南部仏印へ進駐する。
- ☑近衛文麿内閣が退陣し、東条英機内閣が誕生する。
- ☑ハワイ真珠湾に奇襲攻撃し、太平洋戦争がはじまる。

用語解説

※ABCD包囲陣　アメリカ（America）、イギリス（Britain）、中華民国（China）、オランダ（Dutch）による日本への貿易制限政策。この名称は日本がつけた。実際に包囲網はなく石油輸出停止の制裁措置だが、日本にとっては痛手だった。

■太平洋戦争の勃発

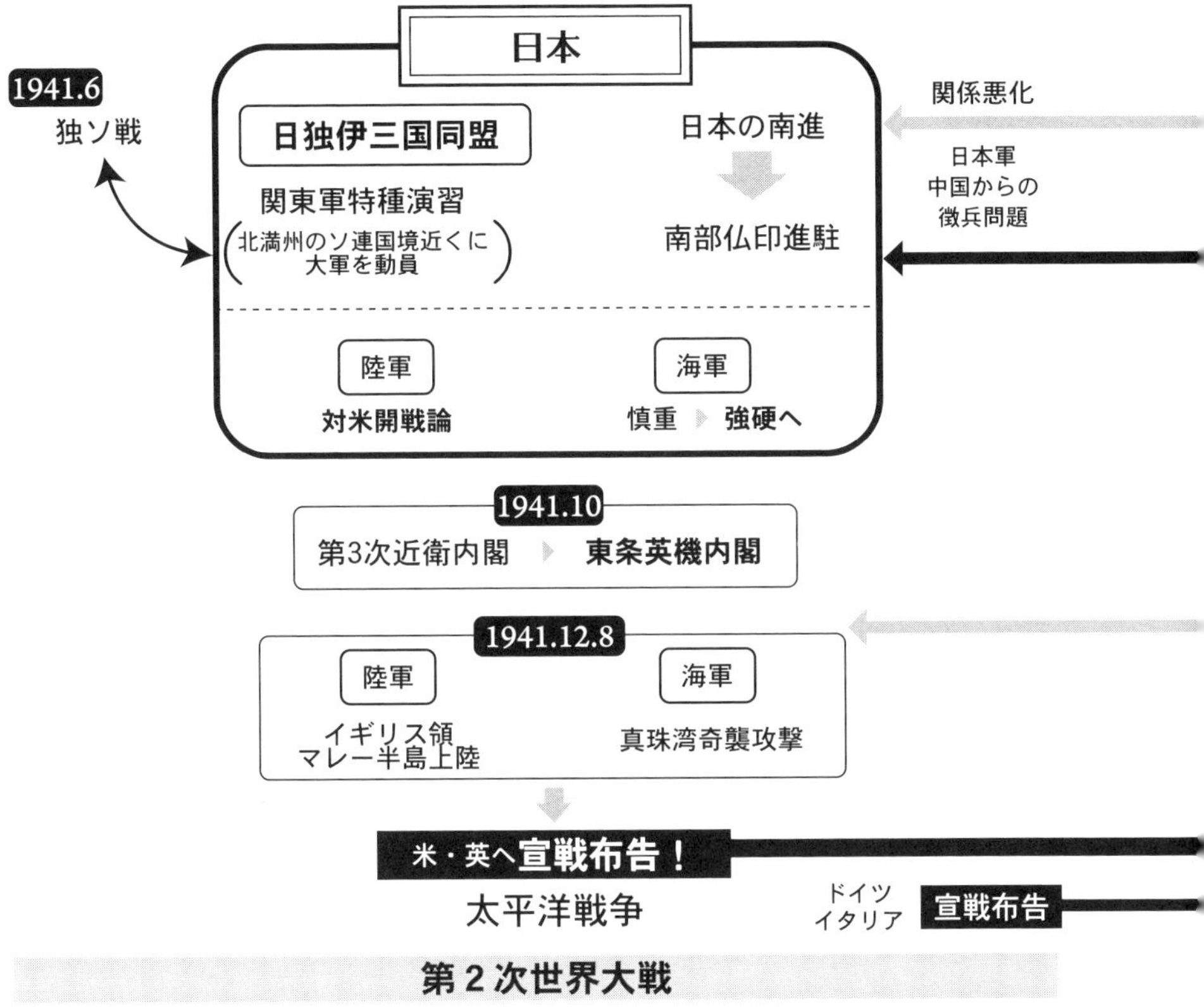
日本
1941.6
独ソ戦
日独伊三国同盟
関東軍特種演習
（北満州のソ連国境近くに大軍を動員）
日本の南進
南部仏印進駐
関係悪化
日本軍
中国からの
徴兵問題
陸軍
対米開戦論
海軍
慎重 強硬へ
1941.10
第3次近衛内閣 東条英機内閣
1941.12.8
陸軍
イギリス領
マレー半島上陸
海軍
真珠湾奇襲攻撃
米・英へ宣戦布告！
太平洋戦争
ドイツ
イタリア
宣戦布告
第２次世界大戦

◉太平洋戦争の勃発

１９４１年10月、第三次近衛文麿内閣が退陣し、強硬に開戦を主張する陸軍大将の**東条英機内閣**が誕生する。

11月には、アメリカのハル国務長官から「日独伊三国同盟を廃棄し、アジアを満州事変以前の状態に戻せ」という**ハル＝ノート**が提示されるにいたった。

日本はこれを最後通牒と受け取り、遂に１９４１年12月８日、海軍はハワイ真珠湾に奇襲攻撃を断行、陸軍はイギリス領マレー半島に上陸するなど軍事行動を起こし、アメリカ・イギリスに対し、宣戦を布告した。

こうして太平洋戦争が勃発した。ドイツとイタリアもアメリカに宣戦布告し、ヨーロッパのみならず、世界各地に戦いが広まっていった。

おすすめ本
『リー・クアンユー回顧録』
（リー・クアンユー／
小牧利寿翻訳）
日本経済新聞社

豆知識
開戦直前、日米交渉でアメリカ側が提示した要求文書をハル＝ノートという。これはアメリカ側の交渉者がコーデル・ハル国務長官だったため。

▼大東亜共栄圏の建設へ

1941年～1943年

欧米の植民地支配から民族の独立をめざす

◉各地で勝利をあげる日本

開戦後、日本は1941年12月にマレー沖で日本海軍航空部隊による、イギリス海軍攻撃に勝利したのを皮切りに、翌年1月マニラ、2月イギリス領シンガポール、3月オランダ領東インド、ミャンマー（ビルマ）、フィリピンと、半年で東南アジアのほぼ全域を破竹の勢いで占領していった。

この戦争は、日本・満州・中国、それに東南アジアをくわえた地域を、アメリカ・イギリス・オランダの植民地支配から解放して、民族の独立をはたす**大東亜共栄圏**の建設を目的としていた。

このため日本は占領した東南アジア各地を独立させた。が、実際の支配権は日本が持っていたため、占領された地域では不満も高まっていた。日本の東南アジア地域占領はその豊富な資源が目的であった。石油、ゴム、ボーキサイトなどは軍用重要物資であり、日本では輸入でまかなうしかない貴重なものである。

◉欧米からの独立をうたう大東亜共同宣言

さて国内では1942年、東条内閣による衆院総選挙が行われた。これは政府による翼賛選挙であり、政府が発足させた翼賛政治体制協議会の推薦当選者が多数を占めた。さらに**一国一党の体制**がとられ、これを機に国内体制が強化されていく。

さらにジャーナリズムも戦時色を強め、国民の戦意高揚に一役買った。

1943年には日本軍占領下にあるアジア各国の代表者が東京に集まり**大東亜会議**が開催され、欧米植民地からの独立をうたう**大東亜共同宣言**※が採択された。会議には、日本、中華民国、満州国、フィリピン、ビルマ、タイ各国の首脳と、自由インド仮政府も参加したが、この時、日本の戦況はすでに厳しく、戦争協力体制の強化も狙いであった。

ポイント

- ☑日本軍が東南アジア全域を破竹の勢いで占領。
- ☑一国一党の体制がとられ、国内体制が強化される。
- ☑欧米植民地からの独立をうたう大東亜共同宣言を採択。

用語解説

※**大東亜共同宣言**　1943年に日本の同盟国及び旧日本領で独立した国が参加した、大東亜会議で採択されたもの。東南アジア、太平洋地域を含む各国の経済的発展と人種差別撤廃をうたった。

■大東亜共栄圏の建設へ

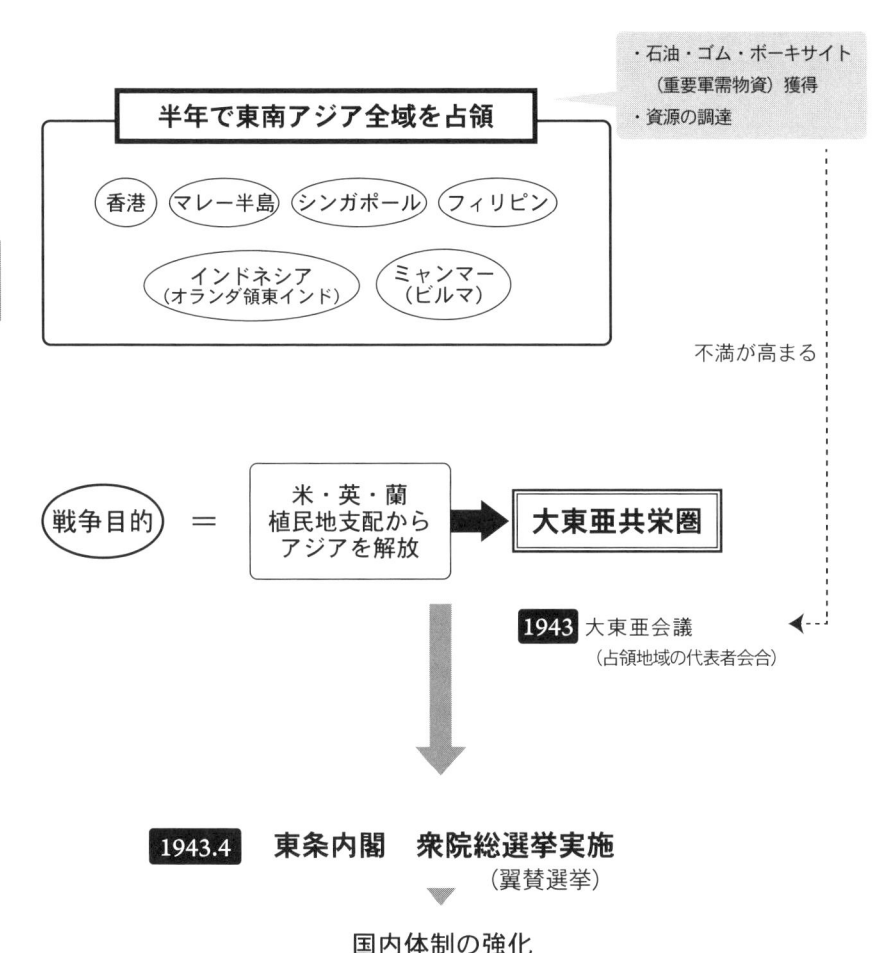

半年で東南アジア全域を占領

- 石油・ゴム・ボーキサイト（重要軍需物資）獲得
- 資源の調達

香港　マレー半島　シンガポール　フィリピン

インドネシア（オランダ領東インド）　ミャンマー（ビルマ）

不満が高まる

戦争目的 ＝ 米・英・蘭植民地支配からアジアを解放 → **大東亜共栄圏**

1943 大東亜会議
（占領地域の代表者会合）

1943.4 **東条内閣　衆院総選挙実施**
（翼賛選挙）

国内体制の強化

挙国一致で戦争遂行

1942 **大政翼賛会が募集した標語**
「欲しがりません勝つまでは」

おすすめ本
『摘録 断腸亭日乗』
（永井荷風／磯田光一編）
岩波文庫

豆知識
大東亜共栄圏は日本、台湾、樺太、中国、東南アジアの総面積約796万㎢、総人口48,587万人という規模だった。

1942年〜1945年

広島、長崎に原爆が投下、第二次世界大戦が終結

荒廃する国民生活

青年が戦地へ

学徒勤労動員・徴用
中等学校以上中高年

↓

軍需工場

1943 学徒出陣
（文科系学生・生徒）

1944 学童疎開
（旅館・寺）

朝鮮・台湾
徴兵令

政府 ⇨ 情報統制

ジャーナリズム
“鬼畜米英”
“必勝の信念”

日本　ポツダム宣言を黙殺

1945.8.6	広島に原子爆弾投下
1945.8.8	ソ連　対日宣戦（満州・千島）
1945.8.9	長崎に原子爆弾投下
1945.8.14	ポツダム宣言受諾を連合国に通告
1945.9.2	ミズーリ号で降伏文書に調印

約3年8カ月　死者約300万人 ⇨ **終結**　日本人約60万人強制労働

ポイント

☑ミッドウェー海戦で日本は敗北し、以後戦局は不利に。
☑1943年、学徒出陣、翌年、学童の疎開が行われた。
☑８月14日、ポツダム宣言の受諾を連合国に通告。

●厳しい戦局に直面した日本

開戦初期、日本は快進撃を続けたが、アメリカは**真珠湾攻撃**により、日本と戦う態勢をとり、巨大な生産力を駆使して対日戦に本腰を入れてきた。

１９４２年６月の**ミッドウェー海戦**で日本は敗北し、これを境に戦局は徐々に不利になっていく。１９４３年、ガダルカナル島で敗退、１９４４年７月にはサイパンが陥落した。このため東条内閣が倒れ、**小磯国昭内閣**が発足した。

戦争の進行で図にあるように国民生活は苦しいものになっていった。

用語解説

※**東京大空襲**　1945年３月10日未明、東京・下町を標的にして行われたアメリカ軍による大規模爆撃。軍需工場、一般家屋の区別なく攻撃された。死亡・行方不明者は10万人を超えるとされる。

■日本の降伏

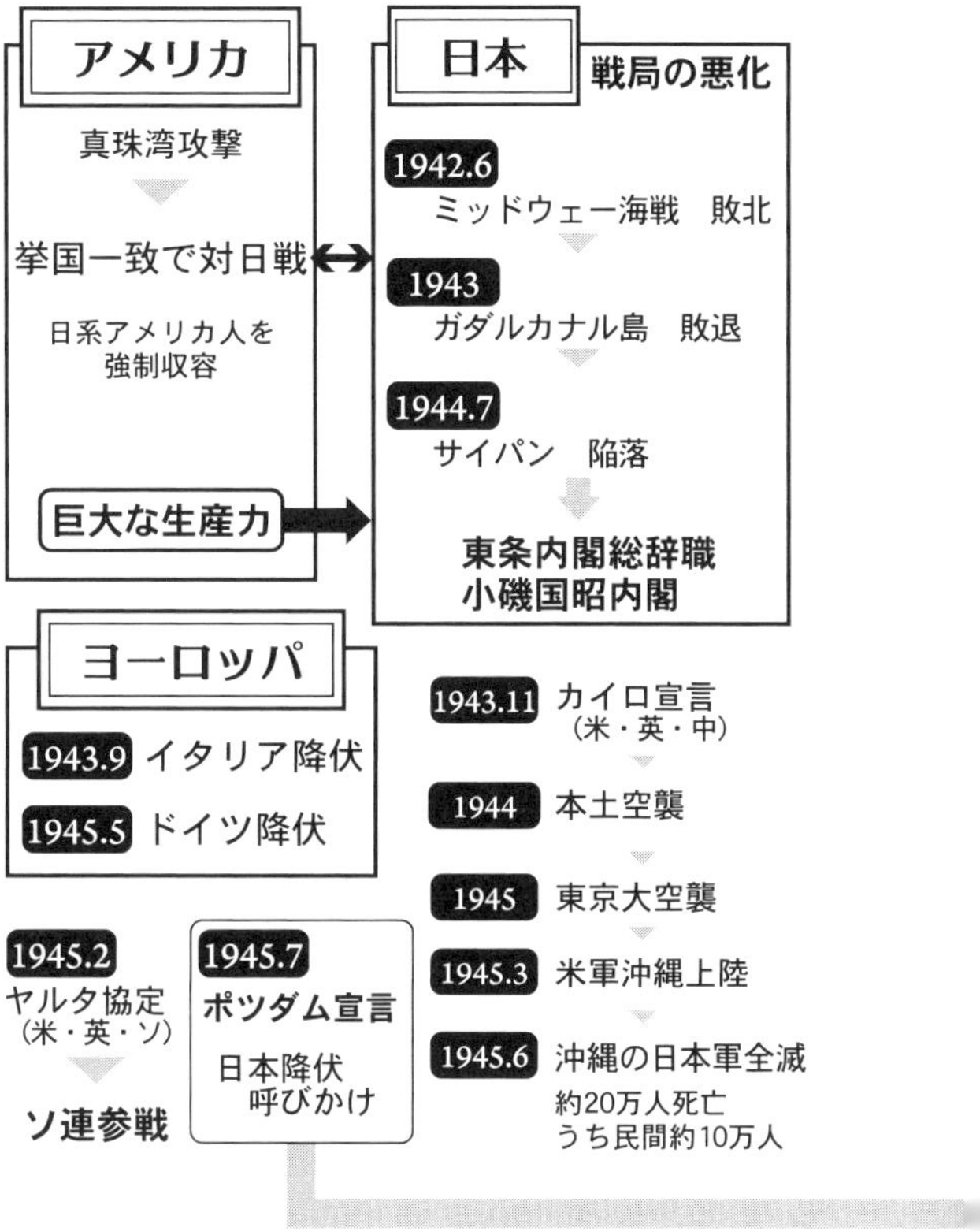
アメリカ
真珠湾攻撃
挙国一致で対日戦
日系アメリカ人を強制収容
巨大な生産力
日本
戦局の悪化
1942.6
ミッドウェー海戦　敗北
1943
ガダルカナル島　敗退
1944.7
サイパン　陥落
東条内閣総辞職
小磯国昭内閣
ヨーロッパ
1943.9 イタリア降伏
1945.5 ドイツ降伏
1943.11 カイロ宣言（米・英・中）
1944 本土空襲
1945 東京大空襲
1945.3 米軍沖縄上陸
1945.6 沖縄の日本軍全滅
約20万人死亡
うち民間約10万人
1945.2
ヤルタ協定（米・英・ソ）
ソ連参戦
1945.7
ポツダム宣言
日本降伏呼びかけ

学徒勤労動員や徴用によって学生・生徒や中高年も軍需工場で作業にあたった。また日本領の朝鮮や台湾では**徴兵令**が敷かれた。**学徒出陣**や学童の疎開も行われた。そんな中でも政府は情報統制を行い、ジャーナリズムも必勝の信念を説いていた。

1943年、アメリカ・イギリス・中国はカイロで日本との徹底抗戦、日本植民地の独立と返還を宣言した。1945年2月にはアメリカ・イギリス・ソ連が**ヤルタ協定**を結び、秘密裏にソ連の対日参戦が決定していた。

このころヨーロッパでは、1943年9月にイタリアが、1945年5月にはドイツが降伏した。

◉日本の降伏

1944年、日本本土空襲が本格化し、1945年3月の**東京大空襲**※では下町が焼き尽くされた。同月、アメリカ軍の沖縄上陸作戦が行われ、民間人を含む約20万人が命を落とし、日本軍は全滅、沖縄は占領された。そしてアメリカによって広島、長崎に**原子爆弾**が投下され、ソ連も対日宣戦し、満州と千島に侵攻してきた。ここに到り日本はついに決断、8月14日、**ポツダム宣言**受諾を連合国に通告した。

3年8カ月に及ぶ第二次世界大戦が終結。なおソ連に降伏した日本兵約60万人がシベリア等で強制労働に従事、約6万人が命を落とした。

おすすめ本
『終わらざる夏』
（浅田次郎）
集英社文庫

豆知識
太平洋戦争降伏の調印式は東京湾に停泊していたアメリカ戦艦・ミズーリ号上で行われた。

■〈久恒式〉図解術 ④

矢印 ②

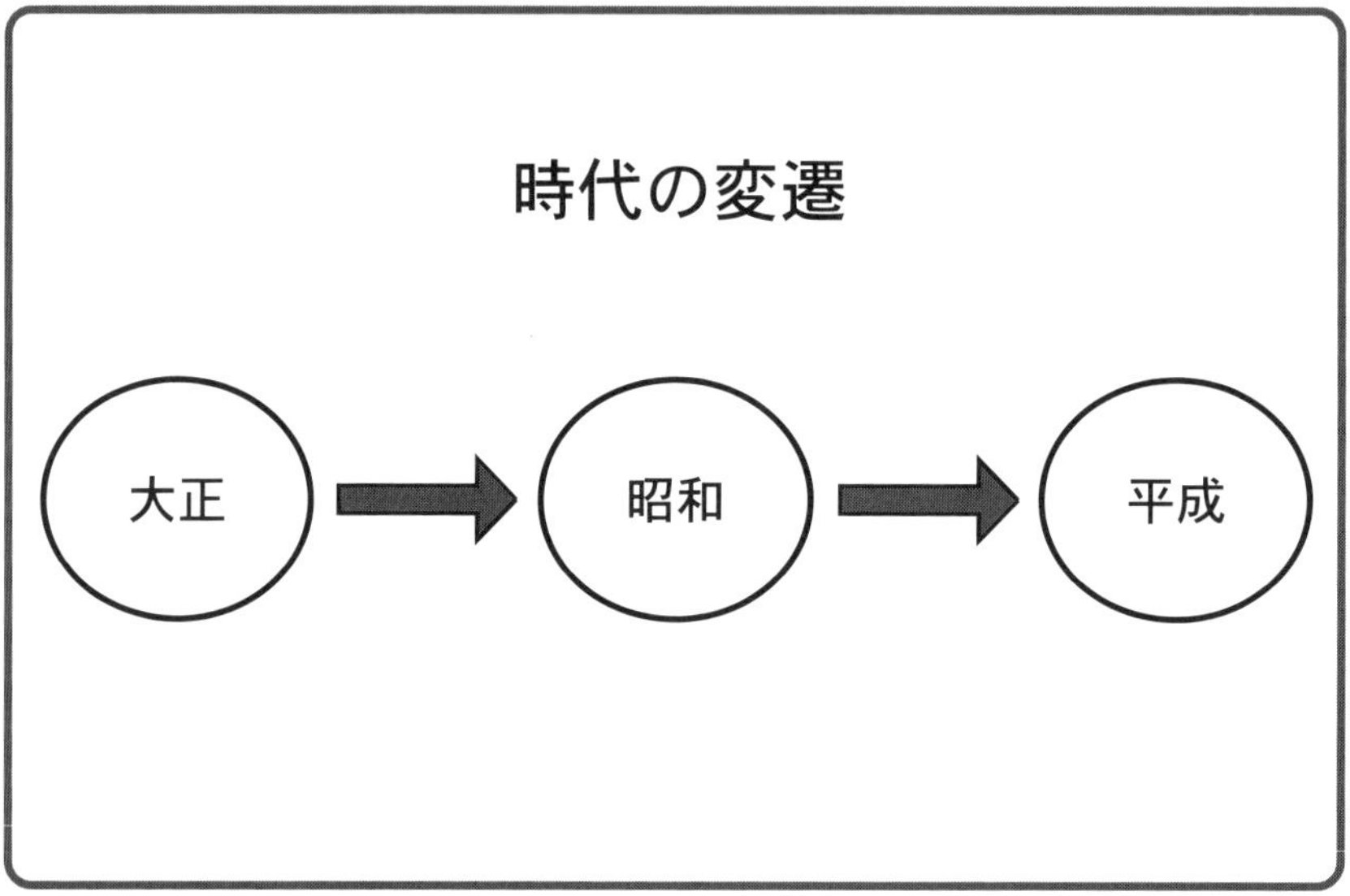
時代の変遷
大正
昭和
平成

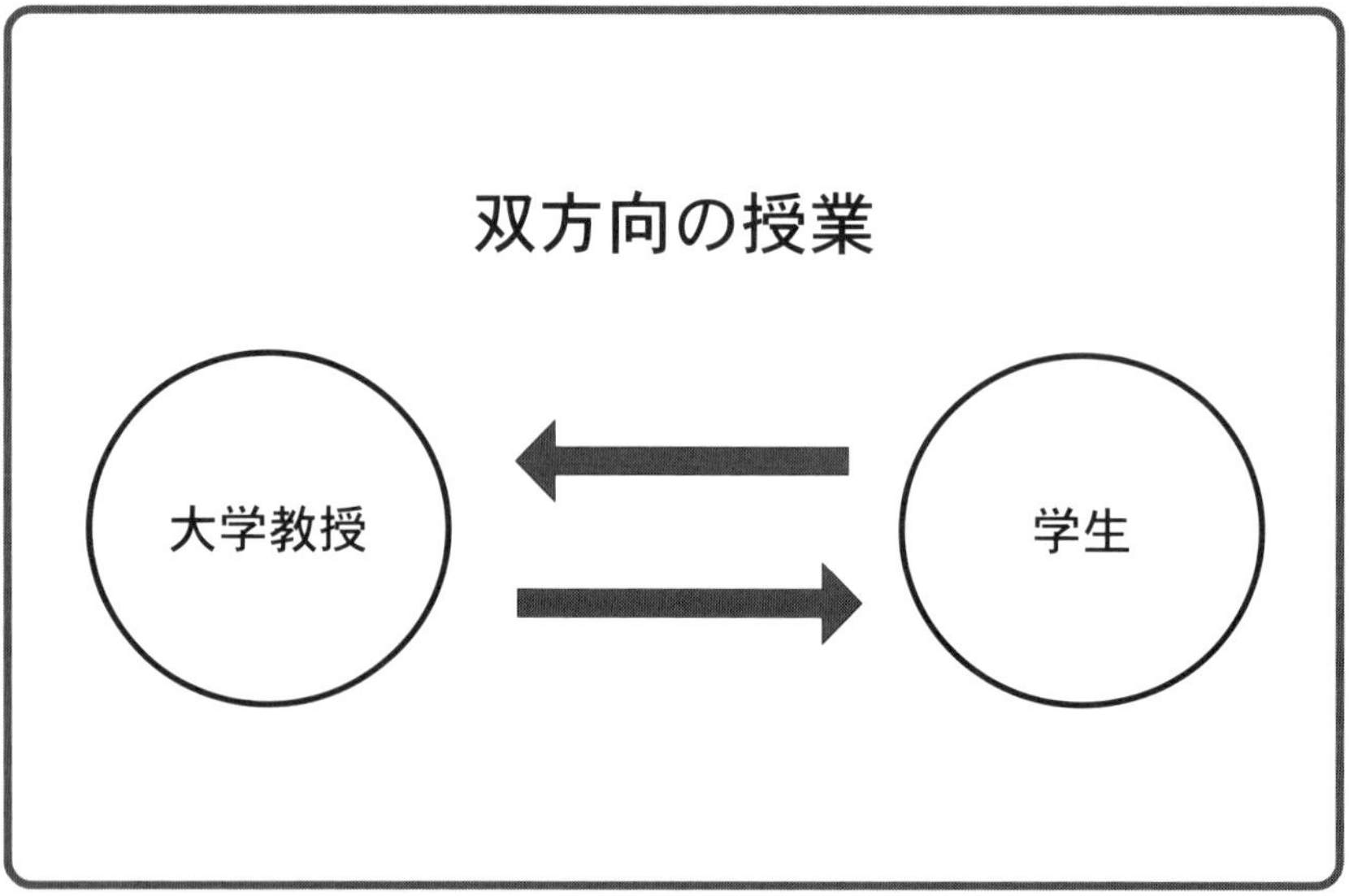
双方向の授業
大学教授
学生

第5章

経済大国への道

昭和（戦後）↓平成

1945年〜1947年

▼アメリカによる占領政策

マッカーサーのGHQが日本を間接統治する

◉敗戦後の日本の政策

敗戦後、日本はアメリカの事実上の単独占領となった。

占領政策を巡っては、ワシントンに設置された米英中ソなど11カ国の**極東委員会**、東京に設置された米英ソ中で構成される**対日理事会**が設けられたが、実際の占領実権は連合国最高司令官**マッカーサー**がトップの総司令部（ＧＨＱ※）が絶大な権力を握った。

マッカーサーは図にあるように日本政府を通じて日本国民を統治する**間接統治方式**を採用した。

対日政策の基本は、日本の非軍事化と民主化であった。

ＧＨＱは１９４５年10月に**幣原《しではら》喜《き》重郎《じゅうろう》内閣**に対して**五大改革指令**を発した。それは婦人の解放、労働組合の結成奨励、教育の自由主義化、圧政的諸制度の廃止、経済の民主化である。

◉民主化により変わる諸制度

非軍事化の面では、１９４６年１月に天皇が自身を神とする考え方を否定した**人間宣言**を行った。

そして議員・公務員・政界・財界・言論界の指導的地位にある者のうち軍国主義者・国家主義者など約20万人を追放した。

民主化の面では、まず教育の民主化があげられる。平和主義と民主主義を基調としたもので、１９４７年３月の**教育基本法**、６・３・３・４制を取り入れた**学校教育法**などが制定された。これに伴い、男女共学と９年の義務教育が適用された。

また、左図下段にしめしたように経済の民主化では、**農地改革**により寄生地主制が廃止された。

ほかに１９４７年の独占禁止法と過度経済力集中排除法によって三井・三菱などの巨大企業の分割が実施され**財閥解体**が実行されようとしたが、不十分におわる。

ポイント

- ☑幣原喜重郎内閣に対して五大改革指令を発する。
- ☑教育の民主化によって教育基本法、学校教育法が制定。
- ☑三井・三菱などの巨大企業の財閥解体が実行される。

用語解説

※ＧＨＱ　連合国最高司令官総司令部の略称。マッカーサーを軍最高司令官として戦後の日本で占領政策を行った。軍国主義を助長する言論の統制や農地改革、戦争犯罪人の処罰など。こうした占領はサンフランシスコ平和条約発効まで続いた。

■アメリカによる占領政策

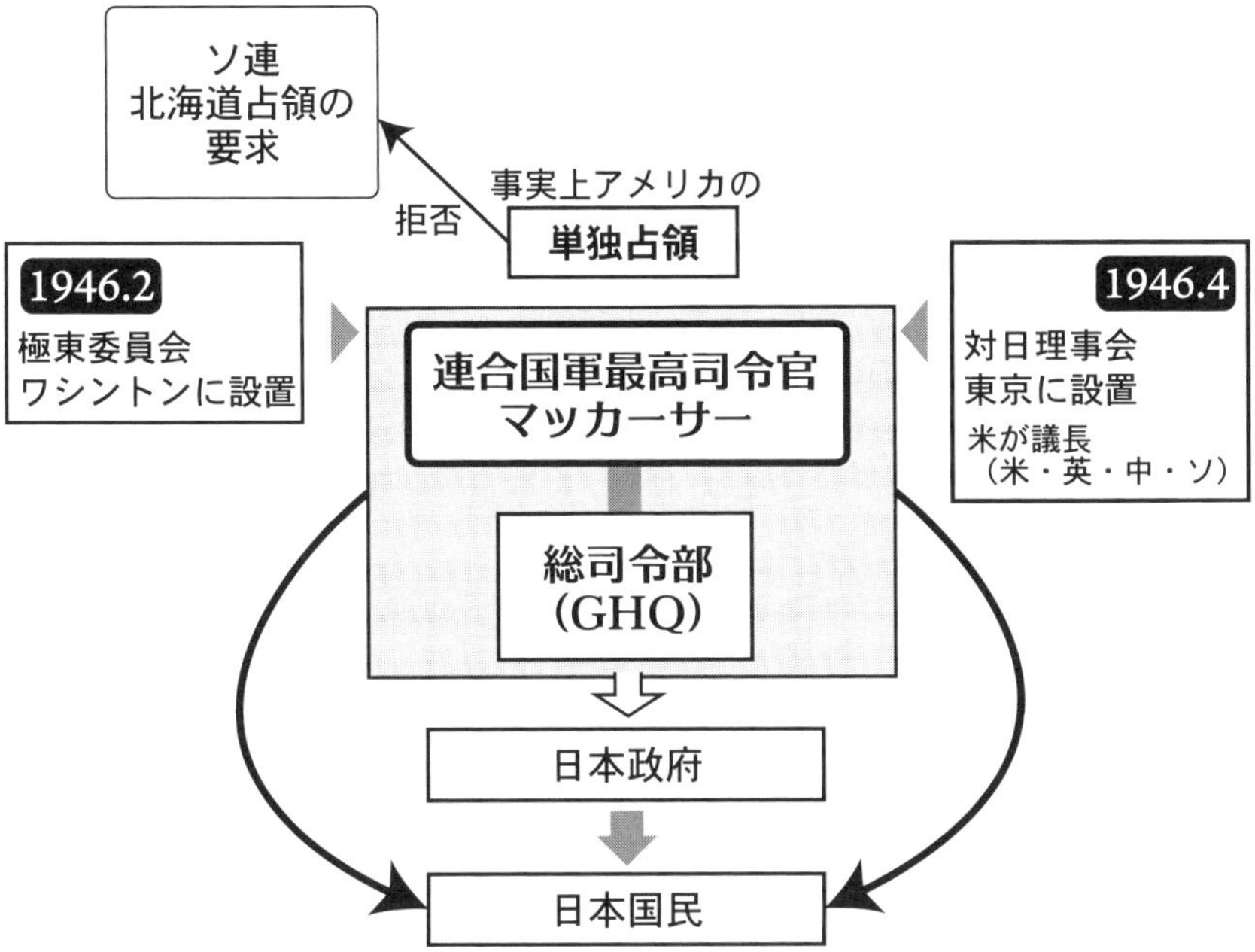
ソ連
北海道占領の
要求
拒否
事実上アメリカの
単独占領
1946.2
極東委員会
ワシントンに設置
1946.4
対日理事会
東京に設置
米が議長
（米・英・中・ソ）
連合国軍最高司令官
マッカーサー
総司令部
（GHQ）
日本政府
日本国民

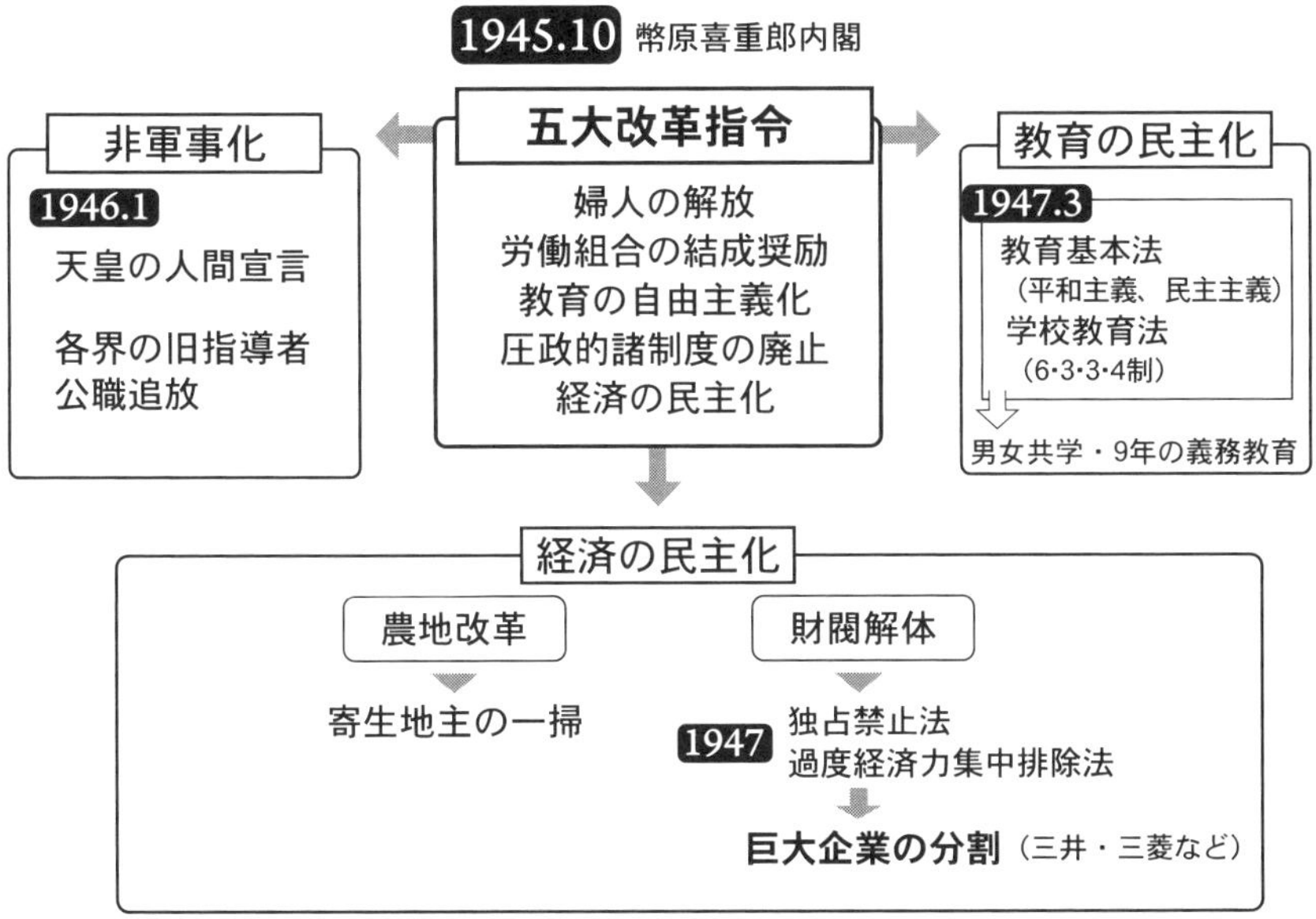
1945.10 幣原喜重郎内閣
五大改革指令
婦人の解放
労働組合の結成奨励
教育の自由主義化
圧政的諸制度の廃止
経済の民主化
非軍事化
1946.1
天皇の人間宣言
各界の旧指導者
公職追放
教育の民主化
1947.3
教育基本法
（平和主義、民主主義）
学校教育法
（6･3･3･4制）
男女共学・9年の義務教育
経済の民主化
農地改革
寄生地主の一掃
財閥解体
1947
独占禁止法
過度経済力集中排除法
巨大企業の分割（三井・三菱など）

おすすめ本
『昭和史 戦後編 1945-1989』
（半藤一利）
平凡社ライブラリー

豆知識
軍国主義を一掃するため、小学校の教科書の軍国的な表現は墨で黒く塗りつぶされた。

1946年～1948年

三大原則の日本国憲法が施行される

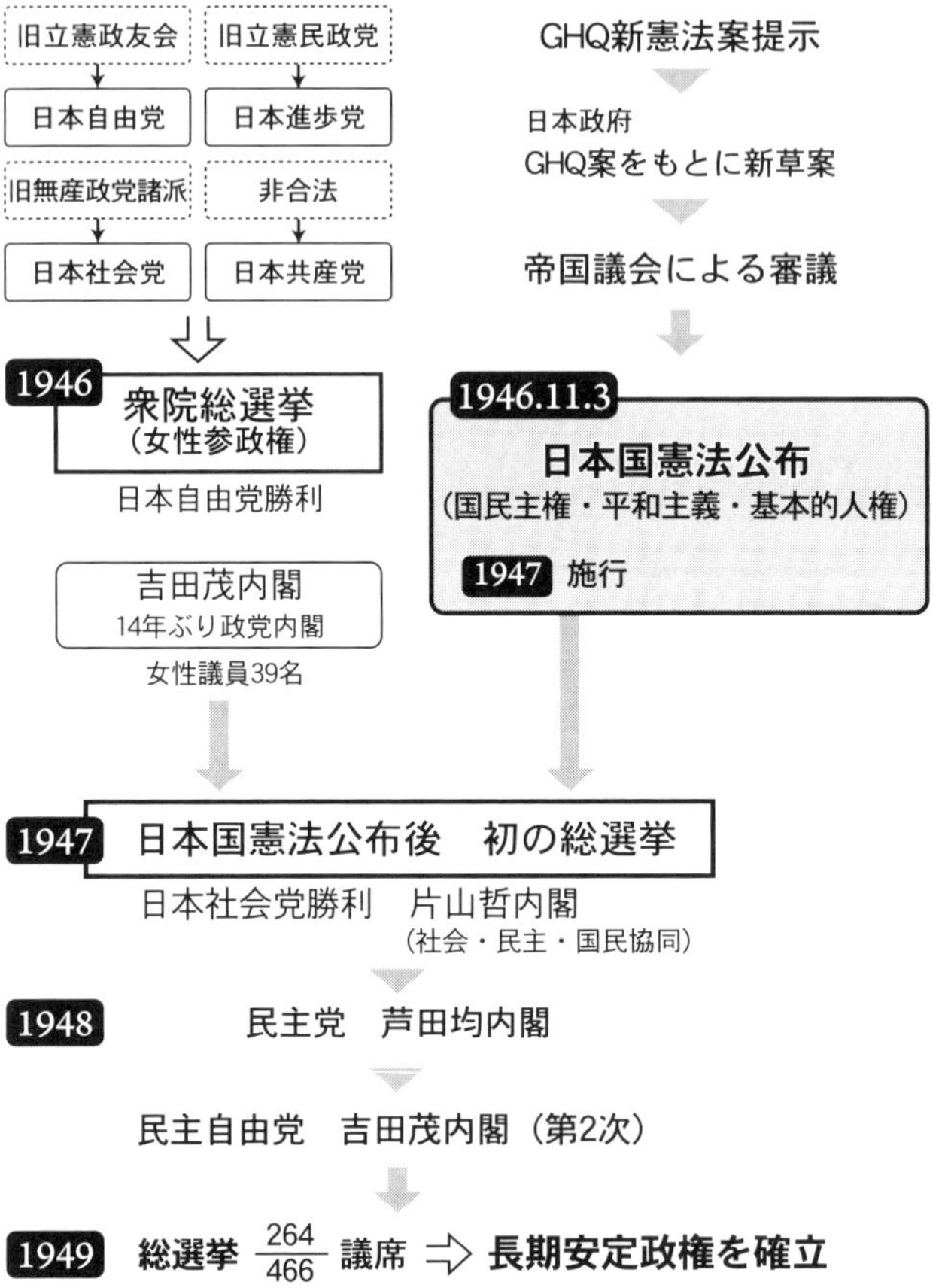
旧立憲政友会
日本自由党
旧立憲民政党
日本進歩党
旧無産政党諸派
日本社会党
非合法
日本共産党
1946
衆院総選挙
（女性参政権）
日本自由党勝利
吉田茂内閣
14年ぶり政党内閣
女性議員39名
GHQ新憲法案提示
日本政府
GHQ案をもとに新草案
帝国議会による審議
1946.11.3
日本国憲法公布
（国民主権・平和主義・基本的人権）
1947 施行
1947 日本国憲法公布後　初の総選挙
日本社会党勝利　片山哲内閣
（社会・民主・国民協同）
1948 民主党　芦田均内閣
民主自由党　吉田茂内閣（第2次）
1949 総選挙 264/466 議席 ⇨ 長期安定政権を確立

◉労働条件が大きく改善される

戦争はさまざまな面で日本にとても大きな打撃を与えた。生産力の低下が物資不足を招き、食糧難に加えて、インフレになっていく。

そこで政府は1946年に預金を封鎖する**金融緊急措置令**で通貨量を減らし、物価上昇を抑えようとしたが効果は一時的、物価の上昇は続き猛烈なハイパーインフレとなった。

またこのころ、大日本産業報国会などが解散となり、企業別に労働組合が結成された。

そして1945年から**労働組合法**、**労働関係調整法**、**労働基準法**が

ポイント

- ☑労働三法が制定され、労働条件は大きく改善された。
- ☑日本国憲法が11月3日に公布、5月3日に施行。
- ☑民主自由党が長期安定政権を樹立する。

用語解説

※**政党**　日本自由党は旧立憲政友会が中心となってつくられ、日本進歩党は旧立憲民政党系の議員が集まってできたもの。日本社会党は旧無産政党諸派議員たちが創設した。そして日本共産党は合法政党として活動開始。

■日本国憲法の公布

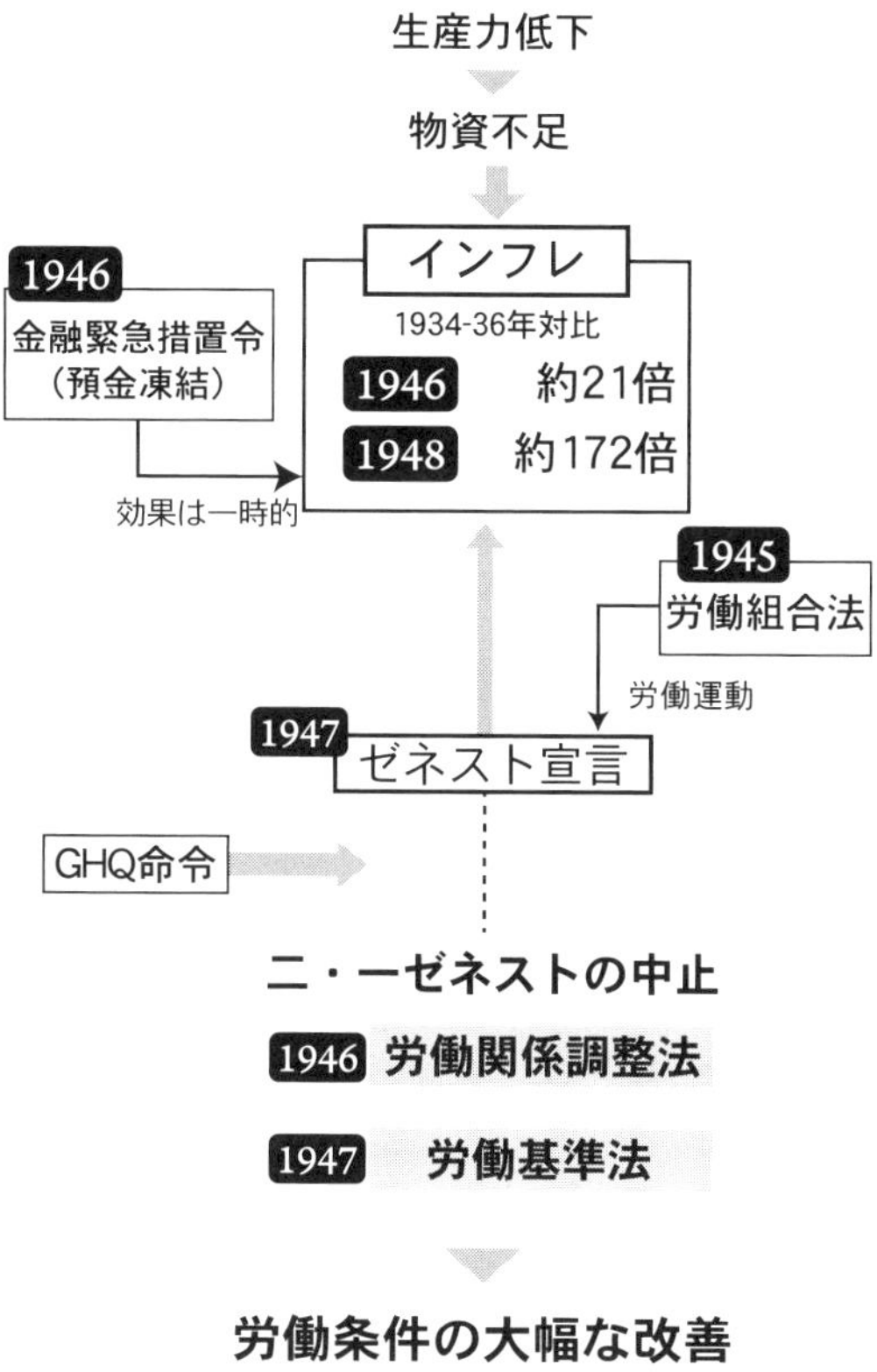
生産力低下
物資不足
インフレ
1934-36年対比
1946 約21倍
1948 約172倍
1946
金融緊急措置令
（預金凍結）
効果は一時的
1945
労働組合法
労働運動
1947
ゼネスト宣言
GHQ命令
二・一ゼネストの中止
1946 労働関係調整法
1947 労働基準法
労働条件の大幅な改善

制定され、労働条件は大きく改善されていった。

1947年1月18日には600万人が参加する日本労働運動史上最大のストライキとなる**二・一ゼネスト**も宣言されたが、これはGHQによって中止となっている。

◉日本国憲法が発布される

さて占領諸改革の最大の案件は憲法であった。GHQが新憲法案を提示し、日本政府はその案をもとに草案を作成。

帝国議会による審議を経て、1946年11月3日に国民主権・平和主義・基本的人権の尊重を理念とする**日本国憲法**が公布され、翌年5月3日に施行された。

また民主化の流れの中で政治も変化した。**日本自由党**、**日本進歩党**、**日本社会党**、そして合法となった**日本共産党**が成立するなど、政党※が復活し、活発に活動をはじめた。

女性が参政権を得た1946年の衆院総選挙で日本自由党が第一党になり、同党の**吉田茂内閣**が発足する。これは14年ぶりの政党内閣である。その後、日本社会党首班の**片山哲連立内閣**、民主党首班の**芦田《あしだ》均《ひとし》連立内閣**を経て、1948年、民主自由党（日本自由党改称）の吉田茂内閣が再び成立した。

翌年の選挙でも民主自由党は絶対多数を得て長期安定政権を樹立、民主主義時代が到来したのである。

おすすめ本
『マッカーサーの二千日』
（袖井林二郎）
中公文庫

豆知識
1946年、終戦後最初の総選挙で、78名の女性が立候補し、そのうちの39名が当選、議員となった。

1945年〜
1949年

▼冷戦の時代

自由主義と社会主義の二大陣営が対立する

◉米ソの冷戦

１９４５年の国際連合の発足以来、アメリカとソ連は協力関係にあった。しかし、資本主義・自由主義陣営を代表するアメリカと、共産主義・社会主義陣営を束ねるソ連はしだいに対立するようになっていく。

そして世界はアメリカを頂点とする自由主義陣営と、ソ連を盟主とする社会主義の二大陣営の長い対立の時代に入っていった。

両国は武器で直接的に砲火を交えて対抗するのではなく、国際間の厳しい対立抗争を行いながら、陣営の拡大と結束の強化をめざした。

この対立は**冷たい戦争**（**冷戦**）と呼ばれた。この冷戦は、１９４５年から１９８９年まで続く。またドイツでは、自由主義陣営の西ドイツと社会主義陣営の東ドイツに分断されて、緊迫した時代を迎えていた。

◉アジアの同国間対立

こうした流れはアジアでも同様で、朝鮮半島や中国においても、両主義の対立は激しいものとなった。

１９１０年の韓国併合によって日本の統治下にあった朝鮮半島では、日本の敗戦を機に北はソ連軍、南は連合軍の軍政下に入った。そして１９４８年に**北緯38度線**を境にして、アメリカに支持された**李**《り》**承晩**《しょうばん》**大統領**の**大韓民国**（**韓国**）と、ソ連をバックに持つ**金日成**《きんにっせい》が指導する**朝鮮民主主義人民共和国**（**北朝鮮**）が成立し、長い対立関係に入った。

１９３７年からの日中戦争を戦った中国では、ソ連の支援を受けた共産党が１９４９年、内戦に勝利をおさめ、**毛沢東主席**のもとに一党独裁の**中華人民共和国**が建国された。

一方敗れた国民党の蒋介石は**台湾**※に逃れ、台北を首都として**中華民国**を継続させた。このようにアジア地域では現在も続く、同国間の対立の時代がはじまっていた。

ポイント☑

☑冷たい戦争と呼ばれる米ソ二大陣営の対立が続いた。
☑北緯38度線を境に韓国と北朝鮮が成立し、対立する。
☑毛沢東主席のもとに一党独裁の中華人民共和国が建国。

用語解説

※台湾　1895年の下関条約で委譲されてから、1945年10月まで、台湾は日本の統治下にあった。教育も日本語で行われ、戦前、戦中の教育を受けた人の中には、未だに日本語が話せる人がいる。また統治時代の建築物も残っている。

■冷戦の時代

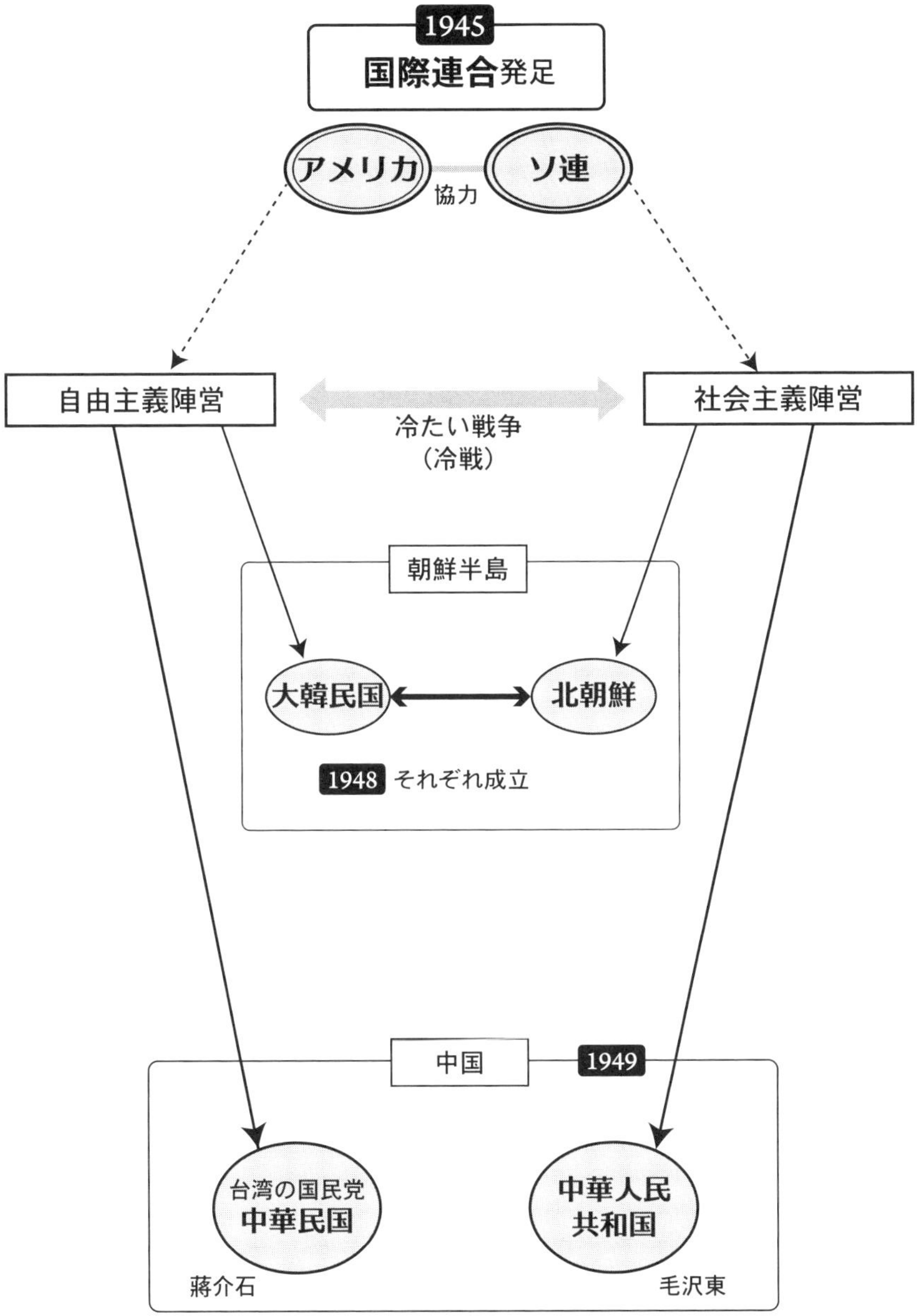
1945
国際連合発足
アメリカ
ソ連
協力
自由主義陣営
社会主義陣営
冷たい戦争
（冷戦）
朝鮮半島
大韓民国
北朝鮮
1948 それぞれ成立
中国
1949
台湾の国民党
中華民国
蒋介石
中華人民
共和国
毛沢東

おすすめ本
『新装版 現代政治の思想と行動』
（丸山眞男）
未來社

豆知識
明治の民法では25歳以下の女性は戸主の同意がないと婚姻できなかったが、1947年、20歳以上は親の同意不要となった。

1948年〜1953年

朝鮮戦争による特需で日本は好景気に沸いた

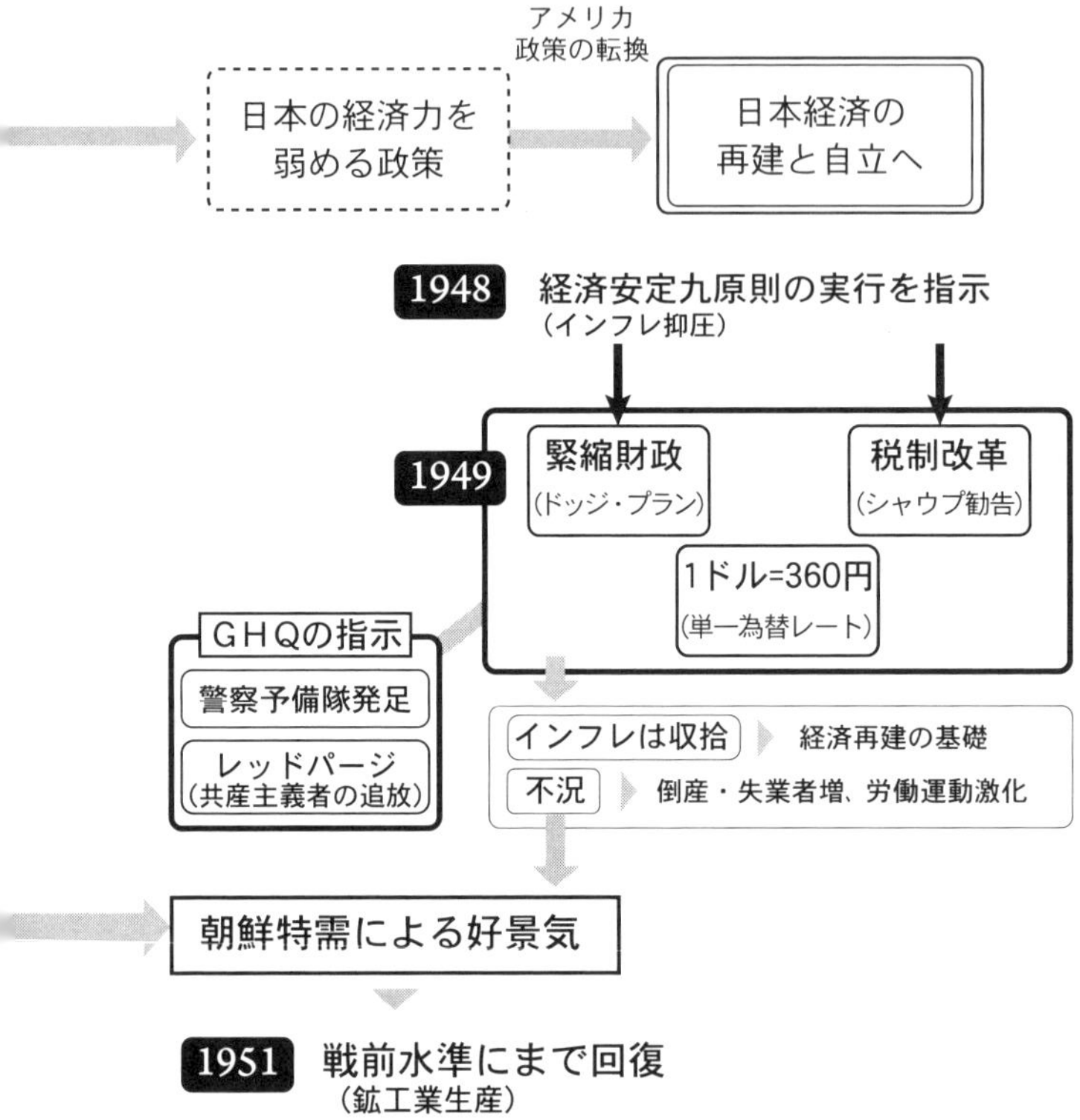
アメリカ政策の転換
日本の経済力を弱める政策
日本経済の再建と自立へ
1948
経済安定九原則の実行を指示（インフレ抑圧）
1949
緊縮財政（ドッジ・プラン）
税制改革（シャウプ勧告）
1ドル=360円（単一為替レート）
GHQの指示
警察予備隊発足
レッドパージ（共産主義者の追放）
インフレは収拾
経済再建の基礎
不況
倒産・失業者増、労働運動激化
朝鮮特需による好景気
1951
戦前水準にまで回復（鉱工業生産）

ポイント
- ☑1ドル360円の固定為替相場が決められる。
- ☑北朝鮮が北緯38度線を突破し、朝鮮戦争が勃発。
- ☑警察予備隊が創設されるなど、日本の再軍備が加速する。

●GHQによる緊縮財政

アメリカの初期占領政策は日本の非軍事化と民主化の徹底であったが、ソ連の台頭で東西冷戦の時代を迎えると、自由主義陣営の強化のために、日本経済の再建と自立を目的とする政策に転換した。

1948年に**GHQ（連合国最高司令官総司令部）**は急激なインフレの抑圧と経済自立を目指した**経済安定九原則**の実行を指示する。これに基づき、1949年には、**ドッジ・ライン**※と呼ばれる緊縮財政を実行、復興金融公庫への融資停止や補助金・失業対策費削減、徴税強化な

用語解説
※ドッジ・ライン　ドッジ・プランとも。デトロイト銀行頭取・ドッジによる日本経済への意見。緊縮予算の作成や1ドル＝360円の単一為替レート設定などを提示、日本経済の自立を促した。

■朝鮮戦争と日本経済の再建

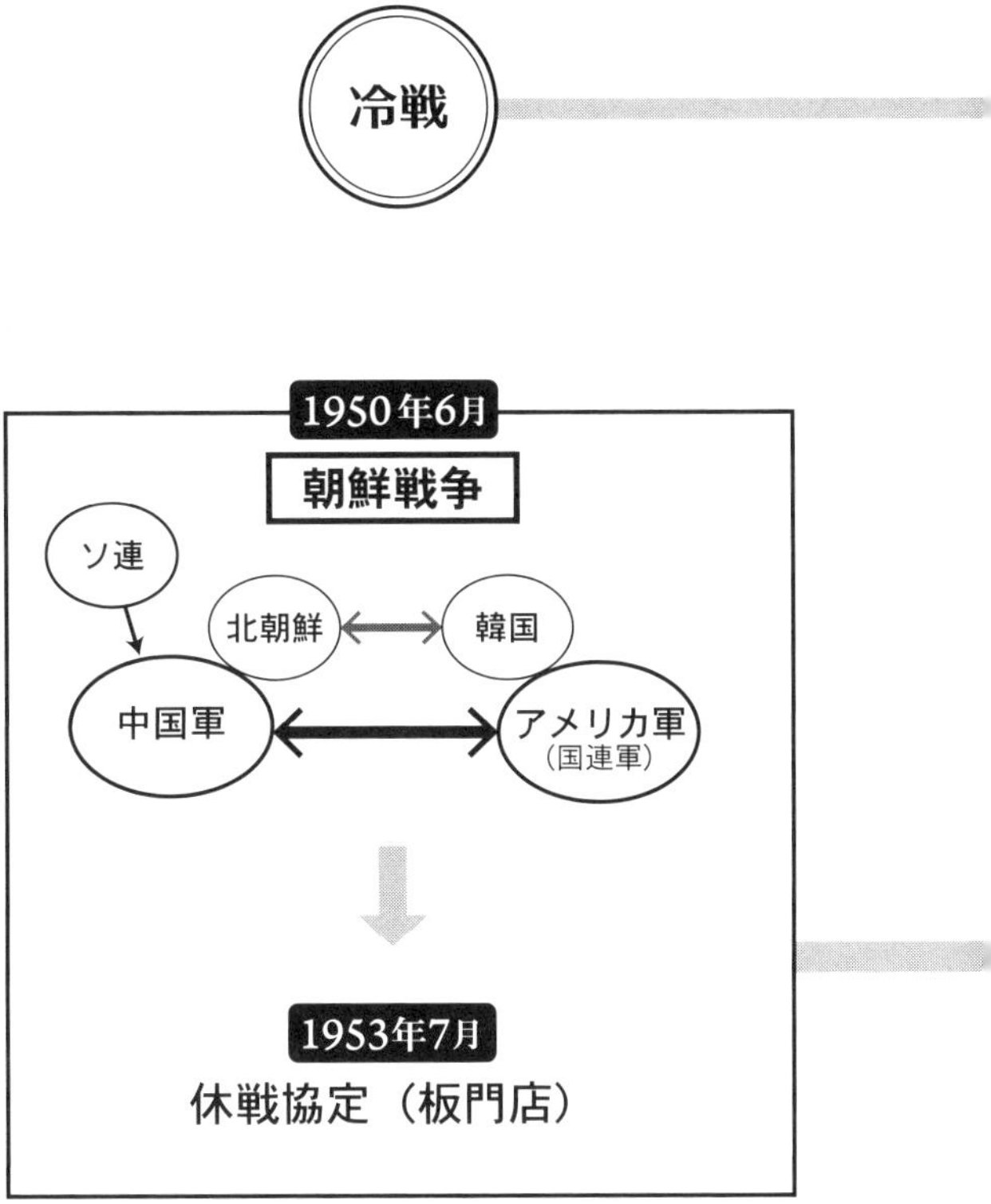
冷戦
1950年6月
朝鮮戦争
ソ連
北朝鮮
韓国
中国軍
アメリカ軍
（国連軍）
1953年7月
休戦協定（板門店）

どで赤字を黒字に転換、そして1ドル360円の**固定為替相場**が決められた。

さらに、国民への課税強化と法人税軽減を柱とするシャウプ勧告と呼ばれた**税制改革**を断行した。

これらの政策によってインフレは解消、経済再建の基礎が築かれた。

一方で企業倒産が増え、失業者が増えるなど不況が深刻化した。そのため国鉄や民間労働組合などの労働運動が激化をたどっていった。

◉朝鮮戦争特需

1950年6月、中国軍に援助された北朝鮮が北緯38度線を突破し、突如**朝鮮戦争**が勃発した。韓国軍は朝鮮半島南端に押し込められたが、国連軍（米軍中心）が介入、北朝鮮を追い返したが、今度は中国の人民義勇軍が介入、一進一退を繰り返した。

その後、1953年に**板門店**《はんもんてん》で休戦協定が成立した。

日本はこの期間に国内治安維持のために7万5000人規模の**警察予備隊**（のちの**自衛隊**）を創設し、**海上保安庁**の増員を行うなど、再軍備の動きを加速させ、アメリカも日本の独立を急ぐようになった。

また、朝鮮戦争は国連軍の補給基地となった日本におもわぬ特需をもたらし、好景気に沸いた日本は、鉱工業生産高が戦前の水準にまで回復した。

おすすめ本
『白洲次郎 占領を背負った男』
（北康利）
講談社文庫

豆知識
1950年、労働運動激化のためGHQが共産党員とその支持者を公職追放とした。これをレッド・パージという。

1951年〜1956年

サンフランシスコ平和条約で占領時代が終わった

◉サンフランシスコ平和条約の締結

連合国との講和では、社会主義国も含む全面講和論と、自由主義国とだけ単独講和を結び、国際社会へ早期復帰すべきという単独講和論があったが、後者を推《お》す声が多かった。

１９５１年、サンフランシスコで開かれた講和会議に吉田首相らが全権として出席、**サンフランシスコ平和条約**※を締結する。この条約には米・英など自由主義陣営48カ国が参加し、日本は主権を回復し、晴れて自由主義陣営の一員として国際社会に復帰を果たすことになった。翌年、この条約の発効により日本の主権が回復、占領時代は終わりを告げた。同時に日本はインドと**日印平和条約**、中華民国と**日華平和条約**を結ぶ。

平和条約と同時に日米安全保障条約も結ばれた。この条約により極東の平和維持のためアメリカ軍が日本に引き続き駐留。また**日米行政協定**によって、日本はアメリカ軍に無償で基地を提供することとなった。１９５３年、アメリカ統治だった奄美大島が返還された。そして戦後独立した東南アジア諸国と話し合い、無償での経済援助を決めた。

◉日本の国際連合加盟

また、１９５０年代半ば頃から米ソ二大陣営にも緊張緩和が出てきた。１９５５年には**アジア・アフリカ会議（A・A会議）**が開催され、アジア・アフリカ29カ国がインドネシアのバンドンに集まり、アジア・アフリカ各国の協力体制、植民地主義の撤廃、諸国の協力と世界平和の促進などを宣言した。

こうした動きを受けて**鳩山一郎内閣**は１９５６年、ソ連と**日ソ共同宣言**に調印し、北方領土問題は未解決のまま、国交を回復した。その結果、日本の国連復帰を反対していたソ連の合意を得られ、日本の国連再加盟が実現した。

ポイント☑

- ☑吉田茂全権がサンフランシスコ平和条約に調印。
- ☑日米安保条約でアメリカに基地を提供することとなった。
- ☑日ソ共同宣言に調印し、ソ連との国交を回復する。

用語解説

※サンフランシスコ平和条約　調印国はアメリカ、イギリスなど48カ国。調印拒否がソ連、ポーランドなど３カ国。会議不参加がインド、ビルマ、ユーゴスラビアの３カ国。中国は招待されず、韓国も参加は認められなかった。

■平和条約と日米安保条約

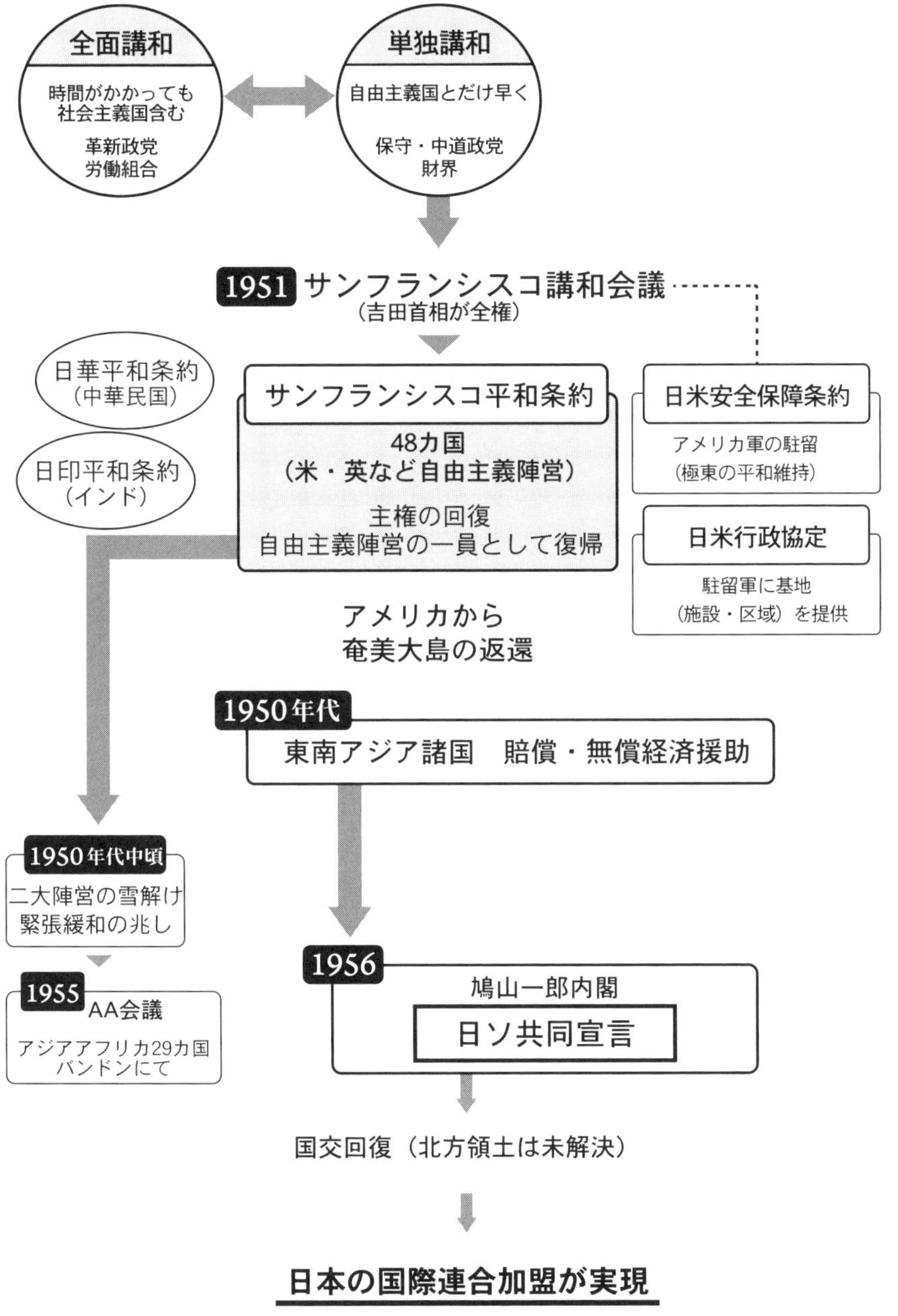
全面講和
時間がかかっても
社会主義国含む
革新政党
労働組合
単独講和
自由主義国とだけ早く
保守・中道政党
財界
1951 サンフランシスコ講和会議
（吉田首相が全権）
日華平和条約
（中華民国）
日印平和条約
（インド）
サンフランシスコ平和条約
48カ国
（米・英など自由主義陣営）
主権の回復
自由主義陣営の一員として復帰
日米安全保障条約
アメリカ軍の駐留
（極東の平和維持）
日米行政協定
駐留軍に基地
（施設・区域）を提供
アメリカから
奄美大島の返還
1950年代
東南アジア諸国　賠償・無償経済援助
1950年代中頃
二大陣営の雪解け
緊張緩和の兆し
1955
AA会議
アジアアフリカ29カ国
バンドンにて
1956
鳩山一郎内閣
日ソ共同宣言
国交回復（北方領土は未解決）
日本の国際連合加盟が実現

おすすめ本
『パール判事の日本無罪論』
（田中正明）
小学館文庫

豆知識
かつて「音羽御殿」と呼ばれた鳩山一郎の邸宅は、現在、鳩山会館という記念館になって一般公開されている。

1948年～1960年

保守と革新が対立する55年体制が誕生

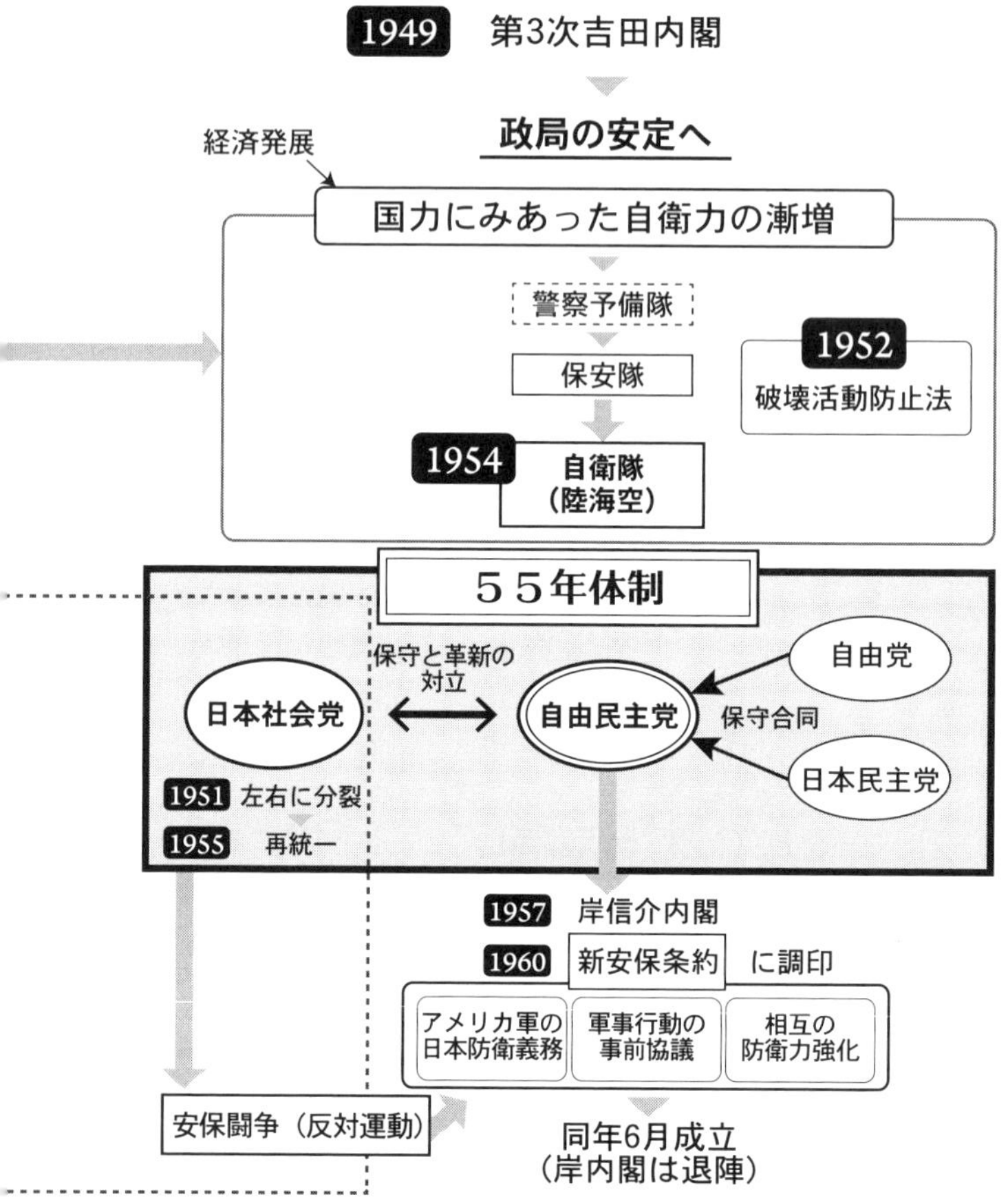

1949 第3次吉田内閣
政局の安定へ
経済発展
国力にみあった自衛力の漸増
警察予備隊
保安隊
1954 自衛隊（陸海空）
1952 破壊活動防止法
55年体制
保守と革新の対立
日本社会党
自由民主党
保守合同
自由党
日本民主党
1951 左右に分裂
1955 再統一
1957 岸信介内閣
1960 新安保条約 に調印
アメリカ軍の日本防衛義務
軍事行動の事前協議
相互の防衛力強化
安保闘争（反対運動）
同年6月成立（岸内閣は退陣）

ポイント

- ☑保安隊と海上警備隊を改組し、自衛隊が誕生する。
- ☑自由民主党が結成され、鳩山一郎が初代総裁に就任する。
- ☑新安保条約が衆院強行採決を通り、自然成立。

◉自衛隊の誕生

１９４９年、総選挙で圧勝した第３次吉田内閣の発足でようやく日本の政局は安定する。

日本経済の発展に伴って、アメリカからの再軍備要求が強まったが、吉田内閣は国力に見合った自衛力の漸増路線をとった。

警察予備隊は**保安隊**と名前を変え、１９５４年の**ＭＳＡ協定**※でアメリカからの軍事・経済援助を受けたので、保安隊と海上警備隊を改組し、国土防衛と治安出動を任務とする**自衛隊**が誕生した。

さて、１９５１年の講和問題をめ

用語解説

※**ＭＳＡ協定**　正式には「日本国とアメリカ合衆国との間の相互防衛援助協定」。アメリカと日本が互いに軍事的支援を行うということ。日本はこの協定により、独自の防衛を目的としてのみ再軍備することになった。

ぐり左右に分裂していた日本社会党は、1955年、総選挙で3分の1の議席を確保、再統一が成った。

　この動きは保守政党にも影響を与えた。安定した政局のもとに経済の発展を期するため、同年、自由党と日本民主党の保守合同が実現、**自由民主党**となり、**鳩山一郎**が初代総裁に就任した。

　ここに保守と革新の二大政党が対立する**55年体制**と呼ばれる政治体制が誕生した。

◉**新安保条約の調印**

　革新勢力は日本がアメリカのアジア侵略に組み込まれる「逆コース」として反発、アメリカ基地反対運動を起こした。

　おりしもアメリカの行った**水爆実験**により日本の**第五福竜丸**が被爆、1955年には**原水爆禁止世界大会**にまで発展した。

　そうした世論と55年体制下の革新勢力が強い中で、成立した岸信介《のぶすけ》内閣は自衛力漸増計画をすすめ、旧安保条約の改定に臨んだ。

　岸内閣は安保反対運動の喧騒の中で、1960年、日米相互協力及び安全保障条約（**新安保条約**）に調印した。これにはアメリカ軍の日本防衛義務、軍事行動に関する日本側との事前協議制度、基地提供義務などが盛り込まれている。条約は衆院強行採決を通って、自然成立したが、岸内閣は翌月退陣した。

■55年体制

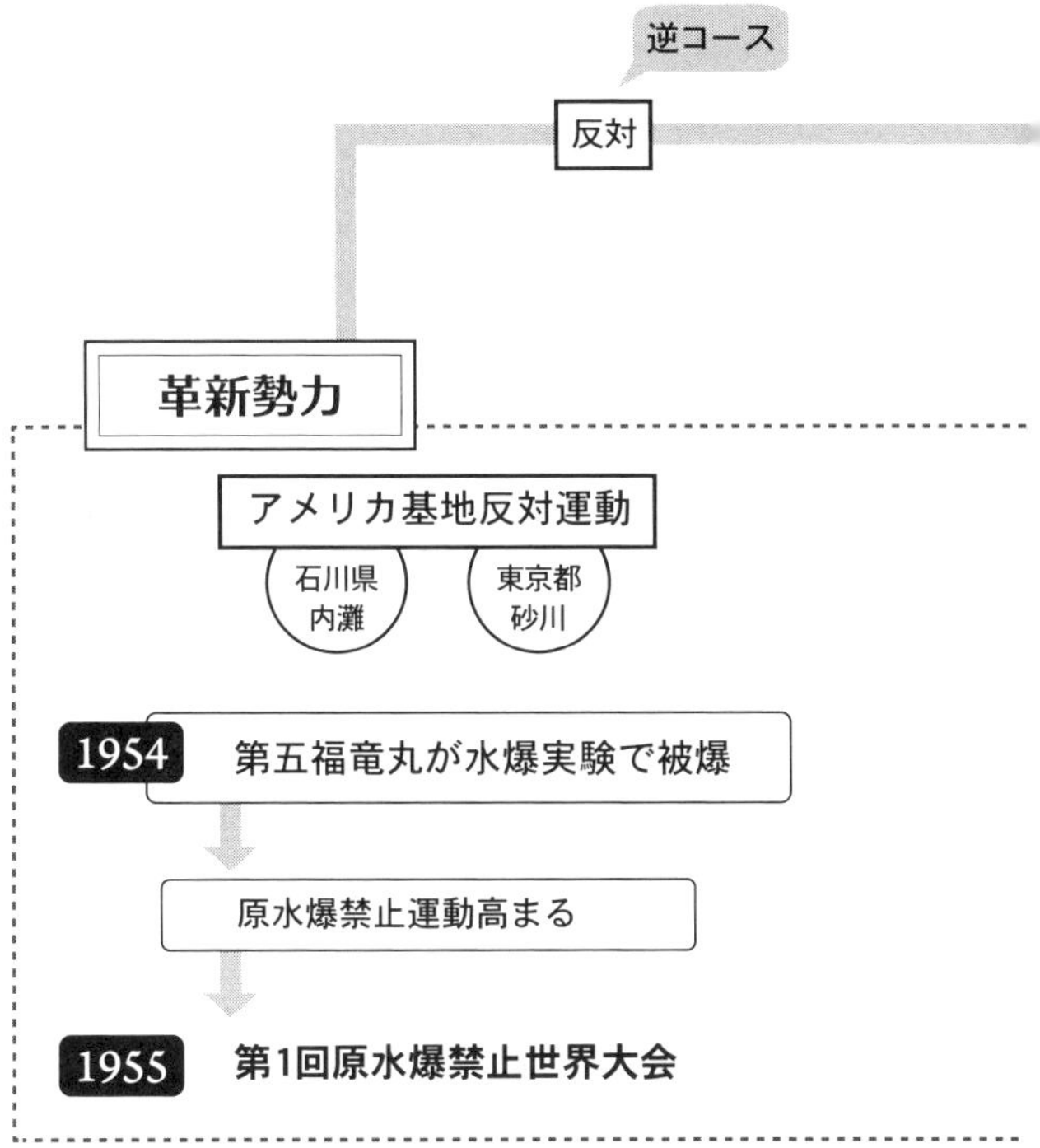
逆コース
反対
革新勢力
アメリカ基地反対運動
石川県 内灘
東京都 砂川
1954
第五福竜丸が水爆実験で被爆
原水爆禁止運動高まる
1955
第1回原水爆禁止世界大会

おすすめ本
『昭和史発掘』
（松本清張）
文春文庫

豆知識
日比谷公会堂で演説中、社会党委員長・浅沼稲次郎が刺殺された。犯人は17歳の右翼少年だった。

1955年～1964年

▼ＧＮＰ世界２位へ

石油化学と自動車が主要産業に躍り出た

◉神武景気に沸く日本

日本経済は１９５５年から１９５７年にかけて**神武景気**と呼ばれる好景気を迎えた。経済の好調は１９５６年の経済白書の「もはや戦後ではない」という言葉からもうかがえる。

安保条約改定で岸内閣が退陣した後、成立した**池田勇人《はやと》内閣**は、前政権の反省を踏まえ、低姿勢、寛容と忍耐をスローガンに国民との対話路線をとった。

また第二次池田内閣では、**国民所得倍増計画**を掲げて経済重視の内政重点政策を強力におしすすめた。岸内閣で決まった国民皆保険、皆年金※や新産業都市建設促進法の施行など、政治、経済ともに１９６０年代からの日本は空前の繁栄を謳歌することになった。

次の**佐藤栄作内閣**は１９６４年から１９７２年までの７年半にわたる長期政権となったが、好景気は続いていた。

◉ＧＮＰ第２位へ躍進する

日本経済は１９５５年から１９７3年の20年近くの間に、年平均10％超の高度成長を続けた。これは先進工業国の平均成長率の2倍という驚異的な成長であった。

この結果、１９６８年には、同じ敗戦国の西ドイツを抜き去り、とうとうアメリカに次いで自由主義陣営ではＧＮＰ第２位にまで躍進した。

国内市場の拡大、軍事費の低下、技術革新、豊富な労働力、高い教育水準、貯蓄率などさまざまの要因が重なったためである。

とくに石油化学と自動車は主要産業に躍りでた。貿易も大幅な伸びをみせ、１９６４年には**国際通貨基金（ＩＭＦ）**８条国に移行し、貿易の自由化となった。**経済協力開発機構（ＯＥＣＤ）**にも加盟し、高度成長の後押しとなった。

ポイント☑

- ☑神武景気と呼ばれる好景気に沸いた。
- ☑1960年代から空前の繁栄を謳歌する。
- ☑西ドイツを抜き去り、資本主義国ＧＮＰ第２位にまで躍進した。

用語解説

※**国民皆保険、皆年金**　国民がすべて等しく治療を受けられるよう、公的医療保険に加入することが義務となっている。これが皆保険制度。20歳以上60歳未満が公的年金にはいることで、年金が受けられるのが皆年金。

■GNP世界2位へ

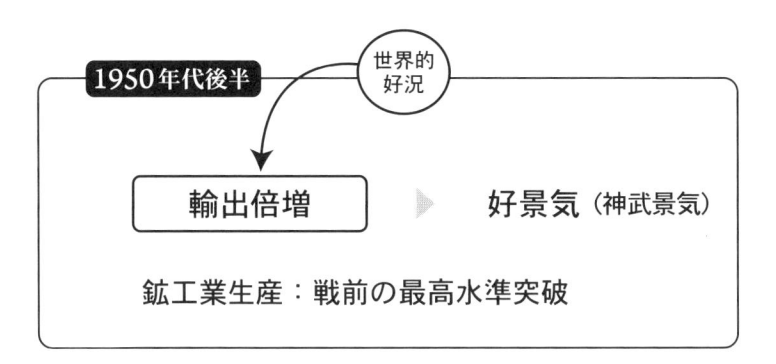

1950年代後半

世界的好況 → 輸出倍増 ▶ 好景気（神武景気）

鉱工業生産：戦前の最高水準突破

1960年代〜1970年代はじめ

空前の繁栄

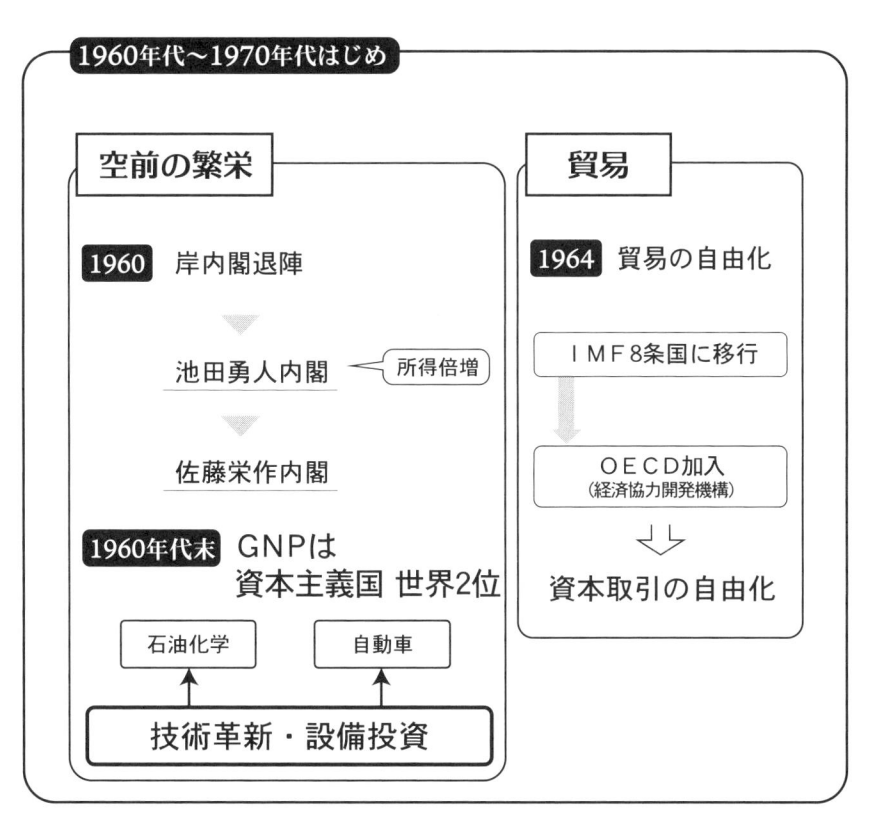

1960 岸内閣退陣

▼

池田勇人内閣 ＜ 所得倍増

▼

佐藤栄作内閣

1960年代末 GNPは資本主義国 世界2位

石油化学　自動車

↑

技術革新・設備投資

貿易

1964 貿易の自由化

ＩＭＦ8条国に移行

↓

ＯＥＣＤ加入（経済協力開発機構）

⇩

資本取引の自由化

おすすめ本

『佐藤榮作日記』（佐藤榮作／伊藤隆監修）朝日新聞社

豆知識

OECDは現在34カ国が加盟。経済成長、経済発展途上にある諸地域の世界貿易の拡大に寄与するのが目的。

1960年代
1970年代

▼高度成長による生活革命

高度成長した日本は「経済大国」になった

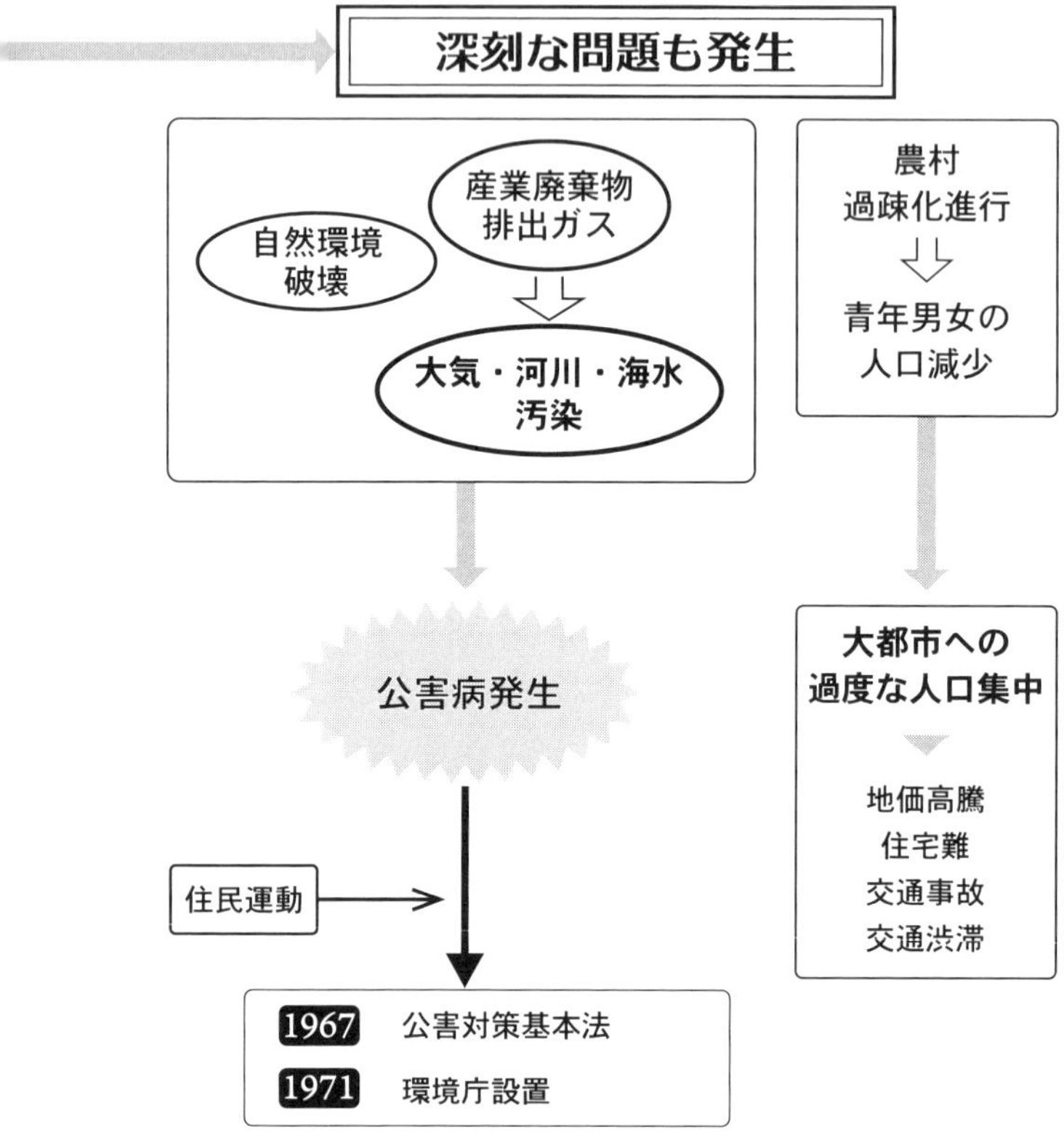
深刻な問題も発生
自然環境破壊
産業廃棄物
排出ガス
大気・河川・海水
汚染
公害病発生
住民運動
1967 公害対策基本法
1971 環境庁設置
農村
過疎化進行
青年男女の
人口減少
大都市への
過度な人口集中
地価高騰
住宅難
交通事故
交通渋滞

ポイント

- ☑東京オリンピック、大阪万国博覧会が開催される。
- ☑東海道新幹線や高速道路など建設と整備が進んだ。
- ☑大気・河川・海水の汚染で、様々な公害病が発生する。

◉オリンピックと万博

１９６０年代から１９７０年代にかけて日本は急速な高度成長を達成し、**経済大国**になった。

その象徴となったのが、世界94カ国が参加した１９６４年開催の**東京オリンピック**である。

６年後に行われた１９７０年の**大阪万国博覧会**では太陽の塔や月の石が人気を集めた。出展国は77カ国、１８３日間の開催で６４２２万人が来場するほどの盛況ぶりであった。

東京オリンピックにあわせて開業した**東海道新幹線**を皮切りに高速道路、地下鉄、高層ビルなどの建設と

用語解説

※**三種の神器**　1950年代後半の好景気で手に入れられるようになった家電製品。白黒テレビ、電気冷蔵庫、電気洗濯機のこと。1960年代になるとカラーテレビ、クーラー、車の３Ｃへと変化した。

■高度成長による生活革命

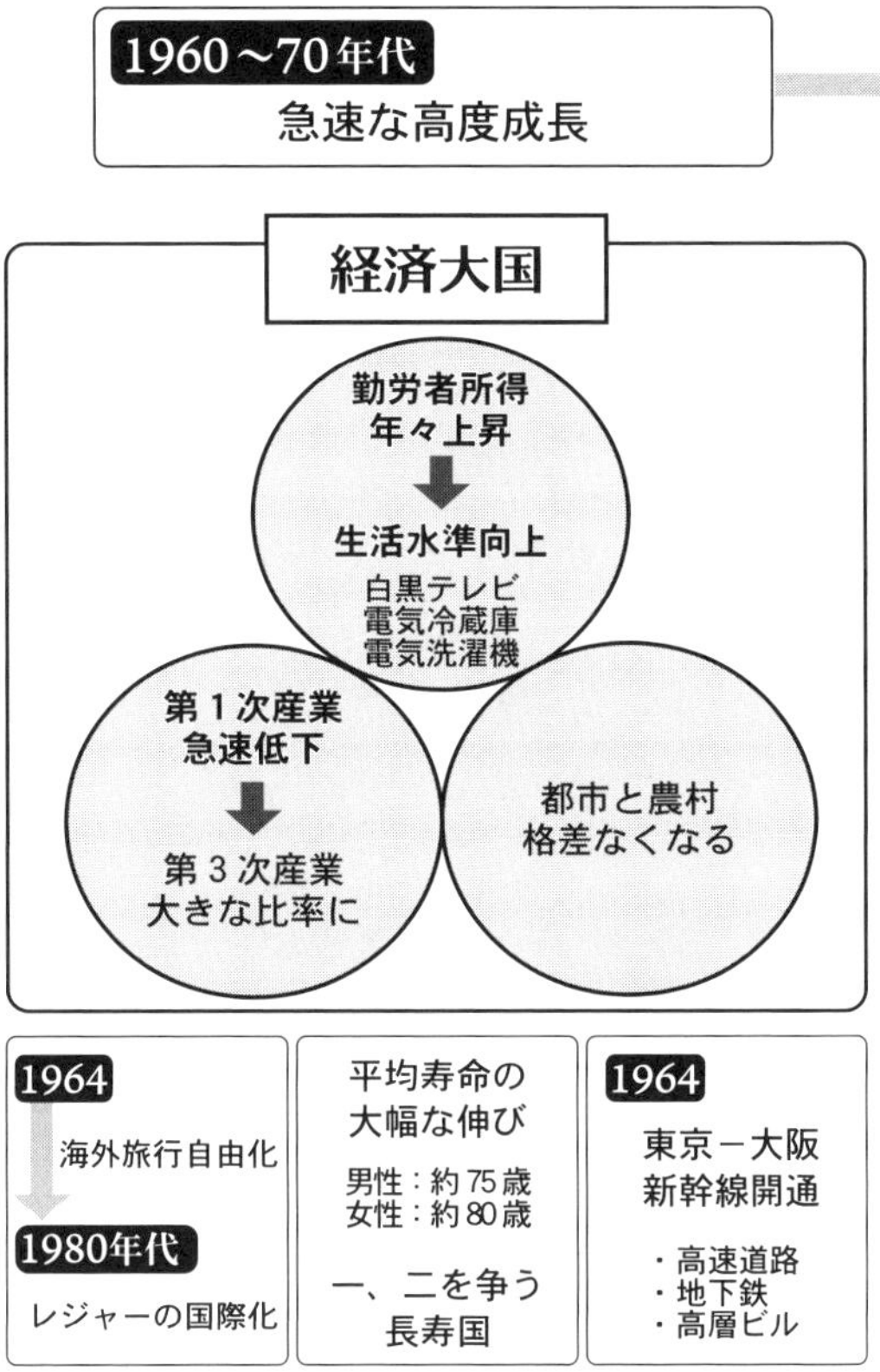

1960～70年代
急速な高度成長
経済大国
勤労者所得
年々上昇
生活水準向上
白黒テレビ
電気冷蔵庫
電気洗濯機
第1次産業
急速低下
第3次産業
大きな比率に
都市と農村
格差なくなる
1964
海外旅行自由化
1980年代
レジャーの国際化
平均寿命の
大幅な伸び
男性：約75歳
女性：約80歳
一、二を争う
長寿国
1964
東京－大阪
新幹線開通
・高速道路
・地下鉄
・高層ビル

整備もすすんだ。この二つのビッグイベントによって、日本は復興した姿を世界に向けて大きく発信したのだ。

また勤労者所得が年々上昇、生活水準が向上して国民生活にも余裕が生まれた。1950年代後半以降、白黒テレビ、電気冷蔵庫、電気洗濯機の、いわゆる「**三種の神器**※」が誰にでも手に入るようになり、生活にゆとりができた。こうした流れの中で、都市と農村の格差も縮小していった。

レジャーの面でも海外旅行が1964年に自由化され、1980年代には毎年数百万人が海外旅行を楽しむようになり、国際化が一気にすすんだ。

◉深刻化する公害問題

一方、急激な高度経済成長の裏では**公害問題**が深刻化していた。

自然環境の破壊、産業廃棄物や排出ガスによる大気・河川・海水の汚染が原因となり、様々な公害病が発生した。水俣《みなまた》病や四日市《よっかいち》ぜんそくなどはこの時期から表面化している。

これに対して住民運動が起こり、1967年、**公害対策基本法**が成立、のち環境庁も設置された。

また農村から青年男女が都市へ流出し農村の過疎化が進行した。大都市の過度な人口集中は、地価の高騰、住宅難、交通事故、交通渋滞の深刻化など問題が露呈されていった。

おすすめ本
『苦海浄土――わが水俣病』
（石牟礼道子）
講談社文庫

豆知識
この時期、平均年齢は大幅に伸び、男性は75歳、女性は80歳となり、世界でも一、二を争う長寿国になった。

1960年～1983年

第二次中曽根内閣は新自由クラブと連立する

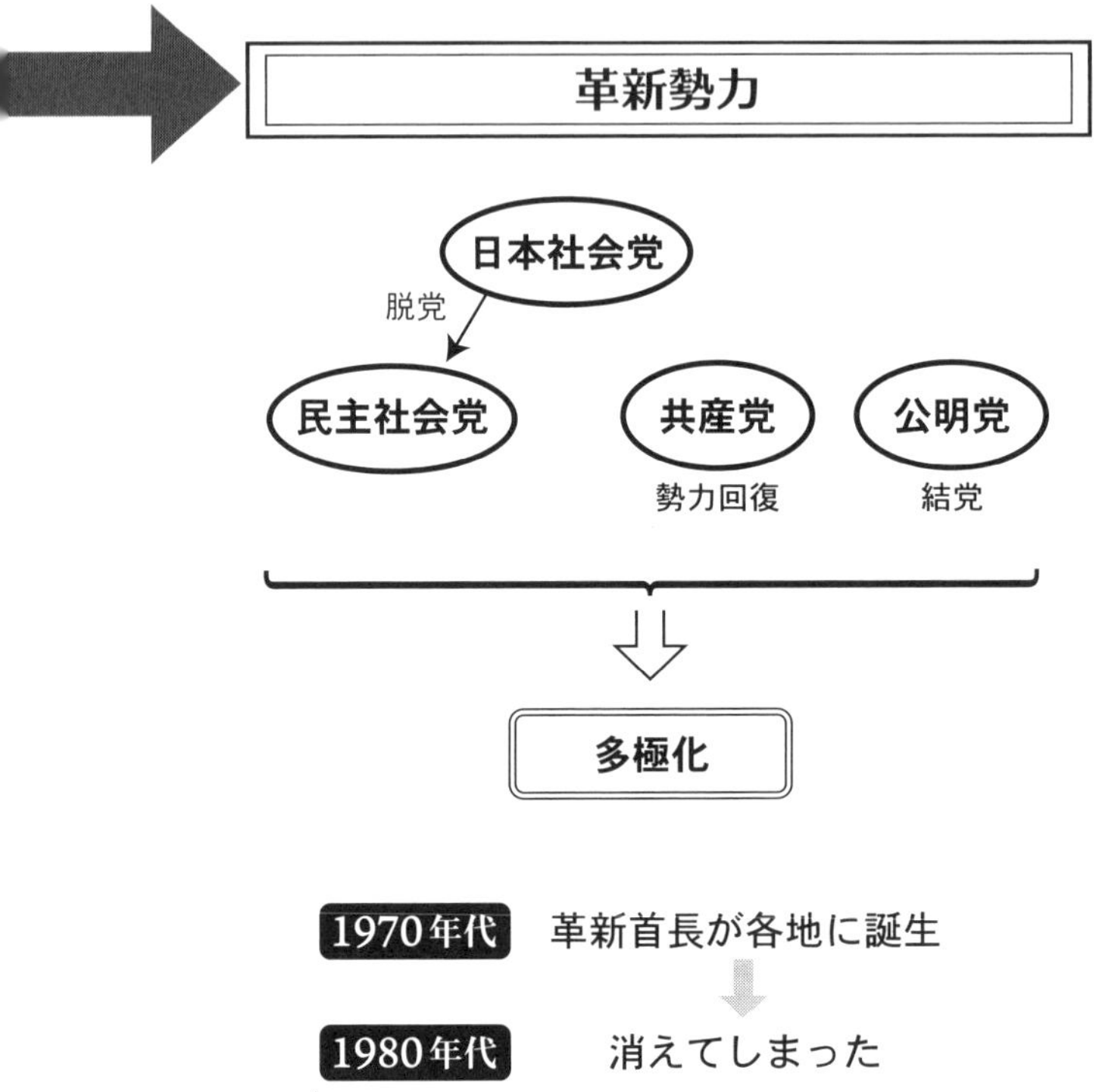
革新勢力
日本社会党
脱党
民主社会党
共産党
勢力回復
公明党
結党
多極化
1970年代
革新首長が各地に誕生
1980年代
消えてしまった

ポイント

- ☑民主社会党、公明党ができるなど、野党の多極化が進む。
- ☑1972年、沖縄の本土復帰が実現する。
- ☑派閥争いや汚職事件で自民党への不信感が増した。

◉安定政権を保つ自由民主党

戦後の保守合同によって誕生した鳩山一郎内閣以来、自由民主党は多数の支持を集め、単独政権を維持、政局は長い間、安定した。

これに対し、革新勢力は1960年に日本社会党から西尾末広《すえひろ》ら脱党者が**民主社会党**を結成する。そして勢いを取り戻した共産党に加え、1964年には宗教団体を母体とする中道革新路線の**公明党**ができるなど、野党の多極化が進んだ。

さて、安定政権となった自由民主党政権は、懸案の外交問題を片づけていった。

用語解説

※**沖縄返還協定**　1971年、佐藤栄作首相とニクソンアメリカ大統領の間で調印、翌年5月発効の協定。それまでアメリカの占領下だった沖縄、琉球諸島、大東諸島が日本に返還された。

池田内閣は政経分離の方針で、国交のない中国とは、**廖承志《りょうしょうし》**(L)・**高碕《たかさき》達《たつ》之《の》助《すけ》**(T)が交換した覚書に基づく**準政府間貿易(LT)**を行った。

次の佐藤内閣では1965年に**日韓基本条約**を結び、韓国併合条約など旧条約の失効や経済協力関係の推進などを定め、韓国との国交を回復した。

そして1971年にはアメリカとの間で**沖縄返還協定**※を調印、1972年5月15日に**沖縄の本土復帰**が実現した。

■自民党政権から連立政権へ

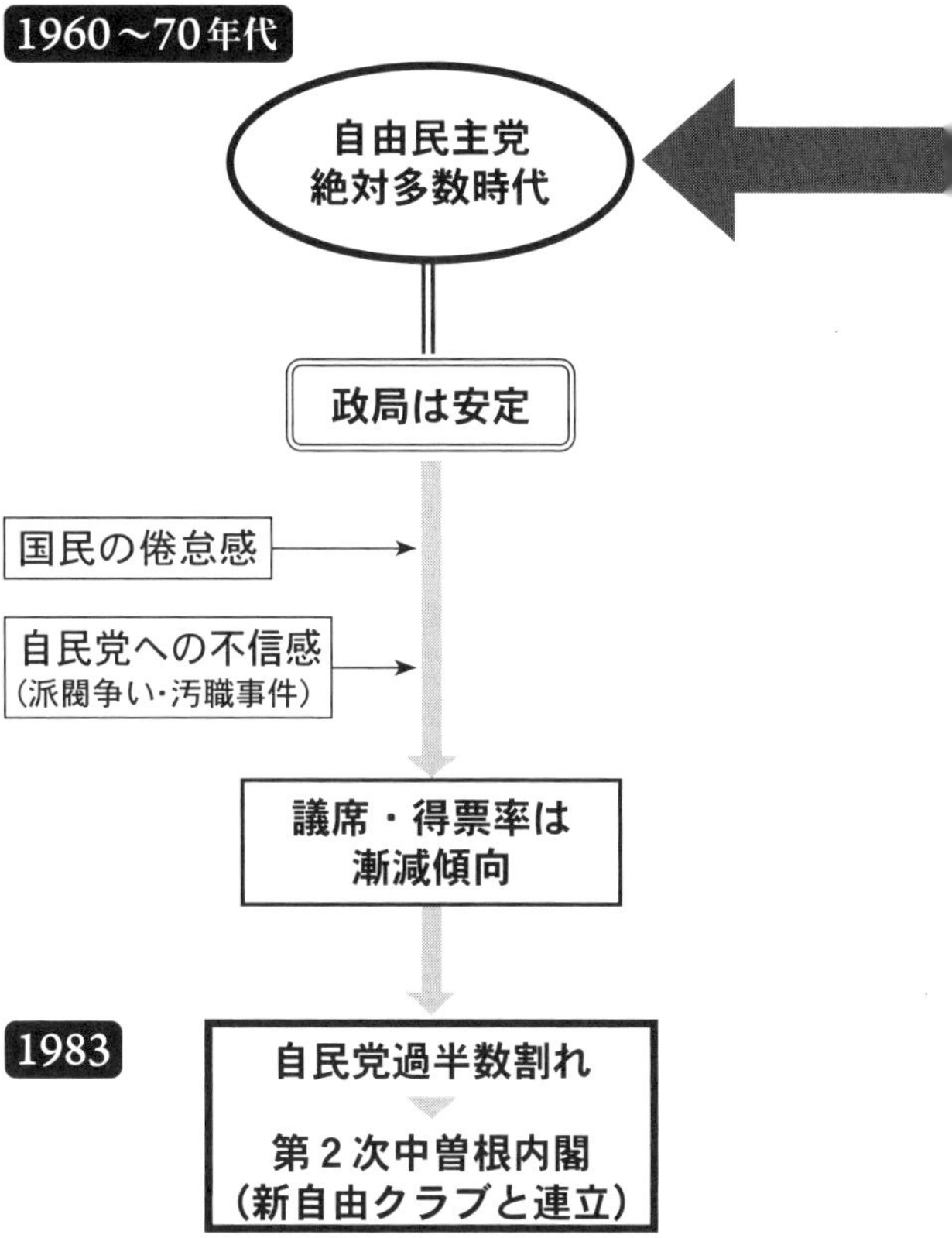

1960～70年代
自由民主党
絶対多数時代
政局は安定
国民の倦怠感
自民党への不信感
(派閥争い・汚職事件)
議席・得票率は
漸減傾向
1983
自民党過半数割れ
第2次中曽根内閣
(新自由クラブと連立)

◉連立政権の誕生

一方で、長い自民党の政権下で、国民の倦怠感と自民党内の派閥争いや汚職事件に関して、自民党への不信感が蔓延していった。その結果、自民党は議席も得票率も漸減傾向に陥った。

こういった空気を受けて、1970年代には革新首長(東京・美濃部《みのべ》亮吉《りょうきち》知事、神奈川県・長洲《ながす》一二《かずじ》知事、大阪府・黒田了一《りょういち》知事、横浜市・飛鳥田《あすかた》一雄《いちお》市長など)が各地に誕生し、政治の季節となった。しかし、1980年代にはこういった流れは消えてしまう。

そして1983年には自民党はついに過半数を割り込み、**第二次中曽根康弘内閣**は自民党と袂《たもと》を分かった**河野洋平**の**新自由クラブ**と初めて連立するにいたった。

おすすめ本
『中国問題への道』
(岡崎嘉平太)
春秋社

豆知識
1953年、奄美諸島がアメリカから返還され、次いで1968年に小笠原諸島が返還、東京都になった。

▼文化の大衆化

テレビ放送がはじまり、国民的スターが誕生する

ポイント

- ☑朝日・毎日・読売などの大新聞が登場する。
- ☑1970年代には高校進学率が90％を超えた。
- ☑湯川秀樹、朝永振一郎、川端康成がノーベル賞を受賞。

◉テレビ放送による国民の熱狂

経済成長とともに生活の情報化が進み、文化は大衆のものとなった。１９５３年にＮＨＫと民間テレビ局による**テレビ放送**がはじまり、１９６０年代には目覚ましい普及を果たした。

プロレスの**力道山**、プロ野球の**長嶋茂雄**、歌手の**美空ひばり**などの国民的スターが誕生したのもテレビの影響が大きかった。国民は、西鉄が日本シリーズで巨人に3連敗の後の4連勝などを見て熱狂した。

１９８０年代にはテレビは３０００万台を超えて、98％の普及率となった。そして衛星放送を通じて世界各地の映像を家庭でも楽しむことができるようになった。他にも映画の人気は高く、**黒澤明**や**溝口健二**らの監督作品が世界的評価を得た。

新聞は、１日７００～８００万部を発行する**朝日・毎日・読売**などの大新聞が登場し、テレビとともに世論の形成に力を持った。雑誌も、各種の週刊誌が数多く発行された。

また文学の世界では、安岡章太郎、吉行淳之介、庄野潤三らが「**第三の新人**」と呼ばれ活躍した。

◉国際的に活躍する日本人

こういったマスコミの発達は国民の生活様式の均質化を促した。

教育面では、１９７０年代に高校進学率が90％を超えるなど事実上の義務教育となり、大学進学率も高くなった。このため学歴が社会的地位を決定するという考えが広まり、進学競争が激しくなり、その結果、学校間格差も大きくなっていった。

そして学問・芸術面では、自然科学と科学技術の発達が特筆される。物理学の**湯川秀樹**・**朝永振一郎**《ともながしんいちろう》、また文学では**川端康成**が**ノーベル賞**を受賞した※。終戦からわずか20余年で日本は文化面でも国際的に活躍するようになった。

用語解説

※ノーベル賞受賞者　日本人で一番最初にノーベル賞を獲ったのは物理学賞の湯川秀樹博士。物理学は計７人、化学７人、医学生理学２人、文学２人、平和賞１人となっている。平和賞は非核三原則を提唱した佐藤栄作。

■文化の大衆化

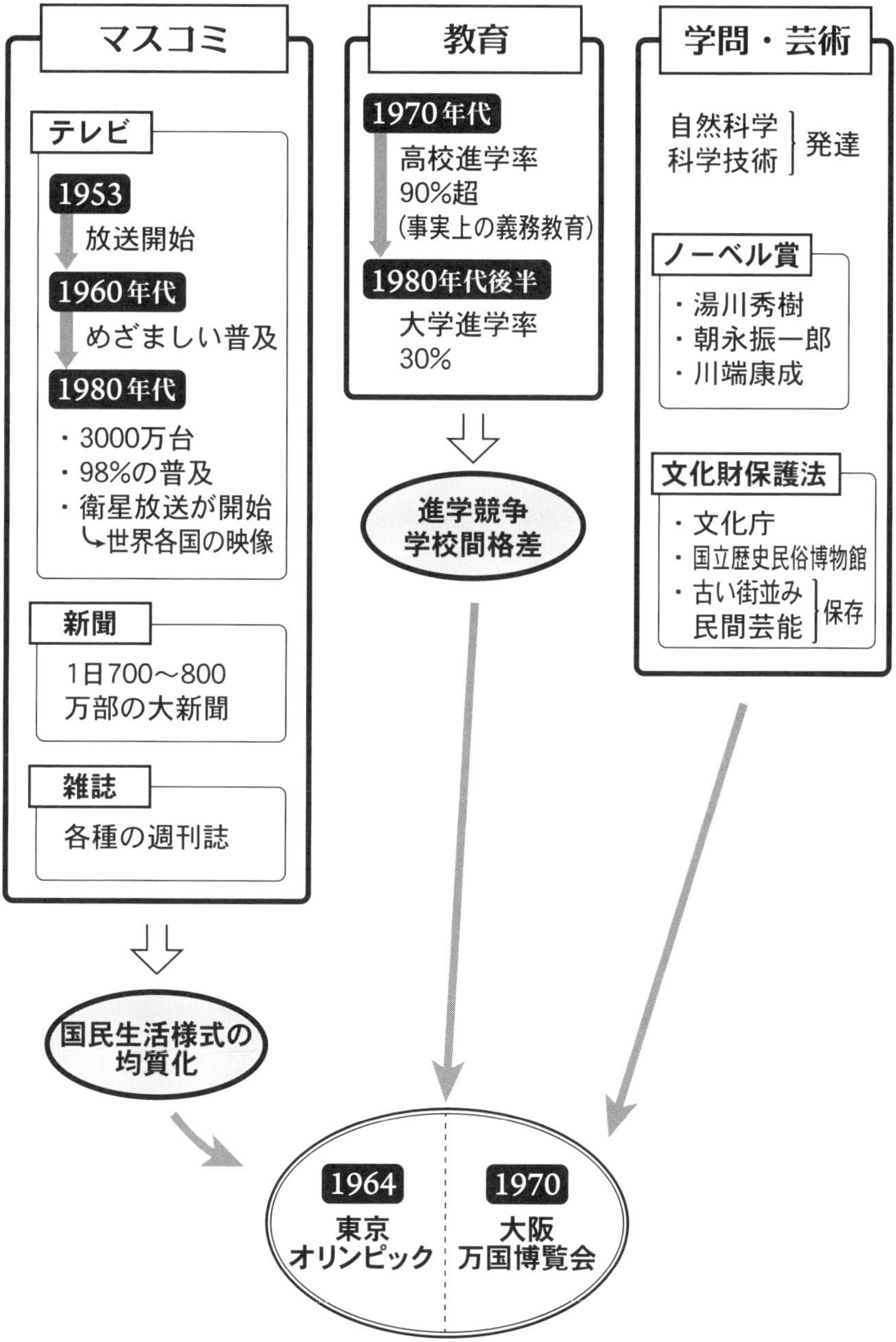
マスコミ
テレビ
1953
放送開始
1960年代
めざましい普及
1980年代
・3000万台
・98%の普及
・衛星放送が開始
世界各国の映像
新聞
1日700～800
万部の大新聞
雑誌
各種の週刊誌
国民生活様式の
均質化
教育
1970年代
高校進学率
90%超
(事実上の義務教育)
1980年代後半
大学進学率
30%
進学競争
学校間格差
学問・芸術
自然科学
科学技術
発達
ノーベル賞
・湯川秀樹
・朝永振一郎
・川端康成
文化財保護法
・文化庁
・国立歴史民俗博物館
・古い街並み
民間芸能
保存
1964
東京
オリンピック
1970
大阪
万国博覧会

おすすめ本
『教養主義の没落―
変わりゆくエリート学生文化』
(竹内洋)
中公新書

豆知識
1953年頃から戦後新世代といわれた、文壇に登場した作家たちを「第三の新人」と呼んだ。吉行淳之介や庄野潤三など。

1963年〜1973年

▼多極化の時代へ

米ソの威信が低下、世界は多極化に入る

◉アメリカとソ連の動き

アメリカとソ連の二大陣営は確執はあったものの、１９６０年代には**デタント**と呼ばれる緊張緩和の時代となった。その成果が１９６３年の米国・英国・ソ連による**部分的核実験停止条約**であり、１９６８年の**核兵器拡散防止条約**である。

図のようにアメリカはベトナムに軍事介入し（**ベトナム戦争**）、国内だけでなく国際社会からも批判を浴びた。そのため１９７３年に**ニクソン大統領**は和平協定に調印、撤退した。その後、ベトナムをはじめインドシナ各国では社会主義政権が誕生した。それでもインドシナの戦火は収まらず、大量の難民が流出し、大きな国際問題となった。

一方、ソ連も図のようにチェコスロバキア（１９６８年。「**プラハの春**」の鎮圧）やアフガニスタン（１９７９〜１８８９年）に軍事介入し、国際的批判が集中、特に同じ社会主義陣営の中国は、ソ連を社会帝国主義と厳しく断罪した。中国は、１９６０年代後半の毛沢東による**文化大革命**で国内が大混乱となっていた。しかし１９７１年になると国連の代表権を認められ、安全保障理事会の常任理事国になっていった。

◉中東情勢による石油ショック

このころアジア・アフリカ・オセアニア諸国では独立国が相次いで誕生したが、各地で軍事的な紛争が発生した。こういった国際情勢の中でアメリカとソ連の威信は低下し、世界は多極化の時代に入っていった。

中東では、１９７３年に**第四次中東戦争**が勃発し、アラブ諸国は欧州・アメリカ・日本への原油供給削減と値上げを通告した（**第一次石油ショック**※）。日本では原油不足による狂乱物価と企業の不況に直面したが、省エネと輸出拡大などにより、この局面を脱した。

ポイント

☑核兵器拡散防止条約など緊張緩和の時代となる。
☑アメリカがベトナムに軍事介入、ベトナム戦争がはじまる。
☑中東戦争が勃発し、石油ショックが起きる。

用語解説

※**第１次石油ショック**　1973年の中東戦争で原油価格が高騰、それに伴って日本国内でも石油を原料とする製品・製造業が打撃を受けた。トイレットペーパーの買占めなど、直接関係のない「狂乱物価」となった。

■多極化の時代へ

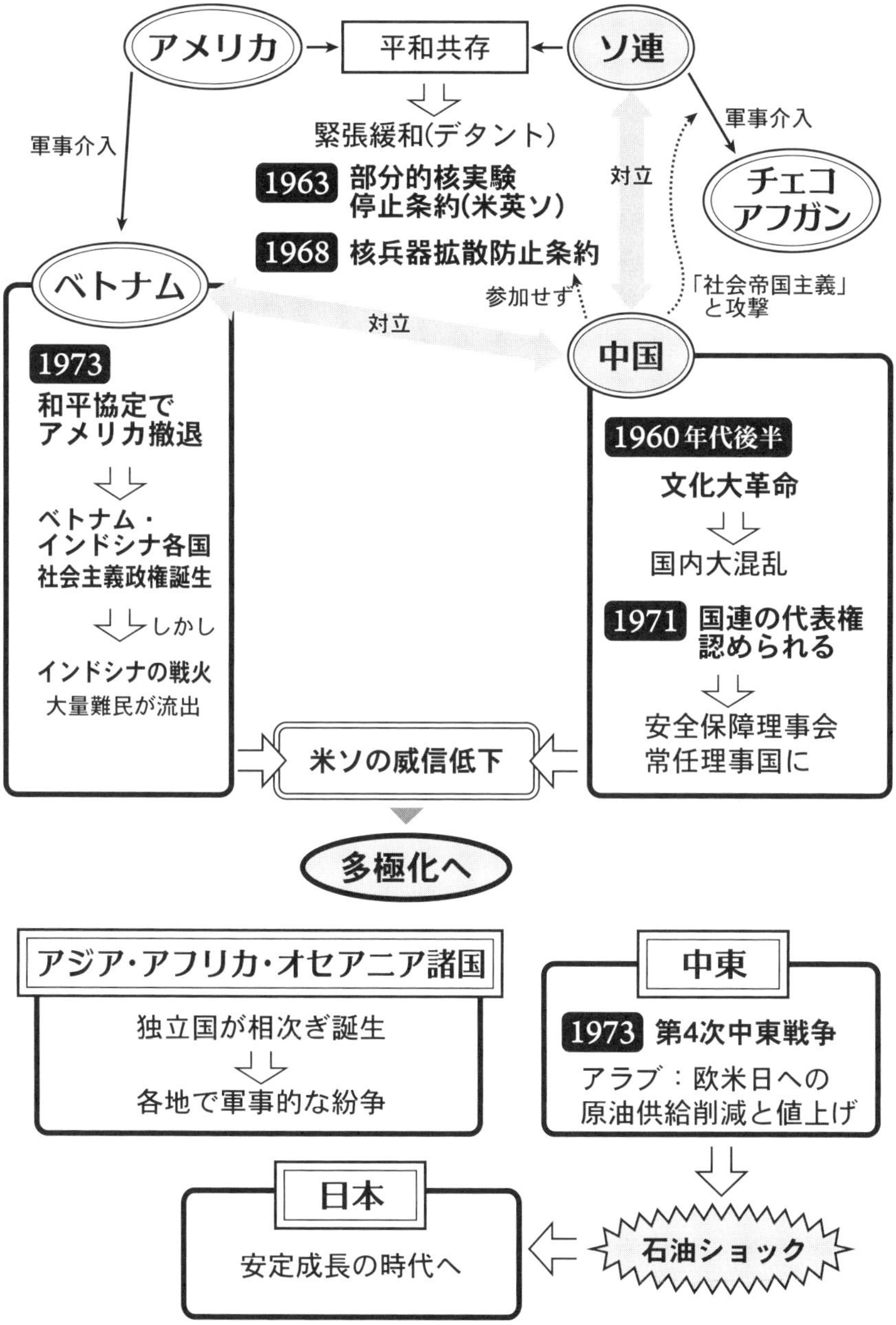
アメリカ
平和共存
ソ連
緊張緩和(デタント)
1963 部分的核実験停止条約(米英ソ)
1968 核兵器拡散防止条約
軍事介入
対立
軍事介入
チェコ
アフガン
ベトナム
参加せず
「社会帝国主義」と攻撃
対立
中国
1973 和平協定でアメリカ撤退
ベトナム・インドシナ各国社会主義政権誕生
しかし
インドシナの戦火
大量難民が流出
1960年代後半
文化大革命
国内大混乱
1971 国連の代表権認められる
安全保障理事会常任理事国に
米ソの威信低下
多極化へ
アジア・アフリカ・オセアニア諸国
独立国が相次ぎ誕生
各地で軍事的な紛争
中東
1973 第4次中東戦争
アラブ：欧米日への原油供給削減と値上げ
日本
安定成長の時代へ
石油ショック

おすすめ本
『文明の生態史観』
(梅棹忠夫)
中公文庫

豆知識
1963年、日米で人工衛星による実験放送があった。最初のニュースは、ほぼ生放送に近いケネディ大統領暗殺だった。

1965年～1978年

▼日中国交正常化

日中共同声明の発表、日中国交正常化が実現する

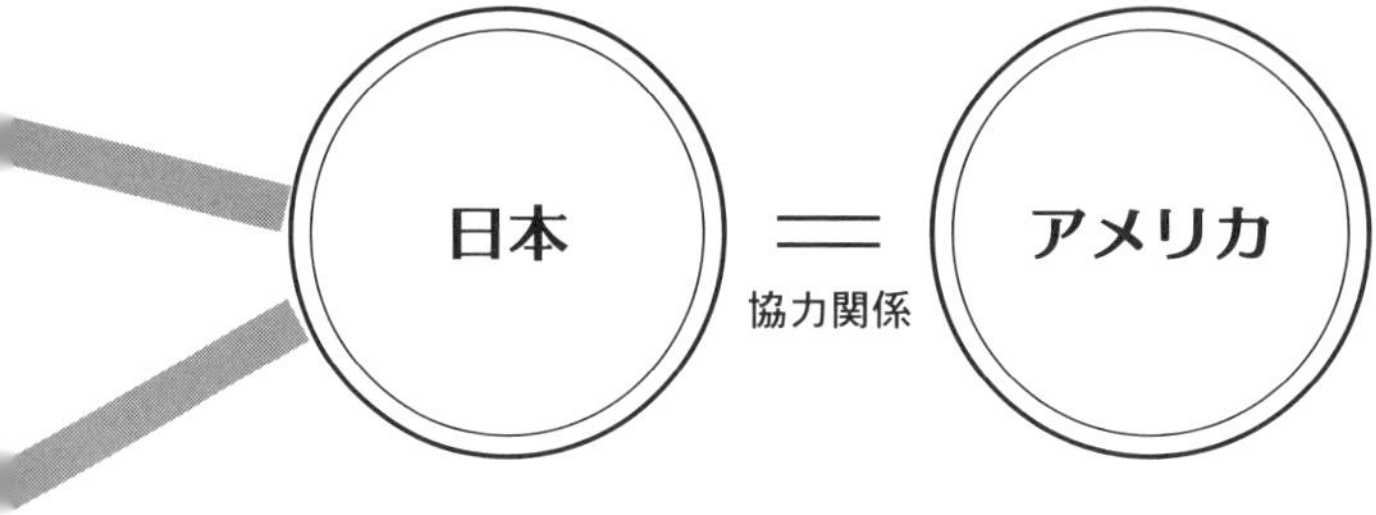

1968 小笠原諸島の日本への返還（アメリカ）

1971 沖縄返還協定 佐藤―ニクソン

1972 沖縄本土復帰

ポイント

☑日韓基本条約が締結し、韓国との国交が正常化する。

☑田中首相らが訪中し、日中国交正常化が実現する。

☑５カ条から成る日中平和友好条約が締結される。

◎小笠原諸島や沖縄の返還

１９６８年、アメリカの施政権下にあった小笠原諸島の返還、１９７１年の佐藤首相・ニクソン大統領による沖縄返還協定の締結、そして翌１９７２年の沖縄本土復帰など、日本はアメリカとの協力関係を着実に進めた。

また、自由主義陣営のアジア諸国とも結束を強めていった。１９６５年には佐藤内閣のもとで、**日韓基本条約**が締結、懸案であった韓国との国交が正常化された。

１９７１年、アメリカ大統領補佐官の**キッシンジャー**は北京を極秘に

用語解説

※日中国交正常化　日本と中華人民共和国が国交を結んだこと。田中角栄首相と周恩来首相が声明を出し、調印した。このとき友好の印として上野動物園に２頭のパンダが贈られた。なお、４年後には日中平和友好条約も締結された。

■日中国交正常化

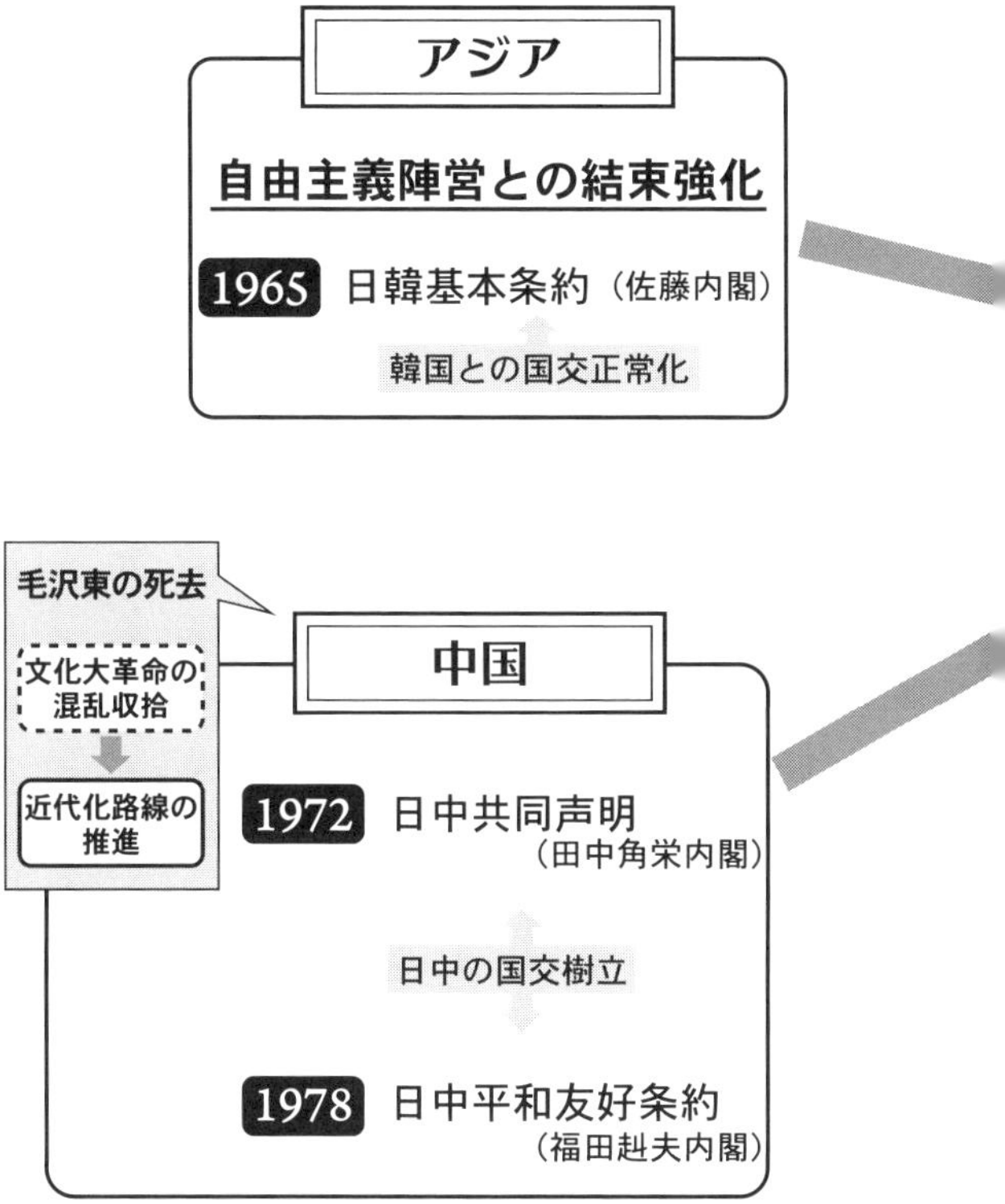
アジア
自由主義陣営との結束強化
1965 日韓基本条約（佐藤内閣）
韓国との国交正常化
毛沢東の死去
文化大革命の混乱収拾
近代化路線の推進
中国
1972 日中共同声明
（田中角栄内閣）
日中の国交樹立
1978 日中平和友好条約
（福田赳夫内閣）

訪れ、ニクソン大統領の訪中を発表した。

これに触発された日本でも、1972年、**田中角栄首相・大平正芳《おおひらまさよし》外相**が訪中し、中国の最高指導者**毛沢東主席・周恩来首相**と会談する。その結果、日中共同声明が発表され、**日中国交正常化**※が成立した。

◉日中平和友好条約の締結

共同声明では、日本は中華人民共和国が唯一の合法政府であると認め、台湾を中国領土の一部と主張している中国の立場を尊重するとしている。

そこで同日、それまで国交のあった中華民国（台湾）は背信忘義の行為として対日断交声明を発表、日華平和条約は無効となった。

こうして日本はアメリカより先に中国を承認するという難しい外交案件を実現する。

当時、中国では、毛沢東の階級闘争理念が基礎となった文化大革命によって国内が混乱していた。しかし毛沢東没後に権力を持った鄧小平《とうしょうへい》は近代化路線を推し進めていた。こうした転換も日中の経済協力を後押しする形となった。

日中国交回復から6年後、1978年には北京で福田赳夫《たけお》内閣の園田直外相と黄華《こうか》外交部長によって、5カ条から成る**日中平和友好条約**が締結された。同年鄧小平副首相の来日時にこの条約は批准・発効された。

おすすめ本
『日中国交正常化――田中角栄、大平正芳、官僚たちの挑戦』（服部龍二）中公新書

豆知識
以前は中国が友好国にパンダを贈っていたが、現在、ワシントン条約によりすべて「貸し出し」という形になっている。

1970年代〜1980年代

日本の輸出超過が警戒と反発を生んだ

◉経済大国になった日本

日本は、官民を挙げて石油ショックを克服、国際収支も黒字となり、経済大国となった。１９７５年以降は、アメリカ・イギリス・西ドイツ・フランス・イタリア・カナダと並び「**サミット**」と呼ばれる主要先進国首脳会議の一員となり、世界経済の重要問題について発言し、協議するようになった。

一方アメリカは、ベトナム戦争で巨額な出費を重ね、経済力は衰退をたどっていた。これを解消するため、１９７１年、ニクソン大統領はドルと金の交換停止を発表した（**ニクソン・ショック**）。

それを受けて、図にあるように長く続いた**ブレトン・ウッズ体制**※下の1ドル３６０円時代から、固定相場の維持をめざして、ドルは切り下げとなり、1ドル３０８円となった（**スミソニアン体制**）。

しかし、この体制も長く続かず、１９７３年には先進各国間で、為替市場の需給にまかせて自由に変動させる制度である**変動為替相場制**が採用された。これがきっかけとなり日本の円は高くなっていった。

◉アメリカとの貿易摩擦

１９８０年になると日本の自動車生産台数は１１０４万台となり、アメリカを抜いて世界第1位となった。このため自動車の対米輸出が増大し、以降**日米貿易摩擦問題**が表面化した。

アメリカは、自動車、半導体など重要輸出品規制の要求、コメ・牛肉・オレンジなどの農産物の市場開放を要求するなど、ほとんどの分野で軋轢《あつれき》が生じた。その他アメリカは日本に防衛努力も要求するようになった。

また、日本の巨額の輸出超過は、ＥＵ諸国と東南アジア諸国でも警戒と反発を招いていた。

ポイント

- ☑日本が主要先進国首脳会議の一員となる。
- ☑80年代、日本の自動車生産台数が世界第1位となる。
- ☑対米輸出増大が日米貿易摩擦問題を招く。

用語解説

※ブレトン・ウッズ体制　アメリカと欧州が1944年につくった体制。各国の通貨の価値をドルに固定する、固定相場制で決めるというもの。なおブレトン・ウッズはその会議が行われたアメリカの地名。

■日米経済摩擦の進展

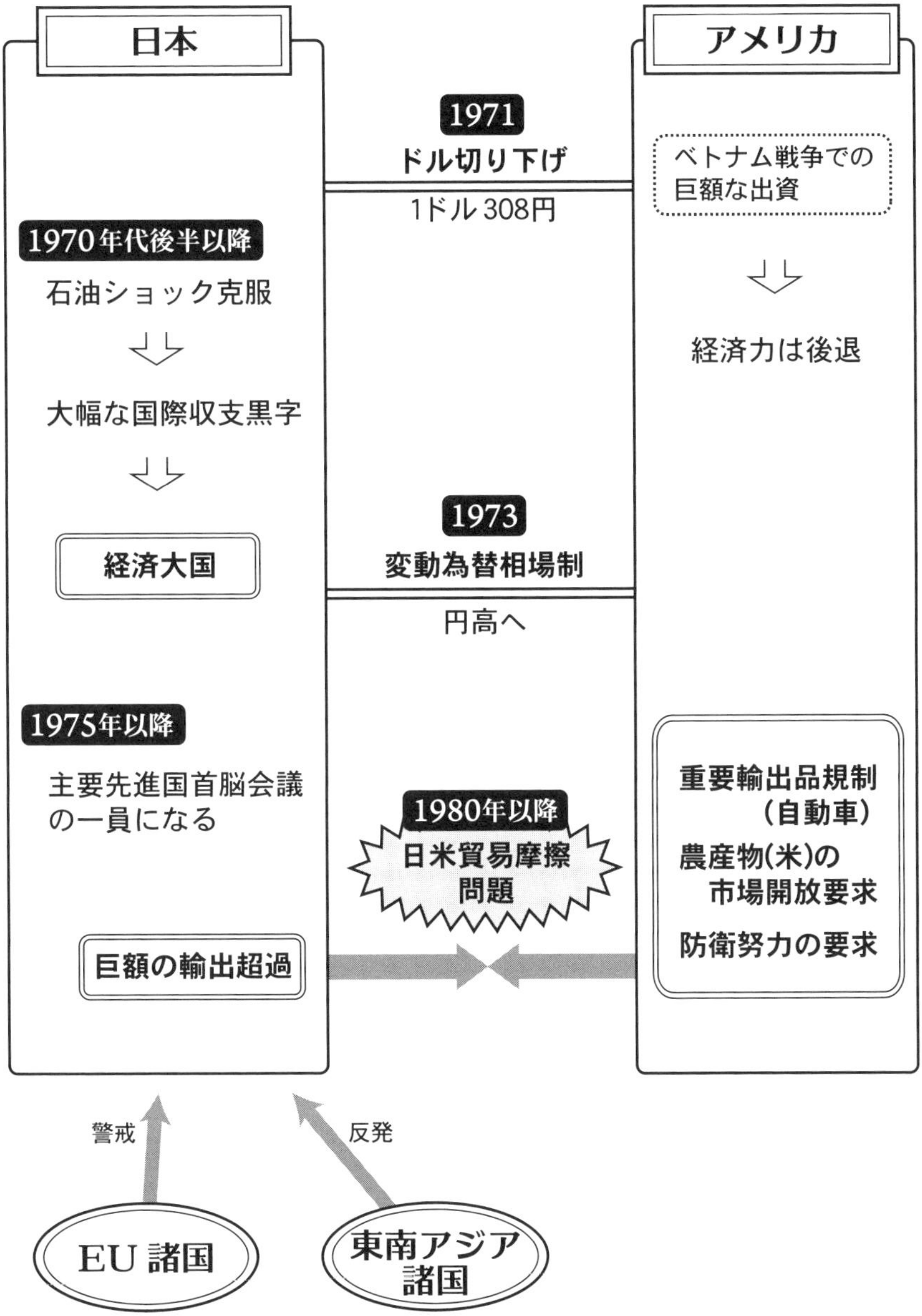
日本
アメリカ
1971
ドル切り下げ
1ドル308円
ベトナム戦争での
巨額な出資
経済力は後退
1970年代後半以降
石油ショック克服
大幅な国際収支黒字
経済大国
1973
変動為替相場制
円高へ
1975年以降
主要先進国首脳会議
の一員になる
1980年以降
日米貿易摩擦
問題
重要輸出品規制
（自動車）
農産物（米）の
市場開放要求
防衛努力の要求
巨額の輸出超過
警戒
反発
EU諸国
東南アジア
諸国

おすすめ本
『海賊とよばれた男』
（百田尚樹）
講談社

豆知識
スミソニアン体制の名称はアメリカにあるスミソニアン博物館からとられた。ここで会議が行われたため。

1980年後半
〜2001年

バブル経済がはじけ、証券・金融が破綻する

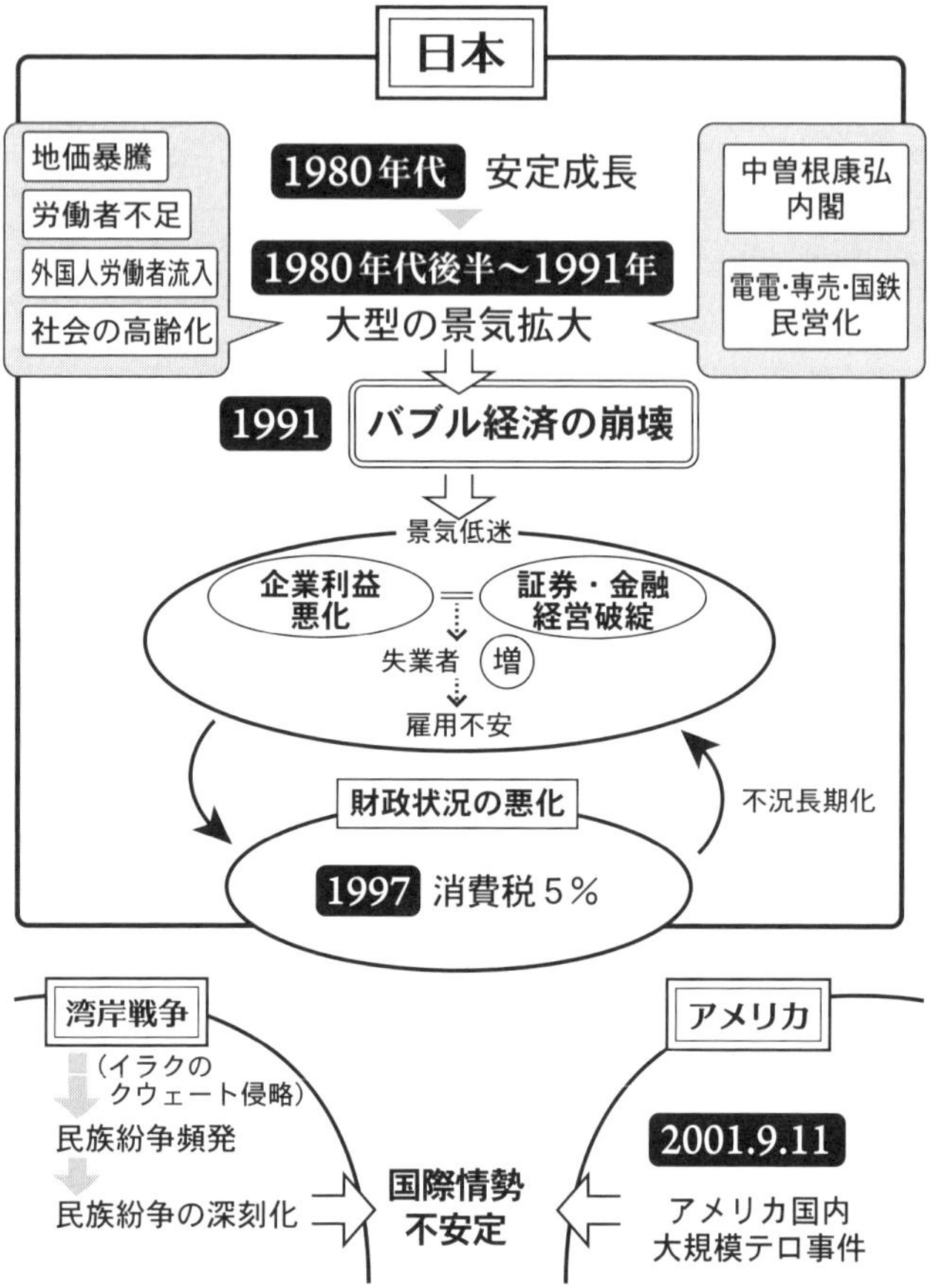
日本
地価暴騰
労働者不足
外国人労働者流入
社会の高齢化
1980年代 安定成長
1980年代後半〜1991年
大型の景気拡大
中曽根康弘内閣
電電・専売・国鉄民営化
1991 バブル経済の崩壊
景気低迷
企業利益悪化
証券・金融経営破綻
失業者 増
雇用不安
財政状況の悪化
不況長期化
1997 消費税５％
湾岸戦争
（イラクのクウェート侵略）
民族紛争頻発
民族紛争の深刻化
国際情勢不安定
アメリカ
2001.9.11
アメリカ国内大規模テロ事件

ポイント

☑ペレストロイカがはじまり、ソ連の共産党独裁が崩壊する。
☑ベルリンの壁が崩壊し、東西ドイツが統一される。
☑バブル崩壊で失業者が増え、雇用不安が高まった。

◎社会主義国・ソ連の解体

１９８０年代末から90年代にかけて、世界では社会主義国が自由化、民主化される動きが大きくなった。

図のようにソ連は、１９８０年代後半から**ゴルバチョフ第一書記**が指導する**ペレストロイカ（改革・再編）**が始まり、90年代に入ると共産党による一党独裁が崩壊、複数政党制、資本主義的市場経済への移行が行われた。

１９９１年にはついに、ソ連は解体し、**エリツィン大統領**によるロシア連邦が中心となる**独立国家共同体（CIS）**が生まれる。ＣＩＳは西

用語解説

※**天安門事件**　中国北京の天安門広場で、民主化を求める学生たちがデモを繰り広げていたが、これに対して人民解放軍が武力制圧をした事件。中国共産党の取材規制があり、はっきりとした結末は中国国民にも伝えられなかった。

■冷戦終結とバブル経済の崩壊

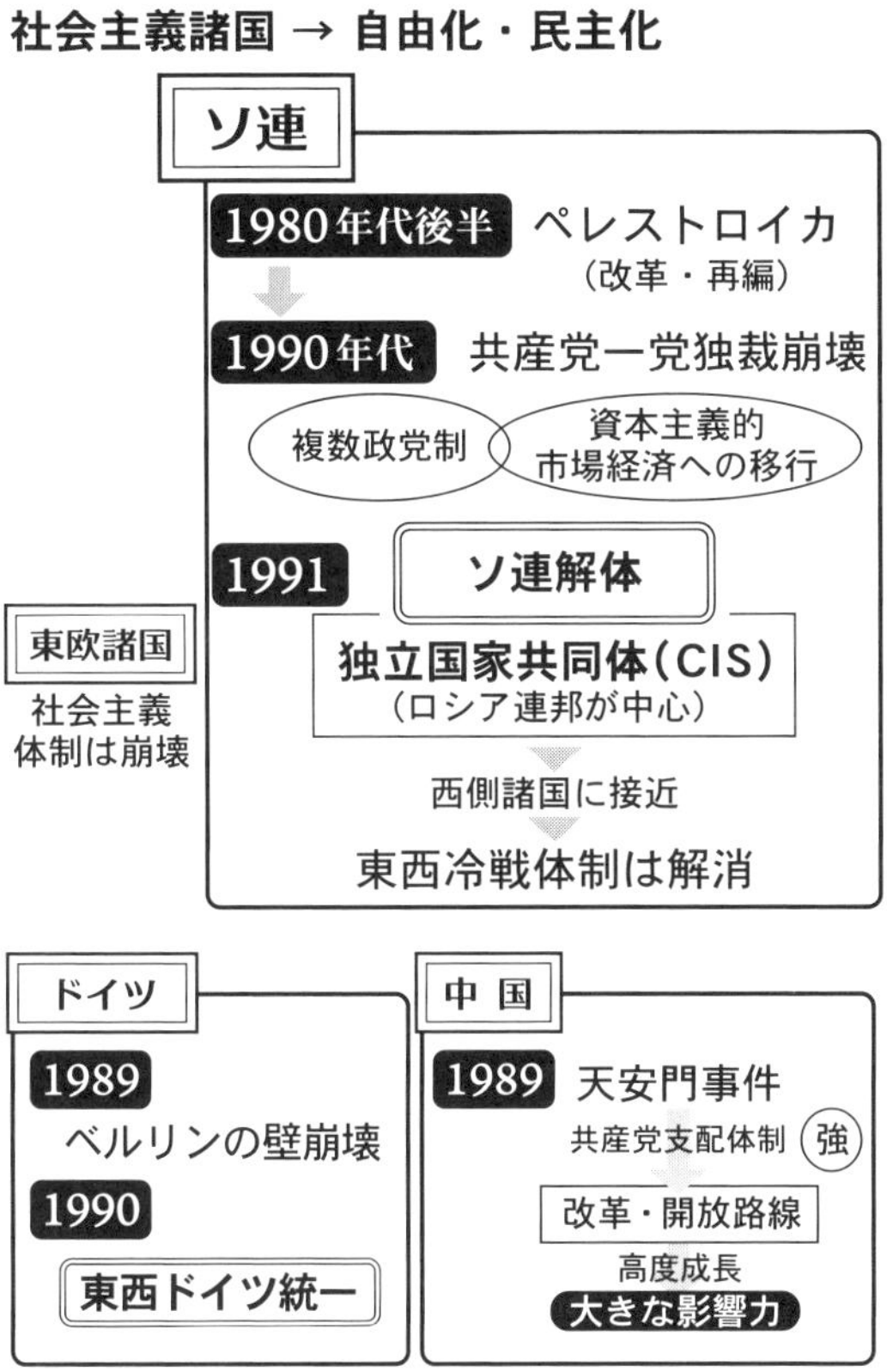
社会主義諸国 → 自由化・民主化
ソ連
1980年代後半
ペレストロイカ
（改革・再編）
1990年代
共産党一党独裁崩壊
複数政党制
資本主義的
市場経済への移行
1991
ソ連解体
独立国家共同体（CIS）
（ロシア連邦が中心）
西側諸国に接近
東西冷戦体制は解消
東欧諸国
社会主義
体制は崩壊
ドイツ
1989
ベルリンの壁崩壊
1990
東西ドイツ統一
中 国
1989
天安門事件
共産党支配体制
強
改革・開放路線
高度成長
大きな影響力

側諸国に接近し、東西冷戦体制は解消に向かった。これを受けてポーランド、チェコスロバキアなど東欧諸国の社会主義体制も倒れた。1989年、**ベルリンの壁**が崩壊し、翌年には東西ドイツが**コール首相**のもとに統一された。

一方中国では、趙《ちょう》紫陽《しよう》総書記時代の1989年に**天安門事件**※がきっかけとなり共産党支配体制が強化された。

その後、最高指導者・**鄧小平**が指導した**改革・開放路線**で、高度成長の時代を迎え、世界に対する大きな影響力を持つようになった。

◉**バブル経済の終焉**

図にあるように日本は1980年初頭には安定成長の時代を迎え、80年代後半から1991年にかけて、景気拡大が起こった（**バブル景気**）。

しかし1991年には土地関連融資の総量規制をきっかけにバブル経済が一気にはじけ、証券・金融などの経営破綻が起こり、失業者が増え雇用不安が高まった。

97年には橋本龍太郎内閣で消費税が**5%**にアップし、不況が長期化する。

国際社会に目を転じてみると、イラクの**フセイン大統領**による**クウェート侵略**に端を発した**湾岸戦争**が勃発、2001年9月11日にはアメリカで大規模な**同時多発テロ事件**が起こり世界を震撼させた。

おすすめ本
『現代中国の父 鄧小平』
（エズラ・F・ヴォーゲル／
益尾知佐子・杉本孝翻訳）
日本経済新聞出版社

豆知識
1989年に地中海のマルタで、アメリカとソ連の首脳会談が行われ、冷戦に終止符が打たれた。これをマルタ会談という。

1989年〜1996年

▼平成の政治改革

自民党分裂から村山内閣の連立政権へ

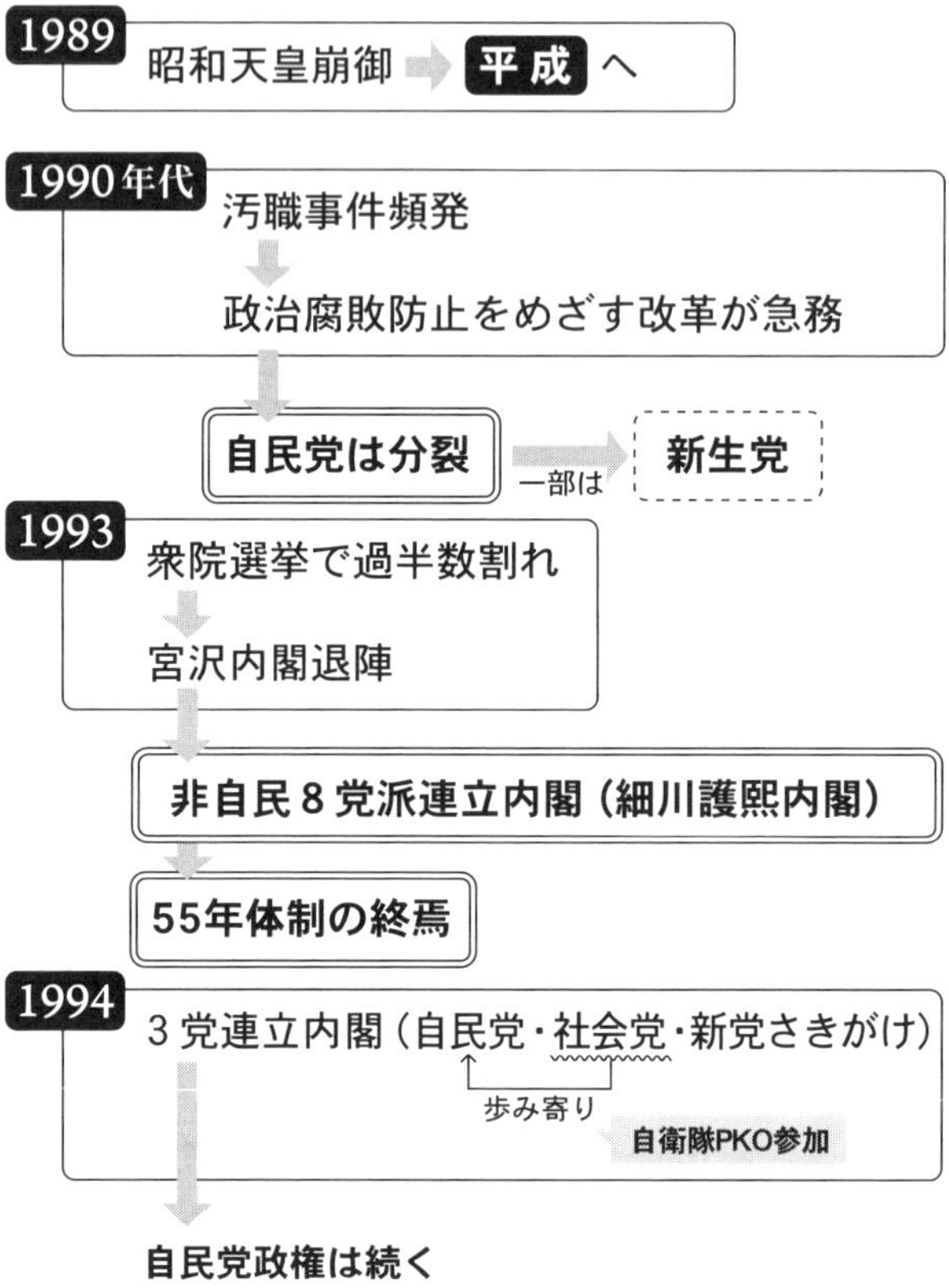
1989
昭和天皇崩御
平成
へ
1990年代
汚職事件頻発
政治腐敗防止をめざす改革が急務
自民党は分裂
一部は
新生党
1993
衆院選挙で過半数割れ
宮沢内閣退陣
非自民８党派連立内閣（細川護熙内閣）
55年体制の終焉
1994
3党連立内閣（自民党・社会党・新党さきがけ）
歩み寄り
自衛隊PKO参加
自民党政権は続く

ポイント

- ☑昭和天皇が崩御し、元号は昭和から平成となる。
- ☑汚職事件が頻発し、政治改革が進むようになった。
- ☑細川護熙内閣が成立、55年体制は終焉を迎えた。

◉昭和時代が終わり、平成へ

１９９１年、ついに日本は**政府開発援助（ＯＤＡ）**の額が世界第１位になるなど国際的役割がしだいに大きくなっていった。

湾岸戦争を機に宮沢喜《き》一《いち》内閣は**国際連合平和協力法（ＰＫＯ協力法）**を成立させ、１９９３年に国連カンボジア暫定統治機構（明石康代表）監視の下で民主選挙を実施するカンボジアへの自衛隊現地派遣を行うなど国際貢献への動きが活発になった。

国内では、１９８９年に昭和天皇が崩御し、64年という昭和時代が終わり、元号は**平成**となった。

用語解説

※**（東京）佐川急便事件**　1992年に起こった汚職事件。自由民主党の金丸信が、佐川急便から献金を受け取ったことが明るみになり、辞職した。暴力団の利権もからみ、折しもバブル経済の崩壊もあり、佐川急便は親会社に吸収された。

■平成の政治改革

日本の国際的役割高まる

1991 政府開発援助（ODA）世界第１位に

↓ 人的分野での国際貢献を求める声が高まる

1992 国際連合平和協力法（PKO協力法）

↓ 宮沢喜一内閣のもと制定

カンボジアへの自衛隊派遣（総選挙の実施）

平成には「地平らかに天なる　内平らかに外なる」という意味がある。

また政界では**リクルート事件**、**ゼネコン汚職**など汚職事件が頻発し、1990年代には政治腐敗防止をめざす政治改革が急務となった。この問題で自民党は分裂し、小沢一郎らの**新生党**が誕生する。

◉新党による政権の誕生

宮沢喜一内閣の不信任を受けて行われた1993年の衆院総選挙でついに自民党は過半数を割り宮沢内閣が退陣。8月に非自民8党派（日本新党・社会党・新生党・公明党・民社党・新党さきがけ・民主改革連合・社会民主連合）の**連立政権**として日本新党党首を首班とする**細川護熙《もりひろ》内閣**が成立した。このようにして55年体制は終焉を迎えた。

しかし1994年4月、細川内閣は**佐川急便問題**※で総辞職し、社会党が自衛隊のPKO参加で自民党に歩み寄り、自民党・社会党・新党さきがけの3党連立が成立し、社会党の**村山富市**を首班とする内閣となった。

1996年には、非自民諸党派が合同し、鳩山由紀夫・菅直人を共同代表とする**民主党**が結成されるなど政界の再編が続いた。

しかし、のちに自民党は政権を奪取、依然として自民中心の政権が継続されていった。

おすすめ本
『内訟録——細川護熙総理大臣日記』（細川護熙）日本経済新聞出版社

豆知識
元号は「大化」からはじまり、江戸時代までは凶事などが起こると変更されたが、現在は天皇が変わると改められる。

2001年～2004年

▼21世紀の世界と日本

同時多発テロを契機に世界は混乱の時代へ

◉21世紀の世界情勢

２００１年９月11日、アメリカで**同時多発テロ**という衝撃的な事件が起こった。イスラム原理主義者によるハイジャック航空機を使っての攻撃だった。ニューヨークの世界貿易センタービル崩壊の映像は全世界を震撼させた。

アメリカの**ブッシュ大統領**は非常事態宣言を発し、**ウサマ・ビンラディン**をトップとする**アルカイダ**を犯人と断定し、アフガニスタンの**タリバン**※**政権**に対してウサマ・ビンラディンらアルカイダ指導者全員の引き渡しを要求するとともに、対テロ総力戦を宣言した。報復としてアフガニスタンのタリバン政権への武力制裁の国連決議を行い、武力攻撃を断行し、タリバン政権を崩壊させた。

さらにまたアメリカとイギリスは大量破壊兵器を隠しているとして、２００３年３月にはイラクのサダム・フセイン政権を攻撃し、崩壊させた（**イラク戦争**）。だが、兵器は発見されなかった。

◉混迷を深めていく中東

こういった動きに対し、日米協調路線をとっていた日本の小泉純一郎内閣は**テロ対策特別措置法**を成立させ、インド洋へ自衛隊艦船を派遣し国連軍への補給活動を行った。

また**イラク復興支援特別措置法**に基づき、２００４年１月に、陸上自衛隊をイラク南東部のサマーワに派遣し、復興支援を本格化させた。

イラクでは議会選挙が行われ、民主化と復興が本格的にはじまった。

アメリカは、イラクとの地位協定に基づき、２０１０年８月から駐留部隊の撤退を開始し、２０１１年中には全面撤退が完了した。

イラク戦争の結果、アメリカのプレゼンスは希薄化し、一国で覇権を握る国がなくなり、中東は混迷を深めることになった。

ポイント

- ☑アメリカは同時多発テロから対テロ総力戦を宣言する。
- ☑アメリカはアフガニスタンとイラクに武力攻撃を行う。
- ☑テロ対策特別措置法により、インド洋へ自衛隊を派遣する。

用語解説

※タリバン　イスラム学生が中心となるアフガニスタンの武装組織。

■21世紀の世界と日本

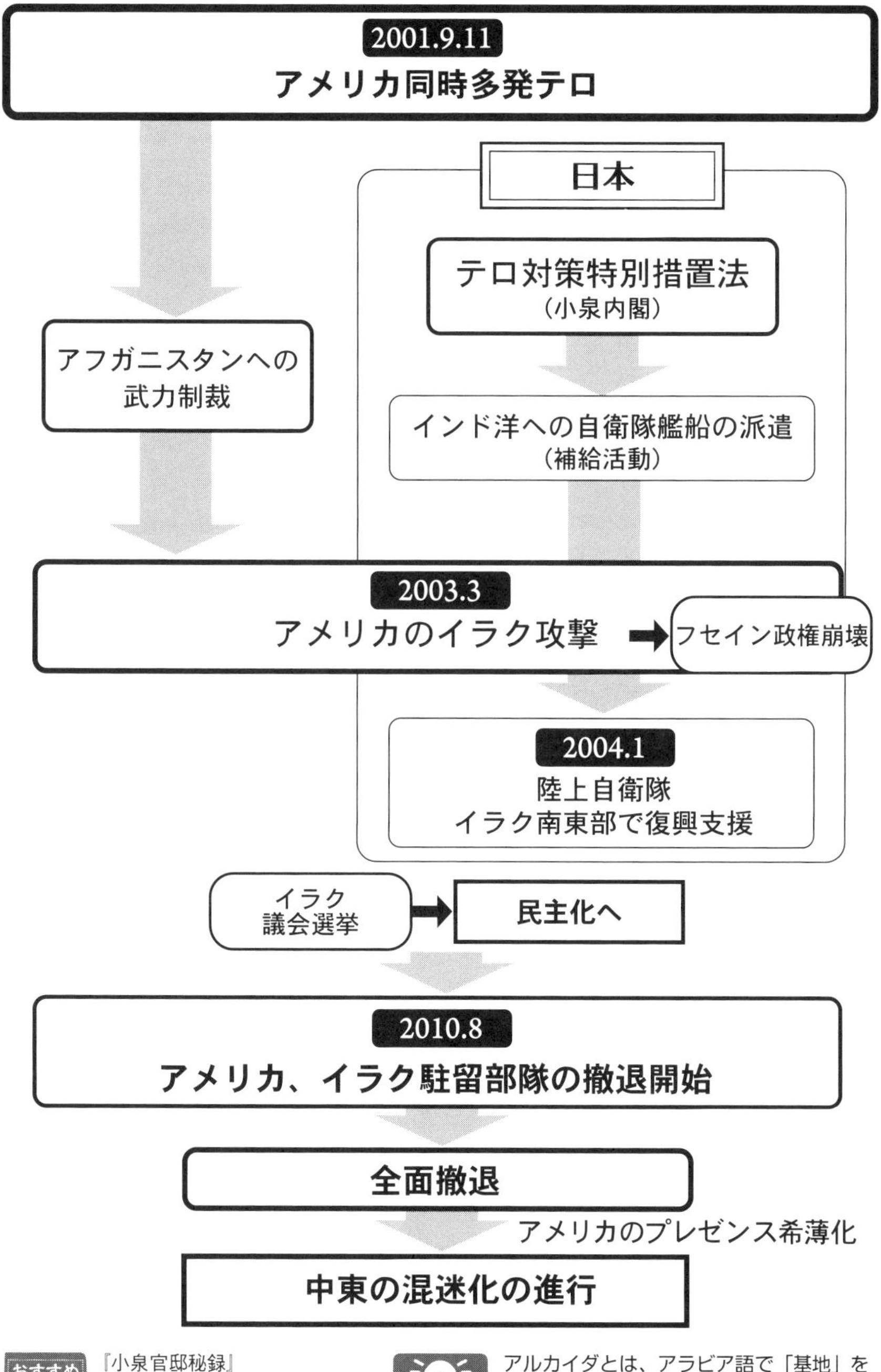

2001.9.11
アメリカ同時多発テロ
日本
テロ対策特別措置法
（小泉内閣）
アフガニスタンへの
武力制裁
インド洋への自衛隊艦船の派遣
（補給活動）
2003.3
アメリカのイラク攻撃
フセイン政権崩壊
2004.1
陸上自衛隊
イラク南東部で復興支援
イラク
議会選挙
民主化へ
2010.8
アメリカ、イラク駐留部隊の撤退開始
全面撤退
アメリカのプレゼンス希薄化
中東の混迷化の進行

おすすめ本
『小泉官邸秘録』
（飯島勲）
日本経済新聞社

豆知識
アルカイダとは、アラビア語で「基地」を意味する。ウサマ・ビンラディンが米ソに対抗してつくったイスラム過激派のテロ組織。

2005年～2013年

▼政権交代

自民党から民主党へ そして安倍内閣へ

◉めまぐるしく変わる日本の政界

イラク戦争などによって混迷を深める情勢の中で、小泉内閣は２００５年の衆議院総選挙で歴史的大勝をし、公約通り**郵政民営化**※を決定した。次の**安倍晋三内閣**は小泉路線を継承し構造改革を推しすすめ、北朝鮮による日本人拉《ら》致《ち》問題や核兵器問題などに取り組んだ。

しかし、２００７年の参議院選挙では民主党が勝利し、衆参のねじれ現象が起こり、そのため安倍内閣は退陣し、その後の**福田康夫内閣**、**麻生太郎内閣**も1年ほどの短期政権となり、不安定な政局が続いた。

２００９年の衆議院総選挙では、麻生政権の失態もあり、鳩山由紀夫代表・小沢一郎幹事長の民主党が圧勝し、初の本格的な**政権交代**が行われた。

しかし民主党政権は課題に踏み込めず、また２０１１年3月11日の**東日本大震災**とそれに続く福島県原発問題の対応で国民の失望を買った。翌年の衆議院総選挙では自民党が復権し、**第二次安倍晋三内閣**が発足したが、課題は山積している。

◉日本の新たな課題

国内では、3年を迎えた**東日本大**

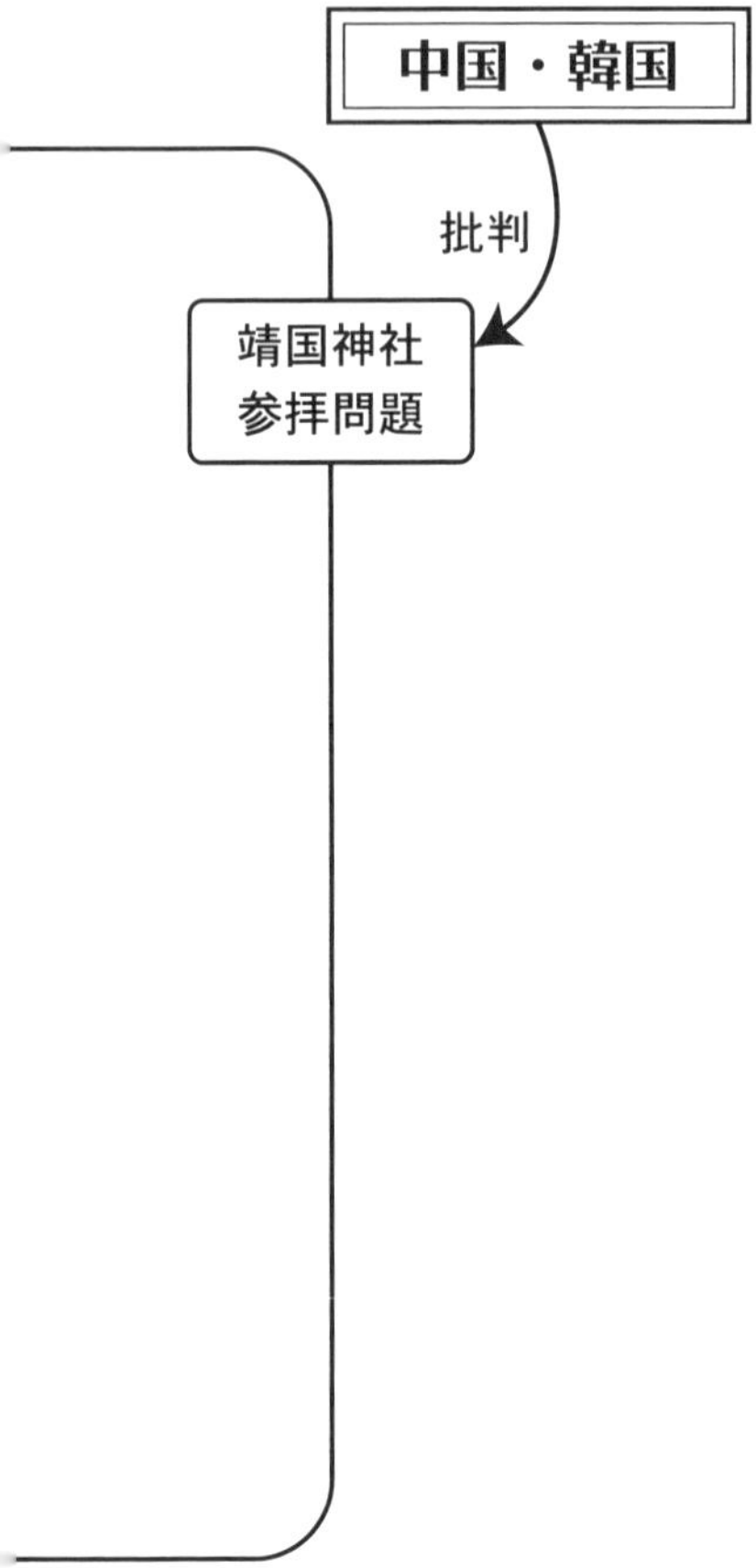

ポイント

☑衆議院総選挙で歴史的大勝し、郵政民営化へ。
☑自民党から民主党へ政権交代するもまた自民党へ移る。
☑少子高齢化、エネルギー政策など新たな課題が持ち上がる。

用語解説

※郵政民営化　国で営業されていた郵政事業を民営化に改編すること。小泉純一郎内閣のもと、2003年に公社、2007年に株式会社化。2012年日本郵政グループの元にかんぽ生命、ゆうちょ銀行、日本郵便と改組。

■政権交代

日本

- **2005** 小泉内閣の大勝 … 郵政民営化決定！
- **2006** 安倍晋三内閣 … 構造改革を推進
  - 内外の諸問題への取り組み：高齢社会／教育／北朝鮮（拉致／核兵器／長距離ミサイル開発）
- **2007** 参院選で民主党勝利（ねじれ現象） → 安倍内閣退陣
  - 短期政権：福田康夫内閣／麻生太郎内閣
- **2009** 民主党政権（本格的政権交代）
- **2012** 第2次安倍内閣の誕生

震災からの復興の加速、高齢化の進行による社会保障費の増大、急速な少子化による経済への悪影響、原発を含むエネルギー政策の舵《かじ》取り、消費増税による景気減速の不安、1000兆円を超える借金にまみれた国家財政の危機などの課題がある。

外交では、中国との領土を巡る緊張など対立の激化、韓国との領土問題や歴史問題の複雑化の深まりなど、近隣諸国との摩擦と軋轢《あつれき》の進行、同盟国アメリカとの経済や軍事の関係の再構築の必要性、ロシアとの間で長い間の未解決の**北方領土帰属問題**などの課題が存在している。

東京オリンピックが開催される2020年と、その後の2030年に向けて、このような難題をどのように解決していくのか。日本人の英知が問われている。

おすすめ本
『リベラル再生の基軸――能力のレッスンⅣ』
（寺島実郎）
岩波書店

豆知識
東日本大震災とは、三陸沖で発生したマグニチュード9.0の東北地方太平洋沖地震とそれに伴って発生した津波などにより引き起こされた大災害である。

■〈久恒式〉図解術 ⑤
マルと矢印で「構造と関係」を表す ①

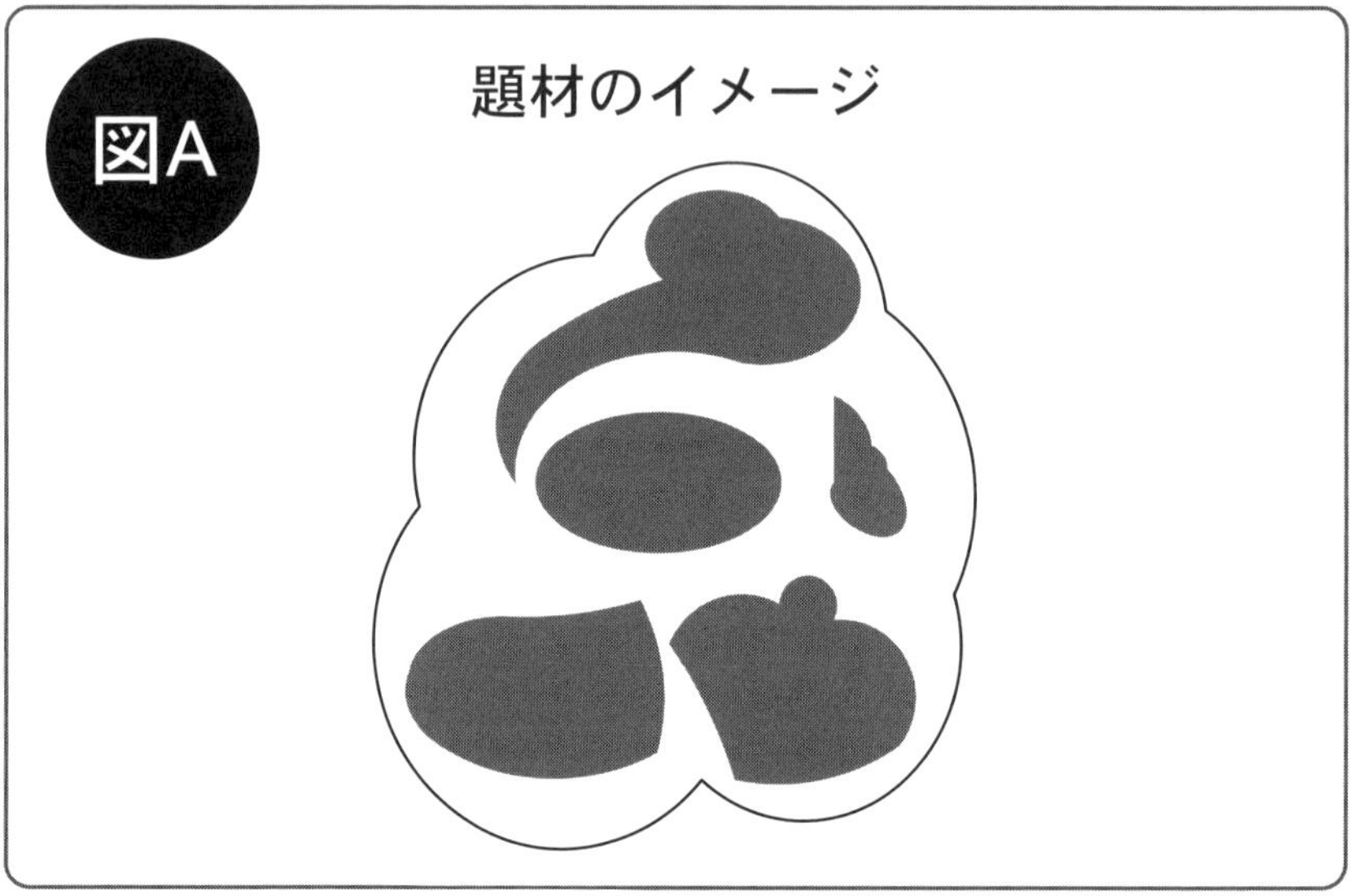

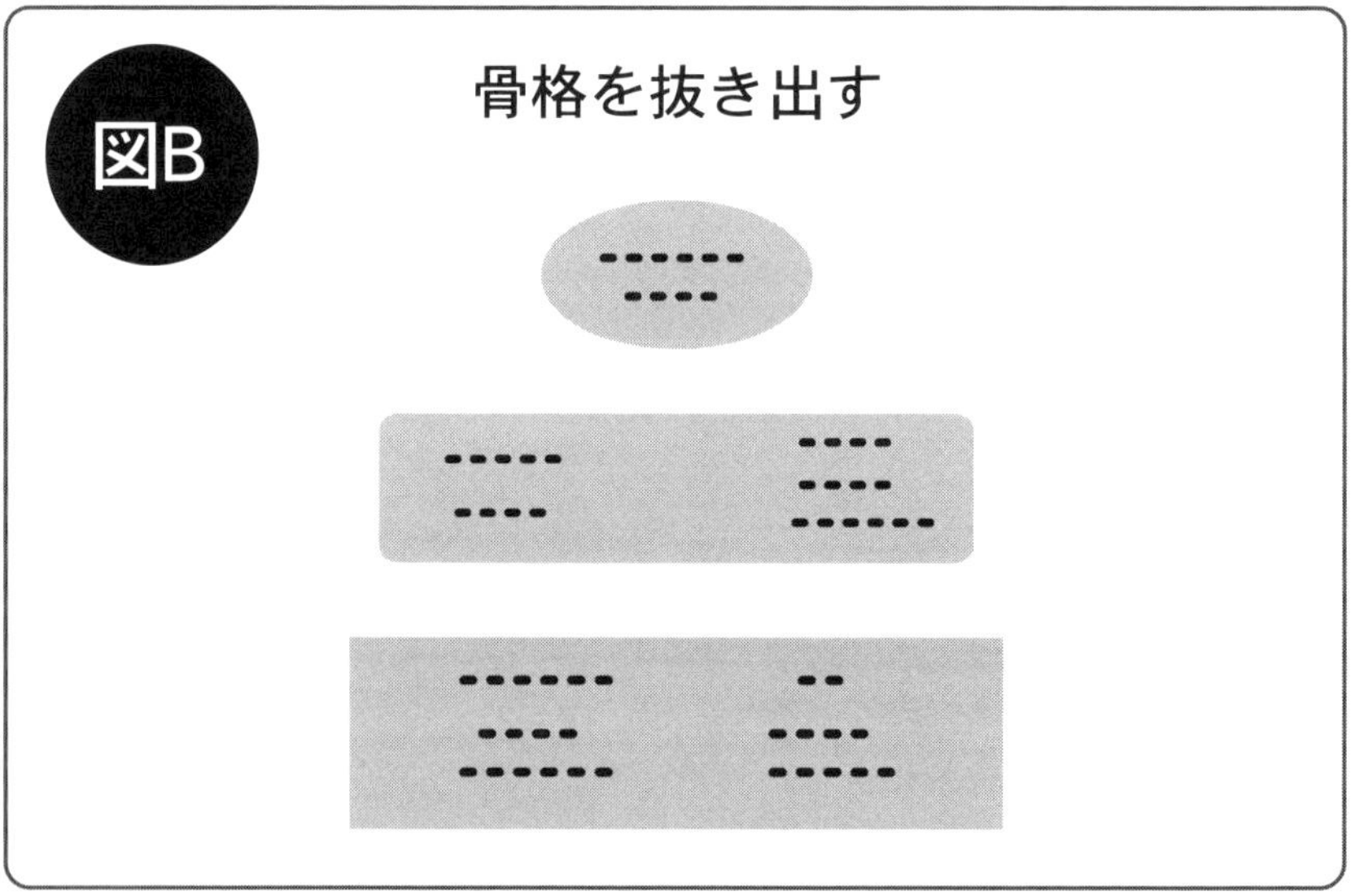

■〈久恒式〉図解術 ⑥

マルと矢印で「構造と関係」を表す ②

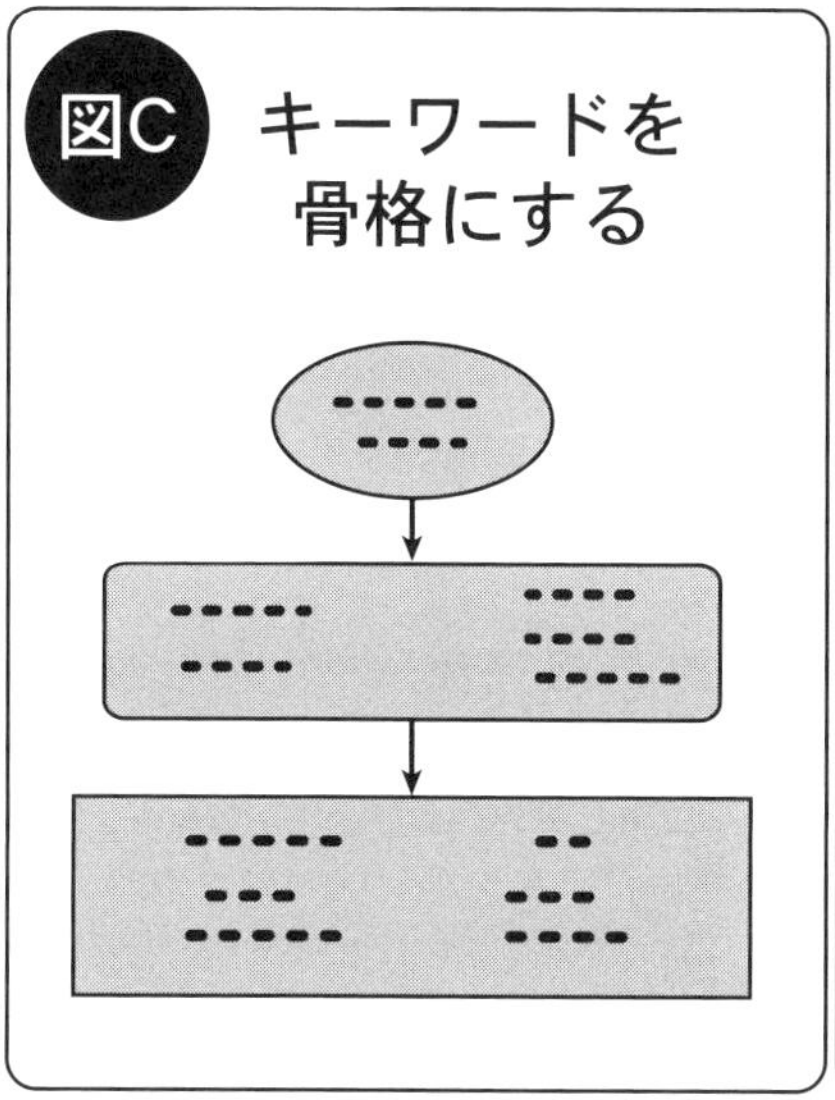
図C
キーワードを
骨格にする

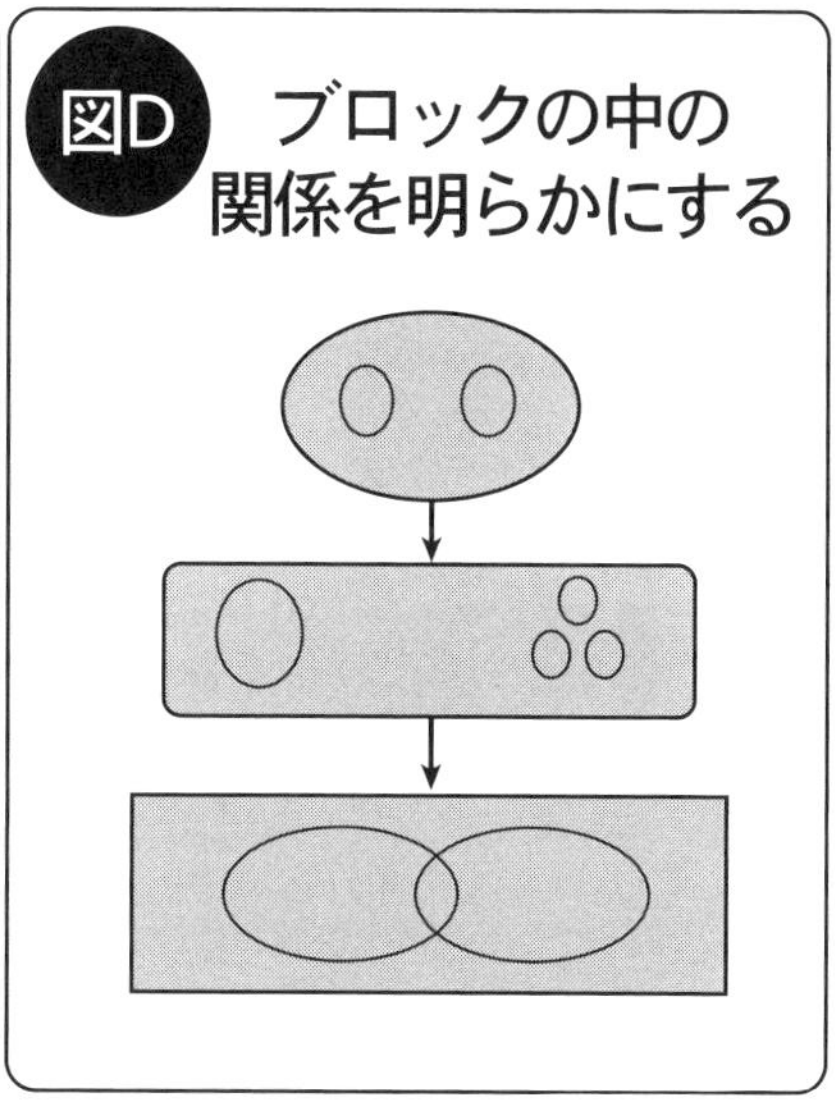
図D
ブロックの中の
関係を明らかにする

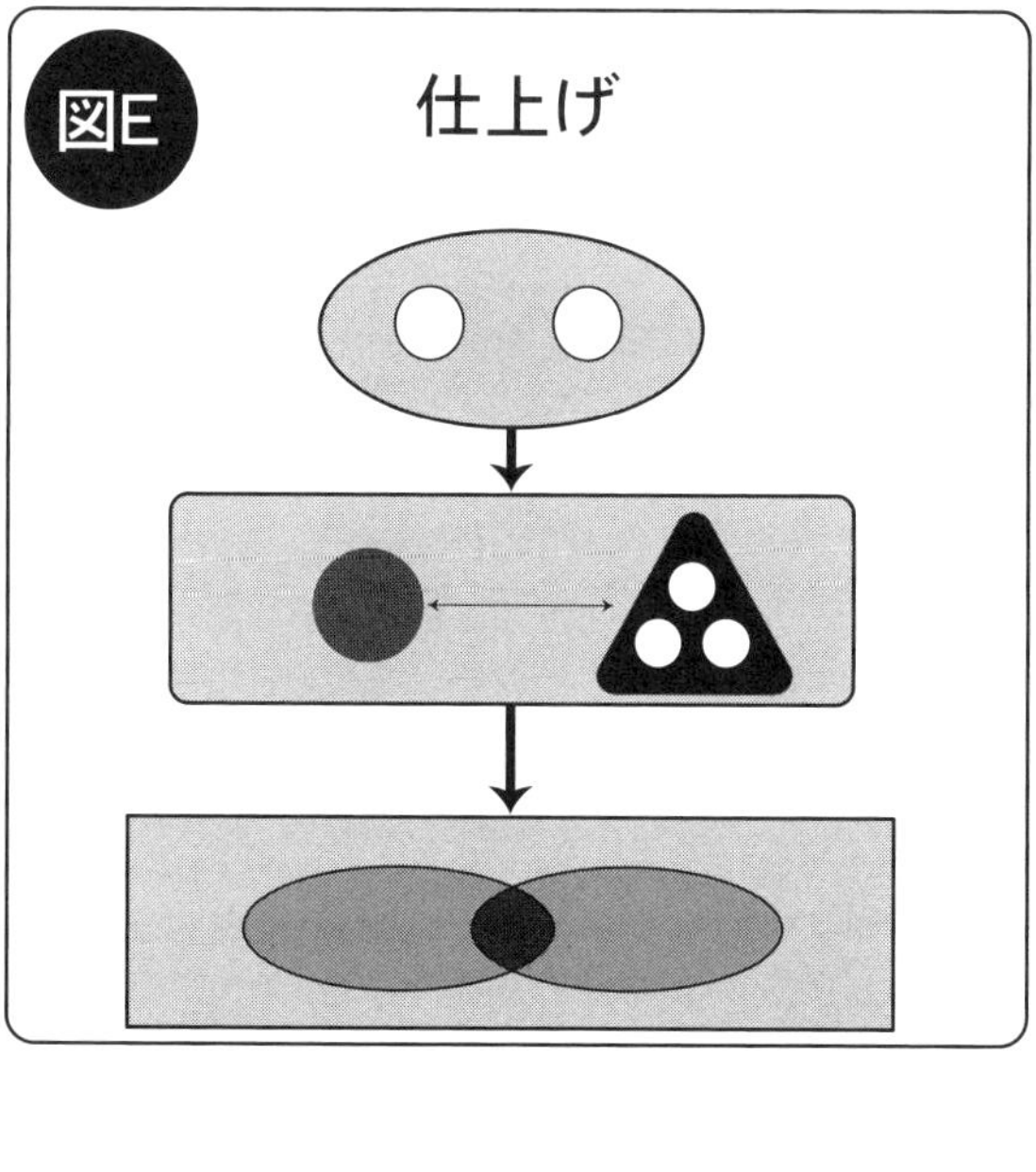
図E
仕上げ

監修者あとがき

かつて受験のために中高で日本史を学んだ人の多くは、「社会に出てから歴史なんて何の役にも立たない」と信じ、あえて歴史に触れるのを避けている人が少なくないようです。でもこれは、非常にもったいないことです。「温故知新《おんこちしん》」という言葉があるように、私たちは過去からしか学ぶことができない存在なのです。それに背を向けてしまうことは、人生の大損失です。

窮地に立たされたとき、人生の決断に迫られたとき、どのように動けばよいのか。

もしあなたが歴史に造詣《ぞうけい》が深ければ、偉人たちの行動がすぐさま頭に浮かび、迷わず英断を下せるはず。また、歴史は全く同じことは起こりませんが、同じようなことは何度でも起こっている。ですから過去のさまざまな事象を知っていれば、自分の将来を正しい方向へ導けるのです。

たとえば第一次世界大戦での大戦景気（好景気）は、戦争が終われば終息するといわれていました。ところが、「まだ大丈夫だ」という安易な気持ちで商売を拡大し続けた結果、戦後の恐慌で大多数の人びとが全財産を失いました。好況中に事業を縮小した一部だけが戦後も生き残ったのです。

もしこの事例を知っていれば、「いつかはじけて株価と地価が暴落する」といわれていたバブル景気においても、その災厄を遁れることはできたのです。常に歴史に学ぶ者が勝つのです。

そうはいっても、歴史は苦手だという人は、思った以上に世の中には多いものです。そんな人たちの話をよく聞いてみると、「覚えることがあまりに多すぎて頭の中できちんと整理できない」とか、「単純な年号や事項の暗記を強いられるので嫌いだ」と言います。おそらく、学校での歴史や日本史の授業で、そうした嫌悪感と苦手意識が植え付けられてしまったのでしょう。

日本史を覚えるコツは、些末《さまつ》な事項や年号、歴史人物を暗記するのではなく、大きな流れを理解することです。流れは単なる時系列ではなく、同時代の政治・経済・外交・文化といった横の流れも重要です。つまりはマトリックス的に理解することです。

ただ、これを文章で認識するのは困難。もっとも効果的なのは図解にして頭に入れることです。そうすると、驚くほどすっきり歴史が理解できるものです。

まさに本書は、みなさんに図解で日本史をすっきり理解してもらうためにつくられました。

著者はみなさんご存じの久恒啓一氏。図解をつくらせたらこの人の右に出る方はいない図解づくりの天才といってよいでしょう。久恒氏の手にかかれば、複雑でややこしい歴史が瞬時にしてわかりやすい図に変化してしまいます。日本史を見るだけで理解するには、これ以上にない逸書だといえます。

ぜひ本書で日本史の流れを俯瞰的に理解し、まずは歴史に興味をもっていただき、「温故知新」を実践して、みなさんの人生をよりよいものにしていただきたいと願っております。

二〇一四年四月

河合　敦

日本史略年表

時代	西暦	和暦	出来事
弥生	57		倭の奴国王、後漢に朝貢。光武帝より印綬を授かる
	239		邪馬台国・卑弥呼、魏の明帝から親魏倭王の金印と銅鏡を賜る
古墳	587		蘇我馬子、物部守屋を滅ぼす
	592		推古天皇即位
飛鳥	593	推古元	厩戸王（聖徳太子）が推古天皇に協力して政治を行う
	600	推古8	最初の遣隋使を派遣
	603	推古11	冠位十二階制定
	604	推古12	憲法十七条制定
	607	推古15	小野妹子らを遣隋使として派遣
	645	大化元	乙巳の変（大化の改新）。中大兄皇子、中臣鎌足が蘇我氏を倒す
	646	大化2	改新の詔
	663	天智2	白村江の戦い
	668	天智7	天智天皇即位
	672	天武元	壬申の乱。大海人皇子が大友皇子を倒す
	673	天武2	天武天皇即位
	694	持統8	藤原京遷都
	701	大宝元	大宝律令制定
奈良	710	和銅3	平城京遷都
	729	天平元	長屋王の変。藤原氏の讒言により長屋王自刃
	743	天平15	墾田永年私財法。大仏造立の詔
	781	天応元	桓武天皇即位
	784	延暦3	長岡京遷都

平安	794	延暦13	平安京遷都
	866	貞観8	応天門の変。応天門放火の罪で伴善男らが配流
	935	承平5	平将門の乱始まる
	939	天慶2	藤原純友の乱始まる
	1017	寛仁元	藤原頼通、内大臣に、藤原道長、太政大臣となる
	1051	永承6	前九年合戦。源頼義が安倍氏を討つ
	1083	永保3	後三年合戦。清原氏の内紛に源義家が介入
	1086	応徳3	白河天皇譲位。院政を開始
	1156	保元元	保元の乱。後白河天皇らが崇徳上皇らを倒す
	1159	平治元	平治の乱。平清盛らと源義朝らが争い、源氏側が敗れる
	1167	仁安2	平清盛、太政大臣就任
	1177	治承元	鹿ヶ谷の陰謀。後白河法皇の近臣らが平家打倒を画策したが失敗
	1180	治承4	以仁王、平氏追討令旨を出す。源頼朝挙兵
	1185	文治元	壇の浦の戦い。平氏滅亡。守護・地頭の設置
	1189	文治5	源頼朝により奥州平定
鎌倉	1192	建久3	源頼朝、征夷大将軍就任
	1203	建仁3	北条時政、執権就任
	1221	承久3	承久の乱。北条家により後鳥羽上皇が配流
	1232	貞永元	御成敗式目制定
	1256	康元元	得宗専制政治の始まり
	1274	文永11	文永の役。襲来した元を退ける
	1281	弘安4	弘安の役。再び襲来した元を退ける
	1333	元弘3	鎌倉幕府滅亡
	1336	建武3	南北朝分立

時代	西暦	和暦	出来事
室町	1338	暦応元	足利尊氏、征夷大将軍就任
	1368	応安元	足利義満、征夷大将軍就任
	1392	明徳3	南北朝の合一
	1428	正長元	正長の土一揆
	1441	嘉吉元	嘉吉の乱。赤松満祐が足利義教を殺害、満祐は討たれる
	1467	応仁元	応仁の乱。細川勝元と山名持豊の戦い
	1543	天文12	鉄砲伝来
	1553	天文22	川中島の戦い。上杉謙信と武田信玄が戦った
	1560	永禄3	桶狭間の戦い。織田信長が今川義元を破る
	1570	元亀元	姉川の戦い。織田・徳川家康軍が浅井長政・朝倉義景軍を破る
	1573	天正元	室町幕府滅亡
安土桃山	1575	天正3	長篠の戦い。織田・徳川軍が武田勝頼を破る
	1582	天正10	本能寺の変。織田信長が明智光秀に討たれる
	1583	天正11	賤ヶ岳の戦い。羽柴秀吉が柴田勝家を破る
	1587	天正15	バテレン追放令
	1588	天正16	刀狩令
	1592	文禄元	文禄の役。豊臣秀吉、朝鮮に出兵
	1597	慶長2	慶長の役。豊臣秀吉、朝鮮に出兵
	1600	慶長5	関ヶ原の戦い。徳川軍が豊臣軍を破る
	1603	慶長8	徳川家康、征夷大将軍就任。江戸幕府を開く
	1614	慶長19	大坂冬の陣。豊臣軍と徳川軍の戦い
	1615	元和元	大坂夏の陣。豊臣家滅亡。武家諸法度・禁中並公家諸法度制定
	1637	寛永14	島原の乱
	1651	慶安4	由井正雪の乱（慶安事件）。由井正雪らが幕府転覆を狙ったが失敗

江戸	1685	貞享2	生類憐みの令発布
	1702	元禄15	赤穂事件。大石内蔵助らが吉良上野介を討つ
	1716	享保元	徳川吉宗による享保の改革
	1772	安永元	田沼意次、老中就任
	1787	天明7	松平定信、老中首座就任。寛政の改革
	1808	文化5	フェートン号事件
	1825	文政8	異国船打払令
	1837	天保8	大塩の乱。大塩平八郎が農民と武装蜂起。モリソン号事件
	1841	天保12	水野忠邦による天保の改革
	1842	天保13	天保の薪水給与令
	1853	嘉永6	ペリー来航
	1854	安政元	ペリー再来航。日米和親条約締結
	1858	安政5	井伊直弼、大老就任。安政の大獄始まる
	1860	万延元	桜田門外の変。井伊直弼が水戸浪士らに暗殺される。和宮降嫁決まる
	1862	文久2	坂下門外の変。生麦事件。英国人ヒュースケンらが薩摩藩士に斬られる
	1863	文久3	長州藩による外国船砲撃事件。八月十八日の政変。薩英戦争
	1864	元治元	池田屋事件。禁門の変。第一次長州征討。四国連合艦隊下関砲撃事件
	1866	慶応2	薩長同盟成立。徳川慶喜、征夷大将軍就任（徳川15代将軍）
	1867	慶応3	大政奉還。王政復古の大号令
	1868	慶応4	鳥羽・伏見の戦い（戊辰戦争勃発）。五箇条の誓文。明治改元
明治	1869	明治2	戊辰戦争終結。版籍奉還
	1871	明治4	廃藩置県
	1872	明治5	学制改革。太陽暦採用。富岡製糸場開業
	1873	明治6	明治六年の政変。西郷隆盛、板垣退助らが参議を辞職する。地租改正

明治	1874	明治7	民撰議院設立建白書提出。佐賀の乱
	1875	明治8	江華島事件
	1876	明治9	廃刀令。神風連の乱。秋月の乱。萩の乱
	1877	明治10	西南戦争。政府軍が西郷隆盛軍を破る
	1881	明治14	明治十四年の政変。大隈重信が罷免される。国会開設の勅諭
	1889	明治22	大日本帝国憲法発布
	1890	明治23	第1回衆議院議員総選挙
	1894	明治27	日清戦争勃発
	1895	明治28	下関条約調印。三国干渉
	1898	明治31	隈板内閣成立
	1904	明治37	日露戦争勃発
	1905	明治38	日本海海戦。ポーツマス条約調印
	1907	明治40	ハーグ密使事件
	1910	明治43	大逆事件。幸徳秋水らが逮捕される。韓国併合
大正	1912	大正元	大正天皇即位。第一次護憲運動始まる
	1914	大正3	ジーメンス事件
	1917	大正6	西原借款。石井・ランシング協定
	1919	大正8	ヴェルサイユ条約調印
	1920	大正9	国際連盟加盟
	1923	大正12	関東大震災
	1926	昭和元	昭和天皇即位
	1928	昭和3	張作霖爆殺事件
	1930	昭和5	ロンドン海軍軍縮条約調印。統帥権干犯問題
	1931	昭和6	満州事変（柳条湖事件）勃発

昭和	1932	昭和7	五・一五事件。犬養毅ら暗殺される
	1933	昭和8	国際連盟脱退
	1936	昭和11	二・二六事件
	1937	昭和12	盧溝橋事件
	1939	昭和14	ノモンハン事件
	1940	昭和15	日独伊三国同盟調印。大政翼賛会成立
	1941	昭和16	ハル＝ノート提示。日本軍、真珠湾攻撃。マレー半島上陸
	1945	昭和20	広島、長崎に原爆投下。ポツダム宣言受諾。終戦
	1946	昭和21	天皇、人間宣言。極東国際軍事裁判始まる。日本国憲法公布
	1949	昭和24	ドッジ＝ライン発表。単一為替レート設定
	1951	昭和26	サンフランシスコ講和会議。日米安全保障条約調印
	1956	昭和31	国際連合加盟
	1960	昭和35	日米新安保条約調印
	1964	昭和39	ＯＥＣＤ加盟。東京オリンピック開催
	1970	昭和45	大阪万国博覧会開催
	1971	昭和46	沖縄返還協定調印
	1972	昭和47	日中共同声明調印
	1973	昭和48	第一次石油ショック
	1989	昭和64	昭和天皇崩御。明仁親王即位。平成改元
平成	1993	平成5	細川護熙の連立非自民党内閣成立
	1995	平成7	阪神・淡路大震災
	2001	平成13	小泉純一郎内閣成立
	2007	平成19	郵政民営化

ベトナム戦争……228
ペリー……126
ペレストロイカ……234

ほ

保元の乱……52
北条早雲……86
北条時政……62
北条政子……62
宝暦事件……122
北緯38度線……212
北清事変……164
細川勝元……80
細川護熙……237
本能寺の変……93
本百姓……98
戊辰戦争……134
ポツダム宣言……205
ポーツマス条約……164

ま

前島密……144
松井須磨子……190
松尾芭蕉……110
マッカーサー……208
松方正義……145,157,162
松平容保……129
松平定信……116
間宮林蔵……117
マルクス主義……190
満州……160,167,193,194
満州事変……194
満州某重大事件……193
満鉄……167,194

み

水野忠邦……118
水呑百姓……98
美空ひばり……226
溝口健二……226
源義家……56
源義経……59,60
源義朝……52
源義仲……58
源頼朝……58,60
美濃部達吉……190,196
宮沢喜一……236
民撰議院設立建白書……148,150

む

武者小路実篤……190
陸奥宗光……159
紫式部……48
室町幕府……72,74,92

め

明治十四年の政変……150
明治六年の政変……140
明和事件……122
目安箱……113

も

蒙古襲来……71
毛沢東……212,228,231
以仁王……58
本居宣長……22,122
物部守屋……28
桃山文化……94
モラトリアム……193
森有礼……174
森鷗外……176
モンゴル帝国……70

や

安井算哲……108
安岡章太郎……226
八幡製鉄所……168
山県有朋……138,156,163
邪馬台国……22
大和政権……24,26
山名持豊……80
山本権兵衛……182
弥生時代……20,22
ヤルタ協定……205

ゆ

郵政民営化……240
郵便報知新聞……178
湯川秀樹……226

よ

吉田茂……211
吉野ヶ里遺跡……20
吉行淳之介……226
米内光政……199

ら

頼山陽……122

り

力道山……226
リクルート事件……237
李鴻章……160
立憲改進党……152,156,162
立憲自由党……156
立憲政友会……163,182,188
リットン調査団……194
柳条湖事件……194

れ

冷戦……212,235
連合国最高司令官総司令部
(GHQ)……208,211,214
蓮如……87

ろ

労働組合法……210
鹿苑寺……76
盧溝橋事件……196
ロシア革命……185

わ

倭……22
若槻礼次郎……192
倭寇……75
渡辺崋山……117
湾岸戦争……235

参考文献

・『もういちど読む山川日本史』(五味文彦／鳥海靖編・山川出版社)
・『日本史B改訂版』(三省堂)
・『学び直す日本史〈近代編〉』(近現代史研究室・ＰＨＰ研究所)
・『早わかり日本史』(河合敦・日本実業出版社)
・『日本歴史大事典⑴～⑷』(小学館)
・『戦後史年表　1945～2005』(神田文人・小林英夫編著・小学館)
・『詳説日本史　改訂版』(石井進／五味文彦など・山川出版社)

大東亜共同宣言 202
大同団結運動 153
第二次世界大戦 199
大日本帝国憲法 154
壇の浦の戦い 59

ち

治安維持法 188
治安警察法 170
近松門左衛門 110
地租改正 138,148
張作霖 193
長州征討 130,132
朝鮮戦争 215
徴兵令 138,148,205
チンギス・ハン 70

つ

坪内逍遥 176

て

帝国議会 154,156
適塾 122
鉄砲 90
寺島宗則 159
天安門事件 235
天正遣欧使節 90
天智天皇 31
天平文化 38
天保の改革 118
天武天皇 31,32

と

東海道新幹線 222
東京オリンピック 222
東京大空襲 205
東京日日新聞 178
東洲斎写楽 121
鄧小平 231,235
東条英機 201
徳川家康 96
徳川斉昭 119
徳川慶喜 128,133,134
徳政令 71,79
徳富蘇峰 172
徳永直 190
富岡製糸場 142
朝永振一郎 226
同時多発テロ事件 235
独占禁止法 208
ドッジ・ライン 214

な

内閣制度 154
中江兆民 146,172
中曽根康弘 225
中臣鎌足 30
中大兄皇子 30
永井荷風 190
長篠合戦 92
長嶋茂雄 226
長屋王 37
ナチス政権 196
生麦事件 130
南蛮貿易 90

に

新島襄 172,174
ニクソン 228,232
西原借款 181
日英同盟 164,186
日独伊三国同盟 199
日独伊三国防共協定 196
日米修好通商条約 127
日米和親条約 127
日露戦争 164
日清戦争 160
日宋貿易 54,70
日中共同声明 231
日中国交正常化 231
日中戦争 196
二・二六事件 196
日本海海戦 164
日本共産党 185,211
日本国憲法 211
日本書紀 39
人間宣言 208

の

野口英世 190
ノモンハン事件 198

は

廃藩置県 137
廃仏毀釈 147,172
ハーグ密使事件 167
羽柴秀吉 93
橋本龍太郎 235
白鳳文化 34
八月十八日の政変 130
鳩山一郎 216,219,224
鳩山由紀夫 237
浜口雄幸 193
林子平 117
原敬 163,184
ハル＝ノート 201
版籍奉還 137
バブル景気 235
蛮社の獄 117,122

ひ

東日本大震災 240
東山文化 84
菱川師宣 110
ヒトラー 196
日野富子 80
卑弥呼 22
平塚雷鳥 185
平沼騏一郎 198
広田弘毅 196
閔妃 160
ＰＫＯ協力法 236

ふ

ファシスト党 196
不換紙幣 144
溥儀 194
福沢諭吉 146,174
福田赳夫 231
富国強兵 138
藤原氏 44,46
藤原清衡 56
藤原定家 68
藤原純友 44
藤原仲麻呂 37
藤原不比等 32,37
藤原道長 47,49
藤原頼通 47
婦人参政権獲得運動 185
フセイン 235,238
普通選挙法 188
フビライ 70
フランシスコ＝ザビエル 90
武家諸法度 97
ブッシュ 238
ブレトン・ウッズ体制 232
文化大革命 228,231
文明開化 147
プラハの春 228
プロレタリア文学 190

へ

平安京 40
平治の乱 52
平城京 36
平成 236
平民宰相 184

弘仁・貞観文化……42
孝明天皇……129
公明党……224,237
国際通貨基金(IMF)……220
国際連盟……186,194
国風文化……48
国立銀行……142,145
古事記……39,122
国会開設勅諭……150
国家総動員法……196
近衛文麿……196,199
小林多喜二……190
小村寿太郎……159,164
豪族……26
五箇条の誓文……136
後三年合戦……56
五山・十刹……76
後白河上皇……52
55年体制……219,237
御成敗式目……63
五大改革指令……208
後醍醐天皇……72
五品江戸廻送令……127
五榜の掲示……136
ゴルバチョフ……234

さ

西園寺公望……163,182,186
西行……68
西郷隆盛……132,134,148
最澄……42
斎藤実……195,196
坂田藤十郎……110
坂上田村麻呂……40
佐川急便問題……237
桜田門外の変……129
鎖国……101,127
薩英戦争……130
薩長同盟……132
佐藤栄作……220
サミット……232
サライエボ事件……180
三管領……74
三国干渉……160
三国協商……180
三国同盟……180
三斎市……66,82
三条実美……130
三都……106
山東京伝……120
サンフランシスコ平和条約……216
座……66,83,92,114
財閥解体……208

し

ＧＨＱ……208,211,214
志賀直哉……190
式亭三馬……120
鹿ケ谷の陰謀……54
幣原喜重郎……186,192,208
持統天皇……32
品川弥二郎……157
士農工商……98,138
柴田勝家……93
島崎藤村……176
島津貴久……86
島原の乱……101
四民平等……138
ジーメンス事件……182
下関条約……160
シャウプ勧告……215
朱印船貿易……101
周恩来……231
守護……60
守護大名……74,79,80,86
朱子学……103,108
蔣介石……192,196,212
聖徳太子……28,34
称徳天皇……37
正徳の治……103
庄野潤三……226
消費税……235
生類憐みの令……103
昭和天皇……236
白河天皇……52
新羅……25,31,34
新安保条約……219
辛亥革命……180
親魏倭王……22
真珠湾……201,204
新石器時代……19
進歩党……162
自衛隊……215,218,236,238
慈照寺……84
十返舎一九……120
地頭……60,62
自由党……152,156,162
自由民権運動……148,153
自由民権思想……172
儒学……85,103,108
荘園……56
承久の乱……62
縄文時代……19
神武景気……220

す

推古天皇……28
水爆実験……219
菅原道真……47
鈴木春信……121
スミソニアン体制……232

せ

征韓論……140,148
清少納言……49
西南戦争……144
政府開発援助(ODA)……236
世界恐慌……193
関孝和……108
摂関政治……44,47,52
雪舟……84
千利休……84,94
前九年合戦……56
前方後円墳……24

そ

蘇我馬子……28
孫文……166,180

た

大化の改新……31
大逆事件……170
太閤検地……93
大正政変……182
大正デモクラシー……183,190
大政奉還……133
大政翼賛会……199
大戦景気……183
太平洋戦争……201
平清盛……52,54,58
平将門……44
高野長英……117
高橋是清……188,196
武田勝頼……92
武田信玄……86
橘諸兄……37
田中角栄……231
谷崎潤一郎……190
田沼意次……114
田山花袋……176
タリバン……238
俵屋宗達……110
第一次護憲運動……182
第一次世界大戦……180,186
第一次石油ショック……228
大仙陵古墳……25
大東亜共栄圏……202

索引

あ

芥川龍之介……190
明智光秀……93
足尾鉱毒事件……170
足利尊氏……72
足利義昭……92
飛鳥文化……34
アヘン戦争……126
安倍晋三……240
阿部信行……199
阿部正弘……126
新井白石……103,108,122
アルカイダ……238
安政の大獄……129
安藤信正……129
安和の変……46

い

井伊直弼……128,129
池田勇人……220
池田屋事件……130
石井・ランシング協定……181
板垣退助……140,148,152,163
市川団十郎……110
乙巳の変……30
伊藤博文……140,154,160,163,167
犬養毅……166
井上馨……159
井上準之助……193,194
井原西鶴……110
今川義元……86,92
イラク戦争……238
岩倉具視……133,140,150
院政……52,54

う

上杉謙信……86
ヴェルサイユ条約……186
ウサマ・ビンラディン……238
内村鑑三……172
厩戸王……28

え

江藤新平……140
江戸幕府……96
ＡＢＣＤ包囲陣……200
ＭＳＡ協定……218
エリツィン……234
延喜・天暦の治……44
袁世凱……180
円本……190

お

奥羽越列藩同盟……134
奥州藤原氏……56,60
王政復古の大号令……133
応仁の乱……80
大海人皇子……31
大岡忠相……113
大久保利通……132,140
大隈重信……150,152,159,163,174,180
大坂冬の陣・夏の陣……96
大阪万国博覧会……222
大津事件……159
大友宗麟……86,90
大平正芳……231
岡倉天心……176
尾形光琳……110
沖縄返還協定……225,230
桶狭間の戦い……92
小沢一郎……237,240
織田信長……92
ＯＤＡ……236
小野妹子……28

か

嘉吉の乱……79
化政文化……120
華族令……154
刀狩……93
葛飾北斎……121
桂太郎……164,182
加藤高明……188
鎌倉幕府……59,60,62,72
鴨長明……68
伽耶……25
枯山水……84
川端康成……226
冠位十二階……28
勘合貿易……75
寛政の改革……116
関東軍……193,194
関東大震災……185
菅直人……237
漢委奴国王……22
桓武天皇……40
学徒勤労動員……205
学校教育法……208
鑑真……38

き

岸信介……219
喜多川歌麿……121
北山文化……76
木戸孝允……140
紀貫之……48
旧石器時代……18
教育勅語……174
享保の改革……113
清浦奎吾……188
義和団事変……164
禁門の変……130
金融緊急措置令……210

く

空海……42
公事方御定書……113
楠木正成……72
百済……25,31
鞍作鳥……34
黒澤明……226
黒田清隆……150,156

け

慶安事件……102
桂園時代……182
経済安定九原則……214
経済協力開発機構(OECD)……220
血盟団事件……195
検非違使……40
遣隋使……28
憲法十七条……28
建武の新政……72
下剋上……80
元寇……71
元禄文化……108,110

こ

小泉純一郎……238
小磯国昭……204
江華島条約……140
公害病……223
高句麗……25
孝謙天皇……37
庚午年籍……31
甲午農民戦争……160
甲申事変……160
五・一五事件……189,195
幸徳秋水……170

〈著者略歴〉

久恒啓一（ひさつね・けいいち）

多摩大学教授。2012年度より経営情報学部長。宮城大学名誉教授。ＮＰＯ法人知的生産の技術研究会理事長。大分県中津市生まれ。九州大学法学部を卒業後、日本航空（株）に入社。広報課長などを経て、早期退職し、1997年、宮城大学事業構想学部教授に就任。2004年より中国・吉林大学客員教授を兼務。2008年度より現職。「図解コミュニケーションが世界を変える」と提唱し、その方法論をまとめた『図で考える人は仕事ができる』（日本経済新聞社）はベストセラーになった。

主な著書に、『図解で身につく！ドラッカーの理論』（中経の文庫）、『人生の道を拓く言葉130』（日経ビジネス人文庫）、『知的生産手帳ＤＩＹ版』（東洋経済新報社）、『図で考えれば文章がうまくなる』（ＰＨＰ文庫）、『遅咲き偉人伝』『30代からの人生戦略は「図」で考える！』（以上、ＰＨＰエディターズ・グループ）などがある。著書は100冊を越える。

- 久恒啓一図解ＷＥＢ：http://www.hisatune.net
- ブログ「今日も生涯の一日なり」：http://d.hatena.ne.jp/k-hisatune/
- メルマガ「学びの軌跡」：http://www.hisatune.net/mg/mg.htm
- twitter：@hisatune
- facebook：http://www.facebook.com/keiichi.hisatune

〈監修者略歴〉

河合敦（かわい・あつし）

1965年、東京都生まれ。早稲田大学大学院博士課程単位取得満期退学（日本史専攻）。1989年、日本史の教諭として東京都に採用され、2004年より都立白鷗高等学校・附属中学校に着任。教壇に立つ傍ら、歴史作家・歴史研究家として、数多くの著作を刊行。2013年、東京都を退職。現在、文教大学付属中学校・高等学校教諭、早稲田大学教育学部講師。

主な著書に、『早わかり日本史』『早わかり江戸時代』（以上、日本実業出版社）、『世界一受けたい日本史の授業』（二見文庫）、『読めばすっきり！よくわかる日本史』（角川ＳＳＣ新書）、『目からウロコの日本史』『目からウロコの近現代史』（以上、ＰＨＰエディターズ・グループ）などがある。

日本一わかりやすい図解日本史

2014年5月8日　第1版第1刷発行

著者　久恒啓一
監修者　河合敦
発行者　清水卓智
発行所　株式会社PHPエディターズ・グループ
〒102-0082　東京都千代田区一番町16
☎03-3237-0651
http://www.peg.co.jp/
発売元　株式会社ＰＨＰ研究所
東京本部　〒102-8331　千代田区一番町21
普及一部　☎03-3239-6233
京都本部　〒601-8411　京都市南区西九条北ノ内町11
PHP INTERFACE　http://www.php.co.jp/
印刷所
製本所　図書印刷株式会社

ISBN978-4-569-81641-8